新形态教材 · 经济管理类

组织行为与领导力

黄 霞 主编

北京交通大学出版社
· 北京 ·

内 容 简 介

本教材以组织行为学为基础，融合了社会学、心理学、行为科学等多学科知识，对个体行为、群体行为、组织行为及其与领导力之间的关系加以研究，深入探讨了组织管理能力与领导力的提升之道。全书共 6 个项目，内容包括导论、管理思想与领导力、个体行为与领导力、群体行为与领导力、组织行为与领导力和卓越领导力。每个项目开篇均设置了明确的学习目标和开篇案例，各项目内容深入浅出、通俗易懂。每个项目结尾设置了小结、思考题和实践练习等环节。

本教材可作为职业教育本科院校、应用型本科院校、高职（高专）院校相关专业的教材，也可作为负责组织工作的相关人员的参考书。

图书在版编目（CIP）数据

组织行为与领导力 / 黄霞主编. -- 北京 : 北京交通大学出版社, 2025. 7. -- ISBN 978-7-5121-5500-8

Ⅰ. C93

中国国家版本馆 CIP 数据核字第 2025RC2108 号

组织行为与领导力

ZUZHI XINGWEI YU LINGDAOLI

策划编辑：张　亮　　责任编辑：郭东青

出版发行：北京交通大学出版社　　电话：010-51686414　　http://www.bjtup.com.cn

地　　址：北京市海淀区高梁桥斜街 44 号　　邮编：100044

印 刷 者：北京华宇信诺印刷有限公司

经　　销：全国新华书店

开　　本：185 mm×260 mm　　印张：19　　字数：486 千字

版 印 次：2025 年 7 月第 1 版　　2025 年 7 月第 1 次印刷

印　　数：1—1 000 册　　定价：59.00 元

本书如有质量问题，请向北京交通大学出版社质监组反映。对您的意见和批评，我们表示欢迎和感谢。

投诉电话：010-51686043，51686008；传真：010-62225406；E-mail：press@bjtu.edu.cn。

前　言

在当今复杂多变的社会环境和快速发展的经济形势下，组织行为与领导力的重要性日益凸显。无论是企业、政府机构还是非营利组织，都需要具备卓越的组织行为管理能力和领导力的人才来推动发展、实现目标。为了更好地满足学校应用型人才培养目标的需求，我们精心编写了这本《组织行为与领导力》教材。

习近平总书记提出“用心打造培根铸魂、启智增慧的精品教材”的要求，这为我们的教材编写工作指明了根本方向。本教材始终坚持以这一要求为指导，致力于在传授知识的同时，注重培养学生的品德修养，引领学生树立正确的世界观、人生观和价值观，充分发挥教材的育人功能。我们希望通过这本教材，不仅能让学生掌握组织行为与领导力的专业知识和技能，更能在潜移默化中塑造他们的品格，开启他们的智慧之门，使他们成为既有扎实的专业素养又有高尚道德情操的应用型人才。

本教材重点阐述领导相关理论与卓越领导力实践，通过对经典领导理论的介绍和实际案例的分析，让学生深入了解卓越领导力的内涵和特征，以及如何在实践中培养和提升卓越领导力。在内容编排上精心设计，共分为六个项目。每个项目的开篇都设置了明确的学习目标和生动的开篇案例，学习目标为学生指明了学习的方向和重点，开篇案例则如同一扇扇窗户，透过它们，学生可以直观地感受到组织行为与领导力在实际工作和生活中的具体体现，从而激发他们的学习兴趣和求知欲望。在各项目内容的阐述中，我们力求做到深入浅出、通俗易懂，以简洁明了的语言将复杂的理论和概念讲解清楚。同时，每个项目的结尾都设置了“小结”，对该项目的知识进行梳理，帮助学生归纳总结所学内容，加深理解和记忆。此外，为进一步巩固学生所学知识，我们还精心设计了思考题、课外实践项目和案例分析等环节，让学生在思考和实践中不断提升分析问题、解决问题的能力以及实际操作能力。

项目 1 作为全书的开篇，主要进行基本概念的阐释和基础理论的分析。这是后续学习的基础，学生只有扎实地掌握了基本概念和基础理论，才能更好地理解和运用后面章节的内容。从项目 2 到项目 6，我们深入探讨了组织管理能力和领导力提升之道，内容涵盖了个人层面、群体层面和组织层面。在个人层面，我们关注个体的行为、动机、态度等因素对组织和领导的影响，以及如何提升个人的组织行为能力和领导力；在群体层面，我们研究团队建设、沟通协作、冲突管理等内容，帮助学生了解如何在群体中发挥有效的领导作用和促进团队高效运作；在组织层面，我们探讨了组织文化、组织结构、组织变革等方面的知识，使学生明白如何从宏观角度进行组织管理和领导，以实现组织的战略目标和持续发展。

本教材的编写特色鲜明，具有以下几个显著特点。

一是学科交叉与融合。“组织行为与领导力”课程本身就是以组织行为学相关知识为基础，融合领导学相关内容而设立的，旨在全面提升学生的领导力及组织管理能力。在教材编写过程中，我们广泛应用了社会学、心理学、行为科学等多学科知识，打破了学科之间的界限，使教材内容更加丰富多元，具有更强的综合性和实用性。这种学科交叉、课程融合的特色，有助于培养学生的跨学科思维能力和综合运用知识解决实际问题的能力，使他们能够更好地适应未来复杂多变的工作环境。

二是教研互促。本教材作为“组织行为与领导力”课程的配套教材，与课程建设和教学研究成果紧密结合。2022 年，山东省本科教学改革项目“基于 OBE 教学理念的‘一体三维三翼’课堂教学改革模式实践与探索——以工商管理专业为例”获得立项后，工商管理专业在多门课程中积极探索与实践这一创新的教学改革模式，“组织行为与领导力”课程便是其中的重要组成部分。在教材编写过程中，我们充分融入了 OBE 理念，以学生的学习成果为导向，根据社会对应用型人才的需求和学生的实际情况，反向设计教材内容和教学方法，使教材更好地服务于教学目标和学生的学习需求。同时，教材的编写也促进了课程建设和教学研究的进一步深化，形成了以课促改、以改促建的良好局面。

三是技术创新与融合。在当今数字化时代，我们积极探索将现代技术融入教材编写和教学过程。2023 年，“运筹帷幄：组织行为与领导力”在智慧树平台上线，目前已顺利运行了五个教学周期。在此基础上，我们将相关线上录课视频、动画等丰富的教学资源融入教材内容中，打破了传统纸质版教材的局限性，为学生提供了更加生动、直观的学习体验，使教材内容更加鲜活有趣，易于学生理解和接受。此外，我们还将 AI 学习手段融入教材，引导学生通过制作人工智能体、实现与 AI 对话等方式，拓展学习资源，激发学习兴趣，培养学生的创新思维和自主学习能力，充分体现了新技术赋能教育教学的优势。

本教材由黄霞主编，高艺耀、刘玉莲、管清蕾、王国英参与编写工作。本教材的出版得到了北京交通大学出版社的大力支持。

我们相信，这本《组织行为与领导力》教材将为广大学生提供一个全面、系统、深入地学习组织行为与领导力知识的平台，帮助他们在未来的学习、工作和生活中更好地发挥自己的潜力，成为具有卓越组织行为管理能力和领导力的应用型人才。同时，我们也希望这本教材能够得到广大师生的认可和喜爱，为推动组织行为与领导力领域的教学和研究做出积极贡献。

最后，在教材的编写过程中，我们参考了大量的国内外文献和研究成果，借鉴了许多同行专家的宝贵经验和智慧，在此向他们表示衷心的感谢！同时，由于编写时间和水平有限，书中难免存在不足之处，敬请广大读者批评指正，以便我们在今后的修订中不断完善。

让我们共同开启组织行为与领导力的学习之旅，探索其中的奥秘和智慧，为个人成长和组织发展而努力奋斗！

编　者

2024 年 12 月

目　录

项目1 导 论

学习目标

通过学习，学生能够达到以下目标。

知识层面：领会管理与组织的基本概念以及组织中的基本管理行为，理解管理者所应具备的基本技能及其扮演的重要角色，能够分析影响组织有效性的各类因素。

能力层面：提高分析问题、解决问题的能力，对基本概念进行分析归纳的能力以及透过现象看本质的能力。

素质层面：锤炼实事求是的品质，提升爱国素养，把实现中国梦作为自身学习与奋斗的目标，做新时代社会主义事业合格的建设者和接班人。

开篇案例

12 月 18 日，京东物流 2025 国际一体化供应链战略发布会在深圳举办，继今年 10 月京东物流宣布“全球织网计划”全面升级后，此次发布会上，京东物流进一步明确出海战略路线图，将全面推进全球仓网、快递网、航空网“三网并起”，为海外客户、中国出海品牌、跨境商家等提供全球一盘货服务，将省心高效的全球供应链物流服务做到极致！

具体而言，京东物流将全面构建海外仓配“2～3 日达”时效圈，并进一步扩大“快递通全球”服务范围，此外京东物流还将进一步搭建国际航空网络，建设全球供应链的空中动脉。伴随跨境电商的迅速发展，京东物流在海外构建的一体化供应链正成为海外本土品牌和中国出海品牌的共同需求，为此京东物流已形成“全球电商一盘货”服务能力，此次发布会还首发全球极简逆向退货服务、海外仓大件“送装一体”服务。京东物流相关负责人表示，京东物流致力于成为全球最值得信赖的供应链基础设施服务商，2025 年京东物流还将加大力度布局海外市场，以海外仓为核心全面构建联通全球的供应链物流服务能力。

全面构建海外仓配“2～3 日达”时效圈

践行“把货放在离消费者最近的地方”的理念，京东物流持续在海外搭建供应链物流网络，助力客户、商家实现就近备货。2025 年，京东物流还将全面构建海外仓配“2～3 日达”时效圈，通过全球 19 个国家、超 50 个海外自营仓，所属国家的客户、消费者可享受高时效物流服务，届时京东物流海外仓面积也将实现超 100%的增长。

如今，京东物流已经在美国、英国、法国、德国、波兰、阿联酋、日本、韩国、澳大利亚等多个国家实现仓配“2～3 日达”，本地甚至最快可实现“1 日达”。

2025 年，京东物流还将继续加快在东南亚、日韩、中东、欧洲、美洲等地的开仓步伐，在高效协同的海外供应链服务下，全球“2～3 日达”时效范围也将进一步扩大，重点覆盖欧洲、亚太地区、美洲及中东地区等。

全球电商一盘货，极致省心、高效！

除了打造全球仓配“2～3 日达”时效圈，京东物流将继续加强全球电商多平台“一盘货”管理。随着全球电商的快速发展，众多海外企业、中国出海品牌、跨境商家等纷纷寻求省心、高效的全球电商多平台一盘货管理，以此实现供应链物流的高效、高质管理，并降低仓储物流成本，实现高质量发展。

京东物流通过遍布全球的物流供应链基础设施和服务网络，助力客户实现“全球电商一盘货管理”，借由京东物流海外仓，企业、商家可将货物前置存放在离消费者最近的地方，此外，京东物流还可以在海外提供海运、空运、卡牌、拖车等运输服务，更可提供 BC 同仓、正逆一体、大件送装等增值服务，真正帮助客户实现省心、高效的目标。

全球首发：极简逆退服务、海外仓大件送装服务

发布会上，京东物流全球首发国际供应链两大服务产品——极简逆退服务、海外仓大件送装服务。

售后处置难、时效无保障是很多海外客户、商家在逆向物流中面临的难题，这些难题也给商家带来了一定的损失。京东物流上线的“极简逆退产品”，不限下单地址，支持良品检测再售、残品二手处置、销毁等服务，72 小时即可完成全流程，将省心、高效做到极致。

作为国内大件“送装拆收”一体化服务的开创者和服务引领者，京东物流在解决行业大件送装分离、破损率高且服务资源少等问题上有充分的资源和服务能力。对此，京东物流将在海外市场针对客户的需求，进一步推出海外仓大件送装服务，支持大件派送、送货上门、送装一体等多样化服务，下单与仓内生产几乎同步，履约时效更快。在多渠道卡派资源支持下，京东物流海外仓大件送装服务拥有更多的服务资源，承接货物更为多样。

全面建设全球供应链的“空中动脉”

跨境运输，航空运输能力必不可少。为此，京东物流还将进一步构建“11668”的全球供应链“空中动脉”。

具体而言，京东物流将以芜湖全球港作为全球航空枢纽，以南通作为京东航空主基地，构建国内、国际共 68 个全货机站点，并在国内、国际形成 6 个区域航空枢纽。这一全球供应链的“空中动脉”，将以国内为支撑，欧洲、北美洲为两个扇形核心，东南亚、东亚、南亚为腹地，航线网络全面辐射中东、大洋洲、南美洲、非洲等地区。

快递通全球：近 80 个国家、地区均能收京东快递

2024 年以来，京东快递国际持续提升产品服务能力，并持续拓展海外服务范围。如今，京东快递的国际服务范围已拓展至全球近 80 个国家和地区，其中欧美国家最快可实现“3 日达”，最远可抵达南美洲、非洲。

目前，为满足消费者的个性化寄递需求，京东快递国际已推出“国际特快”和“国际标快”两大拳头产品，未来还将进一步细分服务，以满足更多个性化需求。

在持续提升服务品质、拓展服务覆盖范围的同时，京东快递国际还持续提升细分领域服务能力。2025 年 10 月中旬于英国伦敦举办的首届清华校友伦敦艺术展中，大部分艺术品、灯光装置等均由京东快递国际从全球各地安全、高效地运输，其中还包括一件厚度约 1 mm 的超薄陶瓷展品，高难度的国际运输引发了行业热议。2025 年，京东快递国际的服务能力还将在现有基础上不断提升，以满足国内外客户更快、更好的服务需求。

如今，省心高效的一体化供应链服务已经成为全球企业的共同需求。近年来，中国企业正在加速出海，而企业的出海离不开物流的支持。在此机遇下，京东物流还将进一步加快海外布局，持续构建覆盖全球的一体化供应链物流网络，助力企业、行业乃至社会的降本增效和高质量发展。

（资料来源：京东物流官网）

阅读以上案例，你从中得到什么启示？

任务 1.1 认识管理与管理者

管理绝非简单地发号施令，而是协调人力、物力、财力等资源以达成目标的艺术。管理者作为这门艺术的演绎者，肩负着决策、组织、领导与控制的重任，他们的素养和能力深刻影响着组织的兴衰成败。

1.1.1 管理的内涵

国内学者认为，管理是一个有意识、有目的的过程。管理不仅仅是简单的日常操作，而且需要管理者有明确的目标和计划，通过一系列有意识的活动来推动组织向前发展。管理包含多种职能，如计划、组织、领导和控制等，这些职能相互关联、相互作用，共同构成管理的完整体系。管理的核心在于人，管理者需要关注人的需求、动机和行为，通过激励和引导，使组织成员能够积极地投入工作，为组织目标贡献力量。

国外学者对于管理的研究由来已久，形成了很多具有代表性的观点。法约尔认为，管理是由计划、组织、指挥、协调和控制等职能组成的活动过程。这一观点强调了管理职能的多样性和相互依赖性。福莱特认为，管理就是通过其他人来完成工作。这一定义强调了管理的人际关系和协作性质，认为管理者需要善于调动他人的积极性和创造力。德鲁克指出，管理是一种实践，其本质不在于“知”而在于“行”；其验证不在于逻辑，而在于成果；其唯一权威就是成就。他强调了管理的实践性和成果导向性，认为管理需要通过实际行动来验证其效果。西蒙认为，管理就是决策的过程。西蒙将管理过程简化为决策过程，认为管理者在面对复杂多变的环境时，需要不断做出决策以推动组织向前发展。

本书认为，管理是指在特定的环境条件下，对组织所拥有的人力、物力、财力、信息等资源进行有效的决策、计划、组织、领导、控制，以期高效地达到既定组织目标的活动。管理是人类各种组织活动中最普遍和最重要的一种活动，其核心在于通过协调和整合各种资源，以实现组织目标。

管理是一个复杂而多维的概念，其内涵包括目标设定、资源整合、职能履行、人际协调等多个方面。不同学者从不同角度对管理进行了深入阐释，这些阐释共同构成了管理理论的丰富体系。在实际应用中，管理者需要根据具体情况灵活运用管理理论和方法，以实现组织目标并推动组织持续发展。

1.1.2 管理活动与人类活动的关系

人类活动自远古时代以来就从未停止过。从最初的狩猎采集到现代的高科技创新，人类在不断地探索、适应和改变着周围的世界。而管理活动，则如同一条隐形的线索，贯穿于人类活动的始终，与人类活动存在着紧密而又复杂的关系。管理活动源于人类活动的需求。在人类社会早期，当人们开始以群体的方式生活时，就面临着资源分配、任务分工等问题。为了确保群体的生存和发展，人们需要对这些活动进行协调和组织，这便催生了最初的管理活动。例如，在原始部落中，首领需要分配狩猎任务、决定食物的分配方式等，这些都是简单的管理行为。随着人类活动的不断扩展和复杂化，管理活动也逐渐变得更加系统和专业。

有效的管理可以提高人类活动的效率和效益。在生产活动中，科学的管理方法可以优化生产流程，合理配置资源，从而提高生产效率，增加产品产量。在商业活动中，良好的管理可以帮助企业开拓市场、提高竞争力，实现利润最大化。在社会公共事务管理中，合理的规划和组织可以提高公共服务的质量，满足人们的各种需求。日本丰田汽车公司的精益生产管理是一个典范。再者，丰田通过消除浪费、持续改善等管理理念，不断优化生产过程，提高产品质量和生产效率。这种管理模式不仅使丰田在全球汽车市场中占据重要地位，也为其他企业提供了宝贵的经验，推动了整个制造业的进步。

人们也逐渐意识到，人类活动的不断发展不断对管理活动提出新的挑战和要求。随着科技的飞速发展和全球化的加速推进，人类活动的范围和规模不断扩大，复杂性也日益增强。互联网的普及使得信息传播速度极快，组织需要不断调整管理策略以适应快速变化的市场环境。很多电商企业在面对互联网快速发展和市场竞争的挑战时，不断创新管理模式。通过大数据分析、智能化物流管理等手段，优化供应链，提升用户体验，实现了持续发展和壮大。全球化的贸易使得跨国企业面临不同文化、法律和政治制度的挑战，需要更加灵活和多元化的管理方式。可口可乐公司在全球范围内成功运营，得益于其卓越的跨国管理能力。公司根据不同国家和地区的市场特点、文化差异，制定个性化的营销策略和管理方案，实现了全球资源的有效整合和品牌的广泛传播。

总之，管理活动与人类活动紧密相连，相互影响。管理活动源于人类活动的需求，对人类活动起着重要的推动作用，而人类活动的发展又不断对管理活动提出新的挑战和要求。在未来的发展中，我们需要更加重视管理活动与人类活动的关系，不断创新管理理念和方法，以实现人类活动的可持续发展和社会的进步。

1.1.3 管理的特征

1. 目标性

管理作为一种有目的的行为，其本质是为达成特定目标而实施的系统性活动。目标是管理的方向指引，无论是宏观层面的组织整体战略目标，如企业为追求长期稳定发展所设定的多元目标体系，涵盖经济效益提升、市场地位巩固及社会责任履行等维度；还是微观层面各部门依据整体战略细化的操作目标，像生产部门聚焦于生产流程优化与产量质量把控、销售部门着力于市场拓展与客户关系维护等，均明确了管理行为的靶向。缺乏清晰目标的管理将陷入盲目无序的状态，无法精准衡量管理举措的有效性与价值产出，致使组织资源错配、行动混乱，难以在复杂多变的环境中实现有效发展。

2. 组织性

管理活动依托于特定的组织结构而存在与展开，组织为管理活动搭建了实施的基础框架与平台。组织性体现在依据组织的战略方向与任务特性，构建科学合理的层级架构与职能分工体系，精准界定各部门、各岗位的职责范畴与权力边界，确保分工明确、协作有序；同时，打造高效的信息流通与沟通协调机制，使指令传递顺畅、反馈及时准确，保障组织内各要素紧密协同，如同精密的机器般高效运转，从而整合各类资源，发挥组织的最大效能，实现既定目标。

3. 协调性

协调是管理的关键职能，旨在优化整合组织内外的各类资源与复杂活动。在资源协调方面，针对人力、物力、财力等关键要素，依据组织目标与任务需求，按合理比例进行配置，确保资源投入精准高效，避免闲置浪费或过度集中于某一环节；在活动协调上，不仅要促进组织内部各部门、各业务环节无缝对接，避免出现脱节、冲突或重复劳动，保障业务流程的连贯性与高效性，还要积极调和组织与外部利益相关者，如供应商、客户、合作伙伴及监管机构等的关系，营造和谐稳定、互利共赢的外部生态，为组织发展提供有力支撑。

4. 创新型

创新型管理要求管理者突破思维定式，积极引入前沿的管理理念，灵活运用新兴的技术工具与手段，对组织的战略规划、运营流程、组织结构、激励机制等关键领域进行优化重构。例如，创新的管理模式能够重塑组织内部的协作方式，激发员工的创新活力，使组织在动态变化的市场环境中敏锐地捕捉机遇、迅速应对挑战，实现弯道超车与可持续发展。

5. 动态性

管理活动深植于复杂多变的内外部环境之中，因而具有鲜明的动态特征。外部环境中的市场趋势、竞争格局、政策法规、技术创新等因素持续波动，内部环境如组织规模扩张、人员结构调整、业务方向转变等情况也不断演进，这就要求管理策略与方法必须与时俱进、灵活调整。管理者需凭借敏锐的环境感知能力，精准捕捉关键变化信号，快速启动决策调整机制，适时优化管理流程、变革组织结构、更新资源配置方案，确保组织在动态变化中始终保持灵活应变的能力与竞争优势，实现稳健发展。

6. 人本性

人作为管理系统中的核心要素，管理成效从根本上取决于对人的有效管理与潜能激发。人本性管理理念强调关注人的多层次需求，从物质保障到精神追求、从职业发展到自我实现等各方面，通过设计科学合理的激励机制，如薪酬福利体系、绩效考核制度、晋升通道规划、培训发展项目等，充分调动人的主观能动性与创造性；尊重人的个性差异与价值取向，营造公平公正、开放包容的组织文化氛围，为员工提供施展才华的广阔空间，促进人的全面发展，进而提升组织整体绩效，实现组织与员工的共同成长与双赢发展。

1.1.4 管理的基本职能

管理是社会组织中，为了实现预期的目标，以人为中心进行的协调活动。管理的基本职能包括决策、组织、领导、控制和创新。这些职能相互关联、相互依存，共同构成了管理活动的核心内容。

1.1.4.1 决策职能

1. 决策的含义

罗宾斯指出，决策（decisions）乃是管理的核心。具体而言，决策意味着管理者决定采取何种行动或规避哪些行为。简单来讲，决策过程就是在至少两个可供选择的方案中进行权衡与抉择。

回溯过往，对于管理者的决策行为，传统理论多基于理性决策模型展开探讨。在这一模型下，决策者被假定为能够遵循严密的逻辑思维，做出连贯且符合理性原则的选择，其最终目的在于实现价值的最大化。理性决策理论（亦被称为古典决策理论）建立在一系列理性人假设的基石之上：首先，决策者被认为能够始终保持绝对的客观中立态度，并具备严谨的逻辑思维能力；其次，他们所面临的问题被假定为清晰明确，有着确切的目标指向，并且他们对所有潜在的备选方案及其可能产生的结果都了如指掌；最后，基于这些假设，理性决策被认为必然能够达成既定的目标，引导组织走向理想的发展方向。

然而，1950 年赫伯特 · A. 西蒙在其著作《管理行为》中，对传统的理性决策假设提出了挑战，创新性地提出了“有限理性”标准和“满意度”原则。西蒙指出，人的理性实际上处于完全理性与有限理性之间，也就是说，人在决策过程中更多地表现出有限理性的特征。这是因为，一方面，决策者的认知能力存在天然的局限性，当面对复杂多变的问题情境时，他们往往会倾向于依赖直觉进行决策，甚至在某些情况下，难以精准地识别问题的关键所在以及潜在的风险与机遇；另一方面，决策者在实际操作中受到时间和资源的双重约束，根本无法全面搜集所有与决策相关的信息，也不可能详尽地制订出所有潜在的备选方案。此外，管理者对待风险的态度也在很大程度上左右着决策的走向，他们在决策过程中通常会追求一种令自己满意的结果，而并非执着于寻求理论上的最优方案。西蒙的这一理论为我们理解管理者的决策行为提供了一个更为贴近现实的视角，揭示了在复杂的管理环境中，决策过程的复杂性和多样性，促使学界和业界重新审视和思考决策的本质与过程，对现代管理学的发展产生了深远而持久的影响。

2. 决策的分类

决策的分类方式丰富多样，每一种分类都从不同维度揭示了决策的特性与应用场景，对于深入理解和有效实施决策过程具有重要意义。

1）按决策范围分类，分为战略决策、战术决策和业务决策

战略决策着眼于组织的长远发展方向与目标设定，具有宏观性、前瞻性和根本性。例如企业并购决策，这并非仅仅是资产与业务的简单合并，而是涉及对并购对象的战略契合度评估，包括市场互补性、技术协同性以及文化兼容性等多方面因素的考量。通过并购，企业旨在拓展市场份额、优化资源配置、提升综合竞争力，实现规模经济或范围经济，从而在未来较长时期内占据有利的市场地位。又如新产品开发决策，需综合分析市场趋势、技术可行性、研发投入与预期收益等因素，决定是否投入大量资源进入一个全新的产品领域。这一决策一旦实施，将对企业的产品线布局、品牌形象塑造以及市场定位产生深远影响，是组织发展战略的关键组成部分，指引着企业未来数年甚至数十年的发展轨迹。

战术决策主要聚焦于组织内部的资源分配以及日常运营的高效开展，确保战略目标能够在具体的运营层面落地实施。以生产计划决策为例，需根据市场需求预测、现有生产能力、原材料供应情况以及成本控制目标等因素，合理安排生产的产品种类、数量、生产时间以及生产流程，实现生产资源的优化配置，保障产品按时、按质、按量供应市场，满足客户需求并实现经济效益最大化。销售策略决策则涉及目标市场定位、销售渠道选择、促销活动策划以及价格策略制定等方面，通过精准的市场细分与定位，选择最有效的销售渠道组合，制定具有吸引力的促销方案和合理的价格体系，提高产品的市场渗透率和销售额，增强企业在市场中的短期竞争力，是实现组织战略目标的阶段性关键支撑点，保障组织在短期内稳定运营并逐步向长期战略目标迈进。

业务决策是指管理者针对组织日常运营中的具体事务、活动作出的决策，它聚焦于组织运作的微观层面，目的在于保障组织的基本运作效率和稳定性，确保各项业务活动能够顺畅、有序地开展。业务决策涉及众多具体方面，例如生产流程的优化，管理者需要依据生产实际情况，考虑如何调整工序、改进工艺、提高设备利用率等，以此提升生产效率、降低生产成本和保障产品质量；在人员排班方面，要结合业务量的波动、员工技能与岗位需求等因素，合理安排员工的工作时间与班次，避免人力闲置或员工过度劳累，确保工作的高效衔接；在原材料采购环节中，要精准把控采购的时机，权衡价格波动、库存水平以及生产进度等因素，确定恰当的采购数量，既能满足生产所需又避免库存积压占用资金；对于客户投诉的处理，更要迅速且妥善地制定解决方案，通过分析投诉原因、协调相关部门，及时给予客户回应，提升客户满意度，维护企业的良好形象。

业务决策虽然着眼于日常运营中的细节问题，但这些看似琐碎的决策共同构筑了组织稳定运行的基础，稍有疏忽便可能引发连锁反应，对整体的业务开展乃至组织目标的实现产生不利影响。它与战略决策、战术决策等相互配合，共同服务于组织的发展需求，是管理决策体系中不可或缺的组成部分。

2）按决策性质分类，分为程序化决策和非程序化决策

程序化决策主要应用于应对组织中重复性、常规性的问题情境，这些问题通常具有明确的处理流程和标准规范，能够通过既定的程序和规则高效地解决。例如，在订单处理决策中，

企业依据预设的订单接收、审核、发货、收款等流程，有条不紊地处理每一笔订单，确保订单的准确性、及时性以及客户满意度。员工考勤决策也是如此，按照既定的考勤制度，通过打卡记录、请假审批流程等方式，对员工的出勤情况进行统计与管理，为薪酬核算、绩效评估等提供依据，提高组织管理的规范化和效率水平。这种决策方式能够节省时间和精力，使组织在面对大量日常事务时保持稳定高效的运转状态，降低管理成本和运营风险。

非程序化决策针对那些新颖、复杂且无先例可循的问题情境，往往需要管理者运用创造性思维、丰富的经验和敏锐的洞察力来制定解决方案。比如企业重组决策，这涉及组织结构的重大调整、业务板块的重新整合、人员的重新配置以及企业文化的重塑等多个复杂层面，没有固定的模式可供借鉴，管理者需要全面分析企业内外部环境变化、战略目标调整、财务状况以及员工利益等多种因素，权衡利弊后制订出符合企业实际情况和未来发展需求的重组方案。在市场危机应对决策中，如突发的公共卫生事件导致市场需求骤减、供应链中断等情况，企业管理者需要迅速评估危机的影响程度、持续时间以及可能的发展趋势，果断采取调整生产计划、拓展线上销售渠道、加强供应链风险管理等一系列创新性措施，以降低危机对企业的冲击，确保企业的生存与发展。这类决策对管理者的决策能力和领导智慧提出了极高的挑战，但也为企业在复杂多变的环境中把握机遇、实现突破提供了可能。

3）按决策主体分类，分为个人决策和群体决策

个人决策由单个决策者独立做出，这种决策方式具有决策速度快、责任明确等特点，在一些特定情境下能够发挥高效的决策优势。例如，项目经理在负责具体项目的实施过程中，对于项目进度的调整、小型资源的调配以及一些现场突发问题的解决等方面，需要根据自己的专业知识、经验以及对项目情况的实时掌握，迅速做出决策，以确保项目能够按照预定计划顺利推进，避免因决策流程过长而延误时机。然而，个人决策也存在一定的局限性。由于个人知识、经验和视野的限制，决策可能存在片面性或风险性，因此在一些重大决策问题上，往往需要结合群体的智慧和意见，进行更为全面和深入的分析与判断。

群体决策通过多个决策者共同参与、讨论并达成一致意见的方式作出决策，这种决策模式能够充分整合不同成员的知识、经验、技能和观点，使决策更加全面、科学、合理，尤其适用于一些重大、复杂且影响深远的决策问题。例如，董事会的决策涉及企业的战略方向制定、重大投资项目审批、高层管理人员任免等关键事务，董事会成员通常来自不同的专业背景和领域，他们能够从各自的角度出发，对决策事项进行深入分析和讨论，充分考虑各种可能的因素和影响，通过集体的智慧和协商，制订出符合企业整体利益和长远发展的决策方案。但群体决策也可能存在决策过程冗长、效率低下、容易受到群体思维影响等问题，因此在实施群体决策过程中，需要建立有效的沟通机制、决策规则和协调机制，充分发挥群体决策的优势，避免其弊端。

4）按决策问题的可控程度分类，分为确定型决策、风险型决策和非确定型决策

确定型决策是指在这种决策情境下，决策结果可以通过精确的计算和分析进行准确预测，因为决策所涉及的各种因素及其相互关系是明确且确定的。例如，在已知市场需求和成本的情况下制订生产计划，企业可以根据市场调研确定的产品需求量，结合自身的生产成本结构，包括原材料成本、劳动力成本、设备折旧等固定成本和变动成本因素，通过简单的数学计算，确定最优的生产数量和生产组合，以实现利润最大化。这种决策较为简单直接，主要依赖于

准确的数据和完善的分析模型，能够为企业提供稳定可靠的决策依据，确保企业在稳定的市场环境中实现资源的高效配置和经济效益的提升。

风险型决策过程中，虽然决策结果存在不确定性，但决策者可以通过历史数据、市场调研、行业经验等途径，估计出各种可能结果发生的概率分布情况，从而在一定程度上量化决策风险。例如投资决策，企业在考虑投资一个新项目时，虽然无法确切知道该项目未来的盈利情况，但可以通过对类似项目的历史投资回报率分析、市场前景预测、行业竞争态势评估等方法，估算出项目盈利、持平或亏损等不同结果发生的概率，然后根据这些概率信息，运用决策树分析、期望效用理论等风险决策方法，权衡投资的预期收益与风险水平，做出是否投资以及投资规模和方式的决策。这种决策方式要求决策者具备一定的风险意识和风险管理能力，在追求潜在收益的同时，合理控制风险水平，确保企业的稳健发展。

在非确定型决策中，不仅决策结果无法准确预测，而且各种可能结果发生的概率也难以估计，决策者面临着高度的不确定性和模糊性。例如，企业在考虑进入一个新兴市场时，由于市场处于发展初期，缺乏足够的历史数据和市场信息，市场需求规模、增长速度、竞争格局、消费者行为模式等因素都存在极大的不确定性，企业难以准确评估进入该市场的潜在收益和风险水平，也无法确定各种可能结果发生的概率。在这种情况下，决策者往往需要依靠自己的直觉、经验、判断力以及一些定性的分析方法，如情景分析法、乐观悲观准则等，对不同的决策方案进行评估和选择。决策结果具有较大的主观性和风险性，但也为企业在探索新的市场机会时提供了一定的决策参考，体现了企业在面对高度不确定的环境时的创新和冒险精神。

5）按决策时机分类，分为平时决策和危机决策

平时决策是在组织正常运营过程中，基于日常的管理活动和业务发展需求做出的决策，旨在维持组织的稳定运行、提高运营效率和实现既定的绩效目标。例如，在日常的生产管理中，根据生产线上的设备运行状况、原材料库存水平以及工人的工作效率等情况，适时调整生产计划、设备维护计划和人员排班计划，确保生产过程的连续性和稳定性；在市场营销方面，根据市场动态、竞争对手的营销策略变化以及企业自身的销售业绩，及时调整产品推广方案、价格策略和促销活动，以保持产品的市场竞争力和销售增长势头；在人力资源管理领域，依据员工的绩效评估结果、培训需求以及岗位空缺情况，做出人员晋升、培训安排和招聘计划等决策，优化人力资源配置，提高员工的工作积极性和组织整体绩效。平时决策通常遵循既定的决策流程和制度，注重决策的效率和效果，通过持续的优化和改进，推动组织在正常轨道上稳步发展。

危机决策是指，当组织遭遇突发事件或危机情况时，如自然灾害、公共卫生事件、重大安全事故、严重的市场声誉危机等，需要迅速做出紧急决策，以应对危机带来的严峻挑战，最大限度地降低损失和负面影响，保护组织的生存与发展。在危机决策过程中，时间紧迫、信息有限且不确定性极高，决策者需要在极短的时间内迅速了解危机的性质、严重程度和可能的发展趋势，果断采取一系列应急措施，如启动应急预案、调配应急资源、调整业务策略、加强与外部利益相关者的沟通协调等。

6）按决策方法分类，分为定性决策、定量决策和混合决策

定性决策方法主要依赖于决策者的主观经验、直觉、感觉、知识和判断力，通过对问题

的性质、影响因素、发展趋势等方面进行定性的分析和评估，来制定决策方案。例如，头脑风暴法，决策者召集相关领域的专家、团队成员等，围绕决策问题展开自由、开放的讨论，激发创新思维和灵感，在广泛收集各种观点和想法的基础上，综合筛选出最具可行性和创新性的决策建议；德尔菲法通过多轮匿名问卷调查的方式，征求专家意见，专家们在不了解其他专家意见的情况下，独立发表自己的见解和预测，经过反复的反馈和汇总，逐步形成较为一致的决策意见，这种方法能够有效避免群体思维的影响，充分发挥专家的专业智慧和经验优势，适用于一些难以量化、涉及因素复杂且需要广泛征求意见的决策问题，如企业的战略规划制定、新产品概念开发、行业发展趋势预测等，为决策提供了丰富的定性信息和创新性思路。

定量决策是基于数据和数学模型进行决策分析，通过对决策问题中的各种变量进行量化处理，运用数学公式、统计方法、运筹学模型等工具，计算出最优的决策方案。例如线性规划法，在企业的生产资源配置、运输路线优化、产品组合决策等问题中，将目标函数（如利润最大化、成本最小化）和约束条件（如原材料供应限制、生产能力约束、市场需求限制等）用线性方程表示出来，然后通过求解线性规划模型，得到最优的决策变量取值，实现资源的最优配置和目标的最大化；决策树分析是一种基于概率和期望值的决策方法，通过构建决策树图形，将决策问题的各种可能情况、决策方案以及相应结果和概率进行清晰展示，从决策树的末端开始，逐步计算每个节点的期望值，最终确定最优的决策路径，这种方法在风险型决策问题中应用广泛，能够帮助决策者直观地分析和比较不同决策方案的风险与收益，从而做出科学合理的决策。定量决策方法具有客观性、精确性和逻辑性强等优点，能够为决策提供量化的依据和支持，从而提高决策的科学性。

混合决策结合了定性和定量两种决策方法的优势，先通过定性分析确定决策问题的关键因素、目标方向和大致范围，再运用定量方法对这些因素进行量化分析和模型求解，最后将定量分析结果与定性判断相结合，综合制定决策方案。例如SWOT分析（优势、劣势、机会、威胁分析），首先通过定性的方式对企业内部的优势和劣势、外部的机会和威胁进行全面梳理和分析，明确企业所处的竞争态势和发展环境；其次针对一些关键因素，如市场份额、增长率、成本结构等进行定量的数据收集和分析，进一步量化企业的优势和劣势程度、机会和威胁的大小；最后将定性和定量的分析结果相结合，制定出符合企业实际情况的战略决策，如增长型战略（利用优势抓住机会）、扭转型战略（利用机会克服劣势）、防御型战略（减少劣势回避威胁）、多元化战略（利用优势分散威胁）等。波士顿矩阵也是一种常用的混合决策工具，通过对企业产品的市场增长率和相对市场占有率进行定量分析，将产品分为明星产品、金牛产品、问题产品和瘦狗产品四类，然后结合定性的市场前景判断、企业资源状况和战略目标，制定出不同的产品发展策略，如加大对明星产品的投入、维持金牛产品的市场份额、对问题产品进行选择性投资或放弃、淘汰瘦狗产品等。混合决策方法能够充分发挥定性方法和定量方法的长处，弥补单一方法的不足，使决策更加全面、深入、科学，适用于大多数复杂的决策问题，为管理者提供了更加系统、有效的决策思路和工具。

3. 决策的过程

决策的过程是一个系统化的流程，旨在帮助管理者在复杂的环境中做出最优选择。图1-1是决策过程的主要步骤。

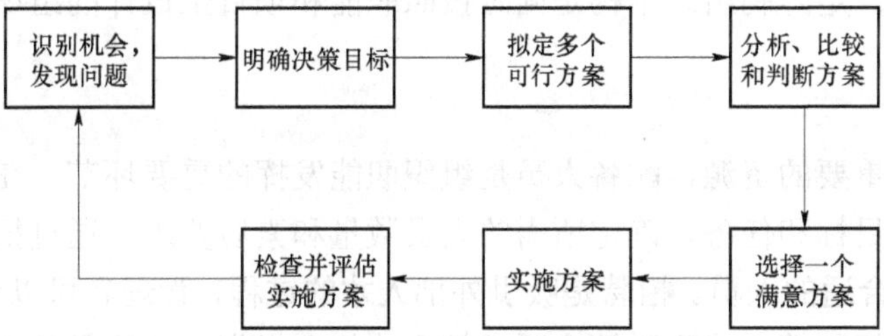

图 1-1 决策过程的主要步骤

（1）识别机会，发现问题。决策过程始于识别和界定问题。这需要管理者对组织内部和外部环境保持敏感，及时发现潜在的问题和机会。问题识别是主观的，管理者需要避免只关注症状而忽视问题的根本原因。

（2）明确决策目标。在明确问题后，管理者需要设定决策目标。这包括明确目标的最高标准和最低标准、主要目标和次要目标，以及预测目标实现的积极影响和消极影响。

（3）拟定多个可行的方案。此阶段要求决策者提出多个可行的备选方案。这些方案应相互独立且完善，能够满足问题的需求。备选方案的制定需要经过提出设想、整理归类和分析调整的步骤，以确保其可行性和完善性。

（4）分析、比较和判断方案。在拟定多个备选方案后，决策者需要对每个方案进行分析和比较。这包括评估方案的可执行性、成本和效益，对组织的即时和长远影响，以及实施的难度和风险。

（5）选择一个满意的方案。通过比较，选出最满意的方案。

（6）实施方案。选择出最满意的方案后，接下来是实施该方案。这包括将方案分解为具体的行动步骤，并准确地传达给执行人员。建立反馈机制，实时掌握方案执行的进度。

（7）检查并评估实施方案。执行方案后，需要对决策的效果进行评估。如果发现决策未能解决问题或出现新的问题，管理者需要回溯前面的步骤，甚至可能需要重新开始整个决策过程。

决策过程是一个动态的、循环往复的过程，管理者需要根据实际情况灵活调整。

1.1.4.2 组织职能

组织职能是指组织为了实现目标，对组织的各种资源进行合理配置和协调的过程。组织职能的主要内容包括设计组织结构、配备人员和分配权力等。

1. 设计组织结构

组织结构是组织内部各部门、各岗位之间的关系和分工。设计组织结构是组织职能的核心任务，它决定了组织的运行效率和管理效果。在设计组织结构时，管理者需要考虑组织的规模、战略、技术、环境等因素，选择适合组织的组织结构类型。常见的组织结构类型包括直线制、职能制、直线职能制、事业部制和矩阵制等。直线制组织结构是最简单的组织结构形式，适用于小型组织；职能制组织结构是按照职能分工来设计的组织结构形式，适用于专业分工明确的组织；直线职能制组织结构是在直线制和职能制的基础上发展起来的，适用于中型组织；事业部制组织结构是按照产品、地区或客户等划分事业部的组织结构形式，适用于大型多元化组织；矩阵制组织结构是同时按照职能和项目来设计的组织结构形式，适用于项目型组织。

2. 配备人员

人员是组织最重要的资源，配备人员是组织职能发挥的重要环节。在配备人员时，管理者需要根据组织的目标和任务，确定所需的人员数量和素质要求，通过招聘、选拔、培训等方式，为组织配备合适的人员。招聘是吸引外部人才的过程，管理者可以通过发布招聘信息、参加招聘会、网络招聘等方式吸引符合要求的人才加入组织。选拔是从众多应聘者中挑选出最合适人员的过程。管理者可以通过面试、笔试、心理测试等方式评估应聘者的能力和素质。培训是提高人员素质的过程，管理者可以通过内部培训、外部培训、在线学习等方式，为员工提供各种培训机会，提高员工的专业技能和综合素质。

3. 分配权力

分配权力是组织职能的关键环节，它决定了组织的决策效率和执行效果。在分配权力时，管理者需要根据组织的目标和任务，确定各部门、各岗位的职责和权限，建立有效的权力分配机制。权力分配可以分为集权和分权两种方式。集权是将权力集中在高层管理者手中，统一指挥和决策；分权是将权力分散到各部门、各岗位，让基层管理者和员工参与决策和管理。集权和分权各有优缺点，管理者需要根据组织的实际情况选择合适的权力分配方式。例如，一家小型企业可能采用集权的权力分配方式，由企业主或高层管理者统一决策和指挥，这样可以提高决策效率和执行效果；而一家大型企业可能采用分权的权力分配方式，将权力分散到各事业部或部门，让基层管理者和员工参与决策和管理，这样可以提高组织的灵活性和适应性，更好地满足市场需求。

1.1.4.3 领导职能

领导职能旨在通过管理者对他人行为和态度的有效影响，推动组织目标的达成。其关键内容涵盖激励员工、指导员工以及沟通协调等方面。

1. 激励员工

激励作为激发员工工作积极性与创造力的关键过程，处于领导职能的核心地位，对员工工作绩效以及组织发展潜力有着决定性作用。管理者需深入洞悉员工的多样化需求和内在动机，以此为基础精准选取契合的激励手段，进而满足员工需求，充分激发其工作热情与创造潜能。物质激励与精神激励是常见的激励形式。物质激励借助薪酬、奖金、福利等物质性奖励来驱动员工；精神激励则通过表扬、认可、授予荣誉等精神层面的奖励给予员工鼓舞。此外，目标激励、参与激励、竞争激励等多种方式也能有效地激发员工的工作积极性和创造力。从理论层面而言，当员工的需求在合理范围内得到满足时，其工作动力将得到显著增强，进而更加主动地投入工作，为实现组织目标贡献更多的价值，同时也有助于员工个人的成长与发展，实现组织与员工的双赢。

2. 指导员工

指导是助力员工提升工作能力与绩效的重要过程，是领导职能的关键环节，关乎员工的成长轨迹。管理者在指导员工时，应当全面了解员工的工作状况和具体需求，凭借自身专业知识与经验，为员工提供精准、专业的指导意见和切实可行的建议，协助员工攻克工作中遭遇的各类难题，从而实现工作能力与绩效的双重提升。指导员工的方式丰富多样，包括面对面指导、书面指导和在线指导等。面对面指导能够实现管理者与员工的直接互动交流，便于管理者精准把握员工的问题所在并给予及时反馈；书面指导以书面文件、报告等形式呈现，具有可留存、易查阅的特点，能为员工提供系统的指导信息；在线指导则借助网络平台和电子邮件等手段，突破时空限制，及时为员工答疑解惑，提供支持。通过有效的指导，员工能够更快地适应工作要求，提升自身业务水平，进而促进组织整体效能的提高。

3. 沟通协调

沟通协调是管理者与员工之间、员工与员工之间进行信息交互与关系调和的关键过程，在领导职能中占据着举足轻重的地位，直接关系到组织的凝聚力与执行力。管理者需构建完备、高效的沟通渠道与协调机制，及时、准确地获取员工的意见和建议，妥善化解员工之间的矛盾，营造和谐稳定的组织氛围，推动组织良性发展。沟通协调可运用会议沟通、面谈沟通、书面沟通、网络沟通等多种方式。会议沟通有利于集中各方智慧，针对关键问题展开深入探讨，达成广泛共识；面谈沟通能够深入挖掘双方的思想动态和实际需求，增强沟通的针对性和实效性；书面沟通便于记录沟通详情，为后续查阅和追溯提供依据；网络沟通则凭借其便捷性和即时性，有效地跨越时空障碍，促进信息的快速流通与共享。顺畅的沟通协调机制能够确保组织内部信息对称，减少误解和内耗，提升组织的协同效率，增强组织应对复杂环境的能力，为组织目标的实现奠定坚实的基础。

1.1.4.4 控制职能

控制职能主要是对组织的各项活动实施监督与调控，确保组织目标顺利实现。其核心内容包括制定标准、衡量绩效和纠正偏差等环节。

1. 制定标准

标准作为衡量组织活动是否符合要求的关键参照，是控制职能的基础性工作，为控制活动明确了方向与重点。管理者在制定标准时，需紧密围绕组织的目标与任务，对各项活动在质量、数量、时间、成本等维度进行精确界定，确立清晰、明确且可操作的标准体系。标准可分为定性标准与定量标准。定性标准以文字描述为主，如产品质量的特性描述、服务的品质要求等，用于规范活动的性质和特征；定量标准则以数字量化呈现，如生产数量的具体指标、成本的量化额度等，便于进行精确衡量和比较。同时，标准还可分为内部标准和外部标准。内部标准由组织依据自身实际情况和发展需求制定，反映组织的内部管理要求和期望水平；外部标准则由外部权威机构制定，如国家标准、行业标准等，体现了组织所处行业和社会环境的一般性规范和要求。合理、科学的标准体系是实施有效控制的前提，能够为组织活动提供明确的目标导向和行为准则，确保组织活动在预定轨道上运行，避免出现偏离和混乱。

2. 衡量绩效

衡量绩效是对组织活动实际成果进行精确测量与客观评价的关键过程，处于控制职能的核心位置，直接决定着控制的成效与效率。管理者需依据既定标准，精心挑选适配的测量方法和工具，对组织活动的实际产出进行全面、系统的量化评估和定性分析，以准确把握组织活动的真实状态和发展趋势。衡量绩效可采用统计分析、财务报表和绩效考核等多种方法和工具。统计分析通过对大量数据的收集、整理和深入剖析，揭示组织活动在数量、质量、效率等方面的实际表现和内在规律；财务报表以财务数据为基础，从经济角度反映企业的经营状况、盈利能力和资金流动情况，为绩效评估提供关键的财务指标支持；绩效考核则聚焦于员工个体的工作表现，通过设定科学合理的考核指标和评价体系，对员工的工作绩效、能力水平和工作态度进行综合评价，进而为组织整体绩效的提升提供有力保障。精准的绩效衡量能够为管理者提供及时、准确的反馈信息，使其清晰地洞察组织活动的优势与不足，为后续的控制决策提供坚实的数据依据，确保控制措施的针对性和有效性。

3. 纠正偏差

纠正偏差是针对组织活动中出现的偏离标准的情况进行调整与优化的关键过程，是控制职能的终极目标，直接关乎组织目标的实现程度。管理者在发现绩效偏差后，需依据衡量绩效所获取的结果，深入剖析偏差产生的根源，包括内部因素（如管理不善、员工能力不足、流程不合理等）以及外部因素（如市场环境变化、政策法规调整、技术变革等），并据此制定和实施切实有效的调整措施。纠正偏差的措施包括调整计划、改进方法和加强培训等。调整计划旨在根据实际情况对原计划进行灵活优化，确保计划的可行性和适应性；改进方法着重于对组织活动的方法和流程进行创新性改进和精细化优化，以显著提升工作效率和工作质量；加强培训则通过有针对性地提升员工的知识、技能和素质，增强员工应对复杂工作任务的能力，从根本上减少偏差的产生。通过及时、有效的偏差纠正，组织能够迅速回归正轨，持续优化自身运营管理，不断提升组织绩效，稳步向既定目标迈进，增强组织在动态市场环境中的竞争力和生存能力。

控制流程如图 1–2 所示。

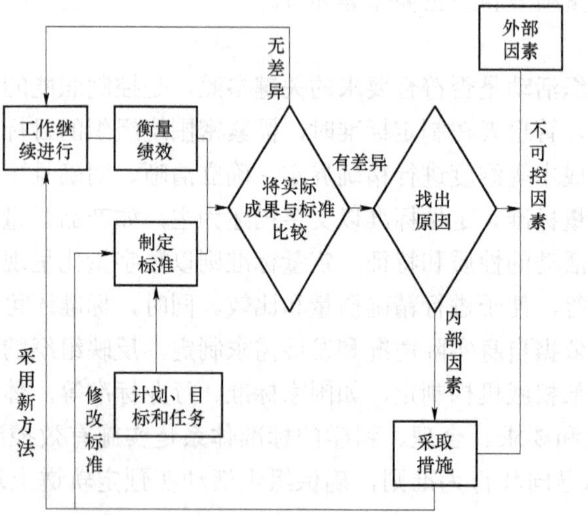

图 1–2　控制流程

1.1.4.5　创新职能

在现代组织管理体系中，管理的创新职能占据着至关重要的地位，它主要体现在对组织资源的优化整合与合理调整上，以此推动组织适应不断变化的内外部环境，进而实现组织目标。

1. 管理创新职能的关键方面

1）目标创新

市场环境和消费者需求始终处于动态变化之中，组织必须敏锐地洞察这些变化，及时且适当地对经营目标作出调整。这种调整不应局限于单纯的利润追求，而应拓展至社会责任的履行以及可持续发展理念的贯彻，以确保组织在长期发展中保持竞争力和适应性。

2）技术创新

技术创新作为组织创新的核心内容，涵盖了原材料、生产设备以及工艺流程等多个领域的改进与突破。通过技术创新，组织能够提升产品的质量和性能，同时提高生产效率，降低成本，从而在市场竞争中赢得优势，增强自身的生存和发展能力。

3）制度创新

制度创新涉及组织内部的产权制度、经营制度以及管理制度等多个层面。合理的制度创新能够明确各部门和人员的职责与权益，优化资源配置，提高组织的运行效率和协同能力，为组织的稳定发展提供坚实的制度保障。

4）组织创新

组织创新包括组织结构的优化、工作方式的改进以及考核评价体系的完善等方面。通过组织创新，组织可以提升管理效率，增强内部沟通与协作，使组织能够更加灵活地应对外部环境的变化，从而提高整体运营效能。

5）环境创新

组织并非被动地适应外部环境，而是可以通过自身的努力主动影响和改变外部环境，包括与社会各界建立良好的合作关系、积极应对经济形势的变化以及参与政治环境的塑造等，为组织创造更为有利的发展条件。

2. 管理创新的重要性

1）组织发展

创新是组织不断发展的根本动力，是推动经济增长的关键因素。只有持续创新，组织才能不断开拓新的市场空间，推出新的产品和服务，实现持续壮大和发展。

2）竞争优势

在当今全球化竞争日益激烈的背景下，创新能力成为组织区别于竞争对手、获取竞争优势的核心要素。具备创新精神的组织能够更快地响应市场变化，满足客户的个性化需求，从而在市场中脱颖而出，赢得更多的市场份额和利润。

3）应对危机

当组织面临各种内外部危机时，创新往往是摆脱困境的有效途径。通过创新，组织可以调整经营策略，开发新的业务领域，优化资源配置，从而实现逆境突围，保障组织的持续健康发展。

总之，管理的创新职能对于组织适应环境变化、获取竞争优势以及实现可持续发展具有不可替代的关键作用，是现代组织在激烈的市场竞争中立于不败之地的重要保障。组织管理者应高度重视创新职能的发挥，积极推动组织在各个层面的创新实践，以实现组织的长远发展目标。

扩展阅读

行业唯一！海尔冰箱两项智能制造成果入选国家典型案例

2024 年 12 月 10 日，工业和信息化部办公厅发布《2024 年度质量提升与品牌建设典型案例名单》。其中，海尔冰箱凭实力“出圈”，其“基于数字化平台建设的电冰箱智造全场景质量管控与提升”“大数据技术在冰箱全智能发泡工艺中的探索实践”两项案例脱颖而出，海尔成为冰箱行业唯一登榜的品牌。

除了在核心保鲜科技领域获得国家级表彰，基于先进智造实力，海尔冰箱此次也展现出在数字化、大数据应用领域的先进性。拿入选的“大数据技术在冰箱全智能发泡工艺中的探索实践”来说，其为家电行业的首创成果，做到了箱体发泡当年不良改善 40%，大幅提高了用户满意度，实现冰箱保温性能与超薄零嵌效果的双重提升。

行业唯一上榜！海尔冰箱一次入选两个案例

此次评选并非简单的案例筛选。从深层目的看，其旨在进一步提升工业和信息化质量管理能力，加快质量技术创新应用，提高产品可靠性水平，打造更多具有国际影响力的“中国制造”品牌，加强典型经验总结和优秀案例推广。因而选拔也更为严格。经过推荐审核、专家评审、征求意见等重重筛选，在各行各业海量案例中仅 100 项最终入围。其中，海尔冰箱为行业唯一入选品牌，且上榜两项案例。具体来看，在质量管理能力方向，青岛海尔电冰箱有限公司“基于数字化平台建设的电冰箱智造全场景质量管控与提升”案例入选；在质量技术创新应用方向，青岛海尔特种电冰箱有限公司的“大数据技术在冰箱全智能发泡工艺中的探索实践”项目入选。

为何海尔冰箱能脱颖而出呢？关键在于其成果不仅使品牌自身受益，更推动了整个行业的升级。拿事关冰箱性能、生产成本，直接影响用户使用体验的发泡工艺来说，海尔冰箱凭借家电行业首创的“大数据技术在冰箱全智能发泡工艺中的探索实践”带来了双重利好，即对自身来说，自引入该成果以来，关于箱体发泡类的用户抱怨降低了 40%；对于行业而言，目前海尔冰箱通过数字化质量体系的搭建，已经优化了 108 个案例，在行业内共享复制了 28 个案例。

将产品做到极致！入选成果提升用户超薄零嵌体验

从生产线走向生活圈，海尔冰箱入选究竟有什么影响呢？从当下用户趋势看，凭借厨居一体化美学体验，超薄零嵌冰箱越来越受用户欢迎，GfK 冰箱市场全国零售监测数据显示，2024 年 1—4 月零嵌冰箱零售额同比增长率超过 100%，零嵌冰箱占整体冰箱市场的比重增长至 17%。

对于该品类，人们如同期待超保暖但纤瘦的羽绒服一般，希望在获得更纤薄的机身的同时，拥有更大的容积，而冰箱的发泡层就如同羽绒服里的优质填充物，决定着冰箱的保温性能与厚度，海尔冰箱的发泡技术一直走在行业前沿。

米兰系列新上市的产品，依托其原创的超薄发泡技术等，在保障保鲜效果达到行业最高“一级健康保鲜标准”的同时，能够完美达到594 mm专业超薄零嵌尺寸，区别于行业内普遍遵循600 mm尺寸的产品，真正达到“正面平齐，两侧零嵌”的一体化厨居效果。并且，海尔米兰冰箱的容积率是行业之最，达到61.2%。其625L占地仅0.54 m^2，比同等体积超薄零嵌冰箱多装105 L，扩大冰箱内存的同时节约厨居空间。

更加令用户安心的是，在入户前，基于大数据技术在冰箱全智能发泡工艺中的实践，冰箱已经过重重检测，质量有保障。通过实时的机柜互通、人机互通可视化管理，产品在生产时能够达到最佳运行状态，搭配数字化质量体系，一旦有异常参数或故障，就能及时发出警报，第一时间识别并解决产品质量隐患，事前规避风险，避免给用户带来麻烦。

相信，随着海尔冰箱双案例入选国家典型，其将助推行业智造高端升级，为用户带来更加符合需求、更高品质的理想保鲜饮食生活。而消费者也更加期待，未来的海尔冰箱将带来什么样的新惊喜，引领行业怎样的新潮流！

（资料来源：https://baijiahao.baidu.com/s?id=1818886087720096276&wfr=spider&for=pc）

1.1.5 管理者的角色与技能

1.1.5.1 管理者的角色

在组织中，管理者扮演着至关重要的角色。他们负责领导、协调和监督组织的各项活动，以实现组织的目标。管理者的角色可以从不同的角度进行分析，包括人际关系角色、信息传递角色和决策制定者角色。

1. 人际关系角色

管理者在组织中承担着人际关系方面的角色，主要包括以下几个方面：

1）挂名首脑

作为挂名首脑，管理者代表组织出席各种仪式、活动和会议，履行法律性和社会性的义务。例如，公司的总经理出席行业研讨会、签署合作协议、参加慈善活动等。这个角色虽然在日常管理中看似较为表面，但对于组织的形象塑造和外部关系维护起着重要作用。通过挂名首脑的活动，组织向外界展示了其存在和影响力，加强了与其他组织和社会各界的联系。

2）领导者

管理者作为领导者，负责激励和指导下属员工，使其为实现组织目标而努力工作。领导者需要具备良好的沟通能力、决策能力和团队建设能力。他们要了解员工的需求和期望，为员工提供支持和资源，激发员工的工作积极性和创造力。例如，一位优秀的部门经理会定期与员工沟通，了解他们的工作进展和困难，并给予及时的反馈和建议。同时，领导者还会通过制定明确的目标、分配任务、提供培训和发展机会等方式，引导员工不断提升自己的能力和绩效。

3）联络者

管理者作为联络者，负责与组织内部和外部的各种利益相关者进行沟通和协调。在组织内部，管理者需要与不同部门的员工进行交流，了解他们的工作情况和需求，促进部门之间的合作和协调。在组织外部，管理者需要与供应商、客户、政府机构、社区等建立良好的关系，为组织争取资源和支持。例如，一家企业的销售经理会与生产部门、研发部门等进行沟通，确保产品能够按时交付并满足客户的需求。同时，销售经理还会与客户保持密切联系，了解市场动态和客户需求，为企业的产品开发和营销策略提供参考。

2. 信息传递角色

管理者在组织中还承担着信息传递方面的角色，主要包括以下几个方面。

1）监督者

管理者需要不断地收集和分析组织内部和外部的各种信息，以便及时了解组织的运行情况和外部环境的变化。监督者需要关注市场动态、竞争对手的行动、技术发展趋势、政策法规的变化等方面的信息。通过收集和分析这些信息，管理者可以为组织的决策提供依据，及时调整组织的战略和策略。

2）传播者

作为传播者，管理者需要将收集到的信息传递给组织内部的员工，使他们了解组织的目标、战略和政策。传播者需要选择合适的沟通渠道和方式，确保信息能够准确、及时地传达给员工。总经理会通过召开员工大会、发布内部邮件、组织培训等方式，向员工传达公司的发展战略和目标。同时，传播者还需要对信息进行解释和说明，帮助员工理解信息的含义和重要性。

3）发言人

作为发言人，管理者代表组织向外部利益相关者传递信息，包括客户、供应商、政府机构、媒体等。发言人需要具备良好的沟通能力和公关技巧，能够准确地传达组织的立场和观点，维护组织的形象和声誉。公关经理会在新闻发布会上向媒体介绍企业的新产品和发展战略，并回答记者的提问。同时，发言人还需要与外部利益相关者进行沟通和协调，解决可能出现的问题和纠纷。

3. 决策制定者角色

管理者在组织中还承担着决策制定方面的角色，主要包括以下几个方面。

1）企业家

作为企业家，管理者负责寻找和发现组织的机会，并制定相应的战略和计划。企业家需要具备敏锐的洞察力和创新能力，能够发现市场需求和潜在的商业机会。他们要敢于冒险，勇于尝试新的业务模式和技术创新。互联网企业的创始人会不断地寻找新的市场机会，推出新的产品和服务。同时，企业家还需要制定相应的战略和计划，组织资源进行实施，以确保企业的持续发展。

2）危机处理的驾驭者

管理者负责处理组织内部和外部的各种突发事件和危机。混乱驾驭者需要具备冷静的头脑和果断的决策能力，能够在紧急情况下迅速做出正确的决策。一家企业的生产车间发生了火灾，管理者需要立即启动应急预案，组织员工进行疏散和灭火，同时与消防部门、保险公司等进行沟通和协调，尽快恢复生产。

3）资源分配者

作为资源分配者，管理者负责分配组织的各种资源，包括人力、物力、财力等。资源分配者需要根据组织的目标和战略，合理地分配资源，确保资源的有效利用。公司的财务总监会根据公司的发展战略和预算，合理地分配资金，确保公司的各项业务能够顺利开展。同时，资源分配者还需要对资源的使用情况进行监督和评估，及时调整资源分配方案，以提高资源的利用效率。

4）谈判者

作为谈判者，管理者代表组织与外部利益相关者进行谈判和协商，这些利益相关者包括供应商、客户、合作伙伴等。谈判者需要具备良好的沟通能力和谈判技巧，能够在谈判中争取到有利的条件。例如，一位企业的采购经理会与供应商进行谈判，争取更低的采购价格和更好的供货条件。同时，谈判者还需要考虑组织的长期利益和战略目标，在谈判中做出明智的决策。

综上所述，管理者在组织中扮演着多种角色，包括人际关系角色、信息传递角色和决策制定角色。这些角色相互关联、相互支持，共同构成了管理者的职责和使命。管理者需要不断地学习和提升自己的能力，以更好地履行自己的职责，为组织的发展做出贡献。

1.1.5.2 管理者的技能

管理者通常需要具备以下三种主要技能。

1. 技术技能

技术技能是指管理者掌握和运用某一专业领域内的知识、技术和方法的能力。不同层次的管理者对技术技能的要求程度有所不同。

1）基层管理者

基层管理者直接指导和监督员工的日常工作，他们需要对所管理领域的具体业务和操作流程有深入的了解。例如，生产车间的班组长需要熟悉生产设备的操作、工艺流程的控制以及产品质量的检验标准等。他们要能够亲自示范正确的操作方法，并解决员工在工作中遇到的技术问题。

2）中层管理者

中层管理者负责协调和整合不同部门的工作，需要对所涉及的各个专业领域有一定的了解，以便更好地理解和沟通各部门的工作需求。例如，部门经理需要了解本部门所涉及的技术知识，同时也需要对其他相关部门的技术有一定的认识，这样才能在跨部门项目中进行有效的协调和管理。

3）高层管理者

虽然高层管理者不直接参与具体的技术操作，但他们也需要对组织所从事的核心业务和关键技术有基本的了解，以便在制定战略和作出决策时能够考虑到技术因素的影响。例如，公司的总经理需要了解公司所处行业的技术发展趋势，以便在投资决策、产品研发方向等方面作出正确的判断。

2. 人际交往技能

人际交往技能是指管理者与他人进行有效沟通、协作、激励和处理人际关系的能力。这包括以下几个方面。

1）沟通能力

管理者需要能够清晰地表达自己的想法和意图，同时也要善于倾听他人的意见和建议。

良好的沟通能力有助于管理者在组织中传递信息、协调工作、解决问题。

2）协作能力

管理者要能够组建高效的团队，明确团队成员的角色和职责，促进团队成员之间的合作和协作。通过组织团队建设活动、制定团队目标和奖励机制等方式，增强团队的凝聚力和战斗力。

3）激励能力

管理者需要了解员工的需求和动机，采取有效的激励措施，激发员工的工作积极性和创造力。

4）人际关系处理能力

管理者在工作中会与各种不同性格和背景的人打交道，需要具备良好的人际关系处理能力，能够化解矛盾、协调冲突，建立良好的合作关系。

3. 概念技能

概念技能是指管理者对复杂情况进行抽象和概念化的能力，以便更好地理解和应对组织面临的各种问题。具体包括以下几个方面。

1）分析和判断能力

管理者需要能够对复杂的问题进行分析和判断，找出问题的本质和关键因素。在面对市场竞争加剧、销售额下降的情况时，管理者能够通过数据分析、市场调研等手段，找出导致问题的原因，如产品竞争力不足、营销策略不当等。

2）战略规划能力

高层管理者尤其需要具备战略规划能力，能够根据组织的内外部环境制定长期发展战略。例如，确定组织的市场定位、产品发展方向、业务拓展领域等，为组织的未来发展指明方向。

3）创新能力

管理者要有创新思维，能够不断地提出新的想法和解决方案，从而推动组织持续发展。在产品研发、管理模式、市场营销等方面进行创新，以提高组织的竞争力和适应能力。

4）决策能力

管理者在面对各种复杂情况时，需要做出及时、准确的决策。决策能力包括收集信息、评估风险、权衡利弊等方面的能力。在投资决策、人员任免、重大项目决策等方面，管理者需要综合考虑各种因素，做出明智的决策。

综上，管理者技能如图 1-3 所示。

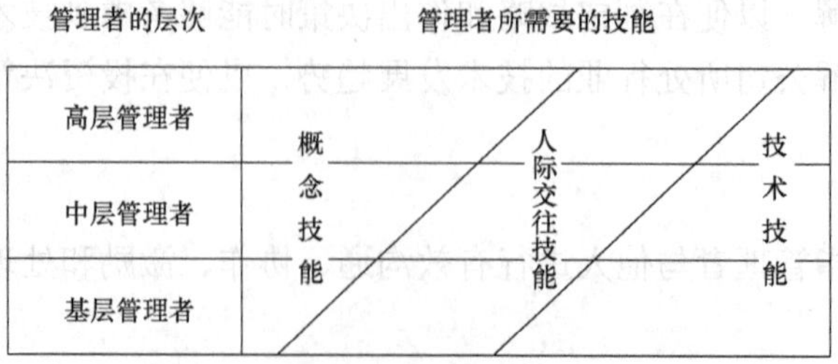

图 1-3　管理者技能

案例

2024 企业家大会平行论坛——数字时代企业品牌形象建设论坛在京召开

2024 年 8 月 25 日，2024 企业家大会平行论坛——数字时代企业品牌形象建设论坛在京召开。本次平行论坛由人民网主办、人民在线承办，香飘飘集团公益协办。论坛旨在深度聚焦数字时代下的企业品牌塑造与舆论管理话题，总结数字时代网络舆论生态的新形势、新特点，探讨如何在复杂多元的舆论环境中，塑造良好的企业家个人形象，构建积极健康的企业品牌形象，提升品牌声誉与影响力。

人民在线副总经理郭亚飞表示，数字时代信息传播的速度与广度前所未有，复杂多元的舆论环境在一定程度上也加大了企业品牌的声誉风险，这就要求企业必须具备更强的危机应对能力和品牌管理能力。在品牌建设方面，人民在线努力探索开拓高智慧、高附加值的咨询业务，去年以来相继发布了《2023 品牌影响力建设观察报告》《佛山产业 IP 路径打造与影响力分析报告》等多个品牌建设领域的相关报告，不断推进理论研究与舆情实践相结合。

品牌专家、新华社《中国名牌》杂志原总编辑顾环宇在演讲中分享了数字时代企业品牌形象的打造策略。他指出，在品牌塑造与传播的过程中，品牌地标作为地域文化与品牌特色的集中体现，具有不可替代的作用。在数字时代，“粉丝”不仅是品牌的忠实消费者，更是品牌口碑传播的重要力量。通过打造极具文化内涵的品牌地标，发挥“粉丝”的品牌共建作用，是品牌实现差异化竞争、提升品牌影响力的重要途径。

品牌专家、经济传媒协会新媒体分会副会长韩立勇认为，舆论靶心是引导公众关注与讨论的焦点所在，品牌出圈需要精准把握舆论靶心，通过高质量的文案和策略性的传播手段，将公众的注意力集中到品牌的核心价值上。对于“出圈”传播，韩立勇指出，品牌要讲好故事，保证内容的合理性，同时注重与受众的互动和反馈，确保传播效果最大化。

北京风谱科技创始人许玉春在发言中分享了企业品牌定位的案例经验与方法路径。他表示，品牌定位是企业战略的核心组成部分，是连接消费者需求与企业价值创造的桥梁，不仅能够帮助企业从众多竞争者中脱颖而出，还能够引导顾客产生积极的品牌联想和购买意愿。他强调，定位式经营能够助力企业实现高质量发展，其核心在于精准把握市场需求与顾客心智规律。

“我们要围绕匠心、创新和初心，为用户创造好的产品，为社会创造好的企业。”作为企业品牌代表，香飘飘董事兼品牌创新总经理蒋晓莹以“数字化时代品牌宣传的创新与突破”为主题，介绍了香飘飘在品牌宣传过程中的实践探索。蒋晓莹表示，数字化时代是口碑为王的时代，消费者的信息获取与信息搜索能力提升了，这使得企业必须“站得稳”“站得直”，做出真正的好产品，同时辅以创新的营销策略和手段，吸引消费者的关注和兴趣。

深圳市几素科技有限公司副总经理何志强在发言中表示，几素科技作为小风扇领域的专家和领导者，始终专注于消费者细分需求的挖掘，通过不断加强产品研发，为消费者带来更加舒适便捷的生活体验。他同时指出，仅靠产品力和市场占有率无法打造有灵魂的品牌，几素科技通过价值观牵引，明确品牌立身的根本，为员工提供舒适轻松的工作环境、适应创造者的工作方式等，由内而外地践行企业价值观，致力于构建一个值得消费者信赖、让人感觉舒适幸福的品牌。

人民在线品牌研究院研究员赵露茜发布了《社交媒体时代企业品牌形象塑造与危机应对策略研究》。赵露茜认为，社交媒体塑造企业品牌舆论生态，主要指向品牌形象塑造及危机应对两个方面。在品牌形象塑造方面，企业应在平台差异化叙事、互联网热点追踪、用户交互深化、传播数据分析、情感沟通等方面寻求创新。在品牌危机应对方面，企业则需要在思维观念上规避舆情洁癖、信息监测时增加社交媒体覆盖、应对处置时坚持实事求是、行文编排时妙用共情传播、舆论引导时搭建社交媒体矩阵。

圆桌对话环节，与会嘉宾围绕“把握数字时代新趋势，赋能企业品牌新风貌”等主题，共同解读舆论生态新趋势与企业品牌塑造路径，分享新媒体环境下企业品牌打造的经验与思考。福州塔斯汀餐饮管理有限公司副总裁默杨表示，塔斯汀作为一个土生土长的民族品牌，未来将在“国潮”“国牌”的热潮下，持续通过门店触角做好民族性和文化精髓的传播，把门店和消费者的每一次接触都作为品牌故事的触点。深圳百果园实业（集团）股份有限公司政府公共关系部高级总监付威谈到，作为食品企业，食品安全问题至关重要。百果园将通过品牌焕新、打造“招牌果”等举措，不断完善品牌建设，提升食品安全管理水平。老乡鸡餐饮股份有限公司公关经理李玲玲强调，品牌传播需以真诚为核心，精准定位受众心理，老乡鸡将持续秉持干净卫生、健康饮食的标准，致力于打造中国家庭信赖的品质厨房。中国食品报记者何义涛认为，食品企业在保障食品安全方面面临着诸多挑战，应该从标识管理、食材存放、工器具使用、员工行为规范等多方面入手，树立起坚实的品牌形象，赢得消费者的信任与支持。

（资料来源：https://baijiahao.baidu.com/s?id=1808503674658217542&wfr=baike）

任务 1.2　认知组织与组织行为

在深入探讨组织行为与领导力的广阔领域之前，我们首先需要清晰地界定“组织”与“组织行为”这两个核心概念，并理解它们各自的内涵与特点。这不仅为我们后续的学习奠定了坚实的理论基础，也帮助我们更加直观地认识到这些概念在现实世界中的广泛应用与深远影响。

1.2.1　组织

1.2.1.1　组织的含义

组织是一个多层次、多维度的概念，涉及社会学、管理学、经济学等多个学科领域。从广义上讲，组织是指由诸多要素按照一定方式相互联系起来的系统。这种定义强调了组织作为一个整体的功能和结构，而不仅仅是其成员或活动本身。在狭义上，组织通常指人们为实现一定的目标，通过态度、知识、技能等要素相互协作结合而成的集体或团体。例如，党团组织、工会组织、企业、军事组织等都是典型的组织形式。这些组织通过分工合作，共同完成特定的任务或目标。

《现代汉语词典》中，“组织”作为动词时，指安排分散的人或事物，使其具有一定的系统性或整体性；作为名词时，则指按照一定的宗旨和系统建立起来的集体。这一定义进一步明确了组织的动态性和静态性特征。从管理学的角度来看，组织是由两个或两个以上的个人或集体为了实现某一共同目标而结合起来，以提高行动效率的系统。这种定义突出了组织的目标导向性和协同作用。近年来，学者们对组织的研究不断深入，提出了许多新的理论和观点。斯蒂芬・P. 罗宾斯在《组织行为学》中指出，组织是一个自觉协调的社会单元，由两个或两个以上的人构成，用以实现一个或一组目标。这一观点强调了组织的自觉性和目标导向性。

此外，网络组织作为一种新兴的组织形态，也受到了广泛关注。潘旭明在其论文中探讨了网络组织的含义和实质，认为它是现代网络通信技术把“看得见的手”与“看不见的手”在一个组织中同时并用的结果。这一观点揭示了网络组织在信息时代的新特点和运行机制。社会组织包括社会团体、基金会和民办非企业单位，是指为了实现特定的管理目标，按照一定的宗旨和系统建立、组合起来，依照各自的章程开展活动的组织。这些组织在公共关系中扮演着重要角色，是公共关系的构成要素之一。

拓展阅读

中国民办教育协会是一个全国性、行业性的非营利性社会组织，成立于2008年5月17日，经中华人民共和国教育部和民政部正式批准。该协会的宗旨是促进民办教育行业的健康发展，并致力于培养德智体美劳全面发展的社会主义建设者和接班人。

中国民办教育协会是由全国各级各类民办教育机构和工作者自愿组成的协会，其主要任务包括推动民办教育规范优质发展，以及通过各种方式提交提案来影响政策制定，从而促进民办教育的高质量发展。现任会长为刘林，他是最近一次换届大会上当选的会长。

此外，中国民办教育协会还积极参与和支持各类学术会议和研讨会，例如全国民办高校课程思政教学改革研讨会等，为贯彻落实党的教育方针和政策作出贡献。协会还组织专家评审并推荐立项课题，以支持学校的发展。

总体而言，中国民办教育协会在促进民办教育事业的健康发展方面发挥了重要作用，不仅通过政策建议和提案推动相关法规的完善，还通过举办各类活动和会议来提升民办教育的质量和水平。

（资料来源：https://www.canedu.org.cn/）

近三年来，中国民办教育协会发布了多项关于青年学者优秀研究成果奖的征文启事，鼓励和支持青年学者进行学术研究。这些研究成果涵盖了教育领域的多个方面，反映了当前学术界对教育问题的关注和探索。由此可见，组织的含义不仅包括其结构和功能，还涉及其目标导向性和协同作用。近年来的研究成果表明，随着社会的发展和技术的进步，组织的形式和运行机制也在不断变化和发展。

综上所述，作为社会结构的基本单元，组织是指为了实现共同目标，由相互依存、相互作用的个体（如人、物等）按照一定规则和结构组成的集合体。

1.2.1.2 组织的特点

1. 目标导向性

组织的首要特性便是其鲜明的目标导向性。组织之所以存在并持续发展，皆源于其明确且特定的目标或使命。这一目标绝非模糊不清的概念，而是犹如灯塔般为组织的前行照亮方向，成为组织内一切活动的出发点与归宿。只有当组织全体成员对目标达成高度共识，并将个人的努力与组织目标有机融合，组织才能汇聚强大的合力，克服重重困难，稳步迈向成功的彼岸。否则，缺乏明确目标引领的组织，将如无舵之舟，在茫茫大海中漂泊不定，陷入混乱与无序，最终难逃被淘汰的命运。

2. 结构性

组织的有序运行离不开其内在的结构性特征。组织应具备一定的层级结构和清晰明确的职责分工体系，这是确保各项任务得以有条不紊、高效优质地完成的关键所在。层级结构在组织中构建起权力的层级传递链条，上级通过合理的授权与指挥，引导下级朝着共同目标协同奋进，同时下级也能够将执行过程中的信息与问题及时反馈给上级，形成有效的管理闭环。职责分工将复杂的组织任务分解为各个具体、可操作的工作模块，明确每个岗位的职责与权限，使成员清楚地知晓自身的工作内容与责任边界，进而提升工作的专业性与专注度。更为重要的是，这种结构还为信息的流通与共享搭建了通道，不同层级、不同部门之间能够依据职责关系进行信息的传递与交流，保障组织决策的科学性与及时性，避免因信息不畅而导致的决策失误与工作延误，使组织整体能够像一台精密的机器一样高效运转。

3. 社会性

组织本质上是由众多具有不同背景、能力和需求的个体组成的社会群体。这些个体带着各自独特的价值观、文化传统、专业技能以及个人期望汇聚于组织之中，他们之间的相互交往与影响构成了组织丰富多样的人际关系网络。在日常工作中，成员们通过正式的会议、工作协作以及非正式的交流互动等方式，彼此沟通、协作与支持，共同解决工作中面临的各种问题与挑战。这种频繁的人际互动逐渐孕育出组织独特的文化氛围和价值观念，这些文化与价值观如同黏合剂一般，将分散的个体凝聚成一个有机的整体，增强成员对组织的认同感与归属感，激发成员的工作积极性与创造力，引导成员在行为选择上自觉遵循组织的规范与准则，进而促进组织整体效能的提升。可以说，组织的社会性特征不仅体现在人员的集合上，更体现在成员之间复杂而微妙的社会关系以及由此衍生出的文化价值体系之中，这是组织区别于其他机械性系统的重要标志，也是组织活力与魅力的重要源泉。

4. 开放性

在全球化和信息化浪潮的席卷下，任何组织都无法脱离外部环境而孤立存在，开放性已成为组织不可或缺的重要特性。组织必须与外部环境进行持续的物质、能量和信息的交换，方能维持自身的生存与发展。从物质层面来看，组织需要从外部获取原材料、设备等生产要素，并将生产出的产品或服务投放市场，满足外部客户的需求；从能量角度而言，组织通过与外部的合作、竞争以及技术交流等活动，汲取新的理念、方法与动力，激发组织内部的创新活力与变革动力；在信息方面，组织时刻关注外部市场动态、行业趋势、政策法规变化等信息，并将这些外部信息及时转化为组织内部的决策依据，调整自身的战略方向与经营策略。正是这种开放性，使组织能够敏锐地感知外部环境的细微变化，提前预判潜在风险与机遇，迅速调整自身状态，灵活应对各种挑战，从而保持旺盛的生命力与强大的竞争力，在激烈的市场竞争中脱颖而出，实现可持续发展。

5. 动态适应性

当今世界，唯一不变的就是变化本身，组织所处的外部环境充满了不确定性，内部条件也在持续不断地演变。因此，组织具备动态适应性显得尤为关键。面对外部环境的风云变幻，如市场需求的波动、技术的飞速革新、竞争对手的策略调整以及政策法规的推陈出新，组织必须时刻保持警惕，敏锐地洞察这些变化对自身的影响，并及时主动地调整其结构、战略和文化等多个层面，以实现与外部环境的和谐共生与协同发展。在结构调整方面，组织可能会根据业务发展的需要，适时优化部门设置、人员配置以及管理流程，提升组织的灵活性与响应速度；在战略规划上，组织会依据市场趋势和竞争态势，重新定位目标市场、调整产品或服务策略，确保战略方向的正确性与前瞻性；在文化塑造领域，组织会鼓励创新文化、学习文化的培育与传播，营造积极适应变革的组织氛围，增强组织成员对变化的接受度与应对能力。唯有如此，组织才能在动态变化的浪潮中稳立潮头，不断进化升级，实现自身的长远发展目标，否则必将被时代的洪流所湮没，成为历史的过客。

综上所述，目标导向性、结构性、社会性、开放性以及动态适应性作为组织的显著特点，相互交织、相互作用，共同勾勒出组织的全貌与特质。深刻理解并把握这些特点，对于管理者而言具有至关重要的意义，能够为其在组织的创建、运营、发展与变革等各个阶段提供坚实的理论基础与实践指导，助力组织在复杂多变的社会经济环境中实现稳健、高效、可持续的发展，达成组织的使命与愿景，为社会创造更大的价值。

1.2.2 组织行为

1.2.2.1 组织行为的定义与特点

1. 组织行为的定义

在当今复杂多变的社会和商业环境中，组织的生存与发展面临着诸多挑战。理解组织行为的含义对于有效地管理组织、提高绩效以及实现组织目标至关重要。

从个体层面来看，组织行为学关注员工的态度、动机、能力、人格等因素对工作行为的影响。例如，员工的工作满意度会影响其工作投入度和绩效表现。一个对工作满意的员工更有可能积极主动地完成任务，展现出更高的工作效率和质量。动机则是驱使员工采取特定行为的内在力量。具有强烈成就动机的员工会努力追求卓越的工作成果，而具有亲和动机的员工则可能更注重与同事建立良好的关系。此外，员工的能力和人格特点也会影响其在组织中的行为表现。具备专业技能和知识的员工能够更好地完成工作任务，而不同人格类型的员工在沟通、合作和应对压力等方面会表现出差异。

从群体层面来看，组织行为学研究涉及团队、部门等群体的形成、发展、互动和绩效。群体的凝聚力、沟通模式、领导风格以及冲突管理等方面都会对群体的行为和绩效产生重要影响。一个具有高凝聚力的团队通常能够更好地协作，共同完成任务。良好的沟通有助于信息的传递和共享，从而提高决策的质量和效率。领导风格会影响团队成员的工作态度和行为。例如，民主型领导风格可能会激发团队成员的创造力和参与度，而专制型领导风格可能会导致成员的被动服从和缺乏积极性。冲突在群体中是不可避免的，有效的冲突管理能够将冲突转化为积极的力量，促进创新和问题解决。

从组织层面来看，组织行为学关注组织的结构、文化、战略以及变革等方面对整体行为的影响。组织的结构决定了权力分配、信息流通和决策过程。扁平化的组织结构可能会促进信息的快速传递和创新，而层级分明的组织结构可能更注重秩序和控制。组织文化是组织成员共同的价值观、信仰和行为准则，它塑造了员工的行为和态度。积极向上的组织文化能够激励员工，提高组织的凝聚力和竞争力。战略决策则决定了组织的发展方向和目标，影响着组织资源的分配和利用。此外，组织变革是组织适应外部环境变化的必然选择。有效的变革管理能够减少变革带来的阻力，确保变革顺利实施。

组织行为是一个复杂而多层面的概念，它涵盖了组织内个体、群体和组织层面的行为表现和相互作用。理解组织行为的含义对于组织的有效管理和发展至关重要。个体因素、群体因素和组织因素都会对组织行为产生影响，组织可以通过了解这些影响因素，采取相应的管理措施，提高员工绩效、增强组织凝聚力、促进组织创新、提高组织适应性和优化组织决策。在当今快速变化的社会和商业环境中，组织行为学的研究和应用将为组织的成功提供有力的支持。

组织行为是指社会组织（包括企业、学校、医院、政府等）为实现其创立时的宗旨，自行产生动机，采取行动，并取得效果的过程。它是动机、行为和效果的统一体。组织行为不仅仅指个体在组织中的行为，还包括群体行为、组织整体行为以及它们之间的相互作用。这些行为共同构成了组织的行为特征和模式。

2. 组织行为的特点

1）复杂性与多样性

组织行为涉及众多因素和变量，包括个体特征、群体动力、组织结构和组织文化等。这些因素相互交织、相互影响，使得组织行为呈现出复杂多变的特点。

2）动态性与变化性

组织行为不是一成不变的，而是随着组织内外环境的变化而不断变化的。例如，当组织面临市场竞争加剧、技术革新等挑战时，其成员的行为模式和组织文化等都可能发生相应的变化。

3）系统性与整体性

组织行为是一个复杂的系统过程，其中个体、群体和组织等各个层面相互关联、相互作用。因此，在研究组织行为时，需要从整体出发，综合考虑各个层面的因素及其相互关系。

4）主观性与客观性

组织行为既受到个体主观意识的影响（如态度、动机等），也受到客观环境条件的制约（如组织结构、组织文化等）。因此，在研究组织行为时，需要同时关注主观因素和客观因素的作用及其相互作用的关系。

1.2.2.2 组织行为有效性的影响因素

组织行为的有效性是指组织目标的实现程度。它会受到各种因素的影响，以下将从几个方面进行分析。

1. 个体因素

1）人格特质

人格特质作为个体相对稳定且持久的心理特征，宛如隐性的行为指引，深刻地影响着个体在组织中的行为方式。外向型人格者，其与生俱来的社交倾向性使得他们在组织情境中能够自如地穿梭于人际网络之间，凭借出色的沟通技巧与人际交往能力，迅速与他人建立联系并展开协作，在需要频繁互动与信息交流的工作场景中往往展现出得天独厚的优势。相反，内向型人格者更倾向于内敛与沉思，在独立思考和深度钻研方面表现卓越。他们能够在相对安静、专注的工作环境中，凭借自身敏锐的洞察力和深入分析问题的能力，为组织贡献独特的智慧与价值。这种由人格特质所引发的行为差异，不仅体现了个体行为的多样性，更在组织的团队组建、任务分配以及岗位适配等方面具有关键的参考意义，是组织实现人力资源优化配置的重要依据。

2）价值观和态度

个体的价值观和态度宛如隐匿于内心深处的行为指南针，在潜移默化中引导着其对工作的认知、情感与行为倾向。持有积极价值观和态度的员工，将工作视为实现自我价值与社会贡献的重要途径，对工作的高度认同感与使命感较强。这种内在的精神驱动促使他们主动投入精力与热情，积极寻求解决问题的方法，勇挑工作重担，为组织的发展全力以赴。反之，消极的价值观和态度则可能导致员工对工作产生抵触情绪，敷衍塞责，缺乏创新精神与团队合作意识，严重影响工作效率与质量，甚至对组织的整体氛围产生负面示范效应。因此，组织若要激发员工的工作潜能，提升整体绩效水平，必须高度重视员工价值观和态度的塑造与引导，营造积极向上的组织文化氛围，使员工的个人价值观与组织的使命愿景深度契合，从而实现从观念驱动到行为自觉的积极转变。

3）能力和技能

员工的能力和技能水平无疑是决定其在组织中工作表现与成就高低的关键要素，犹如建筑高楼大厦的基石，直接关系到组织目标的实现程度。具备扎实专业技能和丰富知识储备的员工，能够在面对复杂多变的工作任务时，迅速运用所学知识，精准分析问题，高效制定解决方案，熟练运用专业工具与方法，确保工作任务的高质量完成，从而显著提升工作效率与效益。相反，能力欠缺或技能不足的员工，在工作中往往会陷入困境，表现得力不从心，不仅难以按时完成任务，还可能因操作失误或决策不当给组织带来损失。鉴于此，组织必须建立完善的人才选拔、培养与发展体系，持续提升员工的专业能力与综合素质，为组织的稳健发展提供坚实的人才保障与智力支持，使员工的能力与技能能够精准匹配组织的战略需求与业务发展方向。

4）动机和需求

个体的动机和需求是深藏于内心的原始驱动力。不同的个体基于其独特的生理、心理与社会需求，在组织中展现出各异的行为动机模式。例如，追求物质报酬的员工可能会为了更高的薪资、奖金和福利待遇而努力工作，力求在经济上获得满足与安全感；而渴望个人成长与发展的员工则更注重培训机会、晋升空间以及职业挑战，他们愿意主动承担富有挑战性的任务，不断学习新知识、新技能，以实现自我价值的提升与职业生涯的进阶。组织若能精准洞察员工的动机和需求，运用科学合理的激励机制与管理策略，满足员工多样化的需求层次，将员工的个人动机与组织目标紧密结合，便能充分调动员工的积极性与主动性，最大限度地激发员工的工作潜能，使组织在员工的全力推动下蓬勃发展，实现组织与员工的互利共赢。

2. 群体因素

1）群体规模

群体规模在组织行为中犹如一把“双刃剑”，对群体的互动模式与决策过程产生深远且复杂的影响。较大规模的群体虽然能够汇聚更多元化的信息、知识与观点，为解决复杂问题提供更丰富的思路与视角，但同时也不可避免地带来沟通成本的剧增、信息传递的失真与延迟以及决策过程的烦琐与低效等问题。成员之间的沟通渠道变得错综复杂，信息在层层传递过程中容易出现遗漏、误解或扭曲，导致决策难以达成共识，严重影响组织的执行效率与响应速度。相反，较小规模的群体则具有沟通便捷、信息传递迅速、成员之间互动紧密等优势，能够在面对问题时迅速做出反应，决策过程更加灵活高效，成员之间的协作也更加默契流畅。然而，过小的群体规模可能会限制信息的广度与深度，导致决策缺乏全面性与创新性。因此，组织在进行团队组建与任务分配时，必须根据工作任务的性质、复杂程度以及对信息多样性的需求，审慎权衡群体规模的大小，力求在沟通效率与信息质量之间找到最佳平衡点，以实现群体效能的最大化。

2）群体凝聚力

高凝聚力的群体，其成员之间建立了深厚的信任关系，彼此相互支持、相互配合，能够心往一处想、劲往一处使，在面对困难与挑战时，共同分担压力，齐心协力寻求解决方案，充分发挥团队的整体优势，高效完成组织交付的各项任务，极大地提升组织的工作绩效与竞争力。相反，低凝聚力的群体则如同一盘散沙，成员之间缺乏信任与沟通，各自为政，甚至可能因利益冲突、观点分歧而产生内部矛盾与不合作现象，严重削弱群体的战斗力与执行力，导致工作任务进展缓慢、质量低下，严重阻碍组织的发展进程。因此，组织应当高度重视群体凝聚力的培育与提升，通过营造共同的目标愿景、开展团队建设活动、建立公平合理的激励机制等手段，增强成员之间的认同感与归属感，促进成员之间的情感交流与合作互动，使群体凝聚力成为推动组织发展的强大助力。

3）领导风格

民主型领导风格注重成员的参与和意见表达，能够充分激发成员的积极性与创造力，使成员在感受到尊重与信任的同时，更加主动地投入工作，为实现组织目标贡献自己的智慧与力量；专制型领导风格则强调领导者的绝对权威与集中决策，在某些紧急情况下能够迅速做出决策并高效执行，但长期来看可能会压抑成员的积极性与主动性，导致成员对工作产生被动应付的态度；放任型领导风格给予成员较大的自由度与自主权，有利于培养成员独立思考与解决问题的能力，但也可能因缺乏有效的监督与指导，导致群体目标不明确，工作秩序混乱。因此，领导者应根据组织的发展阶段、任务性质以及成员特点，灵活运用适宜的领导风格，充分发挥领导的引领与示范作用，引导全体成员朝着共同的目标奋勇前进，实现组织绩效的稳步提升。

4）沟通模式

有效的沟通模式能够确保信息在群体内部准确无误地传递，避免因信息不对称而引发误解、冲突和重复劳动。成员之间通过及时、充分的沟通，能够清晰地了解工作任务的目标、要求与各自的职责分工，及时反馈工作进展情况与存在的问题，共同探讨解决方案，协调行动步伐，形成紧密协作的工作关系。相反，不良的沟通模式则会导致信息阻塞、沟通不畅，成员之间相互猜忌、误解丛生，严重影响工作效率与团队协作氛围，甚至可能导致工作任务失败。因此，组织应致力于构建开放、透明、高效的沟通机制与平台，鼓励成员之间进行全方位、多层次的沟通交流，培养成员的沟通意识与技巧，使沟通成为促进群体协作、提升组织绩效的有力武器。

3. 组织因素

1）组织结构

合理的组织结构能够清晰地界定各部门、各岗位的职责权限，优化工作流程，减少管理层级，促进信息的快速传递与反馈，使组织在面对外部环境变化时能够迅速做出响应，灵活调整资源配置，提高组织的运行效率与应变能力，确保组织在激烈的市场竞争中立于不败之地。相反，不合理的组织结构则可能导致权力过于集中或分散，职责不清、推诿扯皮现象频发，信息传递受阻、决策迟缓，严重制约组织的发展活力与竞争力，使组织在面对复杂多变的市场环境时陷入被动困境。因此，组织应根据自身的战略目标、业务特点以及内外部环境的变化，适时优化组织结构，构建科学合理、精简高效的组织结构，为组织的持续发展提供有力的支撑与保障。

2）组织文化

积极向上、富有特色的组织文化能够凝聚员工的向心力，激发员工的工作热情与创造力，使员工在认同组织文化的基础上，自觉地将个人行为与组织目标紧密结合，形成高度一致的行为模式与价值取向。在这样的文化氛围中，员工之间相互尊重、相互支持，勇于创新、乐于奉献，为实现组织的使命与愿景而不懈奋斗，进而提升组织的整体凝聚力与竞争力。相反，消极落后的组织文化则可能导致员工士气低落、工作态度散漫，缺乏团队合作精神与创新意识，严重阻碍组织的发展进程。因此，组织应高度重视组织文化的建设与培育，从组织的历史传承、战略目标、行业特点以及员工需求等多个维度出发，精心塑造具有独特魅力与强大生命力的组织文化，使组织文化成为引领组织发展、推动员工进步的核心动力源泉。

3）组织战略

明确而科学的组织战略能够使组织在复杂多变的市场环境中找准定位，明确自身的优势与劣势，把握市场机遇与挑战，合理配置人力、物力、财力等资源，集中力量发展核心业务，实现组织资源的优化利用与效益最大化。同时，组织战略的制定与实施也为组织内部各部门、各层级的工作提供了统一的指导方针与行动纲领，确保组织成员的行为能够紧密围绕组织战略目标展开，形成协同一致的工作合力，共同推动组织朝着既定的方向稳步发展。相反，缺乏战略规划或战略失误的组织则可能陷入盲目发展的困境，资源分散、行动无序，难以在激烈的市场竞争中取得优势地位，甚至可能面临生存危机。

4）组织变革

在当今快速变化的时代背景下，组织变革已成为组织适应外部环境变化、实现持续发展的必然选择。组织如同生物有机体一样，需要不断进化与升级，才能在激烈的生存竞争中存活并繁荣。组织变革涵盖了组织结构、技术创新、人员管理、文化理念等多个层面的调整与优化，旨在打破组织内部的僵化体制与陈旧观念，引入新的管理模式、技术手段与思维方式，激发组织的创新活力与发展潜能，提升组织的整体竞争力与适应能力。然而，组织变革往往伴随着各种挑战与阻力，如员工对变革的恐惧与抵触、利益格局的重新调整、旧有习惯与传统的束缚等。因此，组织在实施变革的过程中，必须高度重视变革管理，制定科学合理的变革方案，加强与员工的沟通与交流，营造积极支持变革的组织氛围，妥善处理变革过程中的各种问题与矛盾，确保变革的平稳推进与顺利实施，使组织能够在变革中不断突破自我，实现从量变到质变的飞跃发展，以崭新的姿态迎接未来的挑战与机遇。

综上所述，个体因素、群体因素以及组织因素共同构成了影响组织行为的复杂系统，各因素之间相互关联、相互作用、相互影响，从微观、中观与宏观三个层面全方位地塑造了组织的行为模式与绩效表现。组织管理者必须深刻认识到这些因素的重要性及其内在作用机制，综合运用管理学、心理学、社会学等多学科知识与方法，从个体激励与发展、群体协作与建设、组织结构与文化塑造等多个维度入手，采取有针对性的管理策略与措施，优化组织行为，提升组织绩效，推动组织在不断变化的环境中持续发展壮大，实现组织的使命与愿景，为社会创造更大的价值。

1.2.2.3 组织行为对组织的重要意义

1. 提高员工绩效

通过了解员工的动机、需求和能力，组织可以采取有效的激励措施，提高员工的工作满意度和绩效。例如，提供具有挑战性的工作任务、合理的薪酬福利、良好的职业发展机会等，能够激发员工的工作积极性和创造力，提高工作效率和工作质量。

2. 增强组织凝聚力

积极向上的组织文化和良好的团队氛围能够增强组织的凝聚力，提高员工的归属感和忠诚度。员工之间相互信任，合作紧密，能够共同为实现组织目标而奋斗。

3. 促进组织创新

鼓励员工的创新行为和团队的协作创新，能够为组织带来新的思路和方法，提高组织的竞争力。开放的沟通环境、民主的领导风格以及合理的激励机制都有助于促进组织创新。

4. 提高组织适应性

组织行为学的研究能够帮助组织更好地了解外部环境的变化，及时调整组织战略和行为，提高组织的适应性和生存能力。例如，在面对市场竞争、技术变革和社会文化变化等挑战时，组织能够迅速做出反应，采取有效的应对措施。

5. 优化组织决策

通过研究个体、群体和组织层面的行为规律，组织可以提高决策的质量和效率。了解员工的态度和意见、群体的决策过程以及组织的文化和战略等因素，能够帮助组织做出更加科学、合理的决策。

任务 1.3 探究领导力的内涵

组织的成功在很大程度上取决于其是否拥有卓越的领导力。领导力贯穿于组织的各个层面与发展阶段，深刻影响着组织的文化氛围、团队凝聚力以及决策执行的成效，是决定组织兴衰的核心要素之一。因此，深入探究领导力的内涵，不仅有助于我们理解卓越领导者的特质与行为模式，更能够为培养新一代优秀领导者、提升组织的领导力水平提供坚实的理论基础与实践指引。

1.3.1 领导力的内涵

斯坦福大学教授约翰·加德纳认为，领导力是通过言传身教来激励某个群体实现共同目标的过程。美国通用电气公司的前首席执行官杰克·韦尔奇将领导能力定义为“四个E”，即活力（energy）、激励（energize）、决断力（edge）和执行力（execute），并强调激情是最重要的因素之一。美国管理学者詹姆斯·库泽斯和巴里·波斯纳认为，领导者应具备以身作则、共启愿景、挑战现状、使众人行和激励人心等五种行为。约翰·麦克斯韦则认为，衡量领导力的真正尺度是影响力，即领导者能够影响他人并推动团队和组织向前发展的能力。

国内学者往往将领导力视为一种综合能力和特质体系。他们认为，领导力不仅仅是领导者个人的能力展现，更是其通过特定行为影响团队、组织甚至社会的能力。这种能力体系涵盖了多个方面，如决策能力、沟通能力、协调能力、激励能力等。同时，领导者的个人特质，如诚信、勇气、智慧、同理心等，也是构成领导力的重要因素。部分国内学者从过程和关系的角度来界定领导力。他们认为，领导力是领导者在特定情境中，通过一系列行为和策略，与团队成员建立良好关系，共同实现组织目标的过程。在这个过程中，领导者需要不断适应环境变化，调整领导策略，以确保团队能够持续、稳定地向前发展。领导者与团队成员之间的信任、尊重、合作等关系，也是领导力发挥作用的关键因素。

随着研究的深入，越来越多的国内学者开始将价值观和文化纳入领导力内涵的界定中。他们认为，领导力不仅仅是技术和能力的展现，更是领导者所秉持的价值观和文化理念的体现。一个优秀的领导者，应该能够将自己的价值观和文化理念融入团队和组织中，形成独特的组织文化，从而激发团队成员的积极性和创造力，推动团队和组织不断向前发展。

本书认为，所谓领导力是一个能力体系，这个体系中包括感召力、决断力、前瞻力、控制力、影响力等。从某种程度上说，以上几种能力可以视为子能力。

1. 感召力

感召力是指为了使他人赞成或支持自己的态度、观点或行为，采取说服、示范等方法使他人信服、赞同的能力。在组织中，感召力是管理者改变和影响被管理者心理与行为的能力，其最终目的是使被领导群体达到思想意识与行为准则的相对一致，形成统一的群体目标与行动。感召力不仅限于领导者对被领导者的影响，也可以体现在品牌与消费者之间。

2. 决断力

决断力是指在面对复杂或困难的情况下，能够迅速做出正确、明智的选择并付诸行动的能力。它不仅是一种认知能力，也是一种魄力和勇气，能够在关键时刻果断做出决策，并承担相应的责任。决断力的重要性体现在多个方面。首先，它是领导者在面对复杂情况和压力时做出正确决策的能力，不畏困难，迅速行动。其次，决断力是战略管理的重要能力，对于个人自我管理同样重要。此外，在应对突发事件时，决断力要求干部冷静思考、敢于负责，根据对突发事件的准确分析和判断，大胆地做出决策。

3. 前瞻力

前瞻力是一种重要的领导力特质，它使领导者能够预见未来趋势，洞察潜在机遇与风险，并据此制定战略以引导组织稳健前行。这种能力要求领导者具备远见卓识、创新思维和灵活应变的能力。具体来说，前瞻力包括以下几个方面。

（1）分析前景，未雨绸缪。领导者需要通过分析当前的形势和未来的趋势，提前做好准备，以应对可能出现的挑战和抓住潜在的机会。

（2）依据现状，预测未来。领导者需要基于当前的实际情况，利用各种工具和方法（如趋势分析、情景开发等）来预测未来的发展方向。

（3）知己知彼，有备无患。领导者不仅要了解自身的优势和劣势，还要了解竞争对手的情况，从而制定有效的策略来保持竞争优势。

（4）总结经验，争取主动。通过总结过去的经验教训，领导者可以更好地理解未来的可能性，并采取主动措施来避免不利情况的发生。

（5）把握机会。领导者需要敏锐地识别并抓住那些别人可能忽视的机会，从而在竞争中占据有利位置。

4. 控制力

从广义上讲，控制力是指个体或系统对自身行为、环境或对象进行管理和调节的能力。比如在个人层面，控制力通常指的是自我控制力，即个体对自己的情绪、行为和决策进行理性判断和管理的能力。当一个人在遇到压力时能够保持冷静，而不是情绪化地做出反应，这就是一种自我控制力的表现。此外，自控力还涉及个人对自己生活和事业的掌控感，如能否支配自己的成功或失败，能否支配人际关系和人生走向。

本书认为，控制力体现为控制主体通过组织手段、法律手段、经济手段和精神手段来确保组织按照既定目标运行和发展。

5. 影响力

所谓影响力是个人对自身心理和行为的主动掌握，是个体自觉地选择目标，在没有外界监督的情况下，适当地控制、调节自己的行为，抑制冲动，抵制诱惑，延迟满足，坚持不懈地保证目标实现的一种综合能力。影响力的内涵可以从多个角度进行分析。影响力主要表现为通过劝说、说服甚至强迫的方式影响他人思想、情感或行为的能力。它是一种改变他人思想和行为的能力，通常以一种别人乐于接受的方式进行。此外，影响力还涉及战略影响、印象管理、善于表现的能力、目标的说服力及促成合作的能力等方面。

阅读思考

领导力中的影响力与传统意义上的影响力有何区别和联系？

领导力与传统意义上的影响力虽然密切相关，但在本质上存在显著的区别。

从定义上看，影响力通常被理解为一种通过别人乐于接受的方式，改变他人的思想和行动的能力。这种影响力可以是权力性的，也可以是非权力性的。它强调的是个人对他人产生的即时效应，可能源于权力、地位、专业知识或人格魅力等因素。相比之下，领导力则更侧重于在特定的人群和组织中发挥作用，通过激励和指导团队，确保其朝着共同的目标前进。领导力需要建立在信任的基础上，通过树立榜样和激励团队来实现共同的目标。领导力常常与某种权威或职务地位相关联，但真正的领导者不仅仅依赖于职务的权威。

尽管两者在概念上有所不同，但它们之间存在密切的联系。领导力需要不断提升个人的影响力，以有效地引领团队。一个优秀的领导者必须拥有影响力与领导力，这两者既紧密相连又有所区别。因此，领导者需要注重建立信任、学习与成长，以有效发挥其领导力和影响力。

1.3.2 领导力的特点

1.3.2.1 强烈愿望

若要在组织中提高领导力，就必须具备强烈的愿望。这种愿望不仅是对个人成就的追求，更是对团队和组织目标的坚定信念。强烈的愿望是领导者成功的关键因素之一。强烈的愿望能够激发领导者不断学习和成长。要想成为卓越的领导者，必须有非常强烈的进取愿望，并且相信技巧和能力是可以学习的，愿意不断地学习并付诸实践。这种愿望促使领导者在面对挑战时保持积极的态度，并通过不断的学习和实践来提升自己的领导力。此外，强烈的愿望还可以增强领导者的影响力和说服力。成功的领导者能产生一种达成目标的热情，这是一种真正的、具有强劲动力的热情。如果没有了热情，领导者就失去了力量和说服力。因此，强烈的愿望不仅是领导者个人成功的动力源泉，也是激励团队成员共同努力的重要因素。

要量化评估领导者强烈愿望对其领导效果的影响，可以采用以下几种方法，见表1-1。

表 1-1 领导力评估方法

序号	评估方法/工具	描述	应用领域
1	基于行为的测量方法	观察领导者的任务导向、关系导向和变革导向三方面的行为	领导力评估
2	领导才能量表（LP）	评估领导能力和社会主动性	管理人才选拔、岗位晋升、培训教育、职业选择和职业辅导
3	360 度反馈评估	领导者与其老板、配偶、同事及下属按 1～10 标准打分，评估人际交往能力、规划能力、战略思维、远见卓识、业绩等	领导力全面评估
4	北森高层领导力测评	基于领导特质理论和情境领导理论，测量模糊决策、赢得信任、发展人才、驱动变革和卓越执行五大维度	高层管理者领导力评估
5	引入量化指标	设计行为指标或绩效指标，衡量和比较管理者在特定领导行为上的表现	领导力评估与比较
6	MRG 领导力测评工具	诊断评估提供洞察力，指出改变需求及方向	领导力发展与改进

1.3.2.2 努力进取

努力，顾名思义，是指竭尽全力去做某事，它不仅仅是一个简单的动作或行为，更是一种持之以恒、不畏艰难的态度。在追求目标的过程中，努力意味着要付出大量的时间、精力和心血，甚至需要面对失败与挫折的考验。正如古人云："书山有路勤为径，学海无涯苦作舟。"只有通过不懈的努力，我们才能翻越知识的高山，遨游智慧的海洋。努力，是通往成功之路的基石，它让我们的每一步都坚实有力，让梦想照进现实。进取，则是一种积极向上的心态和行动，它要求我们在已有的基础上不断寻求突破，勇于探索未知领域，挑战自我极限。进取精神是推动社会进步和个人成长的重要力量。它促使我们不断学习新知识、掌握新技能，以适应日新月异的时代变化；它激励我们在面对困难和挑战时，不退缩、不放弃，而是积极地寻找解决问题的办法，勇往直前。进取，是心灵的灯塔，照亮我们前行的方向，让我们在追求卓越的道路上永不止步。

努力进取，不仅是个人成长的内在需求，也是社会进步的必然要求。在个人层面，它帮助我们树立正确的价值观，培养坚韧不拔的意志品质，提升自我能力和竞争力，从而实现个人价值和社会价值的统一。在社会层面，努力进取的精神能够激发全社会的创造力和活力，推动科技进步、经济发展和文化繁荣，促进社会和谐稳定与可持续发展。

1.3.2.3 品行正直

可以从以下几个方面来理解品行与领导力之间的关系。

1. 信任基础

品行正直是建立信任的基础，而信任是领导力的核心要素之一。领导者如果品行正直，能赢得团队成员的信任和尊重，从而更有效地领导团队。

2. 榜样作用

品行正直的领导者能够以身作则，为团队成员树立榜样。他们的行为和价值观会激励团队成员遵循高标准的道德和行为规范，从而提升整个团队的品行和素质。

3. 决策质量

品行正直的领导者在决策过程中会遵循道德和伦理原则，避免利益冲突和偏见。这样的决策过程更加客观、公正，有助于提高决策的质量和可执行性，从而增强领导力的有效性。

4. 组织声誉

品行正直的领导者能够维护组织的正面形象，增强外界对组织的信任和尊重。这种良好的组织声誉有助于吸引更多的优秀人才加入团队，提升组织的竞争力和影响力。

1.3.2.4 自信

自信是一种对自己的能力、价值和判断力的积极评价和信任感。它源自个人对自我认知的清晰把握，以及对自己能够应对挑战、克服困难和实现目标的坚定信念。自信的人通常具有以下几个特点。

一是自我肯定。他们相信自己的能力和价值，不轻易受外界评价的影响，能够坚定地维护自己的立场和观点。

二是勇于尝试。自信赋予他们勇气去尝试新事物，即使面临失败，也能从中汲取教训，继续前行。

三是积极心态。他们倾向于以乐观、积极的态度看待问题，相信问题总有解决的办法，并相信自己有能力找到解决的办法。

四是自我控制。自信的人通常能够很好地控制自己的情绪和行为，不轻易被负面情绪左右，保持冷静和理智。

阅读材料 1

战国时期，秦国的军队围攻赵国的都城邯郸，赵国形势危急。赵国派平原君到楚国求救，希望与楚国结盟，共同对抗秦国。平原君打算从自己的门下食客中挑选二十名能言善辩者一同前往，但只选出了十九人，尚缺一人。这时，门下食客毛遂挺身而出，自我推荐道："臣乃今日请处囊中耳。使遂蚤得处囊中，乃脱颖而出，非特其末见而已。"他的意思是说，自己就像锥子放在布袋里一样，如果早点放进去，早就脱颖而出，而不仅仅是露出一点尖角。平原君见毛遂如此自信，便同意让他一同前往。

到了楚国，平原君与楚王进行了一番长谈，但始终未能说服楚王出兵。这时，毛遂挺身而出，手持宝剑，上前对楚王说："王之所以叱遂者，以楚国之众也。今十步之内，王不得恃楚国之众也，王之命悬于遂手。吾君在前，叱者何也？且遂闻汤以七十里之地王天下，文王以百里之壤而臣诸侯，岂其士卒众多哉，诚能据其势而奋其威也。今楚地方五千里，持戟百万，此霸王之资也。以楚之强，天下弗能当。白起，小竖子耳，率数万之众，兴师以与楚战，一战而举鄢郢，再战而烧夷陵，三战而辱王之先人。此百世之怨而赵之所羞，而王弗知恶焉。

合纵者为楚，非为赵也。吾君在前，叱者何也？”毛遂的这番话，既展现了自信和勇气，又深刻分析了楚国的优势和劣势，以及楚国与赵国结盟的必要性。最终，他成功地说服了楚王，使楚王同意出兵援救赵国。

“毛遂自荐”这个典故，不仅体现了毛遂的自信和勇气，也启示我们在关键时刻，要敢于自我推荐，勇于担当责任。同时，这也告诉我们，自信是建立在实力和准备的基础之上的，只有真正有能力并有准备的人，才能在关键时刻脱颖而出。

1.3.3 领导力与新质生产力之间的关系

1.3.3.1 新质生产力概述

在全球科技革命与产业变革加速演进的时代背景下，新质生产力应运而生，成为推动经济社会高质量发展的关键力量。这一概念不仅反映了生产力发展的阶段性特征，更蕴含着科技创新、产业升级以及可持续发展等多重内涵，对其深入探究具有重要的理论与实践意义。

1. 新质生产力的内涵

新质生产力是以科技创新为核心驱动，以新型生产要素的广泛应用为基础，通过创新的生产方式和组织模式，实现经济增长与社会发展质效双升的先进生产力。

从技术维度看，它涵盖了新一代信息技术（如人工智能、大数据、云计算、物联网等）、生物技术、新能源技术、新材料技术、航空航天技术等前沿科技领域的深度融合与应用。这些技术突破不仅催生了新兴产业，如智能制造、数字经济、生物制药、新能源汽车等，还对传统产业进行了全方位、深层次的改造升级，使其具备更高的生产效率、更优的产品质量和更强的市场竞争力。

在要素层面，新质生产力突出了数据、知识、技术、人才等新型生产要素的关键作用。数据作为数字经济时代的核心资源，其海量积累、精准分析与高效运用，为企业生产决策、产品研发、市场营销等环节提供了有力支撑；知识与技术的创新和扩散加速了技术迭代，推动了生产工艺流程的优化；高素质人才则是新质生产力发展的智力保障，他们凭借专业技能和创新思维，驾驭新兴技术，引领产业变革。

生产方式与组织模式方面，新质生产力表现为智能化生产、网络化协同、个性化定制、服务化延伸等创新特征。智能制造系统实现了生产过程的自动化、智能化控制，大幅提升了生产效率和资源利用率；网络化协同打破了企业边界和地域限制，促进了产业链上下游企业间的资源共享与协同创新；个性化定制满足了消费者多样化、个性化的需求，重塑了生产与消费的关系；服务化延伸促使制造业企业从单纯的产品生产向提供产品与服务一体化的解决方案转变，拓展了企业盈利空间和市场价值。

2. 新质生产力的特点

1）创新性

创新是新质生产力的灵魂。它体现在技术创新的持续性与突破性上，不断涌现的新技术成果推动生产工具、生产流程和产品性能的革新；商业模式创新层出不穷，共享经济、平台经济等新业态改变了传统的产业竞争格局和价值创造方式；管理创新也同步跟进，适应新兴产业发展需求的柔性管理、敏捷管理等模式应运而生，激发了企业的创新活力和市场应变能力。

2）融合性

新质生产力打破了产业之间的固有边界，呈现出高度的融合发展态势。一方面，不同技术领域相互渗透、交叉融合，如信息技术与制造业、生物技术与农业、新能源技术与交通运输业等，催生出众多跨学科、跨产业的新兴技术和产业形态；另一方面，产业之间的融合向纵深发展，制造业与服务业的深度融合形成了生产性服务业等新产业，农业与旅游、文化等产业的融合拓展了农业的多功能性，实现了产业附加值的提升和资源的优化配置。

3）颠覆性

部分新兴技术的出现具有颠覆性影响，能够重塑传统产业格局，甚至催生全新的产业体系。例如，数字技术的发展使得传统媒体向新媒体转型，传统零售业面临电商的巨大冲击，一些传统产业的生产方式、经营模式和市场地位被彻底改变；同时，新能源技术的突破可能引发全球能源结构的深刻变革，减少对传统化石能源的依赖，带动相关产业的兴衰更替，对经济社会发展产生深远的系统性影响。

4）可持续性

新质生产力高度注重资源节约和环境友好，将可持续发展理念贯穿于生产全过程。在生产要素投入上，更加依赖清洁能源、可再生资源和智力资源，减少对不可再生资源的消耗；在生产过程中，通过绿色技术和工艺创新，减少污染物排放和废弃物产生，提高资源循环利用效率。从产业发展的宏观视角看，这有助于推动经济增长与生态环境保护的良性互动，促进人与自然和谐共生，实现经济社会发展的长期可持续性。

5）高效性

借助先进技术和创新的生产组织方式，新质生产力在生产效率、经济效益和社会效益等方面展现出显著优势。智能化生产系统能够实现精准生产和实时优化，降低次品率，减少生产过程中的浪费，提高劳动生产率；新兴产业的高附加值特性和产业协同效应带来了显著的经济效益；同时，新质生产力在促进就业质量提升、公共服务均等化、社会福祉增进等方面也发挥着积极作用，实现了经济、社会和环境效益的有机统一。

3. 新质生产力的时代价值

新质生产力的培育和发展，是应对全球科技经济竞争、推动经济高质量发展、实现中国式现代化的重要战略支撑。

在全球竞争格局中，发展新质生产力有助于我国在新兴技术和产业领域抢占制高点，提升国家产业竞争力和在全球价值链中的地位。通过加大科技创新投入，突破关键核心技术瓶颈，培育具有自主知识产权和国际影响力的新兴产业集群，能够改变我国在国际分工中的传统角色，使我国从制造业大国向制造业强国、科技强国迈进，提升我国在全球经济治理中的话语权和影响力。

从国内经济发展来看，新质生产力为经济增长提供了新动能和新空间。在传统经济增长动力逐渐减弱的背景下，新兴产业的崛起和传统产业的数字化转型成为经济持续增长的重要引擎。新质生产力的发展能够促进产业结构优化升级，提高经济发展的质量和效益，推动经济发展方式从规模扩张型向质量效益型转变，实现经济的稳健可持续发展。

在中国式现代化建设进程中，新质生产力是实现经济、政治、文化、社会、生态文明协调发展的重要保障。它能够为科技创新驱动发展战略、乡村振兴战略、区域协调发展战略、碳达峰与碳中和目标等重大战略任务的实施提供有力支撑，促进城乡、区域之间的均衡发展，推动绿色低碳转型，提升公共服务水平和社会治理效能，助力我国在现代化建设道路上稳步前行，实现物质文明、政治文明、精神文明、社会文明、生态文明协调发展的现代化目标。

新质生产力作为新时代生产力发展的高级形态，其内涵丰富、特点鲜明、时代价值重大。深刻理解和把握新质生产力的本质特征与发展规律，对于我国在新的历史起点上推动经济社会高质量发展、构建新发展格局、实现中华民族伟大复兴具有重要的战略意义。在未来的发展中，应进一步强化科技创新的引领作用，优化生产要素配置，完善产业创新生态，加快培育和发展新质生产力，以科技创新的主动赢得国家发展的主动，开创经济社会发展的新局面。

1.3.3.2 领导力与新质生产力的相互作用

领导力推动新质生产力的发展，主要体现在以下几个方面。

（1）战略规划与引导。领导力在推动新质生产力的发展中起着至关重要的作用。领导者通过深入分析市场、技术、环境等因素，制定出符合组织发展的长期和短期目标，并引导组织向新质生产力方向迈进。

（2）资源配置与协调。新质生产力的发展需要大量的资源投入，包括资金、技术、人才等。领导者通过合理的资源配置和协调，确保新质生产力项目的顺利推进。

与此同时，新质生产力对领导力提出了新要求，包括：

（1）创新能力的提升。新质生产力的发展要求领导者具备更强的创新能力。领导者需要关注前沿技术动态，推动技术创新和产业升级，以适应新质生产力的发展需求。

（2）数字化转型的应对措施。随着数字技术的广泛应用，新质生产力的发展呈现出数字化、网络化、智能化的特征。领导者需要具备数字思维和数字素养，推动组织的数字化转型和智能化升级。

（3）跨文化管理能力。在全球化的背景下，新质生产力的发展往往涉及跨国合作和跨文化交流。领导者需要具备跨文化管理能力，以应对不同文化背景下的合作与冲突。

领导力与新质生产力相互促进。两者具有创新驱动的共同目标。领导力和新质生产力都强调创新的重要性。领导者通过制定创新战略和激励创新行为，为新质生产力的发展提供动力；而新质生产力的发展又反过来推动领导者不断创新和提升领导力水平。两者都强调高效协同的组织生态。在新质生产力的推动下，组织生态呈现出扁平化、互洽化、共治化的特征。这种变化要求领导者具备更强的协调能力和合作精神，以构建高效协同的组织生态。同时，领导力的提升也有助于领导者更好地适应这种组织生态的变化。

扩展阅读

2023年9月7日，习近平总书记在新时代推动东北全面振兴座谈会上强调，要积极培育新能源、新材料、先进制造、电子信息等战略性新兴产业，积极培育未来产业，加快形成新质生产力，增强发展新动能。2023年9月8日，习近平总书记在听取黑龙江省委和省政府工作汇报时强调，要整合科技创新资源，引领发展战略性新兴产业和未来产业，加快形成新质生产力。产业是生产力变革的具体表现形式。新质生产力是以新产业为主导的生产力，特点是创新，关键在质优，本质是先进生产力。战略性新兴产业与未来产业是形成新质生产力的主阵地，战略性新兴产业对新旧动能转换发挥着引领性作用，未来产业代表着科技创新和产业发展的新方向，二者都是向"新"而行、向"实"发力的先进生产力形态。我们要围绕发展新质生产力布局产业链，及时将科技创新成果应用到具体产业和产业链上，加快传统制造业数字化、网络化、智能化改造，培育壮大战略性新兴产业，布局建设未来产业，推动产业链向上下游延伸，形成完善的现代化产业体系，为高质量发展持续注入澎湃动能。

2023年12月11日至12日，习近平总书记在中央经济工作会议上强调，深化供给侧结构性改革，核心是以科技创新推动产业创新，特别是以颠覆性技术和前沿技术催生新产业、新模式、新动能，发展新质生产力。新质生产力之"新"，核心在于以科技创新推动产业创新。发展新质生产力，就是将科学研究的最新发现和技术发明的先进成果应用到具体产业中，不断创造新价值。当前，全球新一轮科技革命和产业变革孕育的技术成果已经到了应用转化的临界点，人工智能、生命科学、可控核聚变、量子科技等颠覆性技术进入加快向现实生产力转化的窗口期。培育和发展新质生产力，是把握新科技革命历史机遇、掌握未来发展主动权、塑造国际竞争新优势、推动经济高质量发展的关键之举。我们要牢牢把握这次新科技革命和产业变革的机遇，整合科技创新资源，优化科技创新体系，强化国家战略科技力量，培育壮大科技领军企业，全面促进科技创新与产业创新协同发展。

2024年1月19日，习近平总书记在"国家工程师奖"首次评选表彰之际作出重要指示强调，希望全国广大工程技术人员坚定科技报国、为民造福的理想，勇于突破关键核心技术，锻造精品工程，推动发展新质生产力，加快实现高水平科技自立自强，服务高质量发展，为以中国式现代化全面推进强国建设、民族复兴伟业作出更大贡献。2024年3月6日，习近平总书记在看望参加全国政协十四届二次会议的民革、科技界、环境资源界委员，并参加联组会，听取意见和建议时强调，科技界委员和广大科技工作者要进一步增强科教兴国强国的抱负，担当起科技创新的重任，加强基础研究和应用基础研究，打好关键核心技术攻坚战，培育发展新质生产力的新动能。科技是第一生产力，人才是第一资源，创新是第一动力。人才既是创新的发起者，也是技术应用的实践者，是形成新质生产力最活跃、最具决定意义的能动主体。发展新质生产力，必须不断提高劳动者素质，加快建设国家战略人才力量，努力培养造就更多大师、战略科学家、一流科技领军人才和创新团队、青年科技人才、卓越工程师、大国工匠、高技能人才等。按照发展新质生产力的要求，畅通教育、科技、人才的良性循环，完善人才培养、引进、使用、合理流动的工作机制，为发展新质生产力汇聚形成强大的人才支撑。

2024 年 1 月 31 日，习近平总书记在主持二十届中央政治局第十一次集体学习时强调，发展新质生产力是推动高质量发展的内在要求和重要着力点，必须继续做好创新这篇大文章，推动新质生产力加快发展。2024 年 3 月 5 日，习近平总书记在参加十四届全国人大二次会议江苏代表团审议时强调，要牢牢把握高质量发展这个首要任务，因地制宜发展新质生产力。面对新一轮科技革命和产业变革，我们必须抢抓机遇，加大创新力度，培育壮大新兴产业，超前布局未来产业，完善现代化产业体系。高质量发展是全面建设社会主义现代化国家的首要任务，新质生产力是实现高质量发展的重要着力点。高质量发展需要新的生产力理论来指导，新质生产力代表一种生产力的跃迁，是科技创新发挥主导作用的生产力，是摆脱了传统增长路径、符合高质量发展要求的生产力。新质生产力已经在实践中形成并展现出对高质量发展的强劲推动力、支撑力。

2024 年 2 月 2 日，习近平总书记在听取天津市委和市政府工作汇报时强调，天津作为全国先进制造研发基地，要发挥科教资源丰富的优势，在发展新质生产力上勇争先、善作为。要坚持科技创新和产业创新一起抓，加强科创园区建设，加强与北京的科技创新协同和产业体系融合，合力建设世界级先进制造业集群。科技创新能够催生新产业、新模式、新动能，是发展新质生产力的核心要素。发展新质生产力，关键在于坚持科技创新和产业创新一起抓，厚植发展新动能、新优势。加快形成和发展新质生产力，要加强科技产业园区建设，充分发挥科技成果转化和产业集聚效应，实现科技创新与产业创新深度融合。通过将数字技术、人工智能等新一代信息技术融入传统产业来提高全要素生产率，通过数实融合促进制造业向高端化、高效能、高质量的集群化方向发展，通过建立科技创新联合攻关机制，加大研发力度，构建现代化科技创新体系，打造科技创新共同体和产业发展共同体。

（资料来源：https://www.ccps.gov.cn/）

任务 1.4　认识研究对象及研究目标

当前，组织行为与领导力已成为决定企业能否成功的关键因素。“组织行为与领导力”作为经管类专业的一门核心课程，其重要性不言而喻。它不仅为学生提供了理解组织运作规律、把握人性本质的钥匙，还通过领导力的培养，为学生未来的职业生涯奠定了坚实的基础。

1.4.1 研究对象

“组织行为与领导力”课程的研究对象广泛而深入，主要涵盖组织行为与领导力两个方面。

1.4.1.1 组织行为

组织行为学是课程的核心研究对象之一。它关注个体、群体及整个组织层面的行为表现、影响因素及其相互作用。具体来说，组织行为学的研究包括以下几个方面。

（1）个体行为。研究个体在组织中的行为动机、态度、价值观、性格特征等如何影响其行为表现，以及这些行为如何与组织目标相契合或相冲突。

（2）群体行为。探讨群体动力学、团队效能、群体决策、冲突解决等问题，理解群体内部成员之间的相互作用关系及其对组织绩效的影响。

（3）组织结构与组织文化。分析组织结构如何影响信息流动、权力分配和决策制定，以及组织文化如何塑造员工行为、增强组织凝聚力和提升创新能力。

1.4.1.2 领导力

领导力是组织行为中的关键因素，也是课程研究的重要对象。领导力研究关注领导者如何影响被领导者以实现组织目标。具体来说，领导力研究包括以下几个方面。

（1）领导风格与领导理论。探讨不同类型的领导风格（如变革型领导、交易型领导、服务型领导等）及其适用情境，理解不同领导理论（如特质论、行为论、权变论等）的优缺点。

（2）领导力的影响因素。分析领导者的个人特质、能力、经验、情绪和智力等因素如何影响其领导效能，以及组织环境、文化背景等外部因素如何对领导力产生影响。

（3）领导力的开发与提升。研究如何通过培训、实践、反馈等方式提升领导者的领导力水平，以及如何通过领导力开发促进组织变革和发展。

1.4.2 研究目标

“组织行为与领导力”课程的教学目标是通过系统的教学和实践训练，帮助学生掌握组织行为与领导力的核心知识和技能，提升他们的综合素质和职业能力。具体来说，教学目标包括以下几个方面。

1. 深入理解组织行为规律

通过课程学习，学生能够深入理解组织行为的内在规律和影响因素，掌握分析组织现象、预测组织发展趋势的方法。这有助于学生更好地适应组织环境，把握组织变革的机遇和应对挑战。

2. 提升领导力水平

课程注重培养学生的领导力，通过案例分析、角色扮演、模拟演练等教学方法，帮助学生发现自身的领导潜能，提升领导技能。这有助于学生在未来的职业生涯中更好地发挥领导作用，带领团队实现组织目标。

3. 增强跨文化管理能力

在全球化背景下，跨文化管理能力成为领导者不可或缺的技能。课程将引导学生关注不同文化背景下的组织行为和领导力差异，从而提升他们的跨文化沟通和适应能力。这有助于学生更好地在国际化的环境中工作和发展。

4. 促进个人目标与组织目标的一致性

课程强调个体、组织与领导之间的目标一致性对于组织和谐发展和持续进步的重要性。通过学习和实践，帮助学生理解并实现个人目标与组织目标的一致性，增强他们对组织的认同感和归属感。这有助于激发学生的工作热情和创造力，推动组织向更高水平发展。

5. 培养创新思维和问题解决能力

组织行为与领导力领域充满了复杂性和不确定性，需要领导者具备创新思维和解决问题的能力。课程将注重培养学生的创新思维和批判性思维能力，鼓励他们勇于尝试新方法、新思路解决组织中的实际问题。这有助于学生在未来的职业生涯中更好地应对挑战和变革。

1.4.3 教学方法与实践

为了实现上述研究目标，“组织行为与领导力”课程应采用多种教学方法和实践手段相结合的方式进行教学。

1. 理论讲授与案例分析

通过理论讲授，使学生掌握组织行为与领导力的基本概念和理论框架；通过案例分析，使学生将理论知识与实际问题相结合，提升分析和解决问题的能力。案例分析可以选取国内外知名企业的真实案例，引导学生从多个角度进行深入剖析和思考。

2. 角色扮演与模拟演练

角色扮演与模拟演练是提升学生领导力和团队协作能力的有效方法。通过角色扮演，学生可以模拟不同职位和情境下的决策过程和行为表现；通过模拟演练，学生可以体验领导力的实际运用和挑战。这些方法有助于学生在实践中学习和成长，提升他们的领导技能和团队协作能力。

3. 小组讨论与团队项目

小组讨论与团队项目可以促进学生之间的交流和合作，培养他们的沟通能力和团队协作精神。在小组讨论中，学生可以围绕特定话题进行深入探讨和交流；在团队项目中，学生可以共同制定方案、分工合作、解决问题。这些方法有助于学生在实践中锻炼自己的领导能力和团队协作能力。

4. 实地考察与调研

实地考察与调研可以让学生亲身体验组织环境和领导力实践。通过参观企业、访问行业专家、进行市场调研等方式，学生可以深入了解组织的实际运作情况和领导力实践中的具体问题。这些方法有助于学生将理论知识与实际情境相结合，提升他们的实践能力和创新能力。

5. 反思与反馈

反思与反馈是提升学生学习效果的重要手段。在教学过程中，教师应鼓励学生对自己的学习过程和学习成果进行反思和总结。同时，教师应及时给予学生反馈和指导，帮助他们发现并纠正问题，提升学习效果。这种方法有助于学生形成自我学习、自我提升的良好习惯和能力。

综上所述，“组织行为与领导力”课程的研究对象广泛而深入，包括组织行为、领导力和跨文化管理等多个方面。其研究目标是通过系统的教学和实践训练，帮助学生掌握组织行为与领导力的核心知识和技能，提升他们的综合素质和职业能力。为了实现这些目标，课程应采用多种教学方法和实践手段相结合的方式。只有这样，才能培养出具有创新精神和实践能力的优秀经管类人才，为企业的可持续发展和社会的进步做出积极贡献。

小 结

管理是在特定环境里，对组织资源进行决策、计划、组织、领导和控制，以实现组织目标的过程。其内涵丰富，具有目标性、组织性、协调性、创新性、动态性和人本性等特征。管理活动与人类活动紧密相连，贯穿人类发展的始终，有效的管理能提高人类活动的效率和效益，但人类活动的发展也对管理提出了新挑战。管理的基本职能包括决策、组织、领导、控制和创新。决策是核心，有多种分类方式，其过程是一个动态循环系统。组织职能涉及设计组织结构、配备人员和分配权力等方面。领导职能包括激励员工、指导员工和沟通协调等方面，以推动组织目标的达成。控制职能通过制定标准、衡量绩效和纠正偏差来确保组织目标的实现。创新职能体现在目标、技术、制度、组织和环境等方面的创新，这对组织发展、竞争优势获取和危机应对至关重要，且呈现出资源共享化、股权多元化等趋势。

管理者在组织中扮演人际关系、信息传递和决策制定等多种角色，需具备技术技能、人际技能和概念技能。组织是为实现共同目标，由相互依存的个体按一定规则组成的集合体，具有目标导向性、结构性、社会性、开放性和动态适应性等特点。组织行为涵盖个体、群体和组织层面的行为表现及相互作用，其有效性受个体、群体和组织因素影响，对提高员工绩效、增强凝聚力、促进创新、提高适应性和优化决策意义重大。领导力是通过多种能力激励群体实现共同目标的过程，领导者应具备强烈的愿望、努力进取、品行正直和自信等品质，领导力与新质生产力相互促进，共同推动组织发展。“组织行为与领导力”课程的研究对象包括组织行为和领导力，研究目标是帮助学生掌握相关知识和技能，提升综合素质和职业能力，教学方法包括理论讲授与案例分析、角色扮演与模拟演练、小组讨论与团队项目、实地考察与调研以及反思与反馈等多种形式。总之，理解和掌握这些内容有助于提升组织管理水平，适应时代发展需求，实现组织的可持续发展。

思考题

1. 在当今快速变化的市场环境中，企业如何通过管理创新职能中的目标创新，更好地平衡短期利润目标与长期可持续发展目标的关系。

2. 举例说明一家企业在技术创新过程中如何克服资源有限和技术瓶颈的困难，实现产品质量和生产效率的显著提升。

3. 结合实际案例，分析企业在进行制度创新时，应如何充分考虑员工的利益和接受程度，以确保制度的顺利实施。

4. 探讨在组织创新方面，如何根据企业的发展阶段和业务特点，选择最适合的组织结构和工作方式，以提高管理效率和组织灵活性。

5. 从环境创新的角度出发，分析企业如何积极应对社会舆论和政策法规的变化，为自身创造更有利的发展环境。

6. 假设你是一名管理者，在面临决策时，如何综合运用理性决策和有限理性决策的思维方式，做出更符合实际情况的决策？

7. 以某一具体组织为例，分析其组织文化是如何形成的，以及组织文化对组织行为和组织绩效产生了怎样的影响。

8. 根据所学的领导力理论，分析一位你所熟知的领导者，他在哪些方面体现了领导力的各个要素，以及这些要素是如何相互作用的。

9. 探讨在全球化背景下，企业管理者应如何提升跨文化管理能力，以促进不同文化背景员工之间的有效沟通与协作。

10. 结合当前的科技发展趋势，如人工智能、大数据等，分析这些技术将如何影响未来组织的管理模式和领导力的发展。

实践练习

从以下项目中选择一个进行练习。

实践项目一：企业管理职能分析与优化

实践目标

深入理解管理的基本职能（决策、组织、领导、控制、创新）在企业实际运营中的体现和相互关系。

培养学生运用管理知识分析企业问题、提出优化方案的能力，提升团队协作和沟通能力。

实践内容与步骤

分组与企业选择：将学生分成小组，每组选择一家当地企业（规模适中，便于调研）作为研究对象。

资料收集与职能分析：通过实地走访、员工访谈、查阅企业资料等方式，收集企业在管理各职能部门的信息，包括决策流程、组织结构、领导风格、控制措施和创新举措等。分析各职能在企业运营中的现状、存在的问题及其对企业绩效的影响。

提出优化方案：针对发现的问题，结合所学管理知识，为企业制定管理职能优化方案，明确每个职能领域的改进目标和具体措施。

方案展示与交流：各小组制作 PPT，向全班展示调研成果和优化方案，接受其他小组的提问和评价，展开讨论和交流。

实践成果

每组提交一份企业管理职能分析报告，包括企业概况、管理职能现状、问题分析、优化方案及实施计划等内容。

学生通过实践活动，深刻理解管理职能在企业中的实际运作，提高分析和解决问题的能力，增强团队协作意识，同时为企业提供有价值的管理建议，实现理论与实践的结合。

实践项目二：组织行为模拟与领导力体验

实践目标

体验不同领导风格对团队行为和绩效的影响，理解组织行为中个体、群体和组织因素的相互作用。

培养学生的领导能力、团队协作能力和应变能力，提升学生对组织行为和领导力的理性认识。

实践内容与步骤

模拟组织构建：将学生随机分成若干模拟组织，每个组织设定不同的任务目标（如完成一个项目策划、组织一次校园活动等）。

领导风格角色扮演：在每个组织中，学生轮流担任领导者，采用不同的领导风格（如民主型、专制型、放任型等）进行任务管理，其他成员扮演员工，观察并记录在不同领导风格下团队成员的行为表现、工作效率和团队氛围。

组织行为分析：模拟任务结束后，组织成员共同分析在不同领导风格下，个体的工作态度、动机和行为如何受到影响，群体的凝聚力、沟通模式和决策过程发生了哪些变化，以及这些变化对整个组织绩效的影响。

总结与反思：各小组进行总结，讨论在何种情境下哪种领导风格更有效，以及如何根据组织目标和成员特点选择合适的领导风格，以提升团队绩效。

实践成果

每个模拟组织提交一份组织行为模拟报告，包括模拟任务概述、不同领导风格下的组织行为表现分析、对领导风格与组织绩效关系的认识和总结等内容。

通过亲身体验，学生能够更加深入地理解领导风格与组织行为之间的复杂关系，提高自身的领导能力和团队协作技巧，同时学会从组织整体的角度思考问题，为今后在实际工作中有效领导团队和应对组织行为问题奠定基础。

实践项目三：新质生产力背景下企业创新策略研究

实践目标

了解新质生产力的内涵、特点和时代价值，以及其对企业发展的影响。

培养学生关注行业动态和科技创新趋势的能力，锻炼学生为企业制定创新策略的能力，增强学生对企业创新发展的战略思维。

实践内容与步骤

行业与企业选择：学生分组后，每组选择一个特定行业，深入研究该行业内具有代表性的企业，分析其在新质生产力发展趋势下的现状和面临的挑战。

新质生产力要素分析：针对所选企业，研究其在技术创新（如是否应用新兴技术）、生产方式变革（如智能化生产、个性化定制等方面的实践）、组织模式创新（如网络化协同、平台化运营等）以及新型生产要素利用（如数据、知识等资源的管理和运用）等方面的情况，评估企业在新质生产力发展方面的优势和不足。

创新策略制定：根据分析结果，结合新质生产力的要求，为企业制定创新策略，包括技术研发方向、生产流程优化方案、组织结构调整建议、人才培养与引进策略，以及市场拓展和商业模式创新思路等内容，以提升企业在新质生产力时代的竞争力。

策略展示与交流：各小组以报告和答辩的形式向全班展示研究成果，接受其他小组和教师的提问与评价，共同探讨创新策略的可行性和有效性。

实践成果

每组提交一份《新质生产力背景下“企业名称”创新策略研究报告》，详细阐述企业在新质生产力环境中的情况分析、创新策略内容以及预期效果评估等内容。

通过此次实践，学生能够紧跟时代发展步伐，深入理解新质生产力对企业的重要意义，学会运用所学知识为企业创新发展出谋划策，提升对企业战略管理和创新管理的认识水平，为未来从事相关工作积累实践经验。

案例分析

活力健身俱乐部的发展之路

一、公司概况

活力健身俱乐部成立于 2015 年，是由几位热爱健身的创业者共同发起的。公司定位于中高端健身服务提供商，旨在为会员打造一个专业、舒适且充满活力的健身环境，帮助人们实现健康生活的目标。

俱乐部的核心业务包括提供多样化的健身课程，如瑜伽、普拉提、动感单车、力量训练等，并配备专业的健身教练进行指导；拥有先进的健身设备，涵盖有氧器械、力量器械等各类器材；为会员提供个性化的健身计划制定服务，以及营养咨询和健康管理建议。

二、发展历程与管理挑战

（一）初创期（2015—2017 年）

成功因素

精准定位：在市场调研的基础上，发现中高端健身市场的需求缺口，将俱乐部定位为提供高品质服务的健身场所，吸引了一批追求优质健身体验的客户。

创业团队优势：创始人团队成员分别在健身教练、市场营销和俱乐部运营管理等方面具备专业知识和经验，能够在俱乐部的初期规划、课程设置和市场推广等方面发挥各自优势，形成互补。

优质服务体验：注重教练团队的选拔和培训，确保教练具备专业资质和良好的服务意识。提供舒适的健身环境，包括宽敞明亮的健身区域、整洁的更衣室和淋浴设施，以及温馨的休息区，为会员营造良好的健身氛围。

面临的问题及解决方案

资金短缺：健身俱乐部的前期投入较大，包括场地租赁、设备采购、人员招聘等费用。为解决资金问题，创始人团队积极寻求投资，向亲朋好友筹集资金，并与部分供应商协商延迟付款事宜。同时，制订了详细的财务预算计划，严格控制成本支出，确保每一笔资金都能得到合理利用。

品牌知名度低：在竞争激烈的健身市场中，新成立的俱乐部面临品牌知名度低的问题。通过线上线下相结合的营销策略，如利用社交媒体平台进行广告宣传、举办线下健身活动吸引潜在客户、与周边商家合作进行联合推广等方式，逐渐提高了俱乐部在当地的知名度。

（二）扩张期（2018—2020 年）

扩张策略与成果

开设分店：随着市场需求的增长和品牌知名度的提升，活力健身俱乐部开始扩展业务，在城市的其他区域开设分店。在分店选址过程中，充分考虑周边人口密度、消费水平、竞争对手分布等因素，确保新店拥有足够的潜在客户群体。

丰富课程与服务：为满足不同会员的需求，不断丰富健身课程种类，引进了新兴的健身项目，如搏击操、尊巴等。同时，进一步完善服务体系，增加了私人定制健身计划、运动康复服务等特色项目，提升了会员的满意度和忠诚度。

会员数量增长：通过有效的市场推广和优质的服务，俱乐部的会员数量稳步增长。在扩张期内，会员数量从最初的 500 人增长到了 3 000 人，分店的业绩也逐渐提升，这为公司的发展奠定了坚实的基础。

遇到的管理挑战及应对措施

管理团队扩充：随着分店的开设，原有的管理团队难以满足业务发展的需求。为解决这一问题，公司积极招聘有经验的管理人员，充实管理团队。同时，公司建立了内部培训机制，对新入职的管理人员进行系统培训，使其熟悉公司的文化、管理流程和业务模式，提高其管理水平。

分店运营管理差异：不同分店由于地理位置、周边环境和客户群体的特点不同，在运营管理过程中面临一些差异。为确保各分店的服务质量和运营效率，公司制定了统一的运营管理标准，包括服务流程、人员管理、设备维护等方面的规范。同时，总部赋予分店一定的自主经营权，允许其根据当地市场情况进行适当的调整，以更好地适应市场需求。

市场竞争加剧：健身市场的快速发展吸引了越来越多的竞争者进入，市场竞争日益激烈。活力健身俱乐部通过强化自身品牌特色，突出优质服务和专业教练团队的优势，与竞争对手形成差异化竞争。此外，加强市场调研，及时了解竞争对手的动态和市场趋势，调整营销策略，保持市场竞争力。

（三）调整期（2021 年至今）

行业变化带来的影响

疫情冲击：2020 年开始的新冠疫情对健身行业造成了巨大冲击，俱乐部面临长时间停业和会员流失的双重问题。为应对疫情挑战，活力健身俱乐部积极采取措施，如推出线上健身课程，通过直播和录播的方式为会员提供在家健身的指导；加强会员关怀，与会员保持密切沟通，了解其需求和困难，并提供相应的解决方案；优化俱乐部的卫生防疫措施，确保会员在复工后能够在安全的环境中健身。

消费需求变化：疫情后，消费者的健身需求和消费习惯发生了一定的变化，消费者更加注重健康、个性化和多元化的健身体验。俱乐部敏锐地捕捉到了这一趋势，并对课程和服务进行了优化。增加了户外健身课程、亲子健身活动等项目，以满足会员在不同场景下的健身需求；引入智能化健身设备，为会员提供更加个性化的健身数据监测和分析服务，以提升健身效果。

公司的调整措施与未来展望

数字化转型：加大对数字化技术的应用，开发了会员管理系统和线上预约平台，方便会员管理自己的健身计划、预约课程和设备，提高了运营效率和会员体验。同时，利用数据分析工具，深入了解会员的行为和需求，为精准营销和服务优化提供支持。

合作与拓展：积极与其他相关行业合作，拓展业务领域。与健康餐饮品牌合作，为会员提供营养配餐服务；与运动康复机构合作，为会员提供专业的运动损伤康复治疗服务；与企业合作，开展员工健身福利计划，拓展了客户群体。

未来展望：活力健身俱乐部计划在未来继续深化数字化转型，提升智能化服务水平；进一步拓展市场，在更多城市开设分店，实现全国性布局；加强品牌建设，打造国内知名的健身连锁品牌，为更多人提供优质健身服务，助力健康中国建设。

结合上述案例，请回答以下问题：

（1）从管理职能的角度分析，活力健身俱乐部在应对疫情冲击时，其决策、组织、领导、控制和创新职能是如何发挥作用的？请举例说明。

（2）在活力健身俱乐部的扩张过程中，如何通过有效的领导力来协调各分店之间的资源分配、人员管理和服务质量控制，以确保整体运营效率和品牌形象的一致性？

智能问答时间

同学你好！我是 AI 小助手 Sam，在学习了本项目以后，你一定收获满满吧！那你还有什么疑问吗？请和我交流一下吧！你可以打开手机，扫描下面的二维码哟！

项目2 管理思想与领导力

学习目标

通过学习，学生能够达到以下学习目标。

知识层面：领会西方人性假设学说，理解儒家思想、法家思想、道家思想、兵家思想的核心，厘清管理思想与领导力之间的关系。

能力层面：提升对所学理论的思考能力、理解能力，提升运用理论指导实践的能力。

素养层面：锤炼人际交往的核心素养，传承与创新中华优秀传统文化。

开篇案例

公元前521年春，孔子得知他的学生宫敬叔奉鲁国国君之命，要前往周朝京都洛阳去朝拜天子，觉得这是个向周朝守藏史老子请教“礼制”学识的好机会，于是征得鲁昭公的同意后，与宫敬叔同行。到达京都的第二天，孔子便徒步前往守藏史府拜望老子。正在书写《道德经》的老子听说誉满天下的孔丘前来求教，赶忙放下手中笔，整理衣冠出迎。孔子见大门里出来一位年逾古稀、精神矍铄的老人，料想便是老子，急趋向前，恭恭敬敬地向老子行了弟子礼。进入大厅后，孔子再拜后才坐下。老子问孔子为何事而来，孔子离座回答：“我学识浅薄，对古代的‘礼制’一无所知，特地向老师请教。”老子见孔子这样诚恳，便详细地说出了自己的见解。回到鲁国后，孔子的学生们请求他讲解老子的学说。孔子说：“老子博古通今，通礼乐之源，明道德之归，确实是我的好老师。”同时他打比方来赞扬老子。他说：“鸟儿，我知道它能飞；鱼儿，我知道它能游；野兽，我知道它能跑。善跑的野兽我可以结网来逮住它，会游的鱼儿我可以用丝条缚在鱼钩上钓到它，高飞的鸟儿我可以用良箭把它射下来。至于龙，我却不知道它是如何乘着风云而上天的。”

孔子主张“为政以德”，用道德和礼教来治理国家是最高尚的治国之道。这种治国方略也叫“德治”或“礼治”。德治就是以道德去感化教育人的一种政治主张。儒家认为，无论人性善恶，都可以用道德去感化教育人，而所谓“礼治”，即遵守严格的等级制度，君臣、父子、贵贱、尊卑都有严格的区别。这些思想对后世影响深远，尤其是对中国管理思想的发展具有重要的指导意义。

（资料来源：https://wenku.so.com/d/1cfaf7c0bfb2d6c19faa6dd137bf2311）

阅读以上案例，你有什么启发？

任务 2.1　认识西方人性假设与领导力

在组织管理与行为领域中，人性假设深刻地影响着领导力理论与实践的发展。西方管理思想对人性的探索形成了诸多假设理论，从“经济人”到“社会人”，从“自我实现人”到“复杂人”，每一种假设都反映了特定历史时期与社会背景下对人类本质的认知。这些人性假设不仅塑造了领导者对员工的理解与管理方式，更直接关系到领导力模式的构建与演进。深入认识西方人性假设与领导力之间的内在联系，对于洞察现代管理的本质、提升领导力效能具有至关重要的意义。

2.1.1　马克思概念中的人

在马克思的概念中，人是社会关系的产物，其本质和存在方式深受生产关系和社会结构的影响。马克思认为，人类社会的发展和变化是由生产力和生产关系之间的矛盾推动的，而这种矛盾决定了社会形态的变迁。

马克思的哲学是一种“改变世界”的哲学，追求实现人的解放和社会进步。他强调，意识在任何时候都只能是被意识到的存在，这意味着人的思想和行为受到其社会环境和物质条件的制约。因此，马克思认为，要实现人的解放，就必须改变现存的社会结构和生产关系。

那么，社会关系包括哪些方面呢？社会关系主要体现在以下几种关系中。

2.1.1.1　经济关系

经济关系是指人们在经济活动中相互联系和相互依赖的关系。它涉及各个参与者之间的交换、合作和竞争，以及资源的分配和利益的争夺。经济关系主要包括个体之间的经济行为以及国家之间的经济往来。

在个体层面，经济关系可以体现为个人与个人、企业与企业之间的交流和合作。例如，人们通过购买商品和服务来满足自己的需求，企业通过生产和销售商品来获取收入。这种交换和合作形成了市场经济中的供求关系和竞争关系，推动了经济的发展。

在国家层面，经济关系主要包括贸易、投资和金融等方面的合作和交流。不同国家之间通过贸易活动实现资源和产品的互补，促进了全球资源的合理配置。此外，国家之间的投资和金融合作也扩大了经济联系，促进了国际经济的发展。

经济关系的发展对于个体和国家来说都非常重要。通过经济活动，人们可以获取所需的资源和产品，从而提高生活水平。国家之间的经济关系可以促进经济增长，增加就业机会，改善人民的福祉。同时，经济关系也存在竞争和争夺，需要通过合理的规则和机制来维护公平和稳定的经济秩序。

在这里，参与者之间的合作非常重要。通过合作提高生活水平的方式有很多种。首先，合作可以形成经济的规模效应和专业化分工，从而提高生产效率。当不同个体或企业合作进行生产时，可以充分利用各自的资源和技能，提高产品质量和降低生产成本，最终使得商品和服务更加丰富和便宜。

其次，合作还可以促进技术创新和知识共享。通过合作，人们可以分享彼此的经验和知识，共同研发新技术和新产品。这有助于推动技术进步和商业创新，提高产业竞争力，并为社会创造更多的就业机会和经济增长点。

最后，通过合作可以实现资源共享和互利共赢。不同个体或企业之间可以互相合作利用资源，例如，共同开发自然资源、共建基础设施或共享市场渠道。这种资源共享可以提高资源利用效率，降低成本，进而促进经济发展，为参与者带来更高的收入和生活水平。

总之，通过各种形式的合作，人们可以充分利用各自的优势和资源，提高生产效率，促进创新和共享资源，从而不断提高生活水平。

2.1.1.2 法律关系

法律关系作为法律规范在调整人们行为的过程中形成的权利义务关系，对人的影响在多个维度上具有至关重要的意义。

从行为规范与引导层面来看，法律关系明确了权利和义务的界限，这构成了人们行为的基本准则。它凭借其权威性和强制性，使得人们在行为决策时有所遵循，避免因无知或肆意而触犯法律，从而有力地维护了社会秩序的稳定。这种稳定性是社会正常运转的基石，保障了社会生活的有序性与可预测性，为社会的持续发展创造了良好的环境。

在权利保障与实现方面，法律关系将各种权利赋予个体，这些权利涵盖了生命、财产、人身自由等诸多关键领域，是个人生存与发展的基础保障。当权利遭受侵害时，法律关系所构建的救济机制随即启动，为受害者提供了通过法律途径寻求公正裁决的可能性，确保其合法权益得以恢复和维护。这一过程彰显了法律的公正性与权威性，使得人们在法律的框架内能够放心地行使自身权利，充分发挥个人的自由意志，推动社会的多元化发展。

对于公平正义的实现，法律关系是其重要的载体和实现手段。通过对不同主体间权利义务的合理配置，法律关系确保了资源分配、机会获取以及责任承担等方面的公正性，避免了权力、财富等因素对公平原则的干扰。在司法实践中，依据法律关系进行案件审理和裁决，能够最大限度地还原事实真相，平衡各方利益，使法律的公平正义价值得以彰显，进而增强社会成员对法律体系的信任和尊重，促进社会和谐稳定。

法律关系与价值观、道德观念相互交织、相互影响。道德观念为法律的制定提供了伦理基础，而法律的实施则强化了道德观念的约束力和影响力。法律对诚实、守信、尊重他人等道德原则的确认和保护，促使人们在长期的社会生活中逐渐将这些外在的法律要求内化为个人的价值观和道德准则，从而提升整个社会的道德水平，推动社会文明的发展。

从职业发展的角度分析，不同职业领域都受到法律关系的深刻影响。各行业的从业者必须在法律关系所设定的框架内开展业务活动，遵守相关法律法规，以确保自身行为的合法性和职业操守的规范性。同时，法律关系也为职业发展提供了保障和机遇，如知识产权保护为创新型职业提供了激励机制，合同法律关系为商业交易提供了稳定性和可预测性。了解并顺应法律关系的要求，是个人在职业生涯中避免风险、实现职业目标的关键因素。

在社会交往中，法律关系起到了规范和协调人际关系的重要作用。无论是日常的人际交往还是商业往来、经济合作等复杂的社会互动，法律关系都明确了各方的权利义务，为交往行为提供了清晰的指引和预期。这种规范化的交往模式减少了冲突和纠纷的发生概率，促进了社会交往的顺畅进行，增强了社会的凝聚力和协同性，有利于构建和谐稳定的社会关系网络。

综上所述，法律关系贯穿于人类社会生活的各个方面，对人的行为、权利保障、价值观念、职业发展以及社会交往等都具有不可忽视的影响。深入学习和理解法律关系，自觉遵守法律规范，积极运用法律手段维护自身权益，不仅是每个公民的责任和义务，更是推动社会整体进步与发展的必要条件。

2.1.1.3 伦理关系

伦理关系作为人类社会中一种重要的关系形式，深刻地影响着人们的行为、思维和社会的运行。它与法律关系相辅相成，共同构建起社会秩序的基石。深入理解伦理关系，对于提升个人道德素养、促进社会和谐发展具有重大意义。

1. 伦理关系的内涵

伦理，通常指人与人之间的道德准则和行为规范。它源于人类对善与恶、对与错的思考和判断，是社会共同价值观的体现。伦理涉及人们在各种社会情境中的行为选择，既包括个人层面的道德自律，也包括社会层面的道德规范。伦理关系是指人们在社会生活中基于伦理准则而形成的相互关系。这种关系不仅仅是一种行为上的联系，更是一种包含着道德责任和义务的特殊纽带。伦理关系存在于家庭、职场、社区等各个领域，贯穿于人类社会的方方面面。

2. 伦理关系的构成要素

1）伦理主体

伦理关系中的主体可以是个人、群体或组织。每个主体都有自己的道德观念和行为准则，同时也承担着相应的道德责任。不同的主体在伦理关系中扮演着不同的角色，其行为和选择会对其他主体产生影响。

2）伦理准则

伦理准则是伦理关系的核心内容，它规定了主体在特定情境下应该如何行为。伦理准则可以是传统的道德规范，如诚实、守信、尊重他人等。也可以是特定领域的职业道德，如医生的医德、教师的师德等。伦理准则的形成既受到文化传统的影响，也受到社会现实的制约。

3）伦理行为

伦理行为是主体在伦理准则指导下的实际行动。它是伦理关系的具体体现，也是判断伦理关系是否健康、和谐的重要标准之一。伦理行为不仅包括积极的道德行为，如帮助他人、关爱弱势群体等，也包括避免不道德行为，如欺诈、伤害他人等。

3. 伦理关系的价值

1）促进个人成长和发展

良好的伦理关系有助于个人的成长和发展。在伦理关系中，人们通过与他人的互动和交流，不断地反思自己的行为和价值观，从而提高自己的道德素养和人格品质。同时，伦理关系也为个人提供了情感支持和心理安慰，增强了个人的幸福感和归属感。

2）维护社会和谐与稳定

伦理关系是社会秩序的重要基础，良好的伦理关系有助于维护社会的和谐与稳定。在伦理关系中，人们遵守伦理准则，履行道德义务，相互尊重、相互关爱、相互支持，减少了冲突和矛盾，促进了社会和谐发展。同时，伦理关系也为社会提供了一种价值导向，引导人们树立正确的价值观和行为准则，共同为社会的进步和发展而努力。

3）推动社会文明进步

伦理关系是社会文明的重要标志，良好的伦理关系有助于推动社会文明进步。在伦理关系中，人们不断地追求善与美，弘扬正义和仁爱，传承和创新优秀的文化传统，促进了社会文明的发展。同时，伦理关系也为社会提供了一种道德动力，激励人们积极参与社会建设，为实现人类的共同理想而奋斗。

伦理关系是人类社会中一种重要的关系形式，它具有主观性与客观性、普遍性与特殊性、稳定性与动态性、自律性与他律性的统一特征。伦理关系包括家庭伦理关系、职业伦理关系、社会伦理关系等多种类型，对于促进个人成长和发展、维护社会和谐与稳定、推动社会文明进步具有重大价值。在现代社会，我们应该重视伦理关系的建设，加强伦理教育，提高人们的道德素养，共同营造一个和谐、文明、美好的社会环境。

2.1.1.4 血缘关系

血缘关系是指基于血统或生理联系形成的人际关系，通常包括直系和旁系血缘关系。直系血亲是指与自己有直接血缘关系的亲属，如父母、子女、祖父母、外祖父母等。旁系血亲则包括兄弟姐妹、表亲、堂亲等平辈、长辈或晚辈。此外，血缘关系也可以通过婚姻产生，例如配偶与子女之间的关系。这种关系是人类社会中最古老且先天的联系，在人类社会产生之初就已存在。

在中国文化中，血缘关系被视为社会关系的基础和核心。儒家文化强调宗法家族的重要性，以血缘关系为纽带，以家庭利益为目标，强调个体依附于群体。这种观念在中国传统文化中占据重要地位，构成了中国古代独特的血缘宗法社会。在农耕社会中，血缘关系不仅是社会秩序的基础，还被用来处理非血缘的社会关系，如君臣关系、长官与下属的关系等。这种血缘秩序成为其他一切社会秩序的基础和范本。

在现代社会中，血缘关系的重要性发生了显著变化。首先，血缘关系在职业选择和就业方面仍然具有重要影响。人们往往会优先考虑与亲属一起工作，或者寻求亲属的帮助和支持，这在一定程度上减少了就业的不确定性，增强了职业的稳定性。

然而，随着社会多样性和开放性的发展，现代社会鼓励与各种背景和关系的人建立更加亲近的联系。这种态度促进了亲情和友情的建立，无论是否具有血缘关系。这表明，尽管血缘关系在某些方面仍然重要，但现代社会更加注重广泛的社交网络。

此外，家庭结构的变化也对血缘关系的重要性产生了影响。现代家庭结构趋向于小型化、核心化和多样化，家庭规模缩小，家庭代际结构扁平化。这种变化使得家庭成员之间的血缘联系变得更加紧密，但也意味着家庭成员需要在更少的人之间分配资源和支持。

2.1.1.5 文化关系

文化关系是一个广泛而深刻的概念，涉及不同文化之间的各个方面以及它们之间的互动和影响。文化关系指的是不同文化之间的相互联系和影响。它涵盖了很多方面，包括语言、价值观、习俗和传统等。文化关系还涉及艺术、文学、音乐、舞蹈等艺术形式的交流和影响。此外，人际关系、社会组织和政治体系等方面也受到不同文化之间关系的影响。比如，人的行为受到文化关系的影响，文化关系对人的行为有深远的影响。人们的行为习惯、价值观念和道德观念往往是在特定的文化环境中形成的。不同文化之间的交流和影响会导致人们的行为方式和态度的改变。文化关系对人的行为产生了多方面的影响，塑造了个体和社会的行为模式。具体表现在以下几个方面。

1. 价值观念具有一定影响力

文化的影响力首先体现在价值观念上。习近平总书记指出："价值观念在一定社会的文化中起中轴作用，文化的影响力首先是价值观念的影响力。"这一"核心价值观"，即以富强、民主、文明、和谐、自由、平等、公正、法治、爱国、敬业、诚信、友善为主要内容的社会主义核心价值观。"文运同国运相牵，文脉同国脉相连"。文化建设，首在铸魂。社会主义文化建设之魂，即社会主义核心价值观。积极培育和践行社会主义核心价值观，使之在指导文化创作中发挥好"旗帜"作用，在彰显文化魅力中发挥好"恒星"作用，在推进文化交往中发挥好"中轴"作用，在抵御文化渗透中发挥好"防线"作用。唯有此，才能在今天的文化热战中脱颖而出、独树一帜，才能在中华民族伟大复兴的时代征程中乘风破浪、领航向前。这意味着不同文化的价值观念在交流中会对彼此产生深远的影响。

2. 文化对思维方式和行为习惯会产生影响

一个民族或国家的文化反映其独特的价值追求、精神品质、思维方式和行为习惯，这些是其区别于其他国家和民族的根本特征和独特标识。在文化交流中，这些方面会相互碰撞和融合，促进文化的多样性和丰富性。个人的思维方式和行为习惯在某种程度上与个体主体性有着密切的联系。无论是个人还是国家、民族，自我认同从来就不仅仅是"自我"的问题。正如马克思所说："凡是有某种关系存在的地方，这种关系都是为我而存在的。"同时，"人对自身的任何关系，只有通过人对他人的关系才能得到实现和表现"。认同的实质是文化认同，任何文化自我只有在与文化他者的交往中凸显差异性，才能获得清晰的自我认同。文明是文化的积淀，文化塑造着文明。在文明交往中，一个民族、国家的文化所反映的价值追求、精神品质、思维方式、行为习惯，是其区别于其他国家、民族的根本特征和独特标识，这是其文化"自我"的最直观的体现。

3. 文化与经济存在互动关系

文化和经济之间有着密切的联系。首先，经济的发展对文化产生了重要影响。经济繁荣可以提供更多的资源和机会，促进文化的多样性和创新。例如，经济发展可以提供更多资金用于支持艺术、文化活动，从而促进文化创作和传承。同时，经济条件好的社会也更容易滋养出具有活力和创造力的文化产业。其次，文化也对经济产生深远的影响。文化是经济发展的重要驱动力之一。一方面，具有独特文化特色的地区可以吸引游客，发展旅游业，使之成为经济增长点。文化旅游业可以增加当地就业机会，带动相关行业的发展。另一方面，文化产业本身也是一个重要的经济部门。艺术、电影、音乐、出版、设计等领域的文化产业都能够创造就业机会和促进经济增长。

文化和经济紧密相连，并且相互影响。经济的发展为文化提供了资源支持，而文化的发展也为经济带来了新的增长点。通过促进文化和经济的良性互动，社会可以获得更加丰富多样的发展机遇。

4. 文化产业的作用凸显

文化产业在助推文化大发展、大繁荣的过程中发挥着不可替代的作用。这表明文化关系不仅体现在思想和价值观上，还体现在文化产业的交流和发展上。

扩展阅读

2024 山东省文旅产业高质量发展大会在临沂开幕。各界嘉宾围绕“相约亲情沂蒙　共享好客山东”主题，畅叙友情、畅谈合作，共谋文旅产业高质量发展。

文化是旅游的灵魂，旅游是文化的载体。山东齐风鲁韵、岱青海蓝，传统与现代交相辉映，文化和旅游不断融合。近年来，山东坚定践行“两个结合”，深入推动中华优秀传统文化创造性转化、创新性发展，持续做强“好客山东好品山东”品牌，扎实推动文旅产业高质量发展，全省上下发展文旅产业的思路更清晰、举措更扎实、热情更饱满。会上从“畅游齐鲁，品文化之盛”“畅游齐鲁，览景观之奇”“畅游齐鲁，观生态之美”“畅游齐鲁，享节会之丰”“畅游齐鲁，感待客之诚”五个方面，介绍了山东文化旅游资源的优势和独特魅力。

开幕式上，2024 驻华外交官“发现中国之美”山东首发活动启动，“泰山娟姐”等网络达人分享“我眼中的山东”，“好客山东·见识齐鲁”研学旅游品牌发布仪式举行。山东省文化和旅游高质量发展战略合作签约仪式举行，18 个重点文旅项目签约。与会领导和嘉宾观看了大型室内旅游演艺《国秀·琅琊》。

（资料来源：https://baijiahao.baidu.com/s?id=1797369905585873047&wfr=spider&for=pc）

2.1.1.6　人际关系

人际关系是指人与人之间在交往过程中形成的各种心理和社会关系。它不仅包括个体之间的直接互动，还涉及更广泛的社会和文化背景。人际关系的内涵丰富，涵盖了思想、感情、行为等多个方面，反映了人们在社会生活中的相互作用和心理联系。

从心理学的角度来看，人际关系是人与人在交往中建立的直接的心理联系。这种联系不仅仅是表面的交流，更是深层次的心理互动和情感交流。心理学认为，人是社会动物，每个个体都有其独特的思想、态度、个性、行为模式及价值观。这些独特的特质在人际交往中相互作用，形成了复杂的人际关系网络。

社会学将人际关系定义为人们在生产或生活活动过程中所建立的一种社会关系。这种关系不仅仅是心理上的联系，还包括社会角色和行为规范。亲属关系、朋友关系、师生关系、雇佣关系等，都是人际关系的具体表现形式。这些关系在社会生活中扮演着重要的角色，影响着个体的行为和心理状态。

人际关系中的认知过程对个体的行为有重要影响。认知过程包括知觉、表象等心理活动，这些活动决定了个体如何理解和解释他人及其行为。当个体与他人建立亲密关系时，他们更可能利用分布式社交知识，并且更容易混淆信息。

人际关系还会影响个体的行为表现。行为举止、语言、表情和手势等外显行为反映了一定的人际关系。积极的行为通常会获得积极的反应，而消极的行为则会引发消极的反应。在职场中，良好的人际关系可以增强员工的信心和支持感，从而促进其职业决策和工作表现。

在职场环境中，人际关系对员工的工作表现和职业决策有着深远的影响。首先，良好的人际关系能够促进团队合作和信息交流，从而提高工作效率和质量。当团队成员之间建立了良好的关系时，他们更愿意互相帮助、分享知识和资源，从而加快项目的进展。此外，良好的人际关系还可以帮助员工获得更多的支持和资源，进而提高工作效率和工作成果。在职业决策方面，人际关系同样起着重要的作用。研究表明，工作环境中的人际关系对企业新入职的大学生的职业决策有着显著的影响。良好的人际关系可以为个人的事业锦上添花，帮助人们获得更多的机会和资源。通过建立和谐的人际关系，人们可以更容易地获得信息，增强信心，并在工作中左右逢源。此外，掌握人际交往技巧对职场人士的职业发展至关重要，它能帮助人们成长为优秀的管理者或企业领导者，并影响未来的职业道路。

下面探讨人际影响。人际影响就是个人对他人和群体，或他人和群体对个人施加的影响。影响者总是采取某种手段影响受影响者。目前最常见的人际影响手段有六种：强制、奖赏、权威、参照、法权和信息。

1. 强制

强制是指影响者采取政治、经济惩罚等手段，强迫受影响者接受其影响。当受影响者的行为不符合影响者的预期要求时，受影响者就会受到惩罚或批评。如大学生考试有几门不及格就会被取消毕业资格，拿不到毕业证书。

2. 奖赏

奖赏是指受影响者的行为如符合影响者预期的要求时，他将得到一定的奖励和表扬。在现实生活中，奖励和强制常常是并用的，但许多时候，奖励的效果要比强制更好。如果父母常对孩子采取“做好某一件事，就答应一个要求”的方法让孩子去做某事，孩子大多会愿意并积极地去做那件事。相反，若父母严厉要求孩子做好某件事，否则要采取强制的手段，结果容易使孩子产生抵触情绪。这是因为人们不喜欢被强迫和限制。

3. 权威

权威是指影响者具有丰富的知识和能力，使受影响者自愿服从其意见的一种力量。这种现象在学校较为常见，如教师让学生按照某种方式解决问题，学生一般照做。在管理工作中，若管理者具有威信，那么这就是一种使被管理者对管理者产生信任和服从的精神感召力。据某报载，某企业推广“满负荷工作法”时，干部首先实行了满负荷工作量，这种先行一步的示范作用，使得被领导者自愿跟着做，这也是一种权威的体现。

4. 参照

参照是指影响者成为受影响者自我评论的某种参照标准，参照对象就是受影响者的仿效对象。个人按照他所向往的参照对象，自愿按其标准评价自己的信念、态度和行为。如许多年轻人极力模仿他们所崇拜的歌星、影星的穿着及行为举止。参照有积极作用与消极作用之分。

5. 法权

法权是指影响者所处的法律地位，影响者有权对受影响者施加影响，而受影响者有义务服从。“服从命令是军人的天职”这句话表明在军队中一些人有权指挥另一些人，犯人在监狱里被强迫改造，也是通过法权起作用的。

6. 信息

信息对人际关系有着广泛且深刻的影响，其通过沟通方式、内容、数量、共享隐私平衡、媒介特性、差距、反馈机制以及不对称等多个维度全面渗透人际关系。沟通方式决定互动频率与质量，内容价值塑造认知，信息过载带来筛选难题，共享隐私平衡影响关系边界与信任，媒介特性改变距离感，差距引发权力动态变化，反馈机制左右互动效果，不对称使信任构建变得复杂。人们必须洞悉这些影响，积极适应信息时代的人际关系变化，充分发挥信息的积极作用，克服其带来的挑战，从而营造出更加稳固、和谐且富有深度的人际关系。

由此可见，人际关系是构成社会关系的重要的方面，它对人的成长和发展影响很大，是我们每个人必须重视的一类关系。

2.1.2　西方管理人性假设

所谓人性假设，是指管理者在管理过程中对于人的本质属性的基本看法。人性假设决定了领导方式，对于领导者的思想观念、行为方式、领导风格等都起到了不同程度的作用。人性假设是管理思想、管理观念的基础。

西方人性观的演变是一个复杂且多维度的过程，其历史可以追溯到古希腊时期，并在随后的几个世纪中不断演变和丰富。在古希腊时期，人性观主要受到苏格拉底、柏拉图和亚里士多德等哲学家的影响。苏格拉底将人视为理性的存在，强调人的内在美德和知识的重要性。古希腊文化中的人性观强调个性的张扬和对自然欲求的肯定，认为人的世俗生活和个体生命价值是值得肯定的。这种观点奠定了西方人文主义精神的基础，即把人作为衡量一切事物的标准，探寻人的生命意义与价值。

到了近代，随着启蒙运动的兴起，理性主义成为主流思想。理性主义崇尚知识和思想，认为人是思想的实体，理性欲求得到了进一步彰显。这一时期，人性观开始关注个体与社会的关系，强调人的理性能力和道德自主性。在 19 世纪，进化论的出现改变了人们对人性的理解。进化论认为，人性经历了长期的进化发展，其特质并非固定不变，而是随着历史进程不断发展变化的。这一观点对后来的社会科学和心理学产生了深远的影响。20 世纪初，弗洛姆等人进一步发展了人性观，综合了弗洛伊德的精神分析学说和马克思主义的社会批判学说，提出了人是生物性与社会性相统一的存在。他们强调人性在社会历史进程中的发展路径和异化根源，并探讨了人性解放的可能路径。

2.1.2.1　“经济人”假设

“经济人”假设（economic man，拉丁语：Homo economicus）又称“理性经济人”“实利人”或“唯利人”。这种假设最早由英国经济学家亚当·斯密提出，是经济学和某些心理学分析中新古典经济学的一个基本假设，认为人的一切行为都是目标理性的，唯一试图获得的经济好处就是物质性补偿。这一假设认为，个体在经济活动中完全依照收益最大化的原则进行行动和决策，如消费者追求效用最大化，厂商追求利润最大化。

经济人假设的基本观点如下：

（1）多数人天生是懒惰的，他们尽可能地逃避工作。

（2）多数人都没有雄心壮志，不愿承担责任，而心甘情愿受别人指使。

（3）多数人的个人目标都是与组织的目标相矛盾的，必须用强制、惩罚的办法，才能迫使他们为达到组织目标而工作。

（4）多数人干工作都是为了满足基本的生理需要和安全需要，因此，只有金钱和地位才能激励他们努力工作。

（5）人大致可以分为两类，多数人都是符合上述设想的人，另一类是能够自己鼓励自己，能克制感情冲动的人，后一类人都应负起管理的责任。

经济人假设及其相应的 X 理论曾风行于 20 世纪初到 20 世纪 30 年代的欧美企业管理界。这种理论改变了当时放任自流的管理状态，加强了社会上对消除浪费和提高效率的关心，促进了科学管理体制的建立。这对我国目前的管理实践有一定的借鉴作用。然而，经济人假设及 X 理论存在着很大的局限性。

首先，经济人假设是以享乐主义哲学为基础的，它把人看成是非理性的、天生懒惰而不喜欢工作的自然人。这是 20 世纪初个人主义价值观统治思想的反映，泰勒从企业家与工人都有的营利心来寻求提高效率的根源，把人看成机器。这是与马克思主义的人是社会的人、人的本质是社会关系总和的观点相对立的。

其次，经济人假设的管理是以金钱为主的机械的管理模式，否认了人的主人翁精神，否认了人的自觉性、主动性、创造性与责任心。他们认为人天性懒惰，因此必须用强迫、控制、奖励与惩罚等措施，促使他们达到组织目标。

最后，经济人假设认为大多数人缺少雄心壮志，只有少数人起统治作用，因而把管理者与被管理者绝对对立起来，反对工人参与管理，否认工人在生产中的地位与作用，其人性观是完全错误的。

2.1.2.2 社会人假设

扩展阅读

社会人假设的起源可以追溯到梅奥的霍桑实验。霍桑实验是心理学史上经典的实验之一，也是管理学史上具有划时代意义的实验。梅奥通过这些实验发现，员工的工作效率和生产积极性更多地受到社会因素的影响，而不是单纯经济报酬的影响。梅奥总结出，员工是“社会人”，他们的行为动机主要由社会需求引起，并通过同事关系获得认同感。社会人假设认为，人们在工作中最重视的是与周围人的友好相处，而物质利益相对次要。梅奥指出，人是社会动物，只有把自己完全投入到集体之中才能实现彻底的“自由”。这一假设强调，员工的工作动机不仅仅是金钱，还源于人的全部社会需求。

社会人假设在解释人的行为时强调，人的思想和行动更多地受到感情而不是理性的引导。因此，人与人之间的关系和对组织的归属感比经济报酬更能激励人的行为。具体来说，这一假设包含以下几个方面。

（1）社会需求是主要动机。人们在工作中寻求的是社会需求的满足，如友谊、安全、尊重和归属感等。

（2）人际关系的重要性。良好的人际关系在调动员工积极性方面起着决定性作用。管理者应关注员工之间的关系，培养员工的归属感。

（3）工作意义的社会性。工作本身没有意义，人们只能从社会关系中寻求意义。员工对同事们的社会影响力，比管理者所给予的经济诱因更为重视。

（4）非正式组织的存在。组织中存在着非正式组织，这些组织对员工的行为和态度有着重要影响。

社会人假设具有一定的积极作用，表现在三个方面。① 重视人际关系。该假设强调人际关系在工作中的重要性，认为良好的人际关系可以有效激发员工的工作积极性和提高生产效率。② 提高组织的凝聚力。通过关注员工的社会需求和归属感，可以增强组织的凝聚力和员工的忠诚度。③ 促进员工发展。关注员工的社会需求有助于满足他们的心理需求，从而促进其全面发展。

但是，也应该看到"社会人"假设忽视了物质激励的作用。该假设可能被批评为忽视了物质激励在某些情况下对员工的重要性，特别是在需要高度专业技能和创新能力的岗位上。在某些文化或特定行业背景下，员工可能更重视物质利益而非人际关系，因此该假设的适用性可能受到限制。

2.1.2.3　自动人假设

自我实现人（self-actualizing man）又称自动人，是美国管理学家、心理学家马斯洛（Abraham Maslow）提出的概念。所谓自我实现是指："人都需要发挥自己的潜力，表现自己的才能，只有人的潜力充分发挥出来，人的才能才会表现出来，人才会感到最大的满足。"这就是说，人们除了上述的社会需求，还有一种想充分运用自己的各种能力、发挥自身潜力的欲望。

马斯洛认为，人类需要的最高层次就是自我实现，每个人都希望自己成为自己所希望的那种人。这种自我实现的需要就是"人希望变得越来越完美的欲望，人要实现他所能实现的一切欲望"。具有这种强烈的自我实现需要的人，就叫"自我实现人"，或者说最理想的人就是"自我实现人"。

马斯洛通过对社会知名人士和一些大学生的调查，指出自我实现的人具有多种特征。主要有敏锐的观察力，思想高度集中，有创造性，不受环境偶然因素的影响，只跟少数志趣相投的人来往，喜欢独居等等。但马斯洛也承认，在现实中这种人极少，多数人不能达到自我实现的水平，原因是社会环境没有为人们自我实现创造适当的条件。

从管理的角度来看，自动人假设促进了组织实行参与决策、目标管理和弹性工时等管理措施，这些措施对生产力的发展起到了促进作用。它主张下放管理权限，建立较为充分的决策参与制度和提案制度，以满足职工的自我实现需要。

然而，对于自动人假设的评价并不一致。一些学者认为其理论基础是错误的，因为它把注意力放在创造工作环境上，而不是放在对人的具体行为的管理上，忽视了对人的具体行为的管理。此外，自动人假设被认为是资本主义高度发展的产物，可能在某些情况下过于理想化了。

自动人假设在理论和管理实践中具有一定的积极意义，特别是在促进员工自我实现和提高生产力方面。然而，其理论基础和应用效果在不同情境下可能会有所不同，需要结合实际情况进行具体分析和调整。

2.1.2.4 复杂人假设

在20世纪60年代末和70年代初，管理学界开始反思传统的“经济人”假设，也就是说人主要是出于经济利益驱动的。然而，随着对人性更深入的研究，学者们发现这种假设过于简化了人的行为和需求。沙因在综合了“经济人”“社会人”“自我实现人”假设的基础上，提出了“复杂人”假设。

“复杂人”假设认为，人的需要和动机是多种多样的，并且这些需要会随着年龄、知识、地位、环境以及人际关系的变化而变化。因此，管理者不能简单地将员工归类为某一假设下的单一类型，而应根据具体情况采取灵活多样的管理措施。

具体来说，“复杂人”假设强调以下几点。① 个体差异。不同的人有不同的需求和动机，不能一概而论。② 情境依赖性。人的行为和需求会因时间和环境的不同而发生变化。③ 动态性。人的需求层次和动机是动态变化的，需要管理者不断观察并调整管理策略。

“复杂人”假设是对传统人性假设的一种扩展和补充。它既包含了“经济人”假设中的理性经济行为、“社会人”假设中的社会互动需求，也融合了“自我实现人”假设中的个人成长和自我实现需求。因此，“复杂人”假设提供了一个更为全面和灵活的视角来理解人性。

在实际管理中，应用“复杂人”假设可以显著提高管理效率。例如，在一家大型制造业企业中，管理者发现不同部门的员工对激励措施的反应各不相同。一些员工更看重物质奖励，而另一些则更看重职业发展机会。通过采用“复杂人”假设，管理者可以根据员工的具体需求设计个性化的激励方案，从而提高员工的工作积极性和满意度。

总之，在管理实践中，越来越多的中外学者对人性假设进行了深入研究，提出了诸多有创新性的观点。这些观点对于管理思想的进步起到了积极的推动作用。

任务 2.2 儒家管理思想与领导力

儒家管理思想是中国古代最完备、最系统的管理理论之一，其核心理念在现代企业管理中仍具有重要的应用价值。儒家管理思想强调以人为本，注重道德教化和人际关系的和谐，这些理念在现代企业管理中得到了广泛的应用和发展。

2.2.1 儒家思想的主要观点

2.2.1.1 以人为本

孔子非常重视人的作用。他的仁爱思想流传久远，影响甚广。“仁”所覆盖的内容十分广泛，其核心是爱人，即倡导人与人之间的亲善关系，强调人与人之间的关爱和同情，提倡善良的心态和正直的行为。

孔子认为自下而上都能仁爱尊礼，社会才能稳定，人民才能安居乐业。他一再强调，践行仁德不是能力问题，而是态度问题。有一次，孔子家的马厩失火了，他知道后，首先关切地问有没有人受伤。还有一次，孔子去齐国，路过泰山，看见一个妇女在坟前痛哭，他叫学生去询问。原来残暴的统治者逼得她全家背井离乡来到这里。不久，她的亲人相继被老虎咬死，即使这样，她仍然不愿意返回家乡。孔子听后感叹道："残暴的统治比老虎还要厉害呀！"这两个故事都充分体现了孔子所追求的仁的精神。

仁爱作为儒家思想的核心价值观之一，在现代心理学研究中产生了积极的影响。首先，仁爱强调人与人之间的关爱和同情，提倡善良的心态和正直的行为。它鼓励个体表现出对他人的尊重和理解，并促进积极的人际关系。现代心理学研究发现，人际关系对于个体的幸福感和心理健康具有重要影响。通过培养仁爱的价值观，个体更容易建立良好的人际关系，实现心理和情感的健康发展。其次，仁爱在现代心理学研究中也与共情能力相关。共情能力是指个体能够感知他人的情绪并真正理解他人感受的能力。研究表明，共情力与人际关系的质量、社会适应能力和情绪调节能力密切相关。仁爱的价值观培养了个体对他人的关心和同情，使其更具备共情能力，从而具备更强的社交技能和更好的心理健康。最后，仁爱可以促进社会互助和合作。在现代社会中，合作和互助是凝聚力和社会和谐的重要因素。仁爱的价值观鼓励个体关注他人的需求和福祉，培养合作精神和团队意识。这种积极的影响使得研究者在社会心理学和人际关系领域寻求促进合作和社会凝聚力的方法时，可以从仁爱的思想中汲取灵感和借鉴经验。

仁爱与领导力提升之间的关系在儒家思想中是相互关联的。仁爱强调人际关系中的关爱和同情，有助于领导者建立良好的人际信任关系和合作关系。一个具备仁爱精神的领导者能够体察员工的需求和情感，关心他们的成长和福祉，从而营造出团结和谐的团队氛围。同时，仁爱也强调善良和正直的行为，这对于领导者来说是至关重要的。一个具备仁爱精神的领导者会展现出真诚、公正和慈悲的特质，能够激发员工的积极性和忠诚度。因此，仁爱的实践有助于领导者提升领导力，并为组织的成功与发展奠定基础。

当一个领导者在团队中展现仁爱精神时，就会注重员工的个人成长和福祉，也会定期与员工沟通，了解他们的工作情况、职业发展目标和个人需求，以便为他们提供支持和指导。给予员工适当的奖励和认可，以激励员工的积极性和努力。此外，他会倾听员工的意见和建议，积极参与问题解决，并为员工创造一个开放、公正和尊重的工作环境。通过这些做法，领导者能够树立起一个充满仁爱精神的领导形象，营造出高效、和谐的团队氛围，并有效提升自身的领导力和影响力。

组织要做到以人为本，首先需要关注员工的需求，提供良好的工作环境和福利待遇。要增加员工的职业发展机会，可以提供全面的培训计划，包括内部培训、外部培训和跨部门培训，帮助员工不断学习和提升技能。建立明确的晋升通道和职业发展路径，让员工清楚地了解晋升的条件和机会，并提供相关的培训和指导，帮助他们达到晋升的要求。鼓励员工参与项目和任务，提供挑战和成长的机会，培养他们的领导能力和问题解决能力，从而为他们创造更多的职业发展机会。其次，建立开放的沟通机制，让员工能够表达意见和建议，参与决策。同时，重视员工的培训和发展，帮助他们提升能力并促进其职业发展。此外，建立公平的激励机制，让员工获得应有的回报，激发他们的工作热情和积极性。最后，营造和谐的团队氛围，让员工感受到归属感和团队精神，从而提升整体工作效率和工作质量。

案例

海尔集团作为一家具有国际影响力的企业，始终坚持以人为本、以消费者为中心的发展理念。近年来，海尔集团在市场营销、技术创新、品牌建设等方面取得了显著的成绩，企业高质量发展的步伐也越发坚实。

1. 人本主义：尊重人、关爱人、培养人，营造以人为本的企业氛围

海尔集团的企业文化核心是“人本主义”，即尊重人、关爱人、培养人，营造以人为本的企业氛围。这体现在海尔集团的企业制度、企业管理和企业文化等方面。

海尔集团企业文化培训：助力企业高质量发展，共创美好未来。

1）企业制度的人本主义

海尔集团通过制定一系列保障员工权益、促进员工成长的企业制度，切实维护员工的合法权益。例如，海尔集团实行全员劳动合同制度，为员工提供完善的福利待遇，设立灵活的工作制度以满足员工的个性化需求。

2）企业管理的人本主义

海尔集团注重企业管理的人本主义，通过激励、引导、培训等手段，提升员工的综合素质。海尔集团还推行“开心工作法”，鼓励员工表达自己的观点和想法，使员工成为企业发展的参与者。

3）企业文化的人本主义

海尔集团的企业文化是以人为本。在企业内部，海尔集团强调“人人都是人才”，鼓励员工充分发挥自身优势，为企业的发展贡献力量。此外，海尔集团还注重文化建设，积极营造健康、积极向上的企业文化氛围。

2. 用户主义：以用户需求为导向，提升企业核心竞争力

1）产品开发的人本主义

海尔集团坚持以用户需求为导向，不断优化产品结构，提升产品质量和用户体验。通过市场调研、用户反馈等手段，海尔集团不断调整产品线，满足不同用户群体的需求。

2）市场营销的人本主义

海尔集团的市场营销活动充分尊重和满足消费者的需求。运用互联网和大数据技术提高营销效果。海尔集团还开展各种活动，提高消费者对品牌的认知度和忠诚度。

3）客户服务的人本主义

海尔集团的客户服务始终以用户需求为导向，通过网络、实体店等多种渠道，为用户提供便捷、贴心的服务。海尔集团还开发了客户端，实现客户服务随时随地化。

3. 海尔集团企业文化建设实践

1）培训体系建设

海尔集团高度重视人才培养，建立了一套完善的培训体系。通过内部培训、外部培训和国际培训等多种途径，海尔集团的员工不断提升自身素质，为企业发展提供有力支持。

2）企业文化传播

海尔集团注重企业文化的传播与弘扬，充分利用企业内部媒体、社交媒体等渠道，宣传企业理念、价值观和行为准则。此外，海尔集团还积极开展企业文化主题活动，营造良好的企业氛围。

3）员工关爱

海尔集团将员工关爱作为企业文化建设的重要组成部分，通过设立员工关爱互助基金、为员工提供健康保障等举措，切实关心员工的生活和工作。

海尔集团的企业文化培训有助于促进企业高质量发展，与员工共创美好未来。在今后的企业文化建设实践中，海尔集团应继续坚持以人为本、以用户为中心的理念，推动企业高质量发展。

（资料来源：https://www.jobxzc.com/hrxueyuan/article_9657365.html）

2.2.1.2　礼仪与秩序

儒家思想中的礼仪观强调社会秩序和人际关系的规范。在儒家的视角下，礼仪被认为是维系社会稳定和谐的重要因素。它指导人们在各种情境下的行为举止，教导人们如何与他人相处并维持良好的人际关系。

儒家礼仪观注重的是对他人的尊重和关怀。在人际交往中，通过遵守传统礼节、表达敬意和尊重他人的身份地位，儒家认为人们能够建立积极、和谐的人际关系。儒家认为，谦恭有礼的行为能够促进社会的稳定和人民的安宁。

此外，儒家礼仪观也强调了个人修养和内在品质的重要性。儒家认为，通过遵循礼仪规范，人们可以培养自己的美德和道德品质。行为的规范和端庄能够塑造一个人的性格，同时也能够影响整个社会的道德风尚。儒家的礼仪观在强调社会秩序、关爱他人的基础上，倡导人们根据传统规范自己的行为，建立和谐的人际关系，并通过遵守礼仪准则来提升个人修养和社会道德水平。这些观点在中国历史和文化中产生了深远影响，成为社会稳定和谐发展的重要指导原则。

礼仪与领导力提升之间存在密切的关系。在儒家思想中，礼仪被认为是人与人之间建立和谐关系的基础，而领导力则是指导和影响他人的能力。因此，通过学习和遵守礼仪规范，可以在一定程度上提升领导力。

首先，礼仪可以塑造领导者的形象和个人魅力。一个具备良好礼仪的领导者能够展示自己的谦逊、尊重和关怀，这使得他们更容易赢得他人的信任和尊敬。领导者的良好形象能够激发团队成员的合作意愿，促进团队凝聚力和共同目标的实现。其次，礼仪也有助于领导者与团队成员之间建立良好的沟通和人际关系。通过遵守礼仪规范，领导者能够表达对团队成员的尊重和关怀，增强彼此之间的信任感。良好的沟通和人际关系能够促进信息流通和团队合作，提高工作效率和团队绩效。最后，礼仪还能够培养领导者的情商和社交能力，在处理团队内部冲突和解决问题时起到积极作用。通过儒家礼仪观的指导，领导者能够更好地掌握相互尊重、谦和友善的处理方式，以达到解决问题和和谐共处的目的。

礼仪与领导力的提升密切相关。遵守礼仪可以提升领导者的形象和个人魅力，帮助建立良好的沟通和人际关系，培养情商和社交能力，从而有效地促进领导力的发展。这对于领导者的个人成长和团队的成功都具有重要意义。

说到儒家的礼仪规范对后世的影响，那可不小。其提倡的“礼”，就是一种行为规范和道德准则，它包括了尊重长辈、友爱兄弟、忠诚守信等内容。它强调“己所不欲，勿施于人”，这是一种非常基本的礼仪规范，它告诉我们不要对别人做自己不愿意做的事情。这个原则，后来被很多人推崇，成为一种普遍的道德准则。其所提倡的“君君、臣臣、父父、子子”，也是一种礼仪规范，它强调每个人在社会中都有自己的角色和责任，要各安其位、各尽其责。这种思想，对后世的政治理念和社会秩序都产生了深远的影响。

另外，“博学于文，约之以礼”，这也是一种礼仪规范。它告诉我们要广泛地学习文化知识，同时要用礼仪来约束自己的行为。这种思想对后世的教育理念和人格塑造都产生了积极的影响。

这些礼仪规范不仅在当时受到了人们的推崇，而且对后世也产生了深远的影响。它们成了中国传统文化的重要组成部分，被一代又一代的人们传承和发扬。

孔子关于仁与礼的道德哲学中的“克己复礼”定义了社会规范，其核心思想是通过克制个人的私欲，使个人的言行举止符合社会伦理道德规范，从而达到仁的境界。这一概念在《论语·颜渊》中被明确阐述：“颜渊问仁”。子曰：“克己复礼为仁。一日克己复礼，天下归仁焉。”

具体而言，“克己”指的是克制自己的私欲，战胜自我，使个人的生理本能和感性欲望得到控制；而“复礼”则是指依照国家的典章制度和社会普遍的伦理原则行事，做到在视、听、言、动诸方面皆合乎“礼”。这意味着个人需要按照周礼等传统礼制的要求，规范自己的行为，使之符合社会的伦理道德规范。

孔子认为，“克己复礼”不仅是个人修养的方法，也是实现社会和谐与秩序的重要途径。通过每个人的努力，克制私欲，遵守礼制，可以促进社会成员之间的相互尊重和理解，从而实现“天下归仁”的理想状态。这一过程不仅涉及个人的内在道德修养，也涉及外在的社会行为规范，二者相辅相成，共同构成了孔子道德哲学的核心内容。

总之，“克己复礼”是孔子定义社会规范的重要概念，它强调通过个人的自我约束和道德修养，使个人行为符合社会伦理道德规范，从而实现社会的和谐与秩序。

礼仪小故事

故事一：

在春秋时代，鲁国有一条规定，凡是到外国旅游时，如果看见有鲁国人在外国被卖为奴隶的，能够花钱将其赎出，回到鲁国后，到国库报账，国库如数归还。而孔子有一名学生，在国外时真的看到有鲁国人被卖为奴隶，因此他将那人赎出。但赎出来后，他并未去国库报账，百姓都在议论这人品格高尚。

而当孔子知道了后，大骂了这名学生一顿，说他做了错事。别人很奇怪，做了好事，又将人救出，还不去报账，这不是做了件好事吗？但孔子说不可以这样看问题，因为这种做法会妨碍许多奴隶被赎出。

因为这人回来后并没去报账，以后别人看见做奴隶的鲁国人，本来是想去赎他出来的，可是一想，我赎了后，若去报账，别人肯定要议论：以往某人不报账，你去报账，你的品格不好。而在这种情况下，这人就可能会装作没有看见，不去赎人。因此，此做法就阻碍了许多鲁国奴隶被人赎出，是错误的做法。

故事二：

孔子，姓孔，名丘，字仲尼，是我国春秋时期著名的思想家、教育家、政治家，也是我国儒家学说的创始人。他之所以能成为弟子三千、名扬四海的圣人，和他小时候的刻苦勤奋分不开，也正所谓"天才来自勤奋"。史书载，孔子的母亲在他刚刚三岁的时候，就教他读书识字，到四岁的时候，他已会念百余字了。

有一天，他的妈妈说："昨天我教你的字背了吗？"

孔丘说："都记住了。"

妈妈说："那好，明天一早我考考你。"

孔丘睡觉时，是和哥哥在一起的。这天晚上，他钻入被窝后对哥哥说："哥哥，妈妈教给你的字都记住了吗？"

哥哥道："都记住了。你呢？"

孔丘说："我已经练了多遍，也许都记住了，可又没有把握，明天一早娘要考我，若有不会的，娘一定非常伤心和难过。不行，我一定要起来再多练几遍。"

哥哥被他这种刻苦学习、孝顺母亲的精神所感动，心疼地说："天气凉了，别起来练了，就在我的肚子上写吧。""我能觉出对错，也好对你写的做个检查！"

于是，小孔丘就在哥哥的胸口上写了起来。每写一个字，就念出声来。可这声音越来越轻，当他写完最后一个字的时候，就听不到了。哥哥验完他的最后一个字，听着那均匀的呼吸，望着他甜中带笑的睡容，既心疼又爱怜地笑了。

第二天一早，在母亲考核时，他一次就通过了。母亲惊喜道："这孩子真神了，前天教了他那么多字，只过了一天，就如此滚瓜烂熟，将来准能干大事啊！"

孔丘望着母亲欣喜的面容，高兴地笑了。然而在这微笑中，却伴着两行泪水。站在旁边的哥哥，深深地理解他，知道在他超人的天资背后，更多的是弟弟那锲而不舍的精神和刻苦勤奋的汗水。

（资料来源：https://wenku.baidu.com/view/_）

2.2.1.3 孝道

孔子认为要稳定社会秩序，必先稳定家庭，如果不树立父母的权威，就无法达到家庭的稳定，进而也就无法稳定社会。所以，孔子提倡"孝"。孔子对西周的"孝"进行了继承、发展和创新。

（1）强调"孝"要建立在"敬"的基础上。孔子认为孝敬父母要真心实意，单纯在物质上满足父母，尚不足以谓孝，更重要的是要"敬"，使父母得到人格的尊重和精神的慰藉。《论语·为政》："子游问孝。"子曰："今之孝者，是谓能养。至于犬马，皆能有养；不敬，何以别乎？"从这里可以看出，"敬"是孝道的精神本质。

（2）把行孝与守礼结合在一起。如果说孝道的精神本质是"敬"，那么如何表达出这种"敬"呢？这就是，行为要符合礼，而孔子则直接将此看作孝，《论语·为政》子曰："生，事之以礼；死，葬之以礼，祭之以礼。"这强调了按照礼的规定来行孝的重要性。

（3）把"孝"与"悌"结合起来。《论语》中多次以"孝悌"连用，如："弟子入则孝，出则弟。""其为人也孝弟，而好犯上者，鲜矣；不好犯上而好作乱者，未之有也。""孝悌也者，其为仁之本与！"（《论语·学而》）。悌，即敬兄长。而敬兄长的实质，则是要求人们将家庭血亲中的等级推广到社会关系中去，所谓"出则弟"就是这个意思，它主要表现的是处理社会关系的准则。

（4）提出"几谏"的原则。孔子认为，父母若有错，子女可以用委婉的语气进行劝谏，以免陷父母于不义，这就是他所说的"事父母几谏"（《论语·里仁》）。"几谏"的原则兼顾到孝敬父母与社会群体利益，具有一定的民主精神。

（5）孔子为传统孝道的合理性找到了人性的根基，解决了孝道存在的哲学前提——仁。孔子思想的核心是"仁"，"仁"不仅是孝的人性根源，而且是孝要努力实现的终极目标。仁是人行为的最高准则，是一种普遍原则，要实现这一原则，必须孝。《礼记·中庸》："仁者，人也，亲亲为大。"

孔子提出的孝实际上是一种家庭伦理，这就使孝从宗族伦理转化为家庭伦理。在古人看来，一切人际关系均基于孝。中国传统社会特重家庭，在家庭中又首重父子关系，而调节父子关系的道德规范就是儒家提倡的"孝"。

孝道则是子女对父母的尊敬和孝顺，是维护家庭和社会和谐的重要价值观。这些观点构成了儒家思想的核心理念，对中国历史和文化产生了深远的影响。孝道对现代家庭结构的影响主要体现在尊重长辈、重视家庭关系和家庭价值观方面。在当代社会，虽然家庭结构发生了改变，但孝道依然强调尊重长辈和关爱家人。孝道教育仍然被重视，强调子女对父母的关心和照顾，使家庭关系更加和谐稳定。这有助于促进家庭成员之间的沟通和情感交流。

从传统孝道中可以看出领导者的责任和担当。传承孝道文化有助于培养领导者对团队成员的关心和照顾，增强领导者与团队成员之间的信任和凝聚力。孝道教育也能培养领导者的家庭价值观，帮助他们更好地关爱团队成员，促进团队的和谐稳定。这有助于提升领导者的情商和塑造更具影响力的领导风格。

2.2.1.4 忠诚

忠是尽心尽力的意思，是人与人之间交往应当遵循的准则之一。孔子对忠的要求十分广泛，本小节将从两个方面论述：其一是个人层面，其二是国家层面。

从个人层面而言，也就是"与人忠"。具体来说，只要是尽心尽力，对父而言，就是孝；对兄而言，就是悌；与朋友交，就是信。"弟子入则孝，出则弟，谨而信，泛爱众，而亲仁。"只要一个人能够做到忠，自然可以做到孝，做到悌，做到信。忠是发自内心良知的自觉，而不是出于自私自利的考虑。所以孔子将"与人忠"当作仁的具体表现之一。曾子三省吾身，其中一项内容就是是否做到了忠。“吾日三省吾身：为人谋而不忠乎？与朋友交而不信乎？传不习乎？”对己而言，为忠；对人而言，为恕。《论语·子路》记载：“樊迟问仁。”子曰：“居处恭，执事敬，与人忠。虽之夷狄，不可弃也。”

从国家层面而言，就是忠君。孔子思想体系中的忠君思想是儒家思想受到当时统治者青睐的一个主要因素。孔子其实就是在维护封建统治的秩序和君王的权力。然而，孔子所谓的“忠”，也是有条件的，不是没有原则的，那就是君主必须是一位明君，要做到“使臣以礼”。孔子认为，当君王犯错的时候，大臣要敢于直言进谏，这在《论语·宪问》中得到了很好的诠释：子路问事君。子曰：“勿欺也，而犯之。”孔子主张治国必须“忠于事”，何为“忠于事”？

孔子的学生子张问治国之道，孔子对此作如下解读：“居之无倦，行之以忠。”当官不玩忽职守，办事忠心有信义。这句话就是孔子告诫他的学生要专心工作，要诚实守信。在对待他人方面，孔子提倡对人要“忠”，他教导弟子的内容主要有四个方面：“文、行、忠、信。”“忠”是指待人以忠心，“信”是指待人以真诚，这种看法曾在《论语》中多次被提及。由此可见，孔子对社会关系的交往非常关注，因为人乃社会性的产物，人际关系的融洽程度对整个社会的康泰有很大影响，所以孔子向往西周时期“安民保民”的政策，使百姓生活得更加幸福，同时也营造出一种和谐稳定的社会氛围。这一点对于今天构建和谐社会具有一定的启示意义。

2.2.1.5　诚信

人是社会关系的总和，而人在和他人的交往中必须遵守的准则之一便是“信”。信在《论语》中多次出现，其含义大概可分为五种：诚实守信（交往）；信任；信服（下对上）；讲信誉（上对下）；语气词“是真的吗？”。“信”的最基本含义就是诚实守信，这也是孔子认为的为人处世之道。孔子曰：“老者安之，朋友信之，少者怀之。”这是他的毕生志向：老年人可以得到尊重和关怀，朋友之间相互信任，少者得到关爱，整个社会成为一个团结友爱的大家庭，从而实现社会的安宁和稳定。

孔子思想中的“信”的范围可划分为三个层次：其一，对亲人的信。家庭作为社会的基本组成部分，不仅是社会运转的基础，更是人得以立身的基本载体。家人之间的信任是一切信任的前提和基础，可以使家庭成员的归属感更强，同时使生活在其中的个人感到温暖与幸福。因此，君子之信应首先表现在对亲人守诺重信之中。其二，与朋友信。这里的朋友是一个包容性很强的概念，既可指个人交往层面的“知己”，也可指社会领域里的“师生关系”“同事关系”等。君子在处理社会生活中的人际关系时要遵守信的准则，不能轻易承诺，一旦作出承诺便必须遵守。这是健全人格的重要组成部分。其三，向国家信。孔子在论述信这一行为规范时，不是仅仅将其限制于社会交往层面，而是论述了百姓与国家之间应通过信建立和谐有序的关系。由此可见，孔子所构建的信是多方面、多层次的，几乎涵盖了整个社会关系的行为准则。在新时代，孔子的理念依然适用。大众要做到言行一致，践行社会主义核心价值观中的“诚信”。

2.2.2 儒家管理思想与领导力

孔子提出的“仁、义、礼、智、信”五常是儒家思想的核心，这些品质不仅适用于个人修养，也是领导者必须具备的基本素质。其中，“仁”是儒家思想的核心，强调领导者应以仁爱之心对待下属和民众，关注他们的福祉。这种仁爱之心不仅体现在对人的关怀上，还体现在对社会的贡献上，即领导者要为人民服务，履行好自己的责任。

2.2.2.1 儒家思想中的领导风格

儒家思想倡导的领导风格注重和谐与平衡。孔子认为“和为贵”，强调组织内部人际关系的亲密性和和谐性。这种和谐不仅体现在人与人之间，还体现在领导者与被领导者之间的关系中。领导者应通过建立良好的人际关系来实现组织目标，而不是依靠强制和惩罚。

2.2.2.2 儒家思想中的领导责任

儒家思想强调领导者应承担的社会责任。孔子提出“修身齐家治国平天下”的理念，领导者不仅要修身养性，还要齐家治国，最终实现天下大同。这意味着领导者不仅要关注个人和家庭的道德修养，还要关注国家和社会的治理，努力实现社会的公平与正义。

2.2.2.3 儒家思想中的领导智慧

儒家经典中蕴含了许多关于领导智慧的经典语录。例如，《论语》中提到的“己所不欲，勿施于人”，强调领导者应以身作则，树立良好的榜样。此外，孔子还强调领导者应具备坚韧、耐心、果断和谨慎等品质，这些品质有助于领导者在逆境中保持冷静并做出明智的决定。

2.2.2.4 儒家思想对领导者素养的影响

儒家思想对现代领导者的道德修养和品格塑造有着深远的影响。儒家文化强调道德价值，追求君子人格的理想境界，注重道德品格的养成和提升。儒家认为，领导者应具备“惠而不费，劳而不怨，欲而不贪，泰而不骄，威而不猛，群而不党，贞而不谅，哀而不伤”等品质，这些都体现了中庸之道的要求。儒家文化中的“内圣外王”人生观，不仅对中华民族精神的形成与发展产生了巨大的推动作用，而且对我们今天塑造理想人格以及培养良好的个人修养也有着重要的借鉴意义。

儒家思想中的“和为贵”思想，为现代政治解决社会矛盾、促进社会和谐提供了思路。儒家的政治哲学自孔子以来就提出了德与政的一系列问题，强调政者的“自正”转变了西周至春秋时期政治“政以正民”的方向。儒家文化是“崇德”的文化，强调道德修养，注重道德践履。儒家君子注重精神修养，即“内省”与“反求诸己”，通过自我认同和反思来衡量自己。

儒家思想对现代领导者的启示在于，管理者只有具备良好的道德理性素质，才能管理好别人，达到孔子提倡的“己欲立而立人，己欲达而达人”的境界。孔子认为，作为一个管理者，首先要讲究诚信，做到言必信，行必果。儒家文化将“君子”“圣贤”看作理想化的人格，认为个人需加强自我修养，注重自身的正确社会定位、伦理道德与精神境界，并以此为中心加强内外修炼。

儒家修身思想的教育价值在于，君子的理想人格是儒家为大多数修养者所树立的切实可行的道德风范，其中“仁”更是其理想人格的重要组成部分。儒家对理想人格的追求，注重人格的全面发展，不仅从外在的“礼”（即行为规范）向理想人格（即“君子”“贤达”“圣人”等）的形式（“文”）趋近，而且更重要的是从内在心源上同“仁”（即主体意识的崇高化、道德化、价值化）相契合。

总之，儒家思想对现代领导者的道德修养和品格塑造有着深远的影响。它强调道德价值，追求君子人格的理想境界，注重道德品格的养成和提升，提倡诚信，讲究自我修养和内外修炼，追求人格的全面发展。这些思想对于现代领导者在道德修养和品格塑造方面具有重要的借鉴意义。

阅读思考

儒家思想中的“仁、义、礼、智、信”五常如何具体应用于现代领导力实践？

儒家思想中的“仁、义、礼、智、信”五常在现代领导力实践中具有重要的应用价值。以下是具体的应用方式。

仁是儒家思想的核心，强调以人为本，尊重人的生存权和发展权。在现代领导力中，仁体现为领导者对员工的关怀和爱护，注重员工的个人发展和福祉。例如，通过建立一个充满慈爱和信任的工作环境，领导者可以激发员工的积极性和忠诚度。

义是指公道和正义的标准，强调公平和道德规范。在现代领导力中，义体现在制定和执行公正的规章制度，确保所有员工在工作中得到公平对待。这不仅有助于建立企业的社会秩序和规范，还能增强员工对企业的认同感和归属感。

礼是构建体制和规范的途径，强调礼仪和规矩。在现代领导力中，礼体现为领导者在管理过程中注重礼仪和规范，尊重团队成员之间的关系和文化差异。通过规范化的管理流程和行为准则，领导者可以维护团队的和谐与稳定。

智是权衡变通的生命灵动，强调决策的智慧和灵活性。在现代领导力中，智体现在领导者具备敏锐的洞察力和决策能力，能够在复杂多变的环境中做出明智的选择。通过不断学习和提升自身的知识水平，领导者可以更好地应对各种挑战。

信是信任和诚信的体现，强调言行一致和信誉。在现代领导力中，信体现为领导者言行一致，从而赢得员工的信任和支持。通过诚实守信的行为，领导者可以建立诚信的企业文化，增强团队的凝聚力和执行力。

任务 2.3 法家管理思想与领导力

法家思想是古代中国哲学的一种重要思想流派，强调法律和秩序的重要性，以及统治者的权威和合法性。在当今复杂多变的管理环境中，探寻有效的领导模式至关重要。法家管理思想作为中国传统文化的瑰宝，蕴含着深刻的智慧与启示。法家起源于春秋战国时期，以韩非、商鞅为代表，主张通过严格的法律和制度来治理国家和管理组织。其“法、术、势”的核心理论，在动荡的时代展现出强大的治理效能。如今，虽时代变迁，但法家思想中的精华依然熠熠生辉，为现代领导力的提升提供了独特的借鉴，值得我们深入挖掘与研究，以古鉴今，实现领导力的优化与组织的高效管理。

2.3.1 法治思想

法家强调依法治国，认为制定明确的法律并严格执行是维护社会秩序和稳定的关键。他们认为，法律应该是公正平等的（但这更多是指法律条文在形式上对所有人都适用，目的是建立强大的中央集权国家），适用于所有人，无论贫富贵贱。一个典型的法治思想案例是秦律的制定和实施。法家主张以法治国，认为制定明确的法律并严格执行是维护社会秩序与稳定的关键。他们强调法律应具有公正性和普遍性（尽管这种“公正”主要体现为法律条文在形式上适用于所有人，其根本目的在于强化中央集权）。一个典型的法家思想实践案例是《秦律》的制定与实施。

战国时期，秦国在商鞅变法中就开始推行法家的法律制度，制定了一系列严明的法律。秦始皇统一六国后，在原有秦国法律的基础上加以完善和推广，形成了适用于全国的法律体系。其中，《秦律》是最具代表性的法典。该法典对各类罪行及其刑罚作出详细规定，涵盖政治、经济、军事、司法等多个方面，确立了全国统一的法律标准，并在形式上强调法律适用于所有人。虽然这种“法律平等”主要服务于统治需要，但其在推动国家治理制度化、维护社会秩序方面发挥了重要作用，也体现了法家思想在法律制定与社会治理中的核心地位。

法治思想对现代法律体系产生了深远影响。首先，法治思想强调公正和平等的法律适用，这对于现代社会建立公平正义的法治体系至关重要。在现代法律体系中，法治思想促进了立法的公开、透明、公正，确保法律适用于所有公民，维护了社会秩序和稳定。其次，法治思想强调严格执行法律。在现代社会，法治思想推动了司法制度的建立和完善，保障了法律的权威。通过独立的司法机构和法律程序，现代法律体系有效地实现了对法律的执行与监督，确保了公民的权利得到保护。最后，法治思想强调法律的稳定性和可预见性。在现代法律体系中，法治思想促进了法律的系统性和连续性，使法律能够适应社会发展的需要，保持稳定和有序，为社会的持续进步提供了重要保障。

除此之外，组织的稳定发展也离不开科技创新。不少学者研究了法律稳定性和科技创新之间的关系，提出了很多突破性的观点。法律的稳定性对科技创新起着重要作用。同时，良好的法律环境为科技创新提供了可预见性和保障。科技企业和研究机构在稳定的法律框架下能够更好地规划长期发展战略，投入更多资源和精力进行创新研发，因为他们可以信赖法律环境的稳定性。稳定的法律体系有利于知识产权的保护。科技创新需要得到知识产权的有效保护，而稳定的法律环境可以确保知识产权法律的连续性和有效执行，鼓励创新者投入更多精力开发新技术、新产品。稳定的法律环境有利于科技创新的合作与交流。科技创新常常需要不同利益相关方之间的合作，包括跨国公司、研究机构和政府部门等。稳定的法律环境能够为这些合作关系提供更多信心和便利，推动科技成果的共享。

2.3.2 法术思想

法家注重实际运用，特别是在政治领域。他们强调通过掌握权术和策略来实现统治者的权力和利益。对法家来说，政治是一种艺术，需要通过具体的技巧来实现治理的目标。法治思想在传统中国哲学中被广泛地讨论和评价。法治思想强调建立明确的法律和公正的执行，以维护社会秩序和稳定，而法术思想强调在政治领域实际运用技巧和策略，以实现统治者的权力和利益。一些观点认为，法术思想的实际运用可以帮助统治者稳固权力，但也可能导致权术斗争和政治阴谋。有人认为，法术思想应当用于实现法治思想所确立的正义和公平，而非以权术代替法治。

2.3.3 诚信观

诚信是中国传统道德规范中的重要内容，是普遍的成人立身标准，中国的先哲们对此自古都有所论述。法家思想的精英也不例外。

“诚”，即真心实意、开诚布公。“信”的基本含义为诚实、不疑、不欺。法家先驱管仲认为讲诚信是天下行为准则的关键。如何讲诚信，他从两个方面做了阐释。

首先，管仲重诚信，把诚信纳入德行的范畴。“先王贵诚信。诚信者，天下之结也。贤大夫不恃宗室，士不恃外权。坦坦之利不以功，坦坦之备不为用。故存国家，定社稷，在卒谋之间耳。信之者，仁也。不可欺者，智也。既智且仁，是谓成人。”（出自《管子·枢言》）“其王信明圣，其臣乃正。何以知其王之信明信圣也？”曰：“慎使能而善听信之。使能之谓明，听信之谓圣。信明圣者，皆受天赏。使不能为惛，惛而忘也者，皆受天祸。”（出自《管子·四时》）

其次，管仲把诚信的道德观念拓展到刑罚和军事领域。他分别在《管子·权修》《管子·版法解》《管子·九变》中指出：“赏罚信于其所见，虽其所不见，其敢为之乎？”“刑赏信必，则善劝而奸止。”“今恃不信之人，而求以智；用不守之民，而欲以固；将不战之卒，而幸以胜；此兵之三暗也。”

任务 2.4 道家管理思想与领导力

道家思想是中国传统文化的重要组成部分，其核心思想是以“道”为核心，强调自然、和谐、平衡和规律。道家思想的代表人物是老子和庄子，他们的思想对中国哲学、文化和政治产生了深远的影响。道家思想主张“无为而治”，即强调在管理中遵循自然性和规律性，反对过度干预和控制。此外，道家思想还强调“以人为本”，重视人的价值，倡导“和合”精神，强调团队内部的和谐与合作。

2.4.1 道家思想的主要观点

2.4.1.1 道的核心概念

“道”是道家思想的核心，它超越了物质和个体，代表着宇宙间无形的力量和规律。老子在《道德经》中开篇即言：“道可道，非常道；名可名，非常名。”意指“道”是难以用言语准确描述的，它超越了人类的认知极限，是宇宙间最本质的存在。

2.4.1.2 无为而治

“无为而治”是道家思想的重要原则。这里的“无为”并非无所作为，而是强调顺应自然、遵循规律，以最小的干预达到最大的效果。道家认为，领导者应像水一样，善于利万物而不争，通过自身的言行和榜样作用，引导团队成员自觉地遵循自然规律和道德准则，从而实现组织的和谐与稳定发展。

2.4.1.3 平衡观

阴阳是道家思想中的一对重要范畴，代表着事物的两个相反相成的方面。阴阳平衡是宇宙万物和谐共生的基础。在领导力中，阴阳平衡意味着领导者应善于调和各种矛盾，保持团队的稳定和谐。

2.4.1.4 修身养性

道家强调修身养性，认为领导者应具备高尚的品德和道德观念，以及健康的心理状态。只有修身养性，领导者才能有清晰的思维和正确的判断力，从而更好地应对复杂的领导挑战。

2.4.1.5 智慧与洞察力

道家思想注重智慧和洞察力，认为领导者应具备敏锐的洞察力和战略眼光，能够发现问题和机会，并做出明智的决策。

2.4.2 道家思想与领导力之间的关系

2.4.2.1 顺应自然与领导力

道家思想强调顺应自然，与世界和谐相处。组织在制定战略时更加注重市场和竞争环境的规律性，避免过度追求短期利益和过度竞争。通过深入研究市场和消费者需求，组织可以制定更加符合市场需求和自身实际情况的战略。在领导力的实践中，领导者也需要顺应环境和组织的规律，以实现目标和使命。这意味着领导者应善于观察和分析组织的运行规律，避免过度干预和强制，而是通过引导和激励团队成员，让他们自觉地遵循自然规律和道德准则，从而实现组织的和谐与稳定发展。

2.4.2.2　无为而治与领导力

老子认为“道”是宇宙万物的根源和本质，具有自然无为的特性。“无为而治”并非消极怠工、无所作为，而是顺应自然规律，不强行妄为。“治大国，若烹小鲜”，形象地说明了治理国家应避免过度折腾，要遵循事物发展的内在规律。“无为”不是不作为，而是不随意干预、不违道而为。对于符合“道”的事情，则必须有为，但所为都应出自事物的自然，遵循自然规律去“为之”。这种做法不仅不会破坏事物的自然进程和自然秩序，而且有利于事物的自然发展和成长。

“无为而治”是道家思想在领导力中的具体体现。领导者应学会放手和信任，给予员工充分的自主权和决策权。只有在适当的时候介入，领导者才能够发挥最大的影响力。这种领导方式有助于激发团队成员的积极性和创造力，提高组织的凝聚力和战斗力。道家思想倡导“以人为本”，这使得企业在组织管理中更加注重员工的情感和需求，建立和谐、包容的组织文化。此外，道家思想的“和合”精神有助于加强团队内部的沟通和合作，形成更加协同和高效的工作氛围。

2.4.2.3　阴阳平衡与领导力

老子的阴阳平衡观体现在他对“道”的理解之中。在老子看来，“道”是宇宙万物的根源和本质，而阴阳是“道”所蕴含的两种基本力量。阴阳既相互对立又相互依存，如同一枚硬币的两面。例如，有“美”就有“恶”（丑），有“善”就有“不善”。《道德经》第二章提到：“天下皆知美之为美，斯恶已；皆知善之为善，斯不善矣。”这表明阴阳是相对的概念，当人们定义了一种事物的属性为阳（如美、善），与之相对的阴（恶、不善）也就同时存在了。

这种平衡还体现在相互转化上。阴和阳不是静止不变的，而是处于动态变化之中。老子说“反者道之动”，阴阳的转化是“道”运行的规律。比如，事物在强盛（阳）之后，往往会走向衰落（阴），就像白天（阳）过后是黑夜（阴），季节从春夏（阳）过渡到秋冬（阴）一样。

阴阳平衡在领导力中体现为领导者应善于调和各种矛盾，保持团队的稳定和和谐。领导者应关注团队成员的需求和利益，通过平衡和协调各种关系，实现团队的和谐共生。这种领导方式有助于增强团队的凝聚力和向心力，提高组织的整体效能。组织应根据自身情况和市场环境进行灵活适应和创新。例如，在组织管理方面，可以根据员工的不同背景和需求，创新性地制定更加人性化和高效的管理措施。

2.4.2.4　修身养性与领导力

修身养性是道家思想对领导者的重要要求。领导者应具备高尚的品德和健康的心理。只有修身养性，领导者才能有清晰的思维和正确的判断力，从而更好地应对复杂的领导挑战。同时，领导者还应以身作则，成为员工的榜样和引领者，通过自身的言行和榜样作用，影响团队成员的价值观和行为规范。

2.4.2.5　智慧与洞察力与领导力

智慧和洞察力是道家思想对领导者的另一项重要要求。领导者应具备敏锐的洞察力和战略眼光，能够发现问题和机会，并做出明智的决策。通过对信息的收集和分析，领导者能够把握组织的发展方向和趋势，从而推动组织的发展。同时，领导者还应具备创新思维和解决问题的能力，以应对不断变化的市场环境和组织需求。

道家思想以其独特的宇宙观、人生观和价值观，为现代领导力提供了深刻的启示。通过顺应自然、无为而治、阴阳平衡、修身养性和智慧与洞察力等原则的应用，领导者可以更好地理解和适应组织和员工的需求，从而实现组织的长期发展。

历史小故事

阳子居有一次去拜访老子，当时他举止高傲，神态矜持。老子看到后，便对他说：“你看前面那只张开翅膀想要高飞的鸟吗？它虽然能翱翔天际，但最终还是会回到地上找食物。你看那游在水中的鱼吗？它虽然能自由地穿梭，但最终还是离不开水。你看那奔跑的野兽，它虽然身姿矫健，但最终还是会寻找栖息之所。这些有生命的东西，都知道有所依存，不能过度自负，而你呢，如此盛气凌人，谁还愿意与你相处呢？”阳子居听后，深感惭愧，立刻改变了态度，变得谦逊有礼。老子这才微笑着说：“真正有道德的人，是不会刻意表现自己的，而是懂得内敛和含蓄的。”

此故事告诫人们要摒弃虚荣和傲慢，学会谦逊处世。它教导人们认识到自身的局限性，明白万事万物相互依存的关系，不应过度自负和张扬。在人际交往和自我修养方面，给人以深刻的启示，提醒人们保持平和、谦逊的心态，才能更好地与他人相处，提升自己的品德修养，领悟生活的真谛。

任务 2.5　兵家管理思想与领导力

作为中国古代军事智慧的结晶，兵家管理思想蕴含着丰富的战略战术和决策智慧。历代军事家的总结和提炼，形成了一套完整的理论体系。这一思想体系不仅强调战争的重要性，更注重战略思维、决策能力和灵活应变等关键要素。

2.5.1　兵家管理思想的核心内容

2.5.1.1　战争观念与战略思维

兵家管理思想首先强调战争的重要性，认为战争是关系到国家存亡的大事，必须慎重对待。这一观念在《孙子兵法》等经典著作中得到了充分体现。兵家认为，战争不仅是军事力量的较量，更是政治、经济、文化等多方面的综合较量。因此，领导者在决策时必须全面考虑各种因素，制定明确的战略目标，并采取相应的战略手段。

战略思维是兵家管理思想的核心之一。兵家注重通过制定明确的战略目标，分析敌我双方的优势、劣势，运用灵活多变的战略手段来取得战争的胜利。这种思维方式不仅适用于军事领域，而且在组织管理中发挥着重要作用。领导者需要具备全局观念，能够洞察市场趋势，把握机遇，制定符合组织实际情况的发展战略。

2.5.1.2　实用主义与道德考量

兵家管理思想强调实用主义，将军事活动视为实现国家利益和统一的工具。他们关注战争的实际效果，注重军队的训练、装备和组织，以提高作战能力和战斗力。然而，兵家并非只关注军事利益，他们也强调道德与人道的重要性。兵家认为，战争应当尽可能减少对平民的伤害，并应与道义原则相一致。这种思想在现代组织管理中同样具有重要意义。领导者在追求组织利益的同时，必须注重社会责任和道德伦理，确保组织的行为符合社会规范和法律法规。

2.5.1.3　统一指挥与组织管理

兵家管理思想还强调统一指挥与组织管理的重要性。他们认为，军队应当有明确的指挥体系和组织结构，以确保指挥的一致性和军队的协调行动。这一思想在现代组织管理中同样适用。领导者需要建立健全组织制度和管理体系，确保团队成员之间的协作和配合。同时，领导者还需要具备高超的指挥能力，能够带领团队应对各种挑战和困难。

2.5.2　兵家管理思想与领导力

2.5.2.1　提升决策能力

兵家管理思想中的“知彼知己，百战不殆”等原则，对于提升领导者的决策能力具有重要意义。领导者需要全面了解市场环境、竞争对手和自身实力，以便做出更加准确和有效的决策。同时，兵家思想还强调灵活应变和出奇制胜，这对于领导者在复杂多变的市场环境中保持竞争优势具有重要意义。领导者需要学会在变化中寻找机遇，不断调整和优化战略，以适应市场的变化。

2.5.2.2　培养战略眼光

兵家管理思想注重战略思维的培养，强调通过制定明确的战略目标和分析敌我双方的优势、劣势来取得胜利。这一思想对于培养领导者的战略眼光具有重要意义。领导者需要具备全局观念，能够洞察市场趋势和竞争对手的动态，以便制订符合组织实际情况的发展战略。同时，领导者还需要具备长远的眼光，能够预见未来的发展趋势，并采取相应的措施来应对。

2.5.2.3　强化团队凝聚力

兵家主张“上下同欲者胜”（《孙子兵法·谋攻》），认为明确且被成员认同的战略目标是凝聚力的根基。“道者，令民与上同意者也”（《孙子兵法·计篇》），强调领导者需使团队目标与个人利益相统一，形成价值共鸣。这种目标管理思想与现代团队建设的“共享愿景”理论高度契合。

2.5.2.4 培养灵活应变能力

兵家管理思想强调灵活应变和出奇制胜，这对于培养领导者的灵活应变能力具有重要意义。在现代社会，市场环境复杂多变，竞争日益激烈。领导者需要具备敏锐的洞察力和快速的反应能力，以便在变化中寻找机遇并应对挑战。同时，领导者还需要学会在危机中保持冷静和理智，采取有效的措施来化解危机并恢复稳定局面。

在未来的发展中，应继续深入挖掘兵家管理思想的内涵和价值，将其与现代管理理论相结合，形成具有中国特色的管理理念和模式。同时，还应该注重培养具有国际视野和跨文化交际能力的领导者，以适应全球化的趋势。

小　结

本项目围绕马克思概念下的人以及多种管理思想与领导力展开讨论，涵盖西方管理的人性假设以及中国儒家、法家、道家、兵家的管理思想。在马克思的观点中，人是社会关系的产物，社会关系包括经济、法律、伦理、血缘、文化和人际关系等方面。这些关系相互影响，共同塑造了人的本质和社会的运行方式。例如，经济关系中的合作可提高生活水平，法律关系对人的行为有规范和引导作用等。

西方管理人性假设经历了漫长的演变过程。从古希腊时期受哲学家影响的人性观，到近代的理性主义，再到 20 世纪的多种人性假设。其中，经济人假设认为人的行为追求物质利益最大化，但存在局限性，如忽视人的社会属性和主人翁精神等。社会人假设强调社会需求对员工行为的影响，重视人际关系，但可能忽视物质激励的作用。自动人假设关注人的自我实现需求，促进了一些管理措施的实施，但其理论基础存在争议。“复杂人”假设综合考虑了人的多种需求和变化，为管理提供了更灵活的视角。

儒家管理思想强调以人为本，注重道德教化和人际关系的和谐。其核心观点包括仁爱、礼仪与秩序、孝道、忠诚和诚信等。在领导力方面，倡导和谐与平衡的领导风格，领导者应承担社会责任，具备多种品质，如坚韧、耐心等。儒家的“仁、义、礼、智、信”五常对现代领导力实践具有重要的应用价值，如仁体现为对员工的关怀，义体现在制定公正的制度等方面。法家思想强调法律和秩序的重要性，以及统治者的权威。其法治思想对现代法律体系产生了深远影响，包括促进立法透明、公正，保障法律执行等。法术思想注重政治领域的权术运用，同时法家也重视诚信。道家思想以“道”为核心，主张“无为而治”，强调自然、和谐、平衡和规律。在领导力方面，要求领导者顺应自然、学会放手和信任、调和矛盾、修身养性以及具备智慧和洞察力等，这些为现代领导力提供了独特的启示。兵家管理思想作为古代军事智慧的结晶，强调战争的重要性以及战略思维、实用主义与道德考量、统一指挥与组织管理等核心内容。在领导力方面，有助于提升领导者的决策能力，培养战略眼光，强化团队凝聚力和培养灵活应变的能力。

综上可以看出，不同的管理思想和领导力理念都有其独特的视角和侧重点。在现代社会的管理和领导实践中，可以综合借鉴这些思想的精华。在组织管理中，既要关注员工的物质需求，也要重视其社会需求和自我实现需求，建立合理的激励机制；同时，要注重道德建设和人际关系的处理，营造和谐的团队氛围。领导者自身也需要不断提升素养，具备全局观念、良好的道德品质和灵活应变的能力，以适应复杂多变的市场环境和社会需求。这些思想为我们提供了丰富的理论基础和实践指导，有助于推动个人的成长、组织的发展以及社会的进步。

思考题

1. 社会人假设强调人际关系对员工行为的影响，在虚拟办公日益普及的今天，企业应如何构建有效的线上人际关系网络，以提高员工的工作满意度和绩效？

2. 儒家的“以人为本”思想在现代企业管理中，如何通过具体的制度和措施体现对员工的关怀，从而提高员工的忠诚度和归属感？

3. 儒家强调领导者的道德修养，在企业面临道德困境（如利益诱惑与社会责任的冲突）时，领导者应如何运用儒家思想做出正确的决策？

4. 法家的法治思想强调法律的严格执行。在企业管理中，如何确保规章制度得到有效执行，同时避免过度僵化导致员工积极性受挫？

5. 法家重视诚信观，在企业供应链管理中，如何建立诚信体系，确保上下游企业之间的合作顺利进行，降低交易成本？

6. 道家的“无为而治”思想在企业管理中如何与现代管理理念中的授权和自主管理相结合，实现员工的自我驱动和企业的高效运作？

7. 从道家的修身养性思想出发，领导者如何在企业管理中保持平和心态，应对各种压力和挑战，做出理性决策？

8. 道家强调顺应自然，在企业市场营销中，如何根据市场规律和消费者需求的变化，制定灵活的营销策略？

实践练习

实践活动一：传统管理思想案例分析研讨会

活动目标

深入理解中国传统管理思想（儒家、法家、道家、兵家等）在现代企业管理中的应用。

培养学生分析问题、解决问题的能力以及团队协作和沟通的能力。

提高学生对传统管理思想的批判性思维能力，激发创新意识。

活动准备

将学生分成若干小组，每组5～7人。

各小组选择一个中国传统管理思想（儒家、法家、道家、兵家）作为研究主题。

学生收集至少两个现代企业应用该传统管理思想的实际案例，可以通过网络搜索、企业实地调研、查阅商业文献等方式获取案例。

活动流程

案例展示与讲解（每组 15 分钟）

各小组选派代表向全班展示所选案例，包括企业背景、面临的问题、应用的传统管理思想及具体措施。

详细讲解该管理思想在案例中的应用逻辑和实施过程，以及取得的成效。

小组讨论与分析（每组 20 分钟）

小组成员针对展示的案例展开讨论，分析案例中传统管理思想应用的优点和不足之处。

结合所学知识，探讨如何进一步优化该管理思想在企业中的应用，提出改进建议和创新思路。

跨组交流与辩论（30 分钟）

各小组选派一名代表进行跨组交流，分享小组讨论的主要观点和结论。

其他小组可以提出疑问，发表不同意见，进行辩论。通过交流和辩论，拓宽思维视野，加深对不同传统管理思想的理解。

总结与点评（20 分钟）

教师对各小组的案例分析和讨论情况进行总结和点评。

梳理各传统管理思想在现代企业管理中的应用要点和注意事项，强调批判性思维和创新意识的重要性。

活动评估

小组报告（40%）：评估小组案例展示的内容完整性、分析深度、讲解清晰度，以及对传统管理思想的理解和应用能力。

小组讨论参与度（30%）：观察小组成员在讨论中的表现，包括发言积极性、观点创新性、团队协作能力等。

个人表现（30%）：根据学生在跨组交流和辩论中的表现，以及对活动的总结和反思，评估个人的学习成果和能力提升情况。

实践活动二：角色扮演——传统管理思想在团队管理中的应用

活动目标

通过角色扮演，让学生亲身体验不同传统管理思想在团队管理中的应用场景。

培养学生的领导能力、团队协作能力和问题解决能力。

增强学生对传统管理思想的实际操作能力和灵活运用能力，提高学生的综合素质。

活动准备

学生分组，每组 8～10 人，分别扮演不同角色（领导者、团队成员、客户等）。

每组选择一个特定的管理情境，如新产品研发项目、市场推广活动、客户服务提升等。

确定每组应用的传统管理思想（儒家、法家、道家、兵家之一），并根据该思想制定相应的管理策略和团队行为准则。

活动流程

情境设定与角色分配（15 分钟）

每组详细设定管理情境，明确任务目标、时间限制、资源约束等条件。

分配角色，明确每个角色的职责、权限和任务要求。

制定管理策略与行动计划（30 分钟）

团队根据选定的传统管理思想，共同讨论并制订了详细的管理策略和行动计划。

领导者负责组织讨论，协调团队成员的意见，确保管理策略符合所选管理思想的原则，并具有可操作性。

角色扮演与模拟操作（60 分钟）

按照设定的情境和制定的计划，进行角色扮演和模拟操作。

团队成员在模拟过程中，严格遵循所选传统管理思想的要求，开展沟通、协作、决策等活动。

教师观察模拟过程，记录团队协作、问题解决、管理策略执行等方面的情况。

总结与反思（30 分钟）

模拟操作结束后，团队成员共同总结经验教训。

分析在模拟过程中，所选传统管理思想的应用效果如何，遇到了哪些问题，如何改进。

每个学生撰写个人总结报告，包括对所扮演角色的理解、对传统管理思想的新认识、在活动中的收获和体会等。

活动评估

团队表现（50%）：评估团队在模拟操作中的任务完成情况、团队协作效果、问题解决能力、对管理思想的应用准确性和灵活性等。

个人表现（30%）：根据个人在角色扮演中的表现，包括角色理解与诠释能力、沟通协作能力、对管理思想的贯彻执行能力等进行评价。

总结报告（20%）：评估个人总结报告的内容、质量、深度及对活动的反思和收获总结等方面。

智能问答时间

同学你好！我是 AI 小助手 Sam，学习了本项目以后，你一定收获满满吧！那你还有什么疑问吗？请和我交流一下吧！你可以打开手机，扫描下面的二维码哟！

案例分析　　阅读资料

项目 3 个体行为与领导力

学习目标

通过本章学习，学生能够达到以下学习目标。

知识层面：了解个体行为的基础，分析个体构成与传记特征，领会个性及其心理特征，能够分析价值观与领导力、知觉与领导力、态度与领导力、气质与领导力、情绪与领导力之间的关系。

能力层面：锻炼全面审视问题的思维方式，与时俱进，结合自身个性特点，从知觉、态度、气质、价值观等多方面入手，逐步提升沟通能力、人际交往能力、组织协调能力、心理抗压能力，具有一定的创新意识。

素质层面：学会站在他人的视角分析问题，树立远大理想，开朗包容、乐观进取，树立正确的人生观、世界观和价值观，培养良好的职业态度。

开篇案例

有一个博士分到一家研究所，成了那里学历最高的人。有一天，他到单位后面的小池塘去钓鱼，正好正副所长也来钓鱼，分别坐在他的一左一右。博士只是微微点了点头，心想：和两个本科生有啥好聊的呢？不一会儿，正所长放下钓竿，伸伸懒腰，“噌噌噌”从水面上快步如飞地走到对岸上厕所。博士眼珠都快掉下来了：“水上漂？不会吧？这可是一个池塘啊！”正所长上完厕所回来的时候，同样是“噌噌噌”地从水上飞回来的。怎么回事？博士又不好去问，自己是博士啊！过了一阵儿，副所长也站起来，走几步，“噌噌噌”地飞过水面上厕所。这下子博士更是差点儿昏倒：不会吧，到了一个江湖高手云集的地方？

此时，博士也想去厕所了，可这个池塘两边有围墙，去对面的厕所非得绕 10 分钟不可，而回单位又太远了，怎么办呢？博士不愿意“屈尊”去问那两位所长，憋了半天后，也起身往水里就跳：“我就不信本科生能过的水面，我博士就过不去！”只听“扑通”一声，博士栽到了水里。两位所长忙将他拉了上来，并惊问他为什么要往水里跳，是否有什么想不开的事。他反问：“为什么你们可以走过去呢？”两位所长相视一笑：“这池塘里有两排木桩子，由于这两天下雨涨水，水面正好漫过木桩。我们都知道这木桩的位置，所以可以踩着桩子过去。

你怎么不问一声呢？”

很多时候，做事的成功与否，并不仅仅取决于一个人的学历高低，还会受到其他因素的影响，比如脾气秉性、工作态度，以及是否能够做到谦虚好问等。

（资料来源：https://blog.csdn.net/sjf8013/article/details/7702567）

任务 3.1　个性概述

个性在个人发展中起着关键作用。积极的个性特质可以帮助我们应对挑战，实现目标。个性在领导力提升中亦具有重要作用。独特的个性可塑造鲜明的领导风格。良好的个性特质利于建立信任，果敢决断推动决策执行，创新思维引领团队发展，从而有效提升领导力，实现卓越领导。

3.1.1　个性内涵

奥尔波特（G. W. Allport）是美国著名心理学家，现代人格心理学的创始人之一，也是特质理论的始创者。他于 1897 年出生，1967 年去世，一生致力于人格心理学和社会心理学的研究。Allport 在 1929 年的第九届国际心理学大会上发表了题为《什么是个性特质》的论文，提出了将特质作为个性的基本单位的观点。他通过研究大量描述人格特征的形容词，最终将这些形容词简化为一些基本的特质名称。他认为，特质是一种神经心理结构，这种结构能够对刺激产生行为，并能主动引导行为。Allport 的人格特质理论强调个体的独特性，他认为没有两个个体拥有完全相同的特质组合。他区分了三种主要的特质类型：核心特质（defining the entire personality of some individuals）、中心特质（defining the personalities of most individuals）和次要特质（dependent on situational influences）。除了人格心理学，Allport 还在社会心理学领域做出了重要贡献。他继承和发扬了特里普利特和莫德用实验研究社会心理学问题的方法，推进了美国实验社会心理学的发展，并广泛研究了社会促进作用。他还提出了“社会促进效应”（social facilitation）的概念，即他人在场可以提高个体的表现。

Allport 作为人格心理学和社会心理学的重要奠基人，其特质理论和对社会心理学的研究为后来的心理学发展奠定了坚实的基础。它不仅在学术界产生了深远影响，还在社会政策和实践方面产生了实际影响。

对于个性的含义，有人从广义视角进行分析，认为个性是个人意识倾向和各种稳定而独特的心理特征的总和。这意味着个性涵盖了个体在认知、情感、意志等方面的倾向，以及一系列区别于他人的心理特点。例如，个体在面对问题时的思考方式、情绪反应模式以及行为习惯等都属于个性的范畴。它不仅包括外在表现出来的行为，还涉及内在的心理过程。狭义而言，个性是指个人心理面貌中与共性相对的个别性。在特定的群体中，虽然存在一些共同的特征和行为模式，但每个人都有自己独特的地方。在一个班级中，学生们可能都有共同的学习目标，但每个学生的学习方式、学习进度以及对知识的理解和应用都可能不同，这些差异就是个性的体现。

本书认为，个性是指一个人区别于他人的独特精神面貌和心理特征的综合。个性是一个人在不同环境中显现出来的相对稳定的外显和内隐的行为模式。它涵盖了认知能力、行为动机、情绪反应以及人际关系协调等多个方面。

3.1.2 个性的特点

个性具有独特性、稳定性、整体性、可塑性四个特征。

3.1.2.1 独特性

个性的独特性指的是每个人在行为和特征上的独特表现。这种独特性不仅体现在个体的核心人格特征上，还表现在其典型的行为模式上。例如，心理学中提到，人格的独特性说明了个体是独一无二的，这包括典型性和个体的核心人格特征。这种独特性是由于每个人的心理结构和经历不同，从而形成了各自独特的个性特征。学生因受环境、家庭等因素的影响，其个性各不相同，因此班级管理难度较大。如果用“一刀切”的习惯培养方法，可能会泯灭孩子的个性，还可能让孩子成为“两面派”。例如，活泼好动的孩子身体灵活，可能是未来的运动员；敢于指出老师错误的孩子性格耿直，可能是未来的评论家；脾气倔强的孩子有着执着的秉性，容易在某一领域出成果。

案例

在一个宁静的小镇上，住着两位少年——李明和张伟。他们自小便是邻居，也是无话不谈的好友。然而，他们的个性却截然不同。

李明性格内向，喜欢沉浸在书本的世界里，对知识有着无尽的渴望。他总是静静地观察着周围的一切，思考着人生的意义。而张伟则性格外向，热爱运动，喜欢结交朋友，他的生活总是充满活力和热闹。

随着时间的流逝，两人逐渐长大，个性差异也愈发明显。李明选择了继续深造，攻读博士学位，他渴望通过知识的力量来改变世界；而张伟则选择了一条更为实际的路，他开始经营自己的小企业，希望通过自己的努力创造更多的财富。

尽管选择了不同的道路，但两人依然保持着深厚的友情。他们经常在一起分享彼此的生活体验和感悟，互相鼓励和支持。然而，随着时间的推移，他们也开始面临各自的挑战和困境。李明在学术研究中遇到了前所未有的困难，他的理论总是无法得到实验的验证。他开始怀疑自己的选择和能力，甚至开始质疑人生的意义。而张伟的企业也遭遇了市场的冲击，竞争日益激烈，他开始感到力不从心，对未来充满了迷茫。在这个关键时刻，两人决定回到家乡，重新找回内心的平静和力量。他们开始回忆起儿时的梦想和初心，思考着个性与人生之间的关系。李明意识到，尽管自己的性格内向，但他对知识的渴望和追求却是他最大的力量。

他决定坚持自己的研究，相信总有一天会找到属于自己的答案。而张伟也明白了，他热爱挑战的个性正是他创业的动力。他决定振作起来，面对市场的挑战，寻找新的机遇。

最终，两人都找到了属于自己的答案。李明的理论终于得到了实验的证实，他的研究成果也获得了广泛的认可；而张伟的企业也逐渐走出了困境，他在市场上找到了新的定位和发展方向。他们明白了个性与人生之间的紧密联系。每个人的个性都是独一无二的，它决定了我们的选择、行动和人生轨迹。然而，个性并不是决定命运的唯一因素，我们还需要勇气、坚持和智慧来面对生活的挑战和困境。

李明和张伟的故事在小镇上流传了很久。他们用自己的经历告诉后人：无论你的个性如何，只要你勇敢地追求自己的梦想和初心，你就能找到属于自己的人生道路，而这条道路，也将因为你的个性而变得更加独特和精彩。

3.1.2.2　稳定性

稳定性是指在个体生活中表现出的相对持久的心理和行为特点。这种稳定性意味着一旦个性形成，它就会在很长一段时期内保持相对稳定，不会轻易改变。稳定性是由个体内部的心理机制调节的，例如，某些神经递质系统（如血清素和多巴胺）对稳定性和灵活性的调节作用。稳定性的存在使得个体在面对不同情境时能够保持一致的行为模式和心理状态。人们经常从电视节目中窥探到人的个性的不同。新闻类节目通常需要主持人具有严谨、客观、沉稳的个性，以确保新闻的准确性和可信度；而综艺类节目则更倾向于选择具有幽默、活泼、富有感染力的主持人，以带动现场气氛，吸引观众的注意力。

3.1.2.3　整体性

整体性则是指个性作为一个整体结构存在，而不是孤立的元素组合。荣格的人格整体论强调了这一点，他认为心灵或人格是一个整体的概念，由意识、个人潜意识和集体潜意识构成。这种整体性意味着个性中的各个部分相互关联，共同构成一个统一的整体。人格的整体性通过自我来实现，自我是人格的中心，整合了意识和潜意识的各种元素。

3.1.2.4　可塑性

个性的可塑性体现在个体在自我和社会的相互作用中不断发展和变化。个性不仅受到社会、历史和环境因素的影响，还与个人的生理特征相互作用。当面对社会地位和经济地位的重大改变、迁居异地等事件时，一个人的个性可能会发生较大的甚至彻底的改变。个性的可塑性还体现在个体通过社会化过程不断接受社会影响和教育，从而形成和完善自身的人格和行为模式。这种社会化过程包括早期社会化，即在童年期和青少年期所接受的基本社会技能、价值观念和行为规范的学习和内化。此外，终身社会化也意味着个体在整个生命周期中不断接受社会影响和教育。

3.1.3 个性的影响因素

3.1.3.1 遗传因素

遗传因素对个性的发展起着重要的作用。研究表明，某些个性特质具有较高的遗传度。

1. 气质类型

气质是个性的重要组成部分，它在很大程度上受遗传的影响。例如，有些婴儿天生就比较活泼好动，而有些则较为安静温和。气质类型会影响个体对环境的反应方式和情绪表达，进而在一定程度上塑造个性。

2. 性格倾向

遗传也可能影响个体的性格倾向，如外向性或内向性。虽然环境因素可以对这些倾向进行调节，但遗传因素为个体的性格发展提供了一定的基础。在心理学史上，人到底存在多少种性格特征这个问题一直都存在争议，但目前许多心理学家都依赖于所谓的五大特征模型（简称 OCEAN）。该模型认为性格由五大维度组成，任何人的性格或多或少都可以归结到五种核心特征之上，分别是开放型（openness）：有创造力、乐于尝试新事物、乐于思考抽象概念；尽责型（conscientiousness）：高度的深思熟虑、良好的冲动控制和目标导向的行为；外向型（extraversion）：善于交际、健谈、自信、兴奋；随和型（agreeableness）：信任、利他主义、善良、感性和其他亲社会行为；神经质（neuroticism）：悲伤、喜怒无常、情绪不稳定、担心很多不同的事情，如图 3-1 所示。

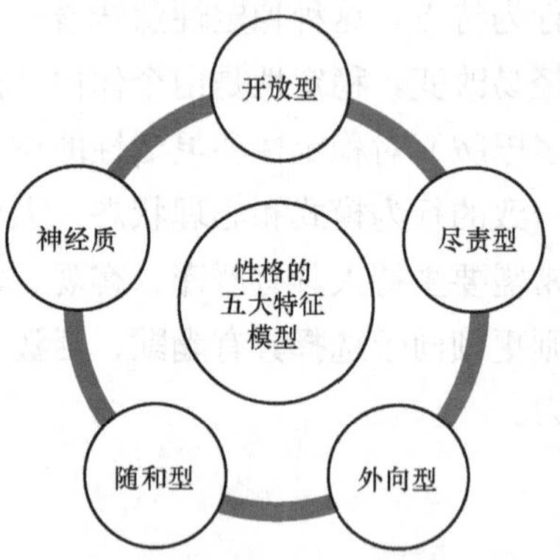

图 3-1　性格的五大特征模型

3.1.3.2 环境因素

环境对个性的塑造起着关键作用，这主要包括以下几个方面。

1. 家庭氛围

家庭氛围是指家庭成员在日常生活中形成的一种特定的心理环境和情感氛围。根据家庭成员间的互动模式、情感交流方式及家庭规则的不同，家庭氛围可以大致分为民主型、正统型、放任型、冲突型和包办型等几种类型。每种类型都有其独有的特征和对个体的不同影响。

民主型家庭氛围强调父母与子女之间的平等、尊重和相互理解。在这种家庭中，父母尊重孩子的意见和选择，鼓励孩子独立思考和自主决策。这种氛围有助于培养孩子的自信心、独立性和责任感，使他们形成积极、开放、乐观的个性特征。正统型家庭氛围强调规则、秩序和传统价值观。父母通常对子女有严格的要求和期望，注重培养孩子的纪律性和道德感。然而，如果父母过于严苛或缺乏情感支持，也可能导致孩子产生压抑感，影响其创造力和社交能力的发展，使其形成内向、保守的个性。放任型家庭氛围下，父母对子女缺乏必要的监督和指导，放任自流。这种环境虽然给予孩子较大的自由空间，但也可能导致孩子缺乏自我约束力，形成懒散、不负责任的个性特征。同时，由于缺乏足够的情感交流和支持，孩子可能会感到孤独和无助。在冲突型家庭氛围中，家庭成员之间经常发生争吵和冲突，缺乏和谐与稳定。这种环境对孩子的心理健康和个性发展极为不利，容易导致孩子产生焦虑、抑郁等负面情绪，形成孤僻、易怒或攻击性的个性特征。包办型家庭氛围中，父母过度干预子女的生活和选择，剥夺了孩子的自主权和决策权。这种环境可能使孩子形成依赖性强、缺乏独立性的个性特征，同时也可能抑制其创新思维和解决问题的能力。

家庭氛围通过以下机制影响个体的个性发展。

一是情感支持。家庭氛围中的情感支持是个人形成安全感和信任感的重要来源。在温馨和谐的家庭氛围中，个体能够感受到来自父母的爱与关怀，从而建立起积极的自我认知和情感表达方式。

二是行为模仿。个体具有很强的模仿能力，会在日常生活中不自觉地模仿父母的言行举止。家庭氛围中的行为模式、价值观念等都会成为个体模仿的对象，进而影响其个性特征的形成。

三是社交技能。家庭是个人学习社交技能的重要场所。在民主、和谐的家庭氛围中，个人能够学会如何与他人建立良好关系、处理冲突和解决问题等社交技能，从而有助于其个性发展。

古时有曾子杀猪的故事。曾子的妻子到集市去，她的儿子一边跟着她一边哭泣。曾子的妻子说："儿子，你回去，等我回家后为你杀一头猪。"妻子到集市后回来了，曾子就抓住一头猪把它杀了。妻子制止他说："我只不过是和小孩子开玩笑罢了。"曾子说："小孩子是不能和他开玩笑的，小孩子不懂事是要依赖父母学习的，并听从父母的教诲，现在你欺骗他，就是在教他说谎。母亲欺骗了儿子，儿子就不会相信自己的母亲。"

从这个故事中，我们学到了曾子育儿的方法。家庭是孩子的第一所学校，父母是孩子的启蒙老师。所以要重视家风教育。孩子也要学习、传承优秀的家风。

2. 学校教育

学校教育对个性的影响是多方面的。首先，学校教育通过传授知识和技能，帮助他们形成自己的个性。学校提供的教育环境和教学方法可以激发学生的兴趣和潜能，培养他们的创造力和独立思考能力。这有助于每个学生发展出独特的个性和特长。其次，学校教育还通过塑造学生的价值观和培养品德来影响他们的个性。学校注重教育学生树立正确的道德观念和价值观，培养他们的社会责任感和团队意识。这种教育可以促使学生形成正直、勇敢、谦逊等良好的品质，对他们日后的个性发展产生积极的影响。此外，学校教育还可以通过培养学生的社交能力和合作精神来影响他们的个性。学校是学生交流和相互合作的重要场所，学生在学校中与同学、老师和其他人相处，不断学习沟通、合作和分享。这些经历可以培养学生的社交技巧和与他人合作的能力，使他们具备积极、友善、合作的个性。比如，学校可能会组织学生自治委员会或者学生志愿者团体，让学生有机会参与组织和管理活动，与不同背景的同学合作，学会领导和协调。这些经历可以对学生个性发展产生积极的影响。

综上所述，学校教育对个性的影响是多方面的，包括培养学生的知识和技能、塑造他们的价值观和品德素养，以及培养他们的社交能力和合作精神。这些方面的教育有助于每个学生发展出独特的个性和特长，成为一个积极、有责任心的社会成员。

3. 同伴关系

同伴关系是指年龄相近、兴趣相似、心理发展水平相当的个体之间在日常生活、学习、游戏等活动中建立起来的互动关系。这种关系不仅仅是简单的相处，更涉及情感的交流、经验的分享和相互的支持。

同伴关系影响自我认知与自我理解。青少年时期是个人自我认知和自我理解发展的关键阶段。同伴关系为青少年提供了一个重要的社交环境，使他们能够通过与同龄人的互动来了解自己的性格、优点和缺点以及自己在群体中的位置和角色。同龄人的反馈和评价帮助青少年更清楚地认识自己，增强自我理解能力。同时，通过与不同类型的同龄人接触，青少年能够从中找到自己的归属感和自豪感，促进自我理解的深化。

同伴关系影响学业成绩与行为表现。被同伴接纳的青少年通常表现出更好的学业成绩和更少的问题行为。这是因为被同伴接纳的青少年更容易获得他人的赞赏和喜爱，从而激发他们的学习动力和积极性。同时，他们也更愿意遵守社会规范和道德准则，表现出更少的攻击性和反社会行为。相反，被同伴拒绝的青少年则可能面临学业困难、社交障碍和心理问题等多重挑战。

4. 社会文化

社会文化对个人的影响是多方面且深远的，它不仅塑造了人们的行为模式、思维方式和价值观念，还深刻影响着个体的心理发展、认知能力以及社会适应能力。社会文化为个体提供了明确的社交规范和行为准则。在不同的文化背景下，人们遵循着不同的社交礼仪和道德标准。在东方文化中，人们注重尊重他人，言行谨慎且讲究礼节；而在西方文化中，人们更加注重个人独立和自由表达。东方文化更注重整体性思维和感知能力，而西方文化则倾向于辩证思维和逻辑推理。在西方文化中，个人主义和自由主义是重要的价值观；而在东方文化中，集体主义和孝道伦理则更为重要。

5. 社会风气

社会风气和潮流也会对个性产生影响。例如，在一个崇尚创新和冒险的社会中，人们可能更具开放性和冒险精神；而在一个保守的社会中，人们可能更倾向于传统和稳定。

3.1.3.3 个人经历

个人的经历也是影响个性发展的重要因素。重大事件可能对个体的性格产生深刻影响。这些事件可能使个体变得更加坚强、成熟，也可能导致个体产生心理创伤，影响其情绪稳定性和人际关系。成功的经历可以增强个体的自信心和成就感，促使其更加积极主动地追求目标；而失败的经历可能使个体变得谨慎、反思，也可能导致个体产生挫折感和自卑心理。

还有些学者从性别、年龄、任职时间长短等方面进行了分析，阐释了这些因素对于个性的影响。总之，个性的形成和发展是遗传、环境和个人经历等多种因素共同作用的结果。了解这些影响因素，有助于人们更好地理解个性的多样性和复杂性，以及如何通过积极的干预来促进个性的健康发展。

任务 3.2　认识知觉与领导力

知觉对个人发展意义重大。准确的知觉帮助我们敏锐地察觉环境变化，从而把握机遇。它使我们能深入理解他人的需求与感受，促进良好人际关系的建立。在学习与工作中，良好的知觉让我们快速吸收知识、精准判断形势，从而做出明智决策，有力推动个人不断成长进步。

3.2.1　知觉的概念

到底什么是知觉呢？知觉是指一个人接收、理解和解释外部世界的能力。它是通过感官系统获取信息，并对其进行加工和组织的过程。人类拥有多种感知方式，包括视觉、听觉、触觉、味觉和嗅觉。这些感官提供了对周围环境和对象的感知和认识。知觉也受到许多因素的影响，包括个人的经历、文化背景和心理状态等。每个人对于同一刺激的感知可能会有所不同，因为大脑会根据自身的经历和认知来过滤和解释外界信息。

很多人常常把感知和知觉混淆，两者既有联系又有区别。感知涉及对外界信息的接收和理解，是人们对周围环境的主观认识。它包括对外界刺激的感知和对这些感知的加工和理解。相比之下，知觉更着重于个体对外部刺激的感知和感受。在人工智能领域中，感知技术被广泛应用于各个领域。首先，在计算机视觉领域，感知技术被用于图像和视频的分析和识别，例如人脸识别、目标检测和图像分类等。通过感知技术，计算机可以像人一样“看到”和理解图像信息，从而实现更智能化的图像处理和分析。其次，在自然语言处理领域，感知技术被用于语音识别和自然语言理解。感知技术可以让计算机识别并理解人们的语音指令，从而实现语音交互和语音识别技术的提升。通过感知技术，人工智能系统可以更准确地理解和解释人们的语义意图，从而实现更高效的语言交流。此外，在智能驾驶和机器人领域，感知技术被广泛应用于环境感知和空间认知。通过使用各种传感器和感知设备，智能驾驶系统和机器人可以感知周围的道路、障碍物等环境信息，从而做出相应的决策和行动。感知技术的应用使得智能驾驶和机器人可以更加安全、高效地操作和导航。

感知和知觉虽然有区别，但两者密不可分。

感知是对感觉经验的整合和理解，是个体对外部刺激做出反应的过程，而知觉则是对这些感觉的整合和对意义的理解。可以说，感知和知觉是人们认识世界的重要方式，两者相辅相成，共同构成了我们对外界环境的认知结构。在认知科学中，感知和知觉是理解人类认知活动的关键概念。感知是指个体对外部世界的感知、认知与经验，而知觉则是个体对这些感知做出的认知加工和理解。感知和知觉是认知过程的基础，它们让我们能够对外部世界进行感知并做出适当的反应。视觉是最常用的感知方式，通过眼睛感知光线的强度、颜色和形状来构建视觉世界。听觉则是通过耳朵感知声音和声音的特征，使我们能够感知和理解语言、音乐和其他环境中的声音。触觉是通过皮肤感知物体的质地、温度和压力，使我们能够亲身感受物体。此外，味觉和嗅觉是感知食物和气味的方式。味觉通过口腔中的味蕾感知不同化学物质的味道，而嗅觉则通过鼻子感知气味分子。

知觉是我们通过感觉系统感知和理解外部世界的过程，它是我们与环境互动和认知的基础。它使我们能够从外部刺激中获取信息，并通过加工和组织这些信息来构建我们的理解和认识。

3.2.2 知觉的特点

知觉具有整体性、选择性、恒常性、理解性四个特征。

3.2.2.1 整体性

整体性特征是指在知觉中，人们将物体、场景或概念视为一个整体，而不是将其视为一系列单独的部分。它让我们能够快速识别和理解大量信息，节省认知资源。整体性特征可以包括形状、颜色、运动等方面的综合特征，而不仅仅依赖于单个局部特征。通过整体性特征，我们能够捕捉到物体或场景的整体结构和意义，从而促进对外界的综合理解。

了解知觉的整体性特征需要注意两个方面。首先，整体性特征是由多个局部特征相互作用形成的，而不是孤立存在的。其次，整体性特征对于认知的影响是非线性的，即整体性特征的变化可能引起知觉体验的显著改变，而局部特征的变化可能并不会引起明显的差异。因此，理解知觉的整体性特征需要考虑到局部特征之间的相互关系和整体特征与知觉体验之间的非线性联系。探究知觉的整体性特征还需要考虑到人类的认知方式。我们的大脑倾向于自动地将物体或场景整合成一个整体，并以整体的形式进行处理。这种认知机制在生活中极为常见，比如我们会自然地将一幅画作、一首歌曲或一篇文章视为一个整体进行感知和理解。因此，理解知觉的整体性特征也需要深入研究人类认知机制和规律，以揭示其在感知、思维和决策等方面的作用。

图 3-2　马的图像

日常生活中，人类是通过整体性特征将马知觉为一个整体的。在观察马的过程中，我们将马的形状、颜色、动作等各个局部特征综合起来，从而捕捉到马的整体结构和意义。这些整体性特征的集合使得我们能够快速识别出马，并在脑海中形成关于马的整体形象，如图 3-2 所示。人类的认知机制也对将马知觉为整体起到了重要作用。大脑在处理外界信息时倾向于将各个局部特征整合成一个整体，并以整体形式进行处理。这种认知方式使得我们可以迅速感知马的特征并将其归类为一个整体对象。因此，从视觉角度来看，人类将马知觉为一个整体是视觉系统和认知机制共同作用的结果。

3.2.2.2 选择性

选择性是指我们对外部刺激进行有意识的选择和过滤的能力，以便更好地处理和理解信息。这种选择性体现在注意力的分配上，人们倾向于关注与自己相关或感兴趣的事物，而忽视其他事物。图 3–3 中，如果人们选择以黑色为背景，就会看到一个杯子；如果人们选择以白色为背景，是会看到两张对着的人脸。

图 3–3 黑白背景下的不同图形

选择性受到个体的情绪、目标和经验的影响，因而呈现出个体差异性。此外，大脑在选择性知觉过程中也会对信息进行加工和筛选，以便更好地适应个体的需要和目标。因此，选择性知觉不仅仅是对外部刺激的选择，还涉及人的内在情感和认知特征。

经验对于塑造信息关注模式起着重要的作用。个体的经验包括既往的学习、记忆和经历，它们共同影响我们对外界信息的选择和关注。首先，早期的经验会为我们建立起一些基本信息偏好和筛选机制。这些偏好可以是与个体需求和目标相关的，也可以是受到文化和社会因素的影响。例如，某人可能对与自己专业领域相关的信息更感兴趣，因为他们在这方面有丰富的经验。其次，习得的经验也会塑造我们对信息的关注模式。当我们在特定领域有较多的知识和经验时，我们更容易注意到相关的细节和特征。这是因为我们的大脑会优先注意到与我们已有的知识结构相匹配的信息，并优先处理。这种关注模式使我们更有效地处理和理解相关的信息，并在学习和问题解决中提供优势。最后，情感和情绪也是经验塑造信息关注模式的重要因素。我们对某些主题或话题可能有特定的情感倾向或兴趣，这会影响我们对相关信息的选择性注意和处理。很多人热爱环保，对环境保护非常关注，他们可能更倾向于选择关于环保议题的新闻和文章，并更深入地了解相关信息。因此，个体的情感和情绪状态也会在经验塑造信息关注模式时发挥重要作用。

3.2.2.3 恒常性

知觉的恒常性是指无论外界环境怎样变化，我们对物体的颜色、形状、大小等特征都保持相对稳定的认知。这意味着即使物体在不同的光线、距离或角度下被观察，我们仍然能够保持对其特征的一致认知。这种恒常性可以帮助我们更好地理解和适应我们周围的世界，使我们能够更准确地对外界事物进行认知和反应。知觉恒常性也受到认知心理学和神经科学的广泛关注，以便更深入地理解其背后的机制和原理。当我们将一根头发放在显微镜下观察时，头发看起来会变得非常大，细节也会更加清晰。尽管头发物理上变得更大，但我们仍然能够意识到它是一根头发。这表明我们的知觉系统可以以可靠的方式调整我们对物体大小的认知，保持恒常性。

3.2.2.4 理解性

知觉的理解性特征指的是对外界信息进行处理和理解的能力。这种特征涉及个人对感知

图 3-4　蒙娜丽莎画像

到的信息进行解释、分析和归纳的能力。通过知觉的理解性特征，人们能够根据自己的经验、认知能力和对情境的理解来解释感知到的事物，从而形成对世界的认知和理解。这种特征也涉及对感知信息的整合和概括能力，使个体能够将零散的感知数据融合成有意义的整体认知。在认知心理学中，知觉的理解性被视为人类认知能力中重要的一部分，它对个体的情绪、行为和决策等方面都具有深远的影响。

一个认知理解性的例子可以是人们对于一幅画作的理解，如图 3-4 所示。当我们看到一幅画时，我们不仅仅是简单地感知到其中的颜色和形状，而且通过我们的知觉的理解性特征，将这些感知到的信息进行分析和解释。我们可以基于自己的经验和知识，在画作中找到对象、场景或故事的线索。通过将多个感知细节进行整合和归纳，我们能够理解画家想要表达的意思，并形成对画作的感知和解释。这种理解性特征使我们能够从一幅画中感受到情感，挖掘出更深层次的意义，并对画作产生个性化的理解和反应。

3.2.3　社会知觉偏差

3.2.3.1　社会知觉偏差的心理学基础

社会知觉偏差的心理学基础主要涉及认知偏差、归因风格、情绪状态、知觉对象的外表特征以及社会情境等。认知偏差是社会知觉偏差的重要心理学基础。认知偏差是指人们在处理信息时由于心理机制的局限性而产生的系统性错误。人们经常提及的虚假共识效应（即个体倾向于高估他人与自己持有相同观点的程度）和乐观偏差（即过度乐观地预测未来事件的发生）都是典型的认知偏差。这些偏差会影响个体对他人行为和意图的判断，从而导致社会知觉偏差。归因风格也是影响社会知觉偏差的一个重要因素。归因风格是指个体在解释事件原因时所依赖的心理模式。研究表明，个体的归因风格会影响其对他人行为的解释，乐观的归因风格倾向于将积极事件归因于内部因素，而悲观的归因风格则倾向于将消极事件归因于外部因素。这种归因风格的不同会导致不同的社会知觉偏差。此外，情绪状态也会影响社会知觉。心境一致性模型指出，当人们处于某种情绪状态时，会倾向于选择和加工与自己的情绪状态一致的信息。这意味着情绪状态会影响个体对他人行为的感知和解释，从而产生偏差。

知觉对象的外表特征，如面孔表情和注视方向等，也会对社会知觉产生影响。研究发现，人们可以通过他人的面部表情快速判断其人格特质。例如，高兴的面孔通常被认为代表热情、可靠，而负面的面孔则可能被认为不友好。这种基于外表特征的快速判断可能导致社会知觉偏差。社会情境也是影响社会知觉的重要因素之一。社会知觉是个体在特定社会环境中对他人的感知过程，包括对自己的知觉、对他人的知觉以及对群体的知觉。不同的社会情境会影响个体对信息的选择和解释方式，从而导致不同的社会知觉偏差。

3.2.3.2　社会知觉偏差的种类

1. 首因效应

首因效应，也称为“第一印象效应”或“优先效应”，是指在社会交往中，人们最初接触某人或某物时所形成的印象对后续交往关系产生的重要影响。这种效应强调了最初获得的信息在总体印象形成中的重要性，即人们往往重视最先得到的信息，并以此为基础来解释和理解后续的信息。该效应具有以下特点。

（1）深刻且持久的印象。由于最初的印象通常是最鲜明、最牢固的，它会在人们的头脑中占据主导地位，并影响人们对后续信息的解释和理解。例如，在初次见面时给人留下良好的印象，可能会使人们在之后的交往中更加愿意接近对方，并且对对方的行为和表现持更积极的态度。

（2）先入为主。人们往往会按照最初的印象来解释后续的信息，即使这些信息与最初的印象不一致，人们也会倾向于屈从于最初的印象，以保持认知的一致性。这种现象会导致认知偏差，使得人们容易忽视或误解后续的信息。

（3）表面性和片面性。由于首因效应的存在，人们在初次接触时往往只关注对方的表面特征，如仪表、风度等，而忽略对方更深层次的品质和能力。这种表面化的认知容易导致以貌取人，从而产生片面和不准确的判断。

案例

小李是一名大学毕业生，去一家知名企业应聘。在面试当天，他穿着整洁得体的西装，提前到达了面试地点，与前台接待人员礼貌地打招呼后安静地等待。轮到他面试时，他面带微笑，自信地走进会议室，首先用清晰有力的声音向面试官们问好，并微微鞠躬。在自我介绍环节，小李条理清晰地阐述了自己的专业技能、实习经历和对该职位的理解与热情。他的言语表达流畅，眼神坚定地与每位面试官进行交流。

面试官们对小李的第一印象非常好。他们认为小李注重仪表，守时且有礼貌，表达能力强，给人一种积极向上、专业可靠的感觉。在后续的面试过程中，尽管小李在回答一些专业问题时并非完美无缺，但面试官们在综合考量后，仍然给予了他较高的评价。最终，小李成功地获得了这个职位。

在这个例子中，小李在面试初期给面试官留下的良好第一印象，在很大程度上影响了面试官对他的整体评价，体现了首因效应的作用。

2. 近因效应

在课堂教学中，教师通常会发现学生更容易记住课程的最后部分。这是因为近因效应使得最近呈现的信息在学生记忆中更为突出。在工作面试中，候选人的最后表现可能对面试官的评价有较大影响。如果候选人在面试结束时表现突出，面试官可能会因此忽略其此前不佳的表现。这就是近因效应。近因效应是指在多种刺激依次出现的时候，印象的形成主要取决于最后出现的刺激，即在交往过程中，我们对他人最近、最新的认识占了主体地位，掩盖了以往形成的对他人的评价。

这一效应最早由心理学家 A. 卢琴斯（A. Luchins）于 1957 年提出。他让两组学生阅读同一故事的不同版本，并插入其他无关的作业，然后让他们描述故事中人物的性格。结果发现，两组学生都对最后一个故事印象深刻，这影响了他们对人物性格的评价。德国维尔茨堡大学的研究者们通过量化体验质量中的近因效应，主要采用了心理学中的近因效应理论，并结合了卷积神经网络等技术手段。具体来说，他们发现用户体验质量会受到近因效应的影响，即前一时刻的体验质量会对之后一段时间内的观看体验造成影响。例如，当用户接受高质量视频时，会产生更高的视频质量期望，因此视频质量的下降会使得用户更加沮丧，加速用户体验质量的下降；相反，观看低质量视频的用户则对视频质量的上升更加敏感，从而提高了对视频体验质量的评分。

3. 晕轮效应

晕轮效应（halo effect），又称“光环效应”“光圈效应”“日晕效应”，是一种心理学现象，最早由美国心理学家爱德华·桑代克在 20 世纪 20 年代提出。它指的是人们在评价他人或事物时，往往基于对某一个突出特征或品质的强烈印象，形成对整体的主观判断，从而忽略其他方面的信息。

晕轮效应有一些优点和不足。优点方面，晕轮效应可以帮助人们在面对陌生人或新事物时快速形成第一印象。这种快速的判断可以在某些情况下节省时间和精力，让人们能够更迅速地做出决策，采取行动。此外，晕轮效应还可以提供一种对信息进行过滤和整合的机制，帮助人们在复杂的社会环境中进行导向。晕轮效应的不足之处在于，它可能会导致主观和片面的评价。由于人们依赖第一印象对一个人或事物进行整体评价，可能会忽视或低估与第一印象不符的重要信息。这种偏见可能会导致不公正的判断和决策。

为了克服晕轮效应，应该努力保持开放的心态，并且积极寻找更多信息来全面了解一个人或事物。这可以包括与他人交流、获取不同观点，或者寻找更多的证据和背景信息。通过积极的信息收集和综合，能够减少晕轮效应的影响，更客观地对待他人和事物。

4. 刻板印象

刻板印象是一种对某一群体或个人形成的固定的、片面的、不公正的看法。这些看法往往是基于偏见、刻板印象或不准确的信息。刻板印象常常是主观的，而且往往是片面的，只看到了事物的一面而忽视了其他方面。这种思维方式容易误导人，也会给社会带来歧视和排斥。

打破刻板印象的方法有很多种。首先，要多与他人交流，让别人更多地了解你，以便他们看到你的真实个性。其次，要展示自己的技能和优点，通过展示自己的才华和能力，别人对你有了新的认识。再次，要打破自己对他人的刻板印象，以平和包容的心态对待别人，不轻易给他人定性。最后，持之以恒地改变自己的言行举止，展现不同于传统印象的形象，从而改变他人对你的看法。

猜一猜

一位公安局长在路边同一位老人闲谈，这时一个小孩跑过来，慌慌张张地对公安局长说：“你爸爸和我爸爸吵起来了！”

老人问：“这孩子是你什么人？”

公安局局长说：“是我儿子。”

那么现在请回答：这两个吵架的人和公安局长是什么关系？

5. 投射效应

投射效应是指人们在对他人形成印象时，往往会把自己的特质和情感投射到对方身上。这种心理现象使得我们通过对他人的评价和行为的观察，来揭示自己对他人的感知和态度。投射效应在人际关系和社交互动中起着重要的作用。

投射效应主要涉及两个方面：特质投射和情感投射。特质投射是指当我们观察他人时，容易以自己的个性特征和行为为基准，来评价对方的特质和性格的心理现象。例如，如果一个乐观开朗的人遇到了一个沮丧的人，他可能会认为对方也是消极的。情感投射是指当人们对他人的情感状态进行评价时，会受到自身情感的影响。比如，一个开心的人可能会认为周围的人都是愉快的，而一个不开心的人则可能会认为周围的人都是悲伤的。投射效应的存在使得我们对他人进行评价时带有主观性和偏见。人们的判断往往受到自身的经验、价值观和情绪状态的影响。这也意味着对他人的理解和认知可能会更多地反映自己的心理状态，而不是真实的对方。因此，当评价他人时，需要反思自己的投射效应，并尽量减少主观偏见的干扰，以更客观、公正的方式来评价他人。同时，也要意识到他人对自己的评价会受到投射效应的影响，要对他人对自己的评价持开放和审慎的态度。

案例研讨

最近，联合国儿童基金会做了一次社会实验，6 岁的格鲁吉亚女孩阿娜诺，被打扮成两种截然不同的样子，独自一人，站在人来人往的街头，测试其他人是否会留意和关心这个看似迷路的孩子，结果出人意料。

实验一：小女孩穿着精致的裙子和小大衣出现在格鲁吉亚的大街上，马上有人上前关心这个看似迷路的女孩。路人纷纷驻足，想要帮助女孩，大家显得很有爱心。第一次实验的结果似乎令人欣慰。

实验二：工作人员为小女孩改变妆容，换上破旧的衣服，让她灰头土脸地再次出现在同样的地方，来测试她会得到什么样的待遇。街上依旧人来人往，然而人们对小女孩视而不见，没有一个人过去关心她。

实验三：这次把实验地点改在一家中高档餐厅。先是给女孩进行精心的装扮，让她穿着好看的花衣服进入餐厅，大家都对她笑脸相迎，有位奶奶亲吻了她。可当小女孩再次以脏兮兮的形象出现在餐厅时，人们脸上没有了笑意，大家对她充满戒备。有位女士拿起放在椅子上的包，一位男士让她走开，还有人直接叫来了服务员。小女孩最后哭着冲出了餐厅，实验也因为小女孩情绪低落而终止。

请用相关理论解释，为什么仅仅是因为着装不同，小女孩所遇到的境遇会截然不同。

扩展阅读

00后这一代年轻人具有许多独特的特点，这些特点主要体现在他们的成长环境、价值观、生活方式以及行为特征上。

00后是数字时代的原住民，从小生活在互联网和智能科技的包围中，因此他们对新技术的接受和应用能力非常强。他们习惯通过网络获取信息、交流沟通，并且乐于尝试新事物，不拘泥于传统思维。这种背景使得他们在职场上表现出较高的技术熟练度和灵活的工作方式。

00后在价值观方面表现出开放和包容的特点。他们在性别、种族、宗教等方面的观念较为开放，更注重个体的独立和自由发展。他们关注社会公平和环保问题，对社会责任有着较高的认知。此外，00后也更加注重个人的情感需求和心理健康，追求个人幸福和内心的平衡。

在消费行为上，00后展现出个性化和自主化的特征。他们愿意为小众文化圈建立联系和归属感，以应对孤独感。他们的消费观念随着时代的发展而不断变化，逐渐形成自己的独特消费圈和文化符号。同时，00后也展现出较强的自驱力，更多地依靠内在动力实现自我成长。

此外，00后还表现出强烈的个性和创造力，敢于尝试新鲜事物和挑战自我。他们在职场上具有学习能力强、脑洞大、有幽默感等特点，这些特质得到了后辈们的认可。然而，他们也面临着一些挑战，如知行分离、持续奋斗的心理投入不足等。

00后逐渐成为社会的中坚力量，这一现象在多个方面得到了体现和证实。首先，从教育背景来看，00后成长于信息爆炸的时代，他们接受了大量的科技教育，具备丰富的知识储备和高超的技术能力，这使他们在职场中表现出色，并且勇于创新和挑战传统。此外，00后在成长过程中受到多元化的知识获取渠道和开放包容的教育环境的影响，培养了他们的创新能力和实践能力，使他们更加关注社会问题和环境保护。

00后不仅在职场中崭露头角，还在国家建设和社会发展中扮演着重要角色。例如，在防疫战场上，00后大学生志愿者们展现了坚韧不拔的精神，为抗击疫情贡献了青春力量。在体育领域，00后运动员也成为中国体育代表团的重要力量，如广东省参加巴黎奥运会的运动员中，有42%是00后。

此外，00后展现出独立自主、不攀比、不媚外的特性，推动了社会理性化进程，并且在职场文化变革中起到了积极作用。他们敢于挑战现有的规则，以新的思路为社会发展注入活力。

尽管00后在职场和社会中面临诸多挑战，但他们展现出的责任感和担当精神，以及对国家未来发展的贡献，使他们成为新时代不可或缺的力量。习近平总书记也指出，中华民族伟大复兴终将在广大青年的接力奋斗中变为现实，这进一步强调了00后作为社会主义建设事业中坚力量的重要性。

00后正逐步成为社会的中坚力量，他们的创新精神、责任感和担当精神将为国家的发展和社会的进步做出重要贡献。

任务 3.3　态度与领导力

小故事大道理

三个工人在建筑工地上砌墙，有人问他们在做什么。

第一个工人悻悻地说："没看到吗？我在砌墙。"

第二个人认真地回答："我在建大楼。"

第三个人快乐地回应："我在建一座美丽的城市。"

十年以后，第一个工人还在砌墙，第二个工人成了建筑工地的管理者，第三个工人则成了这座城市的领导者。

在同一条起跑线上，态度决定一切，用美好的心情感受生活！你手头的小工作正是大事业的开始。同样平凡的工作，有人觉得简单重复、枯燥乏味，有人却能以快乐的心情面对，在平凡中感知不平凡，在简单中构筑自己的梦想。又有什么困难不能克服呢？

态度是人类心理和行为的重要组成部分，它影响着我们对世界的认知、情感反应以及行为选择。无论是个人的生活决策、职业选择，还是社会群体的互动、文化传承，态度都发挥着至关重要的作用。因此，深入研究态度的定义、构成要素和形成过程，对于理解人类行为的本质以及促进个体和社会的发展，具有重要的理论和实践意义。

3.3.1　态度的定义

最早对态度进行定义的是斯宾塞和贝因，他们认为态度是一种先有主见，是把判断和思考引导到一定方向的先有观念和倾向，即心理准备。这一定义强调了态度的前瞻性和引导性，为后续研究奠定了基础。奥尔波特受行为主义影响，认为态度是一种心理和神经的准备状态，它通过经验组织起来，影响着个人对情境的反应。这一定义突出了经验在态度形成中的作用，将态度与个体的行为反应联系起来。克瑞奇则认为，态度是个体对自己所生活的世界中某些现象的知觉过程、情感过程、动机过程的持久组织。他的定义强调当下的主观经验，把人当成会思考并主动将事物加以建构的个体，这反映了认知派的理论主张。美国心理学家巴克认为，态度是对任何人、观念或事物的一种心理倾向，强调态度是一种观念、意见等主观的东西。迈尔斯进一步完善了态度的定义，认为态度是对某物或者某人的一种喜欢或者不喜欢的评价性反应，它在人们的信念、情感和倾向中表现出来。

国内学者在借鉴国外研究成果的基础上，也对态度的定义进行了深入探讨。一些学者认为，态度是个体在长期的生活过程中，通过与他人的相互作用以及受到周围环境的不断影响而逐渐形成的对某一对象的稳定的心理倾向。这种心理倾向包含了认知、情感和行为意向等多个方面，是个体对客观事物的一种综合反应。

在环保领域，一些人对环境保护持高度关注和积极的态度。这可能是由于他们通过学习和了解环境问题的严重性，认识到环境保护对于人类生存和发展的重要性，从而在情感上产生了对环境的关切和责任感，进而在行为上表现出积极参与环保活动、支持环保政策等行为。比如，一些环保志愿者长期参与垃圾分类、植树造林等活动，他们的行为就是基于对环保的积极态度。

态度对人的行为有着非常重要的影响。张仪是战国时期著名的纵横家，早年曾师从鬼谷子，学习纵横之术。然而，在他游说各国之初，其建议并未被采纳，最终在饥寒交迫中返回家乡。他的妻子责备他，张仪却伸出舌头，反问他夫人："夫人，你看我的舌头还在不在？"他夫人答道："在。"张仪又说："只要舌头还在，我就还有翻身的机会。"

果然，后来张仪在同门师兄苏秦的帮助下，得以面见秦惠文王。凭借其卓越的口才和谋略，张仪最终说服秦王采纳了他的主张，打破了六国的合纵联盟，为秦国的统一奠定了重要基础。

3.3.2 态度的构成要素

3.3.2.1 认知成分

认知成分是指个人对态度对象带有评价意义的叙述。叙述的内容包括个人对态度对象的认识、理解、相信、怀疑以及赞成或反对等。认知成分是态度形成的基础，它为个体对态度对象的情感反应和行为意向提供了依据。例如，一个人对某一政策的认知，包括对政策的目标、内容、实施方式等方面的理解和认识，这些认知会影响他对该政策的态度。如果他认为该政策能够促进社会的发展、改善人民的生活，那么他可能会对该政策持积极的态度；反之，如果他认为该政策存在缺陷或不合理之处，那么他可能会对该政策持消极的态度。

3.3.2.2 情感成分

情感成分是指个人对态度对象的情感体验，如尊敬、蔑视、同情、冷漠、喜欢、厌恶等。情感成分是态度的核心成分，它对态度的稳定性和强度具有重要的影响。当个体对某一对象产生积极的情感体验时，往往会对该对象持积极的态度；反之，当个体对某一对象产生消极的情感体验时，往往会对该对象持消极的态度。例如，一个人对自己的家乡有着深厚的情感，这种情感会使他对家乡的一切都持积极的态度，包括家乡的文化、风俗习惯、人际关系等。即使家乡在某些方面存在不足，他也会因为情感上的联系而对家乡抱有宽容和理解的态度。

3.3.2.3 行为意向成分

行为意向成分是指个人对态度对象的反应倾向或行为的准备状态，也就是个体准备对态度对象做出何种反应的倾向。行为意向成分是态度与行为之间的桥梁，它反映了个体将态度转化为实际行为的可能性。例如，一个人对健身持积极的态度，他可能会有去健身房锻炼、购买健身器材、关注健身资讯等行为意向。但是，行为意向并不一定会直接转化为实际行为，还会受到其他因素的影响，如个人的能力、时间、资源等。

3.3.3 态度的形成过程

1961 年，凯尔曼提出了态度的三阶段学说。他认为，态度的形成经历了顺从、同化和内化三个阶段。

在顺从阶段，人们为了获得物质与精神的报酬或避免惩罚而采取的表面服从行为称为顺从。在这个阶段，服从行为不是出于真心，而是一种暂时的行为。在一些工作场合中，员工可能因为害怕被领导批评而表面上服从公司的某些规定，但内心可能并不完全认同这些规定。

在同化阶段，人们不再是被迫，而是自愿地接受他人的观点、信念，使自己的态度与他人的要求相一致。同化能否顺利实现，他人或团体的吸引力是很重要的。当个体在一个群体中受到群体氛围、他人观点的影响，逐渐接受并认同了这些观点时，态度就进入了同化阶段。一个新加入某个运动俱乐部的成员，在俱乐部其他成员的影响下，逐渐接受并认同了该俱乐部所倡导的运动理念和训练方式。

在内化阶段，人们真正从内心深处相信并接受他人的观点，从而彻底改变自己的态度。此时，人们把新观点与新思想纳入自己的价值体系，成为自己态度体系中的一个有机组成部分。一些环保志愿者经过长期的环保实践和学习，真正从内心深处认可环保的重要性，并将环保理念内化为自己的价值观，在日常生活中积极践行环保行为。

态度的形成是个体在社会环境中不断学习和适应的过程。个体通过与他人的交往、社会文化的熏陶以及自身的实践经验，逐渐形成了对各种事物的态度。在社交场合中，个体的态度形成过程会受到多种因素的影响。一个人在初次参加社交活动时，可能会对陌生人抱有警惕和怀疑的态度。但是，随着与他人的交流和互动，他可能会发现一些人与自己有着共同的兴趣爱好和价值观，从而对这些人产生了好感和信任。通过不断地与他人交往，他逐渐形成了对社交活动的积极态度，并且愿意主动参与社交活动，以扩大自己的社交圈子。在教育领域，学生对学习的态度形成过程也是一个复杂的过程。学生在学习过程中，会受到教师的教学方法、教学态度，同学的学习氛围以及家庭的教育观念等多种因素的影响。举个例子，如果教师采用生动有趣的教学方法，激发学生的学习兴趣，并且给予学生积极的反馈和鼓励，那么学生可能会对学习产生积极的态度；反之，如果教师的教学方法枯燥乏味，对学生的要求过于严格，那么学生可能会对学习产生消极的态度。

总之，态度作为个体对特定对象的稳定心理倾向，是一个复杂的心理现象。在实际生活中，应该充分认识到态度的重要性，积极培养和塑造积极的态度。对于个人而言，积极的态度可以帮助人们更好地应对生活中的挑战，提高生活质量和幸福感；对于社会而言，积极的态度可以促进社会的和谐发展，增强社会的凝聚力和向心力。

3.3.4 态度与领导力

态度与领导力之间存在着紧密且复杂的相互关系，积极的态度有助于塑造领导力。

3.3.4.1 愿景传递

拥有积极乐观态度的领导者更容易描绘出引人入胜的愿景。例如，史蒂夫·乔布斯（Steve Jobs），他对创新和改变世界有着极其热忱的态度。这种积极的态度使他能够向苹果团队成员和消费者传递出一个清晰而激动人心的愿景：通过设计精美、用户体验极佳的电子产品来改变人们的生活方式。他的乐观和坚定让团队成员相信他们正在从事一项伟大的事业，从而激发团队成员的工作动力。

3.3.4.2 激励团队

领导者积极的态度可以营造良好的工作氛围。一个总是以鼓励、支持的态度对待下属的领导者，能够提升团队的士气。比如一位销售团队的领导，在面对市场竞争压力时，保持着积极向上的态度，对团队成员说："我们有优质的产品和出色的团队，只要我们努力，一定能够取得更多的市场份额。"这种积极的态度会感染团队成员，让他们在困难面前也能保持乐观，并且更有动力去实现目标。

3.3.4.3 应对挑战

积极的态度使领导者在面对困难和挫折时能够展现出坚韧不拔的精神。在组织面临经济危机或重大战略调整时，具有乐观态度的领导者会将危机视为机遇。他们相信通过团队的努力可以克服困难。这种态度能够稳定军心，引导团队积极地寻找解决方案，而不是陷入恐慌和混乱。

历史小故事

西汉时期，有一个少年叫匡衡，他特别希望能像学堂里的孩子那样，跟着老师读书。可是，他家里很穷，实在没有钱供他上学堂。于是，他经常一个人躲在学堂外面，安静地听着从学堂里面传来的读书声。一位亲戚看见他这么喜欢读书，很受感动，就抽空教他认字。日积月累，他终于可以自己读书了。

匡衡买不起书，只好想办法借书来读。那个时候的书都是十分贵重的，只有有钱人家才有。可是有钱人家怎么会轻易把书借给一个穷小子呢？为了能读书，匡衡想出了一个好办法。村子里有个大户人家，家里有很多藏书。一天，他跑到那户人家求见主人，见到后，一边作揖，一边急切地恳求说："请您收留我吧，我给您家干活。我力气很大，什么活都会干。我不要工钱，只求您能把家里的书借给我看看。我保证不会耽误干活，保证不会把书弄坏。"主人看到匡衡落落大方、彬彬有礼，眼睛里充满了渴求，一时被深深打动了，就收留了他。匡衡如愿以偿地读到了书。

寒来暑往，匡衡一天天长大了。他每天从早到晚都在地里干活，只有中午休息吃饭的工夫才能看一会儿书。晚上回到家里，因为没钱，点不起油灯，也不能看书，所以一卷书常常要用十天半个月才能读完。匡衡心里难过极了，却无计可施。一天晚上，在匡衡回家的路上，周围一片漆黑，只有邻居家的窗户透着光亮。匡衡忽然想到了一个主意，狠狠拍了自己脑袋一下，叨叨着："以前怎么没想到呢？"回到家，他就在自己家与邻居家共用的那面墙上找寻，终于找到了一处墙壁有破损的地方。他找来一把小刀，沿着破损的墙壁轻轻地抠，不一会儿，一道弱光线就从墙缝里透射进来。匡衡兴奋极了，不敢再往外抠，担心影响到邻居，便借着这一点点光线看起书来了。光线太暗了，看一会儿，眼睛就非常疲劳，他就稍稍休息一下，接着再看。凭着凿壁偷光这样的毅力，匡衡博览群书，下笔成章，终于成为西汉的一名学者。

任务3.4 价值观与领导力

导入故事

沙漠中的半瓶水

两个人在烈日炙烤的沙漠中艰难地行走了好几个小时，两人各自带了一瓶水，现在两人手中的瓶子里都只剩半瓶水了。

第一个人看着瓶子里的水眉头紧锁，他想："只剩半瓶水了，恐怕很快就要喝完了。天这么热，我们肯定坚持不了多久。如果水喝完了，我们肯定会渴死在沙漠中。"

第二个人抬头看着空中的太阳，然后低头看着手中的水瓶，心里想着："真幸运，还有半瓶水！这些水足够我们再坚持一段时间了，也许很快就能遇到救援或者找到绿洲，我们可以慢慢喝水，合理分配，最终一定能走出这片沙漠。"

沙漠中的两个人面对相同的困境却有不同的想法，这是因为他们的价值观不同。一个是悲观心态，另一个是乐观心态，那"半瓶水"就像我们现实中遇到的问题和困惑，我们现实中遇到的所有问题和困惑本来是没有颜色的，是我们的认知和思维赋予它们颜色，而我们内心赋予一件事情的"颜色"又反过来控制着我们。如果用开放的、积极的思维去认知、对待一件事情、一个问题，我们总能解决问题。

价值观对人的行为有着深远的影响。价值观决定了个人未来的行为方向，对个人的人生选择和人生道路起着关键性的导向作用。积极健康的价值观对人有正面影响。价值观影响个人对其他个人及群体的看法。

3.4.1 价值观的内涵

价值观是一个复杂且具有多层面含义的概念。价值观是人基于对事物价值的认识而自发形成或自觉构建的观念价值体系，既可以是关于万事万物价值的观念，即一般价值观；也可以是关于主体自身价值的观念，即主体的价值观。价值既是表示客体属性和功能与主体需要之间效用关系的哲学范畴，又是表示主体自身意义的哲学范畴。价值取向是人的基本价值立场和态度，而价值观则是价值取向的观念体系。

价值观涵盖了人们对各种事物价值的认知和判断。它并非仅仅局限于对某一特定事物的价值看法，而是涉及对万事万物的价值观念的总和。例如，人们对于自然环境的价值观念，可能包括对自然资源的珍惜、对生态平衡的重视等；对于社会关系的价值观念，可能涵盖对公平、正义、互助等价值的追求。这种观念的价值体系是人们在长期的生活实践和思考中逐渐形成的，它反映了人们对世界的理解和期望。

价值观与价值不是一回事。价值作为哲学范畴，既体现了客体属性和功能与主体需要之间的效用关系，又表示主体自身的意义，而价值观则是基于这种价值观念形成的价值取向的观念体系。价值观与价值紧密相连，价值是价值观形成的基础。一个人之所以认为知识具有重要价值，是因为知识可以帮助自己提升能力、拓宽视野，满足自身发展的需要。基于这种对知识价值的认识，这个人可能形成重视学习、追求知识的价值观。

3.4.2 价值观的特性

价值观具有主体性、现实性、历史性、稳定性等特性。

1. 主体性

主体性意味着价值观是因人而异的，不同的主体由于其生活经历、文化背景、教育程度等因素的不同，会形成不同的价值观。

2. 现实性

现实性强调价值观是在现实生活中形成的，并且对人们的现实生活产生影响。

3. 历史性

历史表明，价值观是随着时间的推移而不断演变的，不同的历史时期会由不同的价值观主导。

4. 稳定性

稳定性是指价值观一旦形成，就会在一定程度上保持相对稳定，不容易改变。

3.4.3 价值观的类型

价值观可以分为多种类型，以下是一些常见的价值观类型。

3.4.3.1 道德型价值观

道德型价值观是关于区分善恶、对错、公正与不公正的观念体系。它指导人们在行为和决策中遵循一定的道德原则，是社会秩序和个人良心的重要基础。这些原则通常基于伦理、宗教教义、文化传统等因素形成。在商业领域，诚实守信是一种重要的道德价值观。例如，一家企业始终如一地向消费者提供真实的产品信息，不夸大产品功效，也不隐瞒产品可能存在的缺陷。即使面临经济利益的诱惑，如可以通过虚假宣传提高销量获取巨额利润，仍然坚守诚实的原则。这种企业就是在践行道德型价值观，以维护消费者权益和市场公平秩序。

3.4.3.2　社会型价值观

社会型价值观涉及人们对社会整体的认知和期望，包括对社会公平、正义、和谐、民主等方面的观念。它反映了个体对社会理想状态的追求，并且会影响人们参与社会活动的方式和态度。许多人积极参与公益活动，是因为他们秉持着社会公平和互助的价值观。一些志愿者组织定期为贫困地区的儿童提供教育支持，包括捐赠书籍、文具，开展义务教学等。这些志愿者希望通过自己的行动缩小城乡教育差距，追求社会教育资源分配的公平，让每个孩子都有接受良好教育的机会。

3.4.3.3　文化型价值观

文化型价值观是特定文化群体所共有的价值观，体现在语言、艺术、习俗、传统节日等诸多文化载体中。这些价值观传承了群体的历史记忆、身份认同和精神追求，有助于凝聚群体成员，并使其区别于其他文化群体。在中国文化中，尊重长辈是一种根深蒂固的文化型价值观。在家庭聚会或者重要场合，晚辈通常会先向长辈问候、行礼，并且在座位安排、用餐顺序等方面也体现出对长辈的尊重。例如，在春节团圆饭时，长辈会坐在主位，晚辈会恭敬地为长辈夹菜，这一系列行为都体现了尊重长辈的文化型价值观。

3.4.3.4　经济型价值观

经济型价值观主要是关于财富的获取、分配和使用的观念，它涵盖了对物质利益的追求、对资源有效利用的看法以及经济活动中的公平竞争等观念。有些企业家强调可持续发展的经济价值观。某服装制造企业在追求利润的同时，注重环保和社会责任。他们采用环保面料，优化生产流程以减少能源消耗，并且确保员工的福利待遇。这种企业的经济型价值观不仅考虑短期的经济利益，还关注长期对环境和社会的影响。

3.4.3.5　审美型价值观

审美型价值观涉及人们对美丑的判断标准，包括对艺术作品、自然景观、人体形象等方面的审美认知。审美型价值观受文化、个人经历、教育背景等多种因素的影响，能够丰富人们的精神世界，提升生活品质。在建筑领域，不同的审美型价值观会导致不同的建筑风格。一些人欣赏现代简约风格的建筑，认为简洁的线条、通透的空间和功能性的设计体现了美的理念。像德国的包豪斯建筑，强调形式追随功能，其建筑造型简洁大方，注重实用性和工业化生产，这种建筑风格深受具有现代审美型价值观的人的喜爱。

3.4.3.6　宗教型价值观

宗教型价值观是基于宗教信仰形成的价值观念。它通常包括对神灵的敬畏、对宗教教义的遵循、对宗教仪式的尊重等内容，并且这些价值观会指导信徒的生活方式、道德行为和精神追求。

价值观与职业锚之间存在一定的关联。那什么是职业锚呢？职业锚是指当一个人不得不做出选择时，无论如何都不会放弃的职业中至关重要的东西或价值观。它是人们在职业发展过程中逐渐认识到的自身内在的核心价值观和能力，是自我意向的一个习得部分。职业锚强调个人能力、动机和价值观三方面的相互作用与整合。

职业锚包括以下几种类型。

1. 职能型职业锚

职能型职业锚的人，往往追求在技术或职能领域的成长和技能的不断提高。他们热爱自己的专业技术或职能工作，注重个人在专业技术领域的权威地位。他们的职业发展路径通常是沿着技术或职能的阶梯不断攀升，从初级职位逐步晋升到高级技术或职能专家的位置。这类人群对于技术或职能领域的新知识和新技能有着强烈的渴望，会不断地学习和提升自己。他们的成就感主要来自对专业难题的攻克、技术的创新以及在技术领域所获得的认可和尊重。在工作中，他们更愿意与同行专家交流合作，而对于管理职责和人际协调方面的工作则相对较少参与。

2. 管理型职业锚

管理型职业锚的人，具有强烈的晋升欲望，希望能承担更大的管理责任，从而展现自己的才能。他们将管理职位视为职业发展的终极目标，渴望在组织中拥有较高的地位和权力。这类人通常具备出色的领导能力、决策能力和人际沟通能力。他们善于协调团队成员之间的关系，激励团队成员共同实现目标。对于管理型职业锚的人来说，不断扩大自己所管理的团队规模、提升组织绩效以及在组织中发挥更大的影响力是他们追求的方向。他们热衷于制定战略规划、组织资源分配以及处理复杂的组织问题。

例如，小李，他是朋友圈中公认的情商比较高的人。大家在一起的时候，他通常都能细心地照顾到每个人的感受。无论对方地位高低，他都能让每个人感受到他的热情和尊重。在工作上，他还是一个敢于承担责任的人。比方说，小李所在的建筑公司想在柬埔寨拓展新的业务，但没人愿意前往。小李自告奋勇前去安营扎寨，带领一帮员工把公司业务搞得风生水起，深得领导青睐。回国后，他不断得到提拔和晋升，最终在 30 岁出头的时候就已经做到了较高的管理岗位。小李是管理型职业锚的典型代表，他擅长与人相处，敢于承担责任。同时，他们能把公司或某个组织的成败看作自己工作能力的证明。与此同时，带领一帮人攻坚克难、完成某项任务，会让他们感到十分兴奋。

3. 独立型职业锚

独立型职业锚的人，追求独立自主的工作环境，不愿意受到过多的组织约束和限制。他们希望能够按照自己的方式和节奏开展工作，对于能够自主决策、独立负责的工作机会格外珍视。这类人通常具有较强的创新意识和创业精神，可能会选择自主创业或者成为自由职业者。他们在工作中注重个人的自主性和独立性，对于传统的层级制度和规章制度可能会表现出一定的抵触情绪。他们善于自我管理，对自己的职业发展有着清晰的规划和目标，并愿意为之付出努力。

4. 稳定型职业锚

稳定型职业锚的人最关注的是职业的稳定性和安全性。他们希望在一个相对稳定的组织环境中工作，有稳定的收入、良好的福利和可靠的职业保障。这类人通常会选择大型企业或者政府机构等相对稳定的工作单位。他们在工作中表现出较高的忠诚度和稳定性，不愿意频繁地更换工作。对于职业发展中的风险和不确定性，他们往往采取较为保守的态度，更倾向于遵循组织的既定规则和流程。

例如小 D，他同样是一个很有才华的人，研究生毕业之后，他没有选择进入更能发挥自身潜力的外企，而是为了谋求稳定，选择进入体制内工作。工作两年后，小 D 也开始对眼前的这份工作有些厌倦，抱怨自己怀才不遇，但是他始终没有勇气走出体制。他最喜欢说的就是："你看那些创业公司，开始的时候搞得风生水起，工资待遇都很吸引人，可是过不了几年就都倒闭了，人最怕的就是瞎折腾。"小 D 是稳定型职业锚的典型代表，对于这类人来说，工作的稳定性是他们选择工作的首要因素。"铁饭碗"之类的工作通常对他们极具吸引力，即使他们的潜能无法在工作中得到充分发挥。

5. 创造型职业锚

创造型职业锚的人，渴望创造新的事物，勇于冒险和创新，追求建立或创造完全属于自己的东西，比如产品、服务或企业等。这类人通常具有较强的创造力和想象力，敢于突破传统思维的束缚。他们对于市场机会有着敏锐的洞察力，愿意承担创业过程中的风险和不确定性。他们的成就感来自将创意转化为实际的产品或服务，并取得成功。在职业发展中，他们不断寻找新的商业机会，追求实现个人的创业梦想。

例如小 E，他的梦想自始至终都是想要创立属于自己的品牌和企业。他满脑子都装着各种各样的商业模式，整日想着如何去赚钱。有一次听他谈创业计划，一直谈了六个小时，他脸上的兴奋却丝毫未减。后来，他历经千辛万苦，真的在上海创立了一个餐饮品牌，并且还开了六七家分店。就在各项事业都蒸蒸日上的时候，他却忽然宣布，要去重新创立一个知识学习品牌。原因是，他觉得现在这份事业已经不再让他感到兴奋和刺激了。小 E 是创业者的典型代表，这一类人痴迷于创造新的东西，同时对已经拥有的东西很容易感到厌倦。这类人一般不会在传统的企业中待很长时间，因为他们始终怀着创立自己公司的梦想。

6. 服务型职业锚

服务型职业锚的人，关注的焦点在于能够为他人提供帮助和服务，他们往往将个人的价值观与为他人服务的工作结合起来，在帮助他人的过程中获得满足感和成就感。这类人通常选择从事教育、医疗和社会服务等领域的工作。他们具有较强的同理心和奉献精神，愿意为了他人的利益而付出自己的时间和精力。在工作中，他们注重与服务对象建立良好的关系，致力于提升服务质量和效果。

例如，小 F 大学毕业的时候，她去偏远山区支教了一年，回到上海后，每个月还坚持给她曾经教过的孩子写信和邮寄生活费。最近一次朋友聚餐，她花了很长时间给大家讲解垃圾分类的重要性以及如何快速辨别垃圾类别的技巧。小 F 是服务型职业锚的典型代表，这类人天生就是热心肠，他们热心于为身边的人和这个社会做出自己的一份贡献，他们往往会认为，帮别人、为社会做出贡献比得到更多的金钱更有价值。

7. 挑战型职业锚

挑战型职业锚的人，喜欢不断地接受新的挑战和任务，他们把克服困难、解决难题视为一种乐趣，并从中获得成就感。这类人通常不满足于平凡和安逸的工作，渴望在充满竞争和变化的环境中展现自己的能力。他们具有较强的适应能力和抗压能力，能够在高压力的工作环境中保持冷静和专注。对于他们来说，职业发展的过程就是一个不断迎接挑战、战胜困难的过程。

例如，小 G 天生就是一个爱折腾的人，他总是热衷于接受新的挑战。读大学的时候，他创办了校园第一家电子竞技社团，招募到了500 多名会员，这个社团成为学校里面最大的社团。他还练过散打，参加过校园十佳歌手大奖赛，毕业后一个人走遍了 20 多个国家。大学毕业的时候，文科出身的他，选择跨界成为一名 IT 男，靠着业余时间自学的技术，竟然找到了一份还不错的工作。三年前，他就告诉我，他期望自己的年薪可以达到 50 万元。经过几年的摸爬滚打，最近一次聚餐的时候，他告诉我说，他的这个目标已经实现了。小 G 是挑战型职业锚的典型代表。这类人热衷于克服各种各样的困难，在挑战中不断发挥自己的潜力。越艰难的挑战，越能激发他们的热情和动力。

8. 生活型职业锚

生活型职业锚的人，强调职业与生活的平衡，比较愿意在工作的同时，有足够的时间和精力来照顾家庭、发展个人兴趣爱好等。

职业锚与价值观互相影响。价值观是一个人对于事物重要性的判断和评价标准，它在很大程度上影响着我们的行为和决策。职业锚则是个人在职业发展中逐渐形成的、对自己在职业选择中最为看重的要素和价值观的认知。价值观为职业锚的形成提供了基础和方向。个人的价值观决定了其在工作中追求的目标和意义。一个重视创新和创造价值的人，可能会形成创造型职业锚；而注重稳定、安全和规律生活的人，更可能倾向于稳定型职业锚。职业锚反过来也是个人价值观在职业领域的具体体现。当一个人的职业锚是职能型时，这反映出他对专业技能和领域权威的看重。这背后体现的价值观可能是对知识和专业的尊重，以及对自我能力不断提升的追求。

在职业生涯的发展过程中，随着经历的丰富和环境的变化，个人的价值观可能会发生一定的转变，从而影响职业锚的调整和重新定位。原本追求管理型职业锚的人，在经历了一些事情后，可能会更重视生活与工作的平衡，从而转向生活型职业锚。

价值观与领导力密切相关。一个领导者的价值观决定了其领导风格、决策方式和对待团队成员的态度。具有积极、正直价值观的领导者，能够赢得团队成员的信任和尊重，为团队树立明确的目标和方向，激励团队成员积极工作，充分发挥他们的潜力，而错误或消极的价值观会导致领导者做出不合理的决策，破坏团队的和谐氛围，降低团队的工作效率和士气，削弱其领导能力。领导者的价值观还会影响组织文化的形成，进而影响整个组织的发展和绩效。

阅读资料

社会主义核心价值观——幸福是奋斗出来的

任务 3.5　气质与领导力

情景再现

假如你是一个歌剧迷，你要到剧院看歌剧表演，这是你费尽力气才弄到的票，表演者是著名大师，而且是大师在这个城市的最后一次演出。可是你迟到了！按照剧场的规定，迟到者必须在幕间入场。那么，如果你在剧院门口被检票员拦住，有什么样的反应呢？

第一个人： 拿着票就往里闯，被检票员阻止后，就和人家吵了起来，责问为什么不让进场，花钱买票就得让进，还分辨说剧场的钟走快了。

第二个人： 在一番嬉皮笑脸、软硬兼施后，当明白检票员不会放他进去时，他趁着检票员不注意，偷偷溜进了剧场。

第三个人： 来到剧场，当得知剧场规定后，便自言自语道："既然人家剧场有规定，就得遵守，谁让我来晚了呢？再说，戏的开头一般都没有什么意思，精彩的内容都在后面，等到中场休息时再看吧。"想到这里，他发现马路对面有一家茶馆，于是就进去喝茶了。

第四个人： 了解到剧场的规定后，垂头丧气，委屈万分，自我抱怨地说："倒霉的事都让我碰上了，真不走运，我好不容易来看一场戏，还不让我进，算了，不看了。"心里这么想着，就不高兴地回家了。

这四个人，你认为自己与谁的表现比较相似？同样是看戏迟到，为什么四个人的反应不一样呢？

气质是一个古老而又常新的概念，其内涵在不同时期学者的研究中不断丰富和发展。气质又具有不同的类型，人的行为方式和思维方式在某种程度上受到气质的影响。

3.5.1 气质的含义

早在古希腊时期，希波克拉底就进行了对四种体液的划分，这一观点在 19 世纪还影响着西方的气质理论。20 世纪前几十年，气质的研究经历了衰落时期。第二次世界大战以后，20 世纪 60 年代托马斯和切斯的研究激起了儿童发展研究者对气质研究的新热情。近年来，随着对气质研究的日益深入，心理学家们考察气质的视角逐渐发生变化，由传统研究中对气质稳定性的突出和注重，转向对气质的可变性与发展性的关注。

盖伦最先提出了气质这一概念，用气质代替了希波克拉底体液理论中的人格，形成了四种气质学说，此分类方式一直在心理学中沿用至今。气质是表现在心理活动强度、速度、灵活性与指向性等方面的一种稳定的心理特征。人的气质差异是先天形成的，受神经系统活动过程的特性制约。

气质在不同学者的定义中有不同的侧重点。《现代汉语词典》将气质解释为人的生理、心理等素质，是相当稳定的个性特点，也指风度、仪态。MBA 智库百科认为，气质是指一个人心理活动动力特点的总和，包括心理过程的速度和稳定性、强度、指向性等，是个性心理特征之一，现实生活中人们所说的“脾气”是气质的通俗说法。气质具有先天性的特征，是典型的稳定的个性特征，但也会随人的年龄和环境条件的变化而变化。

此外，巴斯和普洛明提出气质的 EAs 模型，确定三种气质倾向：情绪性、活动性、交际性。巴甫洛夫高级神经活动类型学说指出，高级神经活动有两个基本的过程是兴奋和抑制，它们又有强度、平衡性和灵活性三个基本特性，两个基本过程和三个特性之间的不同组合构成了高级神经活动的不同类型，其中有四种基本的高级神经活动类型。

综上所述，气质是一种稳定的心理特征，受先天因素影响较大，但也会随年龄和环境的变化而改变。它表现在心理活动的多个方面，不同学者从不同角度对其进行研究和阐释。

3.5.1.1 古希腊希波克拉底的气质理论

在古希腊时期，医生希波克拉底提出了气质的体液说。他认为人的体内有四种液体，即血液、黏液、黄胆汁、黑胆汁。不同液体所占比例不同，构成了各人的不同气质。血液占优势的为多血质，表现为性情开朗；黑胆汁占优势的为抑郁质，表现为性情忧郁；黄胆汁占优势的为胆汁质，表现为性情易怒；黏液占优势的为黏液质，表现为性情冷静。希波克拉底的这一理论为后来的气质研究奠定了基础。这一理论的产生与当时人们对人体的认知和哲学思想密切相关。在那个时代，人们试图通过对人体内部物质的分析来理解人的性格和行为。这种理论虽然缺乏现代科学的验证，但它为后来的研究者提供了一个思考的方向。

3.5.1.2 盖伦气质学说

盖伦气质学说，作为心理学领域的重要理论之一，是由古罗马名医盖伦在公元 2 世纪提出的。该学说基于古希腊名医希波克拉底的体液说，进一步将人类气质划分为多血质、黏液质、胆汁质和抑郁质四种类型。每一种气质类型都对应着不同的体液优势，从而表现出各自独特的心理和行为特征。

盖伦认为，多血质的人血液占优势，表现为热心、活泼、善于交际，但有时也显得浮躁和缺乏一贯性；黏液质的人黏液占优势，表现出冷静、善于思考和克制的特点，但可能因循守旧、缺乏灵活性；胆汁质的人黄胆汁占优势，精力旺盛、热情直率，但容易冲动、脾气急躁；抑郁质的人非胆汁质占优势，情绪体验深刻、思维敏捷，但常表现出悲观和孤僻的特点。这些描述贴近现实，使得盖伦的气质学说在现代心理学中依然具有一定的应用价值。

然而，盖伦的气质学说也存在不足之处。他以体液作为气质类型划分的依据，这显然缺乏科学依据。现代心理学更多地从生理和心理的综合角度来探讨气质问题。例如，巴甫洛夫的高级神经活动类型学说为气质提供了更为现代的生理学解释，认为气质是个体神经活动过程的强度、平衡性和灵活性的表现。这一理论将气质分为不可遏制型（对应胆汁质）、活泼型（对应多血质）、安静型（对应黏液质）和抑制型（对应抑郁质）四种类型，使得气质类型的划分更具科学性和可操作性。

尽管盖伦的气质学说有其局限性，但它对后世心理学的研究产生了深远影响。气质类型理论不仅帮助我们更好地理解个体差异，还在教育、职业指导等领域具有重要的应用价值。在教育上，教师可以根据学生的气质特点因材施教，帮助学生克服气质弱点，发扬优点；在职业指导上，可以根据个体的气质类型推荐适合的职业，提高工作效率和满意度。

此外，盖伦的气质学说还强调了气质的先天性和稳定性，认为气质是个体生来就具有的心理活动的典型而稳定的动力特征。虽然气质不易改变，但后天的环境和教育可以在一定程度上影响和塑造个体的性格，从而弥补气质上的不足。正如中国古语所言"腹有诗书气自华"，通过不断学习和自我提升，个体可以优化自身的气质表现。

综上所述，盖伦的气质学说虽然有其历史局限性，但它为我们提供了一个理解和区分个体差异的重要框架。通过结合现代心理学的研究成果，我们能够更加全面和科学地认识气质，并在实际生活中加以应用，从而促进个体的全面发展和幸福感的提升。

3.5.1.3　20 世纪前气质研究的衰落

20 世纪的前几十年，气质的研究经历了一个衰落时期。在这个时期，可能由于其他心理学领域的兴起或者社会环境的变化，气质研究没有得到足够的重视。然而，这并不意味着气质研究完全停止。一些学者可能仍然在默默地进行着相关的研究，但整体上气质研究的影响力大大减弱。

布斯和普洛明提出气质的 EAs 模型，确定了三种气质倾向：情绪性，指个体情绪反应的强度；活动性，指个体能量释放的一般水平；交际性，指个体的人际交往特点。这一模型为我们理解气质提供了新的视角。例如，一个孩子的气质倾向的一般水平指明了其人格发展的一个特定方向，但这一发展过程还要受孩子成长环境的影响。比如，神经质水平高的孩子，更可能具有攻击性。但如果父母采取适当的教育方式，情况就可能不同。根据 EAs 模型，成人的人格由遗传来的气质和环境共同决定。

现代心理学对气质的定义为：气质是表现在心理活动的强度、速度、灵活性与指向性等方面的一种稳定的心理特征。人的气质差异是先天形成的，受神经系统活动过程的特性制约。气质虽然具有先天性，但并不意味着它完全不起变化，在生活环境和教育条件的影响下，在性格的掩盖下，气质可以得到相当程度的改造。例如，一个人的气质可能在成长过程中因为受到良好的教育和积极的生活环境的影响而变得更加成熟和稳定。同时，气质也不是自己说出来的，而是自己长久的内在修养平衡以及文化修养的一种结合，是持之以恒的结果。

综上所述，气质是一个复杂的概念，它既受先天因素的影响，也受后天环境的影响。从古希腊希波克拉底的体液说到现代的各种气质理论，气质的研究经历了漫长的发展过程。不同的学者从不同的角度对气质进行了研究和定义，这使得我们对气质的理解不断深入和丰富。气质不仅影响着个人的行为和性格，也在一定程度上影响着个人的职业选择和人际关系。在现代社会中，我们应该更加重视气质的培养和发展，通过不断学习和自我提升，塑造出更加优秀的气质。

3.5.2 气质的特点

3.5.2.1 心理活动的倾向性

有些人比较倾向于外部世界，他们的注意力、兴趣和精力主要集中在与他人的互动、对外部环境的探索以及参与各种社交活动上。这类人神经活动的兴奋过程占优势，大脑皮层的抑制过程相对较弱。他们对外部刺激反应敏感，容易被外界的事物吸引和激发，能够迅速做出反应。在情感表达上，他们比较直接和开放，善于表达自己的想法和感受，不介意在他人面前展示自己。另一些人则相反，他们的心理活动更倾向于内部世界，关注自己的内心体验、思想和情感。这类人神经活动的抑制过程占优势，大脑皮质的兴奋过程相对较弱，对外部刺激的反应较为迟钝，需要更多的时间来适应新的环境和刺激。在情感表达上，内向型的人比较含蓄和内敛，不善于直接表达自己的想法和感受，更倾向于在内心深处思考和反思。

从事销售行业的人，其心理活动的倾向性表现为非常喜欢与客户打交道，每天都充满热情地去拜访不同的客户，积极地介绍产品。在社交场合中，他总是能快速地与陌生人建立联系，轻松地展开话题，并且享受这种与他人交流的过程。即使面对陌生人的拒绝或冷漠，他们也不会轻易受到打击，而是继续积极地寻找下一个潜在客户。这充分体现了心理活动的外向倾向性，他们对外部社交环境有着强烈的兴趣和积极的反应。从事程序员工作的人，心理活动的倾向性表现为，在工作中更喜欢独自专注地编写代码，不太喜欢参与团队中过多的讨论和社交活动。对于新的项目和任务，他需要花费一定的时间来理解和适应，一旦熟悉了工作内容，他就能够深入地思考和解决问题，展现出很强的专注力和深度思考的能力。

3.5.2.2 心理活动的强度

心理活动强度高的人，在情绪体验上会表现得非常强烈。无论是喜悦、悲伤、愤怒还是恐惧等情绪，他们的感受都比一般人更加深刻和持久。这种强烈的情绪体验会影响他们的思维、行为和决策。例如，当他们遇到高兴的事情时，会表现出极度的兴奋和激动，可能会手舞足蹈、欢呼雀跃；而当遇到挫折或困难时，他们会陷入深深的痛苦和沮丧之中，情绪低落的状态可能会持续很长时间。

心理活动强度高的人通常具有坚定的意志力，他们能够在面对困难和挑战时坚持不懈地努力，不轻易放弃自己的目标。他们具有较强的自我控制能力，能够抵御各种诱惑和干扰，专注于自己想要完成的任务。这种坚定的意志力源于他们内心的强大动力和对目标的执着追求。

在对刺激的耐受程度方面较高，他们能够承受较大的压力和痛苦。在面对高强度的工作、紧张的学习或激烈的竞争时，他们能够保持冷静和理智，不会轻易被压力压垮。相反，心理活动强度低的人对刺激的耐受程度也较低。他们在面对压力和痛苦时容易感到焦虑、紧张和恐惧，甚至可能会出现逃避或退缩的行为。

3.5.2.3　心理活动的速度

在认知速度方面，认知速度快的人在接收、处理和理解信息方面的能力较强，他们能够迅速地抓住问题的关键，快速地做出判断和决策。这类人思维敏捷，反应迅速，能够在短时间内处理大量信息。他们的大脑对信息的加工速度较快，能够快速地将新信息与已有的知识和经验进行整合，从而更好地理解和掌握新知识。

在思维转换速度方面，有人能够灵活地切换思维方式，以适应不同的情境和任务要求。他们具有较强的应变能力，在面对复杂问题时能够快速调整自己的思维方式，从不同角度思考问题，并寻找解决方法。这种思维的灵活性使他们在面对变化多端的情况时能够保持良好的应变能力。

从行动反应速度来讲，很多人在行为上表现出迅速、敏捷的特点。他们能够快速地对外部刺激做出反应，并且能够迅速地采取行动。这类人具有较强的运动协调能力和反应能力，在需要快速反应的场合，如体育比赛、紧急情况等，能够表现出出色的应对能力。

3.5.3　气质的类型

当前在讨论人的气质类型时，大多数时候还是借鉴盖伦的四种气质类型，即多血质、黏液质、胆汁质和抑郁质。每种类型都有其独特的特点。了解自己的气质类型有助于深入认识自己的行为模式、情绪反应方式和思维特点。

3.5.3.1　多血质

多血质的人情绪丰富且外露，很容易产生情绪反应，并且情绪变化比较快。他们能够快速地从一种情绪状态转换到另一种情绪状态。他们的情绪体验通常是积极向上的，乐观开朗是他们的典型情绪特征。在面对困难和挫折时，他们也能相对迅速地调整情绪，不会长时间沉浸在消极情绪中。

活泼好动是多血质人的显著特点。他们就像充满能量的小太阳，似乎总有使不完的劲儿。无论是在工作场合还是社交场合，他们都积极参与各种活动，很难安静地长时间待在一个地方。他们行动敏捷，反应速度快。在面对新的任务或者突发情况时，能够迅速做出反应。例如，在团队讨论中，他们往往是第一个提出想法或响应他人观点的人。在适应性方面，能够快速融入新的环境和群体。他们善于与不同的人打交道，并且能够根据不同的场合和对象调整自己的行为方式。在社交场合中，他们就像润滑剂一样，能够使气氛活跃起来。

3.5.3.2　黏液质

黏液质的人情绪比较稳定，不易产生较大的情绪波动。他们很少出现大喜大悲的情况，给人的感觉总是比较平静和沉着。即使在面对压力或者紧急情况时，也能保持冷静。

他们对情绪的表达比较含蓄，不轻易将自己的情绪外露。他们不会像多血质的人那样把情绪都写在脸上，而是会把情绪藏在心里，通过比较细微的行为或者表情变化来体现。安静、稳重是黏液质人的典型行为特点。他们行动比较迟缓，做事情有条不紊，注重细节和秩序。例如，在完成一项任务时，他们会按照预定的计划和步骤，一步一步地认真完成，很少会出现手忙脚乱的情况。他们具有很强的自制力和耐心，能够坚持不懈地完成自己的目标。一旦确定了目标，就会持之以恒地努力，不会轻易被外界的干扰或者困难所动摇。比如在学习或者工作中，他们能够长时间专注于一项任务，不受其他因素的影响。他们在社交场合中表现得比较含蓄和内敛，不太主动与人交往，但在熟悉的人面前也能够很好地交流和互动。他们的行为举止比较得体，给人一种踏实可靠的感觉。思维比较缜密，考虑问题细致周到。在做决策或者解决问题时，会全面地分析各种因素和可能出现的情况，权衡利弊之后再做出选择。这种思维方式使得他们在处理复杂事务或者进行学术研究等方面有一定的优势。他们的思维速度相对较慢，但更注重深度和准确性。在学习新知识时，他们会认真思考每个细节，确保真正理解和掌握，而不是像多血质的人那样快速浏览但可能理解得不够深入。

3.5.3.3 胆汁质

胆汁质的人情绪发生迅速且强烈，很容易激动和兴奋。他们的情绪就像燃烧的火焰，一旦被点燃，就会熊熊燃烧。例如，在遇到感兴趣的事情或者受到刺激时，会立刻表现出强烈的情绪反应，可能会欢呼雀跃或者义愤填膺。

情绪的持续时间相对较长，一旦陷入某种情绪中，就很难快速平静下来。特别是在生气或者愤怒的时候，这种情绪可能会持续一段时间，并且会在行为上有所体现。他们精力充沛，行动有力。他们就像充满动力的发动机，总是充满活力地去做各种事情。无论是体育运动还是工作任务，他们都会以饱满的热情和强大的力量去完成。他们行动果断，敢于冒险。在面对选择或者困难时，他们能够迅速做出决定，并且不害怕承担风险。例如，在商业谈判或者紧急救援等场合，他们的果断决策能力能够发挥重要作用。他们的行为比较直率，说话做事不喜欢拐弯抹角。这种直率的性格可能会让人觉得他们很真诚，但有时候也可能会因为过于直接而得罪人。思维敏捷，但可能会显得比较粗糙。他们能够快速地对事物做出反应和判断，但是在思考过程中可能会忽略一些细节或其他因素。例如，在讨论问题时，他们可能会很快地提出自己的观点，但在深入分析方面可能有所欠缺。他们具有很强的自信心，相信自己的判断和能力。这种自信心在某些情况下能够帮助他们勇往直前，但在一些需要谨慎思考的情况下，也可能会导致他们过于自负，听不进别人的意见。

3.5.3.4 抑郁质

抑郁质的人情绪体验深刻而持久，对情绪的感受非常细腻。他们能够深刻地体会到生活中的喜怒哀乐，并且这种情绪会在他们心中持续很长时间。例如，他们可能会因为一部电影中的某个情节或者一首音乐而陷入深深的情绪之中，久久不能释怀。情绪比较敏感，容易受到外界因素的影响而产生情绪波动。即使是一些微小的事情，如别人的一个眼神或者一句话，都可能会让他们的情绪产生变化，而且这种情绪变化通常是消极的，如感到悲伤、焦虑或者失落。

性格比较孤僻，不太合群。他们往往喜欢独处，在人群中可能会感到不自在。例如，在社交聚会中，他们可能会选择一个安静的角落，默默地观察别人，而不是积极地参与互动。行动比较迟缓，做事比较谨慎。他们在做事情之前会考虑很多因素，担心出错，所以行动速度相对较慢。

阅读材料

西游记中师徒四人的气质类型

孙悟空：胆汁质

孙悟空神通广大，体力和精力仿佛无穷无尽。一路上降妖除魔，不管面对多么强大的妖怪，都能保持高昂的斗志和充沛的精力，不断战斗，从未因疲惫而放弃。例如，在与六耳猕猴的战斗中，双方大战许久，孙悟空始终精力充沛，坚持战斗。他性格直率，心里想什么就说什么，从不拐弯抹角。他对唐僧的忠心、对师兄弟的情谊，都表现得非常直接。比如遇到危险时，他总是第一个冲上前去保护唐僧，毫不掩饰自己对唐僧的保护欲。他比较容易冲动，脾气较为暴躁，一旦被激怒就会立刻发作。在取经途中，他多次因为被唐僧误解而愤怒，甚至想要离开取经队伍。例如，在“三打白骨精”时，唐僧误以为孙悟空滥杀无辜，要将他赶走，孙悟空便十分生气，与唐僧发生了激烈的争吵。面对各种艰难险阻和强大的妖怪，孙悟空从不畏惧，总是勇敢地面对，果断地采取行动。无论是面对天庭的围剿，还是西天取经路上的妖怪，他都能迅速做出反应，毫不犹豫地投入战斗。

猪八戒：多血质

猪八戒性格活泼，在取经队伍中总是充满活力，喜欢插科打诨，给团队带来不少欢乐。例如，在休息的时候，他经常会说一些笑话或者做一些滑稽的动作，逗大家开心。他口才不错，善于与人交流，能够与各种人打交道。在遇到困难时，他也会想办法去寻求外界的帮助。比如在遇到一些妖怪时，他会试图用言语去说服对方，或者与对方周旋，为自己和团队争取机会。猪八戒的注意力很难长时间集中在一件事情上，他很容易被其他事物所吸引。比如在取经途中，他经常会因为看到美食或者美女而忘记自己的任务，导致团队陷入危险之中。他的情绪波动较大，时而高兴，时而沮丧，时而勇敢，时而胆小。例如，在面对一些实力较弱的妖怪时，他会表现得很勇敢，积极地参与战斗；但在遇到强大的妖怪时，他又会变得胆小怕事，想要退缩。

唐僧：抑郁质

唐僧对周围的人和事都比较敏感，能够察觉到他人的情绪变化和细微的差异。他对妖怪的伪装也有一定的洞察力，虽然有时会被妖怪的表象所迷惑，但在关键时刻，他还是能够发现一些蛛丝马迹。例如，在女儿国时，他察觉到了女儿国国王对他的情意，但他始终坚守自己的信念，没有被情感所左右。他性格内向，不太善于与人交流，尤其是在面对陌生人时，会显得比较拘谨。在取经途中，他与外界的交流主要是通过孙悟空等徒弟进行。同时，他做事非常谨慎，每个决定都要经过深思熟虑，生怕出现差错。比如在选择取经路线时，他会仔细研究地图和相关的资料，确保路线的安全和正确。唐僧对自己的信仰非常坚定，一旦确定了目标，就会坚持不懈地去追求，无论遇到多大的困难和挫折都不会轻易放弃。取经路上，尽管历经九九八十一难，多次陷入生死绝境，但他始终没有动摇过取经的决心。他的情感体验比较深刻，内心世界丰富。对于取经的艰辛、徒弟们的遭遇以及众生的苦难，他都有着深刻的感受，常常会因此而陷入沉思和痛苦之中。

沙僧：黏液质

沙僧性格沉稳，做事踏实可靠。在取经队伍中，他总是默默地承担着挑担和牵马的工作，从不抱怨，也不偷懒。无论遇到什么困难，他都能保持冷静，认真地完成自己的任务。例如，在过流沙河时，他虽然法力不如孙悟空和猪八戒，但他依然积极地帮助大家过河，展现出了沉稳的一面。他的思维和反应速度相对较慢，不太善于应对突发情况。在遇到危险时，他往往需要一些时间来反应和思考，不像孙悟空那样能够迅速做出决策。但是，他一旦理解了事情的本质，就会坚定不移地执行。沙僧对唐僧非常忠诚，始终听从唐僧的指挥，尽心尽力地保护唐僧的安全。他与师兄弟之间的关系也很融洽，是团队中的调和剂，能够维护团队的和谐与稳定。比如在孙悟空和猪八戒发生矛盾时，他会及时地劝解和调和，避免矛盾升级。沙僧具有很强的忍耐力，能够忍受艰苦的环境和经受住困难的考验。在取经途中，他经历了无数的艰难险阻，但他始终没有放弃，一直默默地坚持着。

3.5.4 气质与职业选择

3.5.4.1 了解自己的气质类型

1. 自我评估

可以通过一些专业的心理测试，如气质类型问卷，来初步判断自己的气质类型。同时，也可以回顾自己在日常生活中的行为表现、情绪反应和思维方式。例如，如果你在面对问题时总是迅速做出反应，情绪容易激动，精力充沛且比较直率，那么可能属于胆汁质；如果一个人活泼好动、善于与人交往，但注意力容易分散，情绪多变，那他可能是多血质。

2. 听取他人反馈

询问身边的家人、朋友、同事，他们对自己的看法。他们可能会从不同的角度观察到你的气质特点。比如，朋友可能会指出你在社交场合中是活跃分子（多血质特点），或者总是很沉稳，做事有条不紊（黏液质特点）。

3. 分析不同职业的气质要求

对各种职业进行深入了解，明确不同职业所需要的核心能力和素质。例如，销售工作需要良好的沟通能力、应变能力和积极主动的态度，比较适合多血质的人；而科研工作要求沉稳、耐心、专注和严谨的思维，更契合黏液质的人。考虑工作环境，包括工作场所的氛围、压力程度和团队合作模式等。例如，创意设计行业的工作环境通常比较开放、灵活，需要有创新思维和快速的思维转换能力，这对多血质和胆汁质的人来说可能更有吸引力；而政府机关等工作场所强调规则性和秩序性，黏液质的人可能更容易适应。

3.5.4.2　匹配气质与职业

胆汁质的人适合从事需要强大的执行力、果断的决策能力和冒险精神的职业。如应急救援人员，他们在火灾、地震等紧急情况发生时，要迅速做出反应，勇敢地冲入危险区域进行救援。体育运动员也比较适合胆汁质的人，尤其是像足球、篮球等对抗性较强的运动项目，需要他们在赛场上充满斗志、精力充沛地进行竞争。但是胆汁质的人在职业发展过程中，要注意控制自己的情绪，避免因为冲动而做出错误的决策。可以选择一些能够发挥领导才能的职位，同时要学会倾听他人的意见，从而提升自己的团队协作能力。

多血质的人适合从事社交性强、需要创新思维和应变能力的职业。像公关专员，需要与各种媒体、客户等进行沟通交流，协调各方关系，多血质的人活泼外向和思维敏捷的特点可以让他们在这个职业中如鱼得水。广告创意人员也很适合，他们能够快速地产生创意灵感，并且善于与团队成员交流分享，推动广告项目的进展。多血质的人要注重培养自己的专注力和毅力，避免因为兴趣转移而频繁更换工作方向。可以利用自己的社交优势，建立广泛的人脉，为自己的职业发展提供更多机会。黏液质的人适合从事需要稳定性、耐心和精确性的职业。例如会计，需要细致地处理各种财务数据，保证账目准确无误，黏液质的人沉稳、耐心的特点可以很好地胜任这份工作。工程师也是一个不错的选择，在设计、施工等过程中，需要有条不紊地完成各项任务，黏液质的人能够静下心来，认真负责地对待每个工程细节。黏液质的人要学会适当展示自己的优势，更加主动地争取晋升的机会。可以通过提升自己的沟通能力，加强与团队成员的合作，更好地发挥自己在团队中的稳定作用。

抑郁质的人适合选择对情感体验和观察敏锐度要求较高的职业。比如心理咨询师，需要深入地理解来访者的情绪和内心世界。抑郁质的人情感细腻、善于观察的特点可以帮助他们更好地与来访者产生共鸣。艺术创作者如画家、作家等职业也比较适合他们，他们能够凭借深刻的情感体验和敏锐的感知能力，创作出富有内涵的作品。抑郁质的人要增强自信心，克服内向和敏感带来的阻碍。可以寻找一些能够发挥自己专业优势的小众领域，深入钻研，提升自己的专业技能，逐步建立自己的职业声誉。

3.5.5　气质与领导力

3.5.5.1　气质与领导力在组织管理中的相互作用

领导者的气质类型在很大程度上影响了其领导风格的形成。胆汁质领导者倾向于采用权威型的领导风格，凭借自身的热情和果断推动组织目标的实现，但需要注意与团队成员的沟通方式，避免过度施压。多血质领导者可能更偏向于民主型的领导风格，鼓励团队成员参与讨论和决策，充分发挥团队的智慧，但要加强对工作重点的把控。黏液质领导者常表现出官僚型领导风格，注重规则和程序，保障组织稳定运行，但要适时调整以适应变化。抑郁质领导者则可能展现出教练型的领导风格，关注团队成员的成长和发展，但需克服决策时的犹豫心理。

不同气质类型的领导者在团队激励和沟通方式上各有特点。胆汁质的领导者通过激情澎湃的演讲和明确的目标激励团队，沟通直接简洁；多血质的领导者运用丰富的情感和多样化的沟通方式，如社交活动、头脑风暴等来激发团队成员的积极性；黏液质的领导者通过稳定的工作环境和明确的绩效评估激励员工，沟通时注重信息的准确性和逻辑性；抑郁质的领导者则以关心员工的个人需求和与员工情感共鸣来激励团队，沟通中更善于倾听和理解员工的想法。

3.5.5.2 基于气质的领导力培养与组织管理建议

在组织选拔领导者时，应充分考虑候选人的气质类型与领导岗位的匹配度。对于需要快速决策和开拓市场的岗位，可以优先考虑胆汁质或多血质的候选人；而对于需要稳定运营和精细化管理的岗位，黏液质或抑郁质的候选人可能更合适。同时，在领导者的绩效评估中，应将气质因素纳入考量，了解领导者的气质特点对领导效果的影响，以便为其提供有针对性的培训和发展建议。

针对不同气质类型的领导者，应提供个性化的培训课程。举一个例子，胆汁质的领导者可接受情绪管理和团队沟通技巧的培训，以提高其领导的稳定性和亲和力；多血质的领导者需要学习项目管理和专注力培养的课程，增强工作的深度和持久性；黏液质的领导者可参与创新思维和应变能力的培训，提升应对变化的能力；抑郁质的领导者可通过决策技巧和心理调适的培训，克服决策犹豫和压力焦虑的问题。

组织管理者可根据领导者的气质类型和领导风格，调整组织管理策略。在团队组建方面，考虑成员气质类型的互补性，以平衡团队的活力和稳定性。同时，在组织流程设计和沟通机制建立上，要适应不同气质类型的领导者的需求，确保信息的有效传递和组织的高效运行。在管理实践中，对于多血质领导者领导的团队，可以建立更灵活的沟通渠道和项目管理模式；对于黏液质领导者的团队，则要强调流程的规范化和文档化。

测一测你的气质类型

指导语：本测试共 60 题，请在 30 min 内完成；请针对每个问题从“很符合、比较符合、中间状态、比较不符合、完全不符合”五个答案中选择一个适合自己的，并在答题卡中填写对应意思的英文字母 A、B、C、D、E，如表 3-1 和表 3-2 所示。

表 3-1 气质类型测试

题目	A	B	C	D	E
1. 做事力求稳妥，一般不做无把握的事					
2. 遇到可气的事就怒不可遏，想把心里话全说出来才痛快					
3. 宁可一个人干事，也不愿和很多人在一起					
4. 到一个新环境很快就能适应					
5. 厌恶那些强烈的刺激，如尖叫、噪声、危险镜头等					
6. 和人争吵时，总是先发制人，喜欢挑剔别人					
7. 喜欢安静的环境					

续表

题　　目	A	B	C	D	E
8. 我善于和人交往					
9. 羡慕那种善于克制自己感情的人					
10. 生活有规律，很少违反作息制度					
11. 在多数情况下情绪是乐观的					
12. 碰到陌生人觉得很拘束					
13. 遇到令人气愤的事，能很好地自我克制					
14. 做事总是精力旺盛					
15. 遇到问题总是举棋不定，优柔寡断					
16. 在人群中从不觉得过分约束					
17. 在情绪高涨的时候，觉得干什么都有趣；情绪低落的时候，又觉得什么都没有意思					
18. 当注意力集中于一事物时，别的事很难使我分心					
19. 理解问题总比别人快					
20. 碰到危险情境，常有一种极度恐怖感					
21. 对学习、工作怀有很高的热情					
22. 能够长时间做枯燥、单调的工作					
23. 符合自己兴趣的事情，干起来劲头十足，否则就不想干					
24. 一点小事就能引起情绪波动					
25. 厌倦做那种需要耐心、细致的工作					
26. 与人交往不卑不亢					
27. 喜欢参加热闹的活动					
28. 爱看感情细腻、描写人物内心活动的文学作品					
29. 工作（学习）时间长了，常感到厌倦					
30. 不喜欢长时间谈论一个问题，愿意实际动手干					
31. 宁愿侃侃而谈，不愿窃窃私语					
32. 别人总是说我闷闷不乐					
33. 理解问题常比别人慢些					
34. 疲倦时只要短暂地休息就能精神抖擞，重新投入工作					
35. 心里有话宁愿自己想，不愿说出来					

续表

题　　目	A	B	C	D	E
36. 认准一个目标就希望尽快实现，不达目的，誓不罢休					
37. 学习、工作同样一段时间后，常比别人更疲倦					
38. 做事有些莽撞，常常不考虑后果					
39. 老师或他人讲授新知识、新技术时，总希望他讲得慢些，多重复几遍					
40. 能够很快地忘记不愉快的事情					
41. 做作业或完成一件工作总比别人花的时间多					
42. 喜欢运动量大的剧烈体育运动，或者参加各种文艺活动					
43. 不能很快地把注意力从一件事转移到另一件事上去					
44. 接受一个任务后，就希望把它迅速完成					
45. 认为墨守成规比冒风险强些					
46. 能够同时注意几件事物					
47. 当我烦闷的时候，别人很难使我高兴起来					
48. 爱看情节起伏、激动人心的小说					
49. 对工作抱有认真严谨、始终如一的态度					
50. 和周围的人关系总是相处不好					
51. 喜欢复习学过的知识，重复做能熟练做的工作					
52. 希望做变化大、花样多的工作					
53. 小时候背的诗歌，我似乎比别人记得清楚					
54. 别人说我“出语伤人”，可我并不觉得这样					
55. 在体育活动中，常因反应慢而落后					
56. 反应敏捷，头脑机智					
57. 喜欢有条理而不麻烦的工作					
58. 兴奋的心情常使我失眠					
59. 老师讲新概念，常常听不懂，但是弄懂了以后很难忘记					
60. 假如工作枯燥无味，马上就会情绪低落					

表 3-2　计分方法及解释

计分方式
A：很符合 2 分 B：比较符合 1 分 C：中间状态 0 分 D：比较不符合-1 分 E：完全不符合-2 分

续表

按题号将各题分为四类，计算每类题的得分总和。 胆汁质：2、6、9、14、17、21、27、31、36、38、42、48、50、54、58； 多血质：4、8、11、16、19、23、25、29、34、40、44、46、52、56、60； 黏液质：1、7、10、13、18、22、26、30、33、39、43、45、49、55、57； 抑郁质：3、5、12、15、20、24、28、32、35、37、41、47、51、53、59。
分数解释
（1）如果某气质类型得分明显高于其他三种，均高出 4 分以上，则可定为该气质类型。如果该气质类型得分超过 20 分，则为典型型；如果该气质类型得分在 10～20 分，则为一般型
（2）两种气质类型得分接近，其差异低于 3 分，而且又明显高于其他两种，高出 4 分以上，则可定为两种气质类型的混合型
（3）三种气质类型得分相接近而且均高于第四种，则为三种气质类型的混合型。如多血质—胆汁质—黏液质混合型或黏液质—多血质—抑郁质混合型

【MBTI 测试题】

任务 3.6　情绪与领导力

导入故事

有一个年轻人，自我感觉很有才华，但在生活上遇到很多挫折，于是便觉得活着没有意思。有一天，他决定跳海，但他刚跳下去就被一个老渔民用渔网捞了起来。他很生气，冲着老渔民嚷道：“你什么意思，把我捞起来干什么？”老渔民说道：“年轻人，为什么跳海呀？你这么年轻多可惜呀！”于是年轻人就对老人诉说了他怀才不遇的苦衷。老渔民听完，说道：“哎呀，你如今遇到我，运气来了。我正好是治怀才不遇的专家，我帮你治治吧。”年轻人很诧异，急忙问老渔民医治之法。老渔民说：“我有秘诀，如果你想知道，就必须答应我一个条件。”老渔民说着，顺手从沙滩上捡起一粒沙子，往旁边一扔，说：“年轻人，帮我去把我刚才扔掉的那粒沙子捡过来，然后我就告诉你。”年轻人听了很生气，说道：“你想耍我呀？这么多沙子，我怎么知道哪里是你扔掉的呀？”老渔民听了，笑着说：“别生气，我这里还有个条件，如果你满足了我这个条件，我会告诉你。我这里有一颗珍珠，我把它扔到沙滩上，你去给我找回来。”很显然，年轻人轻而易举地把珍珠捡了过来，交给了老渔民，并很虔诚地说：“老人家，我把珍珠捡回来了，可以告诉我秘诀了吧？”老渔民一脸安详，说道：“年轻人，秘诀我已经讲完了。”

这个故事告诉我们：有些人之所以有怀才不遇的感觉，是因为自己是无数沙子中的一粒，跟旁边的沙子没有太大的区别；但如果自己是一颗珍珠，那么伯乐就会很容易地发现我们。所以说这个世界上不是没有伯乐，而是因为自己不是一匹真正的在万马丛中能够让别人一眼就能辨认出来的千里马。

3.6.1 情绪的含义及理论

3.6.1.1 情绪的含义

情绪既是主观感受，又是客观生理反应，具有目的性，也是一种社会表达。情绪是多元的、复杂的综合事件。情绪构成理论认为，在情绪发生的时候，有五个基本元素必须在短时间内协调、同步地进行。

1. 认知评估环节

当个体察觉到外界所发生的事件或涉及的人物时，其认知体系会自发地对该事件进行意义评判与情感色彩的界定，这一评判结果将成为后续情绪反应的起点。例如，若个体面对其心爱的宠物离世这一情况，其认知系统会将此事件判定为对自身具有关键意义且带有负面性质的事件，进而引发相应的情绪连锁反应。

2. 身体反应维度

情绪具有生理层面的构成要素，当个体遭遇特定情境时，身体会自动启动一系列生理反应，以促使个体更好地适应这一突发状况。就如宠物主人在意识到宠物死亡已无法改变后，其神经系统的觉醒程度会随之降低，进而出现全身乏力、心跳速率减缓等身体反应，这些反应是身体应对这一负面事件的自然调节机制的结果。

3. 主观感受层面

人们所体验到的主观情感是情绪的重要组成部分。以宠物死亡为例，在这一事件发生后，宠物主人的身体和心理会相继产生多种反应，而个体的主观意识能够敏锐地察觉到这些内在的变化，并将这些复杂的反应整合起来，赋予其一个统一的情感标签，如“悲伤”，这便是个体所体验到的主观感受。

4. 情绪表达形式

个体通过面部表情以及声音变化等外在表现形式来展现其所体验到的情绪状态，这一表达行为的主要目的在于向周围人群传达情绪主体对于特定事件的认知及其潜在的行动意向。当宠物主人目睹宠物死亡时，往往会表现出紧皱眉头、嘴角下撇以及哭泣等外在表现，这些表情和声音的变化能够直观地反映出其内心的悲伤情绪。需要注意的是，情绪的表达既存在人类普遍共有的表现形式，也因地域文化等因素而存在一些独特的表达方式。

5. 行动倾向特征

情绪的产生往往会伴随相应的行动动机。当个体处于悲伤情绪状态时，会产生向他人倾诉的强烈愿望，以此来缓解内心的痛苦；而当个体处于愤怒情绪时，则可能会做出一些在平常状态下不会采取的行为。这些行动倾向都是情绪作用于个体行为的具体体现，反映了情绪与行为之间的紧密联系。

情绪有很多种定义，尽管它们各不相同，但都承认情绪是由以下三种成分组成的：一是情绪涉及身体的变化，这些变化是情绪的表达形式。二是情绪涉及有意识的体验。三是情绪包含认知的成分，涉及对事物的评价。

情绪是指伴随着认知和意识过程产生的对外界事物态度的体验，是人脑对客观事物与主体需求之间关系的反映，是以个体需要为中介的一种心理活动。

3.6.1.2　情绪相关理论

1. 情绪智力理论

20 世纪 90 年代之前，情绪智力的概念还未被广泛认知，但相关研究已经在心理学领域有所萌芽。萨洛维和梅耶的研究为情绪智力理论奠定了基础，他们的定义强调了情绪智力在个体认知和社会交往中的重要性。

1995 年，戈尔曼的《情绪智力》出版后，该理论受到了商业界和学术界的高度关注。此后，越来越多的研究开始探讨情绪智力与领导力、工作绩效、人际关系等方面的关系，情绪智力的概念也不断丰富和发展。后续的研究者们在萨洛维和梅耶、戈尔曼的理论基础上，不断提出新的观点和模型，进一步深化了对情绪智力的理解。例如，巴昂（Bar-On）在 1997 年提出，情绪智力是影响人应对环境需要和压力的一系列情绪、人格和人际能力的总和，并提出了自己的理论模型。情绪智力包括认识自己情绪、管理自己情绪、自我激励、认知他人情绪和妥善处理人际关系的能力。高情绪智力的人能够更好地理解和控制自己的情绪，同时也能够敏锐地感知他人的情绪，从而更好地与他人沟通和合作。在领导力方面，高情绪智力的领导者能够更好地理解团队成员的情绪需求，建立良好的人际关系，提高团队的凝聚力和工作效率。他们能够在面对压力和挑战时保持冷静，做出明智的决策，并且能够激励团队成员积极地投入工作。

情绪与领导力之间存在着极为密切且错综复杂的关系。情绪智力已然成为领导力不可或缺的组成部分。它绝不仅仅局限于对个人自身情绪管理能力产生影响，其触角更是延伸到领导者在决策制定过程中的表现、创新思维的激发以及团队协作能力的构建等多个关键层面。当一位领导者具备较高情绪智力时，他仿佛拥有一种特殊的感知力。他能够敏锐且精准地识别出下属在各种情境下所展现出的细微情绪反应，无论是因工作压力而产生的焦虑，还是在取得成绩时难以掩饰的喜悦。基于这种深度的理解，他便可以如同一位智慧的舵手，巧妙地采取一系列更具针对性和实效性的领导策略。在下属焦虑时，他能够及时给予安抚与鼓励，为其提供清晰的工作方向和切实可行的解决方案；在下属喜悦时，他能顺势引导，激发团队成员更大的工作热情与创造力。如此一来，团队内部的和谐氛围得以有效促进，成员之间的沟通协作更加顺畅高效，组织的整体效率也自然而然地得到了显著提升，就像一台精密的机器，各个部件在良好的润滑与协同下高速运转，为实现组织的目标不断输出强大的动力。

2. 情绪感染理论

早期阶段，麦克杜格尔的定义主要关注情绪感染的原始性和生理反应。之后，随着研究的深入，学者们对于情绪感染的理解逐渐分化为两个流派。

一方面，“原始性情绪感染”理论认为情绪感染是个体间自动的、无意识的情绪传递过程，基于模仿、意识前的反应。例如，人们会不自觉地模仿他人的面部表情、声音、姿势等，从而产生情绪的汇聚。另一方面，“意识性情绪感染”理论认为情绪感染过程是一个有意识参与的过程，是基于人们与他人之间的情绪对比，将情绪作为理解他人感受的社会信息的过程。近年来，还有学者认为情绪感染既包括原始性情绪感染，又包括意识性情绪感染，这使得情绪感染的概念不断扩展。这种理论的核心观点是，情绪感染是由他人情绪引起的并与他人情绪相匹配的情绪体验，是一种情绪传递的过程。它可以是无意识的自动模仿，也可以是有意识的情绪移入和调节。在组织管理中，领导者的情绪状态可以通过情绪感染影响团队成员的情绪。积极的领导者情绪能够营造良好的团队氛围，激发团队成员的积极情绪，提高工作效率，增强创造力；而消极的领导者情绪则可能导致团队成员情绪低落，从而影响团队的绩效。因此，领导者需要意识到自己的情绪影响力，学会管理和控制自己的情绪，以积极的情绪状态影响团队。

3. 情绪调节理论

艾利斯提出的 ABC 理论是对传统情绪产生观点的一种突破。传统观点认为，诱发性事件（A）直接导致个体的情绪及行为的后果（C），而艾利斯认为，（A）只是引起（C）的间接原因，更直接的原因是个体在遇到诱发性事件后产生的信念（B），即个体对这一事件的看法、解释和评价。基于这一理论，后续的研究进一步探讨了如何通过改变个体的信念和思维方式来调节情绪，发展出了一系列的情绪调节策略和方法。

核心观点在于认识到人的情绪问题是由人的非理性信念造成的，非理性信念具有绝对化要求、过分概括化和糟糕至极的特征。通过识别和改变这些非理性信念，个体可以更好地调节自己的情绪。对于领导者来说，掌握情绪调节理论可以帮助他们在面对工作中的压力和挑战时保持冷静和理智。领导者可以通过调整自己的思维方式，以更积极的视角看待问题，从而避免因情绪波动而影响决策和领导效果。同时，领导者也可以将情绪调节的方法传授给团队成员，提高团队的情绪管理能力。

3.6.2 情绪的特点

1. 主观性

情绪是一种非常主观的心理体验，每个人对同一事件或情境所产生的情绪反应可能截然不同。从认知角度来看，情绪的产生是个体对外部刺激进行主观认知加工的结果。每个人都有自己独特的一套认知模式，包括信念、价值观、期望等诸多心理因素。当外界的事件、场景或信息进入个体的感知范围时，个体并不是像一个被动的接收器一样直接产生固定的情绪反应，而是会根据自己的认知模式对这些信息进行解读、评估并赋予意义。这个认知加工的过程是高度个体化的，不同的认知方式会导致个体对同一刺激产生不同的情绪体验。对于一个不确定的事件，有的人可能会基于乐观的认知倾向，将其看作充满可能性的机遇，从而产生积极情绪；而有的人可能会从悲观的角度，把它视为一种潜在的威胁，进而引发消极情绪。

从感受层面来说，情绪的主观体验反映了个体内心的精神世界。这种体验是私密的、个体化的，无法被他人完全理解或复制。情绪的质与量（比如是快乐还是悲伤，是轻微的还是强烈的）都由个体的心理状态决定。每个人的情绪就像是一个独特的指纹，它承载着个体的记忆、欲望、个性特点等诸多复杂因素交织在一起的印记。即使面对相同的客观情境，个体内心所涌动的情绪色彩和强度也会因为自身心理的独特性而有所不同。而且，情绪体验还会受到个体当时的心境、心理防御机制等因素的影响。一个处于长期压力下、心境较为低落的人，可能对原本能带来快乐的事物也反应平淡；而一个有着强大心理防御机制的人，会压抑某些情绪的表达，其情绪体验在表面上看起来和实际情况有所不同。

情绪的表达具有个性化的特点。即使是同一种情绪，人们的表达方式也具有很强的主观性和个性化的特点。当人们感到高兴时，有些人可能会开怀大笑、手舞足蹈，通过夸张的肢体动作和响亮的笑声来表达内心的喜悦；而有些人可能只是微微一笑，内心的快乐更多地通过眼神或柔和的面部表情来展现。这种表达上的差异反映了个体的性格特点、文化背景以及所处的社交环境等因素对情绪表达的影响。

2. 生理性

情绪会引发一系列生理反应。当人们处于强烈的情绪状态时，身体的各个系统都会受到影响。在愤怒或恐惧的情绪下，人体会分泌大量的肾上腺素和皮质醇等激素，导致心跳加速、血压升高、呼吸急促、肌肉紧张等生理反应。这些生理反应是身体为了应对潜在的威胁或挑战而自动启动的应激机制，它们可以为个体提供更多的能量和力量，以便个体采取相应的行动。当人们在野外突然遇到一只凶猛的野兽时，恐惧的情绪会促使身体迅速进入应激状态，心跳加快、呼吸急促，以便为逃跑或战斗做好准备。

情绪的产生与神经系统活动密切相关。大脑中的边缘系统，包括杏仁核、海马体等结构，在情绪的加工和调节中起着关键作用。杏仁核是情绪反应的重要中枢，能够快速地对潜在的威胁性刺激进行识别和评估，并触发相应的情绪反应。当人们看到一张可怕的图片或听到一声巨响时，杏仁核会迅速被激活，引发恐惧或惊吓的情绪。同时，大脑的前额叶皮质等高级区域负责对情绪进行调控和管理，帮助个体抑制不适当的情绪反应，保持情绪稳定。

3. 可调节性

情绪并非完全不可控，人们可以通过多种方式对自己的情绪进行调节。认知重评是一种常见的情绪调节策略，即通过改变对事件的认知和理解方式来改变情绪反应。当遇到工作上的挫折时，如果能够从积极的角度去看待，将其视为一次学习和成长的机会，那么原本可能产生的沮丧和失落情绪就会减轻。此外，人们还可以通过运动、冥想、深呼吸等方式来调节情绪。运动可以促进身体分泌内啡肽等神经递质，使人产生愉悦感和放松感；冥想有助于个体集中注意力，平静内心，减轻焦虑和压力。

除了自我调节，外部因素也可以对情绪产生调节作用。良好的人际关系和社会支持能够帮助人们缓解负面情绪。当人们与亲朋好友分享自己的感受，获得他们的理解和支持时，内心的痛苦和压力会得到减轻。有人经历了一段痛苦的失恋后，朋友的陪伴和安慰可以帮助个体更快地走出悲伤的情绪。此外，环境因素也会对情绪产生影响，一个舒适、安静、美丽的环境可以让人感到放松和愉悦，有助于改善情绪。

4. 多样性

人类的情绪多种多样，常见的情绪类型包括快乐、悲伤、愤怒、恐惧、惊讶、厌恶、羞愧、自豪等。每一种情绪都有其独特的特点和表现形式，它们在不同的情境和事件中被触发，反映了个体对外部世界的不同感受。快乐是一种积极的情绪，通常在人们实现目标、获得成功、享受美好事物时产生，表现为心情愉悦、笑容满面；而悲伤则是一种消极的情绪，往往在人们经历失去、失败、挫折时出现，表现为心情低落、哭泣等。

即使是同一种情绪类型，也存在着不同的层次和强度。愤怒可以分为轻微的不满、中度的生气和强烈的愤怒等不同程度，快乐也可以分为短暂的愉悦、中度的兴奋和极度的狂喜等不同层次。这种情绪层次的多元性使得人们的情绪体验更加丰富和细腻，也增加了情绪理解和表达的复杂性。

5. 情境性

情绪往往与特定的情境和事件紧密相关，不同的情境会引发不同的情绪反应。在婚礼、庆祝活动等喜庆的场合，人们更容易产生快乐、幸福的情绪；而在葬礼、灾难现场等悲伤的情境中，人们则会感受到悲痛、哀伤的情绪。情境中的各种因素，如人物、环境、氛围、事件的性质等，都会影响个体的情绪体验。例如，在一个竞争激烈的工作环境中，人们可能会感到压力和焦虑；而在一个和谐、友好的社交场合，人们则会感到轻松和愉快。情境的变化也会导致情绪相应地发生变化。当情境中的因素发生改变时，个体的情绪反应也会随之调整。

6. 持续性

情绪具有一定的持续时间，从神经生理学角度来看，情绪的产生和持续与大脑神经递质的活动以及身体的生理反应密切相关。当情绪被触发时，大脑中的神经递质如多巴胺（与愉悦情绪有关）、肾上腺素（与兴奋和应激情绪有关）等会大量释放。这些神经递质的代谢和再摄取过程需要时间，这就决定了情绪不会瞬间消失。当一个人经历了令人兴奋的事件，肾上腺素的释放会使身体处于一种高度兴奋的状态，而身体需要一定时间来代谢这些肾上腺素，让兴奋情绪逐渐平复。

人体的内分泌系统也参与了情绪的持续过程。在情绪应激状态下，下丘脑-垂体-肾上腺（HPA）轴被激活，促使皮质醇等应激激素分泌增加。皮质醇水平的升高会影响身体的许多生理功能，如血糖调节、免疫系统功能等，而皮质醇的分泌和恢复到正常水平是一个渐进的过程，这使得情绪在生理层面上具有一定的持续时间。情绪的持续是身体为适应和应对引发情绪的刺激而进行生理调节的外在表现。

3.6.3 情绪的影响因素

情绪的影响因素是多方面的，包括生理、心理、社会文化、环境等。以下是一些主要的影响因素。

3.6.3.1 生理因素

生理因素会对情绪产生重大影响。举例来说，激素水平的变化可能会导致情绪波动。神经递质，如多巴胺和血清素等，也会影响情绪。身体健康状况、睡眠质量以及饮食习惯对情绪的稳定都有影响。此外，药物、乙醇等化学物质也可能影响情绪，从而使人产生情感波动。

神经递质是在大脑中起关键作用的化学物质，它们在情绪调节中起着重要作用。多巴胺是一种神经递质，它与奖励、动机和愉悦感有关。当多巴胺水平升高时，人们会感到快乐和满足，而血清素是另一种神经递质，它与情绪的稳定、抗抑郁和抗焦虑有关。低血清素水平可能导致抑郁和焦虑症状的出现。其他神经递质，如儿茶酚胺和γ–氨基丁酸（GABA），也参与情绪的调节过程。

这些神经递质在不同的脑区起作用，相互之间也有复杂的相互作用。神经递质的不平衡可能导致情绪失调和精神疾病的发生。在情绪调节中，神经递质的合理释放和转运至关重要。各种因素，如遗传、环境、药物和饮食，都可能影响神经递质的产生和传递，从而对情绪产生影响。了解神经递质与情绪调节的关系有助于我们更好地理解情绪的形成和调控机制。

3.6.3.2　心理因素

心理因素对情绪的影响非常重要。人们的情绪往往受到内在的思维和情感状态的影响。人处于积极的心理状态时，情绪往往是愉快的和积极的。相反，人处于消极的心理状态时，情绪可能是沮丧和消极的。自我意识是心理因素中的一个重要因素。当人们对自己产生积极的认知，感觉自尊和自信时，情绪一般是积极的。然而，当人们对自己产生消极的认知，感到自卑和不安时，情绪可能是负面的。积极和消极的思维模式也会影响情绪。持有积极的思维模式时，看到问题的解决方案和机会时，情绪往往是积极的。然而，当持有消极的思维模式时，人们只看到问题和困难，情绪会受到负面影响。

心理因素对情绪的影响是复杂的。自我意识、思维模式、情绪调节能力和人际关系都与情绪的积极程度密切相关。通过培养积极的心理因素，可以有效地调整和管理情绪。

3.6.3.3　社会文化因素

社会因素可以对个体的情绪产生重大影响。社会环境的压力、社交关系和文化价值观等因素都可以直接或间接地影响一个人的情绪状态。

首先，社会环境可以对个体的情绪产生负面影响。工作压力、学业压力以及财务压力都可能导致焦虑、抑郁等负面情绪的产生。社会竞争和高强度的生活节奏也可能增加人们的压力感，进而影响情绪的稳定性。其次，社交关系是情绪受影响的另一个重要因素。个体与他人的互动和相处方式、朋友和家人之间的关系质量，以及社交支持的程度，都会对个体的情绪产生影响。良好的社交关系和强大的社交支持能够减轻负面情绪，提升积极情绪。最后，文化因素也会对情绪产生影响。不同文化对情绪的表达和接受有不同的规范和期望。文化可塑性对个体产生很大影响，包括对情绪的识别、表达和处理方式的影响。文化差异会对情绪表达产生深远的影响。不同文化对情绪的识别和表达方式存在显著差异。

3.6.3.4　环境因素

外部环境如气候、天气、工作环境、噪声、光线等都会影响情绪状态。例如，阳光明媚的天气有助于提高心情，而寒冷、阴暗的天气则可能让人感到沮丧。

3.6.4 情绪的调节方式

3.6.4.1 改变思维方式

研究表明，人们的情绪很大程度上受到思维方式的影响。当一个人遇到交通堵塞时，他可能会想："我真倒霉，每次都赶上堵车，今天肯定又要迟到了，老板肯定会对我不满。"这种思维方式会引发焦虑和烦躁的情绪。但是，如果他换一种思维方式，比如："堵车是很常见的情况，我可以利用这个时间听听音乐或者想想今天的工作安排。"这样的积极思维重构能够减轻负面情绪。

具体方法是，当感到情绪低落或焦虑时，先停下来分析自己的想法。问问自己这些想法是否合理，是否存在夸大或过度消极的情况，然后尝试用更积极、客观的想法来替代它们。可以把这些积极的想法写在便利贴上，贴在经常能看到的地方，如电脑屏幕、床头等，以便随时提醒自己。

3.6.4.2 接受不完美

那些能够接受自己和生活中不完美的人，情绪会更加稳定。有的学生在考试中没有取得理想的成绩。如果他不能接受这个结果，一直纠结于自己的失误，就会陷入自责和沮丧的情绪中。但如果他能接受自己的不完美，认识到这次考试是一次学习的机会，他可以对自己说："我这次没考好，但是我知道自己的薄弱环节在哪里了，下次我可以改进。"这样就能调整情绪，把注意力放在进步上。

生活中，当遇到不如意的事情时，试着对自己说"这是正常的"或者"我可以接受这个结果"。可以写日记记录自己接受不完美的过程和感受，回顾这些记录能帮助强化这种心态。

3.6.4.3 情绪表达与宣泄

与他人分享自己的情绪和经历能够有效缓解负面情绪。可以寻求身边信任的人的帮助，如朋友、家人或心理咨询师。选择一个安静、舒适的环境，确保在倾诉过程中有足够的时间和空间来表达自己的感受。如果觉得面对面交流有压力，也可以通过电话或网络语音的方式倾诉。

还可以通过适当运动来宣泄。多项研究证实，运动能够促使身体分泌内啡肽，这种物质可以改善情绪。可以选择一种自己喜欢的运动方式，如跑步、游泳或骑自行车等。每周坚持进行 3～5 次运动，每次运动 30 min 以上。运动强度可以根据自己的身体状况进行调整，关键是要让身体动起来，产生积极的生理反应来改善情绪。

3.6.4.4 放松技巧

生活中可以通过深呼吸的方式进行放松。深呼吸能够调节自主神经系统，使身体从应激状态恢复到平静状态。例如，在演讲前，很多人会感到紧张。这时你可以通过深呼吸来缓解紧张情绪。慢慢地吸气，让空气充满腹部，然后缓缓地呼气，重复这个过程。在几次深呼吸后，紧张的情绪会有所减轻，因为这种呼吸方式能够降低身体的应激激素水平。

情绪在很大程度上影响领导者的决策过程。在情绪良好的情况下，领导者可能更倾向于做出积极的决策；而在情绪低落时，可能会更加保守或缺乏创新。情绪对决策的长期结果影响深远。当决策者的情绪积极时，他们通常更倾向于冒险和创新，这可能带来积极的结果和意想不到的收益。然而，情绪过于乐观也可能导致高估收益、低估风险，从而在长期内招致不可预见的问题。相反，负面情绪可能导致决策者过于保守，避免承担必要的风险，从而错失机会或导致停滞和僵化。这种情绪的波动可能影响决策的一贯性和稳定性，从而对组织或个人的长期目标实现带来挑战。

心理测试结果如表 3-3 所示。

表 3-3　心理测试结果

题　　目	a	b	c
1. 看到自己最近一次拍摄的照片，你有何想法？	觉得不称心	觉得很好	觉得可以
2. 你是否想到若干年后会有什么使自己极为不安的事？	经常想到	从来没想到	偶尔想到
3. 你是否被朋友、同事、同学起过绰号、挖苦过？	这是常有的事	从来没有	偶尔有过
4. 你上床以后，是否经常再起来一次，看看门窗是否关好、炉子是否封好等？	经常如此	从不如此	偶尔如此
5. 你对与你关系最密切的人是否满意？	不满意	非常满意	基本满意
6. 你在半夜的时候，是否经常觉得有什么值得害怕的事？	经常	从来没有	极少有这种情况
7. 你是否经常因梦见可怕的事而惊醒？	经常	从没有	极不
8. 你是否曾经有多次做过同一个梦的情况？	有	没有	记不清
9. 有没有一种食物使你吃后呕吐？	有	没有	偶尔有
10. 除去看见的世界外，你心里有没有另外一种世界？	有	没有	说不清
11. 你心里是否时常觉得你不是现在的父母所生？	时常	没有	偶尔有
12. 你是否曾经觉得有一个人爱你或尊重你？	是	否	说不清
13. 你是否常常觉得你的家庭对你不好，但是你又确知他们的确对你好？	是	否	偶尔

续表

题目	a	b	c
14. 你是否觉得没有人十分了解你？	是	否	说不清楚
15. 你在早晨起来的时候最常有的感觉是什么？	忧郁	快乐	说不清楚
16. 每到秋天，你经常的感觉是什么？	秋雨霏霏或枯叶遍地	秋高气爽或艳阳天	不清楚
17. 你在高处的时候，是否觉得站不稳？	是	否	有时是这样
18. 你平时是否觉得自己很强健？	否	是	不清楚
19. 你是否一回家就把房门关上？	是	否	不清楚
20. 你坐在小房间里把门关上后，是否觉得心里不安？	是	否	偶尔是
21. 当一件事需要你做出决定时，你是否觉得很难？	是	否	偶尔是
22. 你是否常常用抛硬币、玩纸牌、抽签之类的游戏来测吉凶？	是	否	偶尔
23. 你是否常常因为碰到东西而跌倒？	是	否	偶尔
24. 你是否在上床后需要一个多小时才能入睡，或醒得比你希望的早一个小时？	经常这样	从不这样	偶尔这样
25. 你是否曾看到、听到或感觉到别人觉察不到的东西？	经常这样	从不这样	偶尔这样
26. 你是否觉得自己有超越常人的能力？	是	否	不清楚
27. 你是否曾因为有人跟着你走而心里不安？	是	否	不清楚
28. 你是否觉得有人在注意你的言行？	是	否	不清楚
29. 当你一个人走夜路时，是否觉得前面潜藏着危险？	是	否	不清楚
30. 你对别人自杀有什么看法？	可以理解	不可思议	不清楚

以上各题的答案，选 a 得 2 分，选 b 得 0 分，选 c 得 1 分。请将你的得分统计一下，算出总分。

测试结果说明及建议：

（1）总分0～20分：说明你情绪基本稳定，自信心强，具有较强的美感、道德感和理智感。你有一定的社会活动能力，能理解周围人的心情，顾全大局。你一定是一个性情爽朗、受人欢迎的人。希望你继续保持良好积极的情绪。

（2）总分21～40分：说明你情绪基本稳定，但较为深沉，对事情的考虑过于冷静，处事淡漠消极，不善于发挥自己的个性。你的自信心受到压抑，办事热情忽冷忽热，瞻前顾后，踌躇不前。建议通过阅读来提升自我觉察能力。

（3）总分在41分以上，说明你的情绪极不稳定，日常烦恼太多，使自己的心情处于紧张和矛盾中。建议可以通过运动、找朋友聊天或与家人聊天、转移注意力等方式来稳定自己的情绪。如果上述方法都尝试过但还没有效果，那就需要接受专业的心理咨询。

（4）如果你得分在50分以上，则是一种危险信号，说明你的情绪状态出现了问题，需要积极地寻求专业人士的帮助，如到专科医院的心理门诊就诊并接受专业人士的心理咨询。

任务3.7　工作压力与领导力

当今社会，工作压力如影随形，成为现代职场人无法回避的话题。从堆积如山的任务到紧迫的截止日期，从复杂的人际关系到对职业发展的担忧，各种因素交织在一起，编织成了一张无形的压力之网。工作压力不仅影响着员工的身心健康，如导致焦虑、失眠、疲劳等问题，还会对工作效率、团队协作以及企业的整体绩效产生深远的影响。深入探究工作压力的成因、表现及应对策略，对个人的职业成长、领导力的提升以及组织的可持续发展都具有至关重要的意义。

3.7.1　工作压力概述

3.7.1.1　工作压力的含义

压力这一概念由加拿大著名生理、心理学家汉斯·塞利（Hans Selye）于1936年率先提出，他指出压力是一种身体呈现特定症状的状态，这种状态由人的生理系统对刺激做出反应而引发的非特定变化所构成。到了1955年，Hans Selye又认为压力是身体机能针对潜在需求的反应程度，当恶劣环境难以满足个人需求时，便会致使个人心理与生理状态失衡，进而使个人陷入紧张状态。美国心理学应激理论的现代代表人物之一理查德·拉扎勒斯（Richard S. Lazarus）及其同事苏珊·福克曼（Susan Folkman）在1966年将压力定义为个人与环境之间的特殊关系，当他人的评价被视作重担或超出个人承受范围时，就会对人们的健康构成威胁。该定义着重强调：压力属于一种互动状态，是个人与环境相互作用的关系；交流的核心在于评估个人的心理情境，且此情境必须是具有威胁性、挑战性或有害性的。压力是环境刺激与个体特征交互作用产生的结果，工作压力的产生是一个动态且复杂的过程，它既重视环境对个体的刺激，又关注个体对环境刺激的主观感受与认知。

综合上述研究成果可知，国外学者基于不同视角对压力予以定义。从心理学角度来看，压力是由心理压力源与心理压力反应共同形成的一种认知和行为体验过程，是一种紧张或唤醒的内部心理状态。生理学观点则认为，压力是人体针对需求或入侵所造成的损害的一种生理反应。无论是心理学观点还是生理学观点，对压力的阐释均基于个体能够维持内部平衡这一前提。综合各种观点，压力是个体在理解并应对具有挑战性或威胁性事件时所产生的知觉与反应，它既是刺激又是反应，是一个过程，并且强调人在社会角色中存在的角色模糊与角色冲突所带来的压力过程。

直到21世纪，国内学者才开始关注与企业员工工作压力有关的问题。由于学者们在研究工作压力时关注的方向和角度不同，对工作压力的定义和性质也各不相同。现有研究中，学者们普遍从管理学和心理学视角出发，探究企业员工的工作压力。

本书认为，工作压力是指员工在特定的工作环境中，由于任务要求、工作负荷、人际关系、角色冲突等因素引起的心理和生理的紧张状态。这种压力可能源于外部挑战，如工作量增加或任务复杂性提高；也可能源于内部障碍，如对工作环境的不适应或个人能力的不足。工作压力是个体对过度的心理或身体需求的适应性反应，可能导致员工无法充分发挥其工作能力。

3.7.1.2 工作压力的实质

具体而言，工作压力的实质可以从以下几个方面来理解。

1. 工作压力是个体与工作环境相互作用的结果

一方面，工作压力并非完全由外部环境因素决定，个体的认知、性格、应对方式等也会影响其对压力的感受和反应。例如，同样面对工作负荷过重的情况，性格乐观、积极应对的员工可能会将其视为挑战，努力克服困难；而性格悲观、消极应对的员工可能会感到无法承受，产生很大的压力。

2. 个体对工作压力的认知评价起着关键作用

员工对于工作中所遭遇的困难和挑战，会对他们的心理状态和行为模式产生截然不同的深刻影响。当员工在潜意识里将这些困难和挑战视作威胁时，其内心深处便会不由自主地产生不安与恐慌的情绪。在这种压力的笼罩下，他们可能会表现出思维僵化、行动迟缓，面对问题时常常畏首畏尾，不敢轻易尝试新的解决方案，生怕一个不小心就会让情况变得更加糟糕。

然而，与之形成鲜明对比的是，倘若员工能够转变思维方式，将工作中出现的困难和挑战看作珍贵的机会以及助力自身成长的良好契机，那么他们的心态将会发生天翻地覆的积极变化。

3. 工作压力是一种动态平衡状态

工作压力不是静态的，而是处于不断变化的动态平衡中。当压力源增加时，个体的压力反应也会相应增强；而当个体采取有效的应对措施时，压力可能会得到缓解。个体在工作中需要不断调整自己的状态，以适应工作环境的变化和应对压力的挑战。这就要求员工具备良好的自我调节能力和应对压力的技巧，如时间管理、情绪管理、问题解决等。

4. 工作压力具有双重性

适度的工作压力可以激发员工的工作动力和创造力，提高工作绩效。在一定程度上，压力可以促使员工更加努力地工作，发挥自己的潜力，实现个人和组织的目标。然而，过度的工作压力会对员工的身心健康和工作绩效产生负面影响。长期处于高压状态下，员工可能会出现心理问题、身体健康问题，甚至导致职业倦怠和离职。

工作压力是员工在工作环境中所感受到的身心紧张状态，包括压力源和压力反应。实质是个体与工作环境的相互作用、一种动态平衡状态以及具有双重性。了解工作压力的内涵与实质，有助于员工和组织采取有效的措施来管理和应对工作压力，从而实现个人和组织的可持续发展。

3.7.2 压力源

库珀（Cooper）等学者在 1988 年对工作压力测度指标（OSI）展开了探索，他们提出工作压力源涵盖工作本身、管理角色、人际关系、职业与成就、组织结构和组织氛围、家庭与工作间的冲突这六个因素。格林（Green）和 Nowack 在 1993 年对管理者的工作压力因素进行了研究，他们认为角色不确定性与冲突、缺乏沟通、工作要求高、支持系统差、培训不足、人际冲突以及无法实现理想职业目标等压力因素与低生产率和健康问题紧密相关。M. Michelle Rowe 在 2000 年对压力与应对的关系进行了探索，采用短期和长期的方法来改变与职业倦怠相关的行为，并着重于压力管理技能的培训。依据参与者在短期或长期阶段性压力管理项目中的受试报告，结果显示长期阶段性的压力管理技能教学在帮助个人应对职业环境压力问题方面更为有效。Lin Kim 等学者在 2014 年探索发展压力对成人特质的影响时发现，环境是发育表现型适应性的影响因素，人与环境的匹配能够提升发育表现的适应性，他们认为发展压力引发的变化体现了一个人在逆境中所付出的最大努力，这一观点将压力与环境相联系，阐明了环境是压力的影响因素之一的观点。Diebig 在 2019 年通过在线问卷调查的方式，对数字化程度高的工作环境压力源进行了探索，认定工作负荷、边界渗透率、参与程度、领导支持以及可用性是五个主要的压力源。

人们日常提及的压力，是指客观存在的威胁或挑战，学者们将其称为压力源。压力源是引发压力反应的实际事件或环境。学界把压力源主要分为三类：身体的生理适应机制（即先天的生理性压力反应本身）；环境刺激（包括环境里各种不可控制和难以控制的事件以及突发事件）；人们的思想（当人们想象或预期一种威胁情境时所产生的压力感）。工作压力的研究早已在学术界备受瞩目，国外学者关于压力与压力源的研究成果颇为丰硕，尤其对组织内外、工作环境、工作本身以及社会关系等因素予以高度关注。

本书从以下几个方面进行梳理。

3.7.2.1 工作任务相关因素

工作负荷过重，如工作量超出正常承受范围，长时间加班加点。例如，一些互联网企业的程序员可能面临项目紧急上线的情况，需要在短时间内完成大量的代码编写和测试工作，导致工作压力骤增。

工作难度大，任务复杂。比如，从事科研工作的人员，可能需要解决前沿的技术难题，这些难题缺乏明确的解决方案和路径，这给他们带来巨大的心理压力。

3.7.2.2 职业发展因素

晋升竞争激烈，机会有限。在许多大型企业中，员工众多，晋升通道相对狭窄，为了争取有限的晋升机会，员工需要不断努力表现，提升自己的业绩，这会带来很大的压力。担心职业前景不明朗。特别是一些处于夕阳产业的从业者，对未来的职业发展感到迷茫和担忧，不知道自己的职业道路该何去何从。

3.7.2.3 人际关系因素

与上级领导的关系紧张。如果领导的管理风格苛刻、缺乏沟通或不公正地对待员工，会让员工在工作中感到压抑和不安。领导经常无端批评员工，或者不给予合理的工作支持，会使员工产生很大的心理负担。与同事之间存在冲突。同事之间的竞争、合作不畅或者性格不合等都可能引发矛盾，影响工作氛围和心情。比如，在团队项目中，由于意见不合而产生争执，可能会给员工带来压力。

3.7.2.4 组织因素

当企业着手进行诸如重组、兼并、裁员这类具有深远影响的重大变革时，一系列连锁反应便接踵而至。对于员工而言，首当其冲的便是对自身工作稳定性的深切担忧。他们犹如置身于风雨飘摇的扁舟之上，不知道自己所坚守的岗位是否会在变革的浪潮中瞬间崩塌。原本熟悉且安心的工作环境，如今却充满了未知与变数。

与此同时，新的工作流程和要求如同一个个陌生而棘手的挑战，突兀地横亘在员工面前。他们必须竭尽全力去适应这些全新的规范与任务模式。需要重新学习、摸索和实践新的未知领域。这无疑给员工带来了巨大的压力，他们不仅要在短时间内掌握全新的技能和知识，还要努力在新的工作体系中找准自己的定位，与新的团队成员建立有效的协作关系。这种压力不仅仅局限于工作时间，甚至会渗透到员工的日常生活中，影响他们的身心健康、家庭关系以及社交生活，使他们在身心俱疲的状态下艰难地应对组织变革带来的重重考验。

3.7.2.5 企业文化因素

企业文化氛围与员工价值观之间的契合度有着至关重要的影响。一旦二者出现背离的情况，员工内心深处往往会滋生出一种强烈的疏离感，仿佛自己是置身于组织边缘的局外人，不被这个集体认同与接纳，进而不可避免地产生沉重的压力。各种绩效考核指标、排名机制以及个人业绩突出奖励等举措，刺激着员工的神经，促使他们将大量精力聚焦于自身的表现与成就的获取上。然而，在企业中存在着这样一部分员工，他们内心更倾向于合作与团队氛围所带来的温暖与力量。对于他们而言，与团队成员相互支持、携手共进、共同攻克难关，才是工作中最具成就感和满足感的事情。

当这类员工身处如此注重竞争和个人成就的企业文化之中时，他们会遭遇诸多不适应的状况。例如，在日常的工作会议中，大家更多的是在强调个人的业绩亮点与竞争优势，而对于团队协作中的默契配合、相互补位等闪光点却鲜有关注。那些注重合作的员工在试图分享团队共同努力所取得的成果时，可能会被其他追求个人成就的同事视为缺乏个人竞争力。在项目分配上，企业可能更倾向于将关键任务交给那些个人能力突出、竞争意识强烈的员工，而忽视了那些擅长团队合作的员工在协调团队资源、凝聚团队力量方面的独特价值。这使得这些员工在职业发展道路上可能面临更多的阻碍与困惑，他们会逐渐感觉到自己的价值观与企业主流文化格格不入，自己的努力与付出得不到应有的认可与尊重，仿佛在一个错误的舞台上表演，压力也在这种内心的挣扎与外界的忽视中如影随形，对他们的工作积极性、工作效率以及职业忠诚度都产生了极为负面的影响。

3.7.3 工作压力的表现

工作压力是现代职场中普遍存在的问题，它不仅影响员工的身心健康，还对组织绩效产生深远的影响。工作压力的表现形式多种多样，可以从生理、心理和行为三个方面进行详细说明。

3.7.3.1 生理表现

工作压力的生理表现主要体现在身体的各个系统上。长期承受高强度的工作压力会导致多种身体症状，如失眠、食欲不振等。此外，工作压力还可能引发心血管疾病、高血压、消化系统问题等。

3.7.3.2 心理表现

心理表现是工作压力最直接和最常见的影响之一。长期的工作压力会导致焦虑、抑郁、易怒等负面情绪。这些情绪变化不仅影响个人的心理健康，还可能导致注意力难以集中、决策困难等问题。此外，工作压力还会导致情绪衰竭，表现为没有活力、缺少工作热情、容易疲劳等。员工在面对工作压力时，可能会出现情绪不稳定、不安、偏好独处、睡眠困难、过度吸烟、无法放松等症状。这些心理症状不仅影响个人的工作表现，还可能导致家庭关系紧张和社会孤立。

3.7.3.3 行为表现

行为表现是工作压力在日常工作中的最直观的体现。长期的工作压力会导致员工的行为发生变化，如缺勤、早退、工作态度消极等。不少原本准时可靠的人变得不守时，原本开朗的人变得内向，原本细心的人变得懒惰，原本决策能力强的人突然决策失误。此外，工作压力还可能导致员工出现过度吸烟、拖延或逃避工作、破坏公物等不良行为。这些行为变化不仅影响个人的工作表现，还可能导致组织绩效下降和员工流失率增加。

扩展阅读

一份报告显示，职场缺勤率达到了十多年来的最高水平。该报告敦促雇主们，如果想留住员工，就应该更加重视员工的健康问题。

英国特许人事发展协会（CIPD）表示，对900多家拥有650万名员工的公司的数据进行分析后发现，去年每位员工平均缺勤7.8天。与大流行前的水平相比，人均缺勤增加了整整两天。虽然小病是短期缺勤的主要原因，但压力也是原因之一，工作压力和生活成本压力都是原因。该报告称，76%的受访者在过去一年中因压力过大而离开工作岗位，这也是长期缺勤的首要原因。63%的长期缺勤被归咎于心理健康问题。人力资源机构表示，略多于三分之一的组织报告称，COVID-19仍然是短期缺勤的重要原因之一。这一发现与官方数据相符，数据显示，长期患病的人数正以创纪录的速度增长。

英国国家统计局（ONS）本月早些时候表示，超过260万人因健康问题没有工作。据报道，与2019年同期相比，今年4月至6月的三个月里，上榜人数增加了464 225人。与此同时，英国公共政策研究所（IPPR）的一份报告称，不断增长的数字对英国构成了“严重的财政威胁”。

该智库表示，英国国家医疗服务体系（NHS）漫长的等待名单是一个促成因素——不仅增加了纳税人的支出，而且人们的健康状况也在恶化。

这份由健康计划提供商Simplyhealth提供的缺勤报告显示，各种工作场所支持计划正在增加，但许多计划缺乏灵活的工作选择和健康服务。

该研究的作者表示，在当前劳动力短缺的情况下，许多公司迫切希望留住员工，提高竞争力至关重要。CIPD高级员工福利顾问Rachel Suff说：“新冠肺炎大流行和生活成本危机等外部因素对许多人的福祉产生了深远的影响。很高兴看到越来越多的组织通过独立的战略来处理健康和福祉问题。”然而，我们需要一种更系统和预防性的工作场所健康的方法。“这意味着要管理工作给人们健康带来的主要风险，防止压力过大，并尽早干预，尽可能防止健康问题升级。”他呼吁提供更多帮助，让数百万名长期患病的人能够重新就业。

到2040年，英国五分之一的成年人将患有重大疾病。Simplyhealth的首席客户官克劳迪娅·尼科尔斯表示：“由于病假人数创历史新高，雇主在通过工作场所健康和福利服务来支持员工方面发挥着至关重要的作用。”“它们可以对经济产生积极影响，缓解NHS的压力。”“尽管越来越多的工作场所提供了健康和福利服务，但员工们正面临着越来越多的心理健康问题，病假率达到了十年来的最高水平。”“然而，只关注解决疾病问题不太可能发现可以做出重大改进的领域。公司需要实施得到最高层领导支持的预防性健康和福利战略，并建立直线经理的技能和信心，以支持福利。”

（资料来源：http://m.tigfd.com/news/show-229957.html）

3.7.4　工作压力的克服

作为个体，如何克服工作压力？在现代快节奏的工作环境中，个体面临着各种各样的工作压力源，而学会有效地缓解这些压力对于个人的身心健康和职业发展至关重要。

首先，时间管理和任务分解是关键策略之一。个体需要设定清晰、明确且可衡量的目标，并依据任务的重要性和紧急程度确定优先级。例如，对于一个大型项目，可以将其拆解成若干个阶段性的小任务，每个小任务都有具体的交付成果和时间节点。这样做的好处在于，一方面能够使复杂且看似无从下手的任务变得条理清晰、易于操作；另一方面，当逐步完成这些小任务时，能够给予个体持续的成就感和自信心，从而缓解因任务艰巨而产生的压力。同时，在工作过程中，合理安排工作时间也不可或缺。这意味着要避免频繁地被外界干扰和打断，比如关闭不必要的手机通知，设定特定的时间段来处理邮件和消息等，从而保持高度的专注。专注能够显著提高工作效率，减少因工作拖延或反复返工而积累的压力。

其次，健康的生活方式同样对缓解工作压力起着不可或缺的作用。充足的睡眠是恢复体力和精力的基础，它有助于大脑和身体的各项机能得到充分地修复和调整。一般而言，成年人应保证高质量睡眠。均衡的饮食则为身体提供所需的营养物质，维持身体机能的稳定运行，增强身体的抗压能力。例如，多摄入富含维生素、矿物质和膳食纤维的食物，减少高糖、高脂肪和高盐食品的摄入。适度的运动更是释放压力的有效途径，像每周进行三次、每次 30 分钟的有氧运动，如跑步、游泳、骑自行车等，能够促进血液循环，刺激大脑分泌内啡肽等神经递质，这些物质不仅能够改善情绪，还具有天然的镇痛和放松作用。此外，积极参与自己感兴趣的活动，如绘画、阅读、音乐创作等，能够创造出属于自己的放松时刻，让身心从紧张的工作状态中暂时解脱出来，从而达到缓解压力的目的。

最后，寻求支持与沟通对于个体克服工作压力极为重要。与他人分享工作中的压力和困惑，能够将内心的负担分担出去，获取不同的观点和建议，有助于从新的视角看待问题并找到解决方案。例如，可以与同事交流工作中的难题，借鉴他们的经验和处理方法；与朋友倾诉工作中的委屈和不满，获得情感上的慰藉和支持；与家人分享工作中的成就和挫折，感受到家庭的温暖和鼓励。建立一个广泛而良好的社交支持网络，包括朋友、家人和同事的支持，能够在个体面临压力时提供强大的情感后盾，成为应对压力的重要依托。

作为领导者，如何帮助员工克服工作压力？

在组织中，领导者扮演着至关重要的角色，他们对于员工工作压力的管理和缓解负有不可推卸的责任。

3.7.4.1　提供支持性环境

提供支持性环境是领导者帮助员工克服压力的首要任务。领导者应展现出充分的同理心，设身处地地理解员工在工作中所面临的困难和压力。当员工倾诉工作中的烦恼时，领导者要认真倾听，给予充分的关注和尊重，让员工感受到被重视和理解。同时，领导者需要根据员工的实际需求提供必要的资源，如人力、物力、财力等方面的支持，确保员工能够顺利地开展工作，减少因资源匮乏而产生的压力。此外，灵活的工作安排和时间管理策略也是缓解员工压力的有效手段。

3.7.4.2 改善工作设计和沟通

改善工作设计和沟通是领导者减轻员工压力的重要举措。重新设计工作流程和任务分配，增加员工工作的自主权，让他们能够在一定范围内自主决策和安排工作，这能够提升员工的工作满意度和责任感。同时，建立有效的反馈机制，及时给予员工关于其工作表现的反馈，让他们清楚地了解自己的工作成果和不足之处，有助于员工调整工作策略和提升工作绩效。减少工作中的不确定性也是关键，例如，明确工作的目标、职责和要求，避免任务模糊不清或频繁变动，能够有效减轻员工的压力。定期设定明确的角色定义和目标，使员工清楚自己在组织中的定位和工作方向，避免因角色模糊而产生焦虑和压力。

3.7.4.3 培训与职业发展

领导者应为员工提供丰富多样的培训机会，帮助他们提升专业技能、沟通能力、时间管理能力等综合素质。通过培训，员工能够更好地应对工作中的各种挑战，将工作压力转化为自我提升的动力。例如，组织内部培训课程，邀请外部专家举办讲座或提供在线学习资源等。此外，提供职业发展指导和晋升机会对于增强员工的自我效能感和工作满意度具有重要意义。领导者可以与员工进行职业规划面谈，了解他们的职业目标和发展需求，为他们制订个性化的职业发展路径，并在有晋升机会时，公平公正地选拔和推荐有潜力的员工，让员工看到自己在组织中的发展前景，从而激发他们的工作积极性和创造力，减少他们因职业发展受限而产生的压力。

3.7.4.4 组织层面的支持

组织应积极参与员工的工作压力管理，通过制定和实施一系列全面的解决方案来营造一个健康、和谐的工作环境。例如，实施员工福利计划，包括提供健康保险、带薪年假、节日福利、员工体检等，从物质层面保障员工的权益和福利，让员工感受到组织的关怀。举办健康监测和促进活动，如定期组织健康讲座、心理咨询服务、健身活动等，关注员工的身心健康状况，帮助员工预防和缓解压力。通过这些组织层面的支持措施，能够形成一种积极的组织文化，让员工在一个充满关怀和支持的环境中工作，从而有效地减轻员工的工作压力，提高员工的工作效率和忠诚度。

扩展阅读

AQ（逆境商数）是衡量我们在面对逆境时的处理能力的指标。明确地反映出一个人的挫折承受能力。根据罗·史托兹博士的研究，一个人 AQ 越高，越能以弹性面对逆境，积极乐观，接受困难的挑战，发挥创意，找出解决方案，因此能不屈不挠，越挫越勇，而终究表现卓越。逆商由四个维度构成，即掌控感、担当力、影响度和持久性。

掌控感包含两个方面：第一，你能在何种程度上积极地影响局面；第二，你能在何种程度上控制自己对局面的反应。影响度决定了一个特定的逆境可能会吞噬或破坏多少情绪资产。两个人听到同一条关于经济衰退的新闻报道，一个人把经济衰退当作优胜劣汰的考验，积极为下一次经济复苏的来临做准备；另一个人把经济衰退视为大崩溃的开始，认为世界将变得极其可怕。如果一个人不能正确认识影响度，那么当问题出现时，内心最容易产生恐惧和忧虑。恐惧和忧虑是亲兄弟，它们都基于对当前事件的消极假设。长期的恐惧和忧虑会削弱一个人的意志，使他无法采取最佳行动。低逆商的人认为逆境是持久的，而高逆商的人认为逆境是暂时的，终将过去。就如同新冠疫情肆虐时，高逆商的人认为我们终将消弭病毒带来的影响，而低逆商的人则认为人类将被病毒年复一年地折磨，以往尽情撒欢的日子一去不复返了。

小　结

本项目主要探讨了个体行为与领导力相关的多个方面，包括个性、知觉、态度、价值观、气质、情绪以及工作压力等对领导力的影响，为理解组织行为和提升领导力提供了全面的视角。个性是个体区别于他人的独特精神面貌和心理特征的综合，具有独特性、稳定性、整体性和可塑性。其形成受遗传、环境（家庭氛围、学校教育、同伴关系、社会文化、社会风气）等因素影响。了解个性有助于理解个体差异，在管理中可根据员工的个性特点进行合理引导和培养，发挥其优势。知觉是个体接收、理解和解释外部世界的能力，具有整体性、选择性、恒常性和理解性的特点。社会知觉偏差包括首因效应、近因效应、晕轮效应、刻板印象和投射效应等，这些偏差会影响领导者对下属和情境的判断，领导者应保持客观，减少偏差的干扰，以准确把握信息，做出合理决策。态度是个体对特定对象的稳定心理倾向，由认知、情感和行为意向成分构成，其形成经过了顺从、同化和内化三个阶段。积极的态度有助于领导者传递愿景、激励团队和应对挑战。领导者应培养积极的态度，引导员工形成正确的态度，提升团队凝聚力和绩效。

价值观是观念的价值体系，具有主体性、现实性、历史性、稳定性和层次性等特性，包括道德、社会、文化、经济、审美和宗教等多种类型。价值观与职业锚相互影响，领导者的价值观决定领导风格、决策方式和团队氛围，积极的价值观能赢得信任、激励员工，促进组织发展。气质是稳定的心理特征，受先天因素影响，表现为心理活动的倾向性、强度和速度等方面的差异，包括多血质、黏液质、胆汁质和抑郁质四种类型。不同气质类型的领导者有不同的领导风格，组织应考虑领导者气质类型与岗位的匹配度，同时领导者要根据自身气质特点进行自我提升，以更好地发挥领导作用。情绪是多元复杂的综合事件，具有主观性、生理性、可调节性、多样性、情境性和持续性等特点，其产生受生理、心理、社会文化、环境等因素影响。领导者应掌握情绪调节方法，保持良好的情绪状态，因为情绪会影响决策的合理性和稳定性，积极的情绪有助于做出积极决策，推动组织发展。工作压力是员工在工作中因多种因素引起的身心紧张状态，其实质是个体与工作环境相互作用的结果。工作压力具有双重性。压力源包括工作任务、职业发展、人际关系、组织和企业文化等。工作压力会在生理、心理和行为上表现出多种症状，个体可通过时间管理、健康的生活方式、寻求支持等方法缓解压力。领导者应提供支持性环境，改善工作设计和沟通，提供培训和职业发展机会以及组织层面的支持措施，帮助员工缓解压力，提高工作效率并增强员工的忠诚度。

思考题

1. 在实际工作中，我们常常会遇到信息过载的情况。请结合知觉的选择性特点，分享一次你在众多信息中筛选出关键信息并做出正确决策的经历。你是如何排除干扰因素、聚焦关键信息的？

2. 首因效应在人际交往和团队管理中普遍存在。假设你是新入职的领导者，你将如何运用首因效应给团队成员留下良好的第一印象，并持续保持积极的领导形象？

3. 态度的形成是一个复杂的过程，受多种因素影响。请分享一次你成功改变自己或他人消极态度的经历，你采取了哪些具体方法和策略？从中你学到了什么关于态度塑造的技巧？

4. 作为领导者，如何通过营造积极的团队文化来培养员工的积极工作态度？请举例说明你将采取的具体措施及其可能产生的积极影响。

5. 在当今多元化的社会环境中，企业面临着各种价值观的碰撞。假设你是企业领导者，你将如何确立和传播企业的核心价值观，以确保员工的价值观与企业的价值观保持一致，并促进企业的可持续发展？

6. 举例说明不同类型的价值观（如道德型、社会型、经济型等）在企业面临利益抉择时如何发挥作用，领导者应如何权衡这些价值观，做出符合企业长远利益的决策。

7. 胆汁质、多血质、黏液质和抑郁质这四种气质类型各有优缺点。假设你是团队领导者，你的团队中这四种气质类型的成员都有，你将如何根据他们的气质特点进行任务分配和团队协作安排，以实现团队效能的最大化？

8. 每个人的气质都是独特的，但气质也具有可塑性。请分享一次你通过自我提升或受外部环境影响，成功改变或优化自己气质的经历。你认为在这个过程中，最重要的因素是什么？

9. 情绪调节能力是领导者必备的素质之一。请分享一种你常用的情绪调节方法，并说明它如何帮助你在工作和生活中保持良好的情绪状态，应对各种挑战。

10. 工作压力的表现形式多种多样，对员工的身心健康和工作绩效都有影响。请结合实际案例，分析如何通过建立有效的压力预警机制，及时发现员工的压力问题，并采取相应的干预措施，以维护员工的身心健康和提高其工作绩效。

实践练习

实践任务一：个性与职业发展规划

任务目标：帮助学生深入理解个性特点对职业选择和发展的影响，培养学生运用个性理论进行自我认知和职业规划的能力。

任务内容与要求：

学生首先完成一份个性自评问卷（如 MBTI 等），并结合问卷结果和课堂上所学的个性理论，分析自己的个性特点，包括独特性、稳定性、整体性和可塑性等方面。

基于对个性的分析，学生选择一个感兴趣的职业领域，研究该职业所需的个性特质和能力要求。通过网络搜索、行业报告、人物访谈等方式收集相关信息，并撰写一份职业调研报告，详细阐述该职业与自己个性特点的匹配度和潜在发展方向。

制定一份个性化的职业发展规划，包括短期（1～2 年）、中期（3～5 年）和长期（5 年以上）目标，以及为实现这些目标所需采取的具体行动步骤，如学习新技能、积累工作经验、拓展人际关系等。在规划中，要充分体现如何发挥个性优势，克服可能存在的个性劣势。

成果形式：一份个性自评分析报告（包括问卷结果分析、个性特点阐述）、一份职业调研报告和一份个性化职业发展规划书，以文档形式提交。

实践任务二：团队沟通与知觉偏差纠正

任务目标：让学生体验团队沟通中的知觉偏差现象，提高学生识别和纠正知觉偏差的能力，增强团队协作意识，提高沟通技巧。

任务内容与要求：

将学生分成若干小组，每组 5～7 人。每个小组选择一个复杂的实际问题或案例（如企业市场战略调整、校园活动策划等）进行讨论。

在讨论过程中，小组成员依次发表自己对问题的看法和解决方案。其他成员认真倾听，并记录下自己在倾听过程中的初始印象、知觉偏差（如首因效应、晕轮效应等）以及对他人观点的理解和感受。

讨论结束后，每个小组组织一次反馈会议。成员们依次分享自己在讨论过程中所经历的知觉偏差情况，分析这些知觉偏差对团队沟通和决策产生的影响，然后，共同探讨如何纠正这些偏差，提高团队沟通效果。

每个小组根据讨论和反馈结果，撰写一份团队沟通报告，包括问题描述、成员观点汇总、知觉偏差分析、纠正措施，以及对未来团队沟通的建议。

成果形式：一份团队沟通报告（包括问题案例、成员观点、偏差分析、纠正措施和建议），以文档形式提交，并在课堂上进行小组汇报和分享。

实践任务三：情绪管理与领导力模拟

任务目标：使学生体验不同情绪状态对领导决策和团队氛围的影响，培养学生在模拟情境中运用情绪管理技巧和领导策略的能力，提升学生的领导力。

任务内容与要求：

再次将学生分组，每组模拟一个工作团队，其中包括一名领导者和若干名成员。设定一个具有挑战性的工作场景（如项目紧急交付、客户投诉处理等），要求团队在规定时间内完成任务。

在模拟过程中，领导者和成员要根据场景设定，真实地表现出不同的情绪状态（如积极、消极、焦虑、冷静等）。领导者需要在不同的情绪状态下做出决策，引导团队成员完成任务，并观察团队成员的反应和工作进展。成员要积极配合领导者，同时感受不同领导的情绪对自己工作积极性和团队协作的影响。

模拟结束后，每个团队进行复盘。成员们分享了在模拟过程中对不同情绪状态的感受，以及这些情绪对团队工作的影响。领导者总结自己在不同情绪状态下的决策过程和效果，分析情绪管理在领导力中的重要性。

每个团队根据复盘结果，制订一份情绪管理与领导力提升计划，包括领导者如何更好地管理自己的情绪、如何根据团队成员的情绪调整领导策略、团队成员如何提高情绪应对能力等内容。

成果形式：一份情绪管理与领导力提升计划（包括模拟过程回顾、情绪影响分析、提升策略和实施步骤），以文档形式提交，并在课堂上进行团队展示和交流。

案例分析

某科技公司成立于2010年，专注于软件开发领域，经过多年发展，已在行业内小有名气。公司秉持“创新、协作、诚信、卓越”的价值观，吸引了一批富有才华和激情的员工，团队氛围积极向上，业务蒸蒸日上。随着市场竞争日益激烈，公司面临着巨大的生存压力。为了在短期内迅速提高市场份额，获取更多资金支持公司进一步发展，公司高层决定争取一个与大型企业合作的重要项目。在项目投标过程中，竞争对手纷纷压低价格，公司若想中标，必须在成本控制上做出艰难抉择。

公司一直强调创新是核心价值观之一，但在这个项目中，为了降低成本，研发团队不得不放弃一些原有计划中的创新功能和设计理念。他们认为这样做虽然可能赢得项目，但会损害公司长期的创新声誉，使公司在技术领先性上落后于竞争对手。

为了达到项目的成本要求，各部门之间出现了协作问题。例如，采购部门为了寻找低价供应商，选择了一些质量不太稳定的原材料，这给生产部门带来了很大的困难，导致生产进度受阻，产品质量风险增加。生产部门与采购部门之间产生了激烈的矛盾，互相指责，协作氛围受到严重破坏。

在项目投标文件中，公司面临着是否如实披露某些技术细节和成本结构的抉择。销售部有人认为，如果完全如实披露，可能会让公司在竞争中处于不利地位，建议适当模糊处理。然而，技术团队和管理层深知诚信是公司价值观的基石，一旦失去诚信，可能会对公司的长期发展造成难以挽回的影响。

公司追求卓越的产品和服务质量，但在成本控制的压力下，不得不削减一些质量控制环节和测试流程。质量部门对此表示担忧，他们认为这样做虽然可能在短期内赢得项目，但会损害公司的品牌形象，违背公司的价值观。

公司高层意识到问题的严重性，紧急召开会议讨论应对方案。他们深知价值观是公司的灵魂，不能轻易妥协，但也明白项目对公司的重要性。经过深入讨论，高层决定在保证公司基本价值观的前提下，寻找创新的解决方案来平衡成本和质量。

为了解决部门之间的冲突，公司组织了跨部门团队，包括研发、采购、生产、销售和质量等部门的代表。通过多次会议和沟通，各部门逐渐理解了彼此的立场和困难，共同寻找既能满足项目要求又不违背公司价值观的方法。例如，采购部门与供应商重新谈判，争取在价格合理的基础上提高原材料质量；研发团队重新优化设计方案，在不牺牲核心创新点的前提下降低成本；生产部门调整工艺流程，提高生产效率，降低生产成本。

在投标文件中，公司决定坚持诚信原则，如实披露技术细节和成本结构。同时，管理层向客户展示了公司的长期发展规划和对质量的承诺，强调公司虽然在价格上可能不占优势，但能够提供更优质的产品和服务以及长期的技术支持。

针对卓越与现实压力的冲突，公司增加了对关键质量控制环节的投入。同时优化测试流程，采用更高效的测试方法和工具，确保在有限的成本下尽可能保证产品质量。研发团队与质量部门紧密合作，共同制定了一套既能满足项目时间要求，又能确保产品质量达到公司标准的方案。

思考

请结合所学知识，分析该公司的做法是否得当。

智能问答时间

同学你好！我是 AI 小助手 Sam，在学习了本项目以后，你一定是收获满满吧！那你还有什么疑问吗？请和我交流一下吧！你可以打开手机，扫描下面的二维码哟！

项目 4 群体行为与领导力

学习目标

通过学习，学生能够达到以下学习目标。

知识层面目标：掌握群体的概念与特征，理解群体冲突管理及团队管理的相关理论。

能力层面目标：学会在群体和团队中与他人共同配合完成目标，不断提升团队合作能力和组织协调能力，提高处理复杂矛盾与问题的能力。

素质层面目标：树立团队合作意识，形成良性竞争思维，谦逊包容，有大局观念。

开篇案例

两千多年前，中华大地风云激荡，一场惊心动魄的楚汉相争拉开了帷幕。项羽，这位力能扛鼎、勇猛非凡的豪杰，以其盖世之勇威震四方。他在战场上如入无人之境，每次冲锋陷阵都仿佛能让山河失色，其神勇之姿仿若天神下凡，令敌军闻风丧胆。然而，历史的车轮滚滚向前，最终得天下者并非项羽，而是看似平凡无奇的刘邦。

刘邦，出身平凡，没有项羽那般显赫的家世和绝世的武功，却凭借超凡的领导才能和卓越的团队建设智慧，网罗了一大批才华横溢、各具专长的人才。其中，韩信、张良和萧何堪称其智囊团中的中流砥柱。韩信，军事才能卓越绝伦，他用兵如神，奇谋百出，能够在复杂多变的战场上洞察先机，指挥千军万马如臂使指，战无不胜，攻无不克，为刘邦开疆拓土立下了汗马功劳。张良，智谋深远，眼光独到，他犹如刘邦身边的智慧灯塔，在关键时刻总能为刘邦出谋划策、指点迷津。其计谋之精妙，常常能化险为夷，转败为胜，帮助刘邦在错综复杂的局势中做出正确的决策。萧何，内政管理能力超群，他有条不紊地打理着后方事务，确保粮草充足、兵源不断，为前线的战事提供了坚实的后勤保障。

此外，刘邦的阵营中还有诸多出身各异却同样能力非凡的人物。樊哙，这位曾经以宰狗为生的壮士，在战场上勇猛无畏、忠心耿耿地追随刘邦，多次在危难时刻挺身而出，保护刘邦。夏侯婴，赶车技术娴熟，他驾驶战车风驰电掣，不仅在关键时刻能为刘邦驾车突围，还凭借敏锐的洞察力和果断的决策能力，多次为刘邦传递重要情报，在信息传递和紧急救援方面发挥了不可替代的作用。周勃，出身低微，以帮人办丧事为业，然而他为人质朴忠厚，在战场上英勇善战，且具备出色的组织协调能力，为刘邦的军队稳定军心、凝聚士气做出了重要贡献。陈平，智谋过人，善于用计，他以奇谋妙计辅佐刘邦，在外交和战略谋划方面展现出了非凡的才能，多次为刘邦化解危机，创造有利的战略态势。英布，本是一方诸侯，因其勇猛善战而被刘邦招揽，他的加入为刘邦的军队增添了强大的战斗力，他在诸多战役中发挥了重要作用。

反观项羽，尽管他自身实力超群，但生性多疑，缺乏任人唯贤的胸怀。范增作为项羽身边的重要谋士，智谋过人，对局势有着深刻的洞察和准确的判断。他多次为项羽出谋划策，献上良计，然而项羽却对他心存猜忌，不能完全信任和重用他。在鸿门宴上，范增精心策划，试图借机除掉刘邦，以绝后患。但项羽却优柔寡断，不听从范增的建议，放走了刘邦，错失了统一天下的绝佳时机。此后，项羽与范增之间的矛盾日益加深，最终导致范增心灰意冷，黯然离去。随着范增的离去，项羽身边再无能够为他出谋划策、把握全局的智者，项羽的决策愈发盲目和短视。

在楚汉相争的漫长过程中，刘邦充分发挥团队成员的优势，让每个人都能在合适的位置上施展才华。他善于倾听谋士的建议，信任将领的指挥能力，能够充分调动团队成员的积极性和创造力。每当面临重大决策时，刘邦都会召集众人商议，广泛征求意见，集思广益，从而做出最为明智的决策；而项羽则凭借个人的勇猛和直觉行事，独断专行，忽视了团队的力量。他虽然在战场上屡战屡胜，却无法赢得人心，无法建立起一个稳固的统治基础。

最终，楚汉相争以刘邦的胜利而告终。刘邦建立了大汉王朝，成就了一番千古霸业。他的胜利，并非个人的胜利，而是团队的胜利。他通过知人善任、用人之长，打造了一个人才济济、团结协作的强大团队，共同为实现统一天下的目标而努力奋斗。而项羽，尽管拥有万夫不当之勇，却因不能善用人才，仅凭一己之力，最终落得个兵败身亡的悲惨下场。他的失败，也警示着后人，在追求伟大事业的道路上，团队的力量和领导的智慧是何等重要。只有建立起一个人才各得其所、各尽其用的团队，并拥有卓越的领导能力，才能在激烈的竞争中立于不败之地，成就一番惊天动地的伟业。

请结合以上案例，分析团队的重要性。

任务4.1　群体概述

群体是由多个个体经特定关系构成的有机整体，与个体相比差异显著。个体具有独立性与独特性，而群体内部成员存在互动、相互影响，有共同目标、规范及集体心理，其力量远超个体的简单累加，能产生群体极化等现象。研究群体极为重要。于社会而言，群体是基本的结构单位，其组织形式、关系协调影响社会秩序与变迁；在心理层面，群体赋予个体归属感，影响个体的认知与态度，其集体心理现象如从众心理等值得深入探究；从文化角度，群体传承与传播文化，并通过内部交流与外部融合推动文化创新与发展。

4.1.1 群体的含义

“群体”，在英文里是“group”，在我国常被称为“群体”，有时也叫“团体”或“集体”。尽管名称各异，但其内涵大致相同。无论是现实社会还是虚拟社交网络平台，都存在众多群体。网络事件能在在线群体中迅速扩散，群体意见对事件的舆情走向有着显著的导向作用。对群体概念加以定义，是深入研究群体的基础。

群体在个体数量上有一定要求，即至少包含两个个体，但并非个体的简单累加。群体内部成员之间存在信息交流与相互作用。群体是一个跨多领域的概念，社会学、心理学及人类学等领域的专家学者都曾对群体下过定义。

4.1.1.1 社会学领域的群体概念

“群体”最初是社会学领域的术语。早期德国社会学家 Tönnies 在 1887 年提出，群体涵盖家庭、乡村、城市、政党、国家乃至人类等各类社会结合形式。美国早期社会学家 Cooley 在 1992 年从狭义视角出发，认为群体指人际关系亲密的初级群体或小群体，成员间可直接面对面交往互动，例如家庭、邻里、朋友等。

随着社会科学的发展，社会学家依据不同情境对群体概念给出了多种定义。群体由“一群人”组成，规模可大可小，大到几十人的班集体，小到常一起购物的两位邻居。Platow 指出群体由两个或两个以上个体构成，Shaw 将群体定义为两个或两个以上个体互动且相互影响所形成的整体。诸多群体定义都对个体数量有所说明，即群体由两个或两个以上个体组成，不过并没有对群体规模作出限定，这意味着群体规模具有伸缩性。

鉴于存在“群体促进”“群体极化”等现象，群体作用与个体累加作用并不等同。“群体”和“一群人”概念的区别在于群体成员间的行为会相互影响。Shaw 在定义群体时着重强调群体内部成员间必须有互动。Turner 认为群体个体间存在相互依赖关系。Kempe 则提出群体这个网络在个体间的信息、概念及影响力的传播方面起着关键作用。在定义群体概念时，群体间的互动是重点强调的要素，群体成员间通常有较为频繁的接触与互动，这种内部互动致使成员间相互影响，进而使群体作用有别于简单个体累加。

群体是借助特定社会关系结合起来开展共同活动并产生相互作用的集体，其内部成员间存在关系或联系。《社会学词典》对群体的定义为：“人们通过特定社会关系结合起来进行共同活动的相对稳定的集体”（张光博、邵德门、余海宁主编的《社会学词典》，北京：人民出版社，1989 年，第 335 页）。Kempe 认为，群体是由存在关系和联系的个体组成的社交网络。Cooley 认为群体成员间的交往应是长期且全面的。

群体存在客观相似性。Platow 指出群体成员间具有相似特点。Turner 在其定义中也强调了群体中个体间的客观相似性。社会学领域对群体的定义强调集合个体间存在社会关系，群体是由社会关系联结而成的个体组合，且因个体间有沟通互动，群体作用区别于简单个体组合。

4.1.1.2 心理学领域的群体概念

在心理学领域，群体也是常见概念，心理学家认为群体与心理学紧密相连。

群体是具有共同心理特征的心理群体，成员自愿认可自己隶属于该群体，群体的自我定位相同或相似。勒庞（Le Bon）在《乌合之众》中对群体形成的描述如下：“聚集成群的人进入了一种状态，形成拥有共同心理的群体。”Reicher 认为，成员认可自身是群体的一员是群体存在的前提。Tajfel 则将群体描述为两个或两个以上有着相同或相似的社会群体自我定位的个体的集合。在这些定义里，群体存在的前提是群体中的个体认同自己是群体的一部分。

群体并非个体的简单集合，群体中的个体呈现出不同的心理特征，成员有共同信念，处于群体中易使个体丧失自我个性，形成集体心理。勒庞甚至主张只有当个体拥有共同心理时群体才会出现，他在《乌合之众》中写道，“平常意义上，‘群体’一词指聚集在一起的个人。但从心理学角度看，在特定条件下，且只有在这些条件下，一群人会表现出一些新特点，与组成该群体的个人特点截然不同。聚集成群的人，其感情和思想都转向同一方向，自觉个性消失，形成一种集体心理”。美国社会心理学家戴维·麦克利兰（David W. McMillan）将群体定义为一种感觉，即成员间彼此有联系、有归属感和共同信念，成员通过组织形式满足自身需求。由此可见，心理学认为，形成集体心理是群体存在的前提。只有集体心理形成，个体集合才能被称为群体。

从心理学视角看，群体应拥有共同的心理认同，即个体认同自己是特定集合的一部分，同时，形成集体心理是群体与个体集合的主要差异。

4.1.1.3　人类学领域的群体概念

群体在人类学领域同样是重要概念，人类学对群体的描述较为宏观。

群体是独立存在且构成社会的基本单位，群体间地理位置邻近，个体间往往存在沟通与交流。在吴泽霖主编的《人类学词典》中，对群体的解释为：“群体：构成社会的基本单位。一般具有泛人性，即独立自主的存在，超出其组成成员的支配。”（见吴泽霖主编的《人类学词典》，上海辞书出版社，1991 年出版，第 275 页）。人类学家卡努托（Canuto）认为群体是“地理位置上邻近且存在沟通与交流的个体集合”。人类学对群体概念的定义更为宽泛，强调个体是群体构成的基本单位。个体间地理位置邻近，通过相互沟通、相互联系，且一旦形成，组成它的个体便无法再对其进行支配。

在人类学领域，“群体”概念常与“社会”概念一同被提及与比较，众多“群体”共同构成了“社会”。卢成仁对比了诸多社会学、人类学辞典后发现，辞典中对社会和群体概念本身的解释同质性大于差异性，其中最核心的差异在于：社会由群体组成，即社会大于群体。从人类学角度出发，尽管“社会”与“群体”这两个概念存在诸多相似之处，但社会是由众多群体构成的，是比“群体”更大的概念。人类学学科认为，群体是由许多相互独立但彼此沟通且地理位置邻近的个体组成的，众多的群体共同构成了社会。

综合上述几个领域对群体的不同定义，本书对群体概念要素的分析如表 4-1 所示。

表 4-1　群体概念要素的分析

要素	相关研究来源	相关领域
两个或两个以上的独立个体	Platow，Shaw	社会学
内部互动/沟通、相互影响	Shaw，Turner，Kempe，Canuto	社会学，人类学

续表

要素	相关研究来源	相关领域
存在关系或联系	Kempe，Cooley	社会学
（客观的）相似性	Platow，Turner	社会学
集体心理	Le Bon，McMillan	心理学
（主观的）心理认同	Le Bon，Reicher，Tajfel	心理学
地理位置邻近	Canuto	人类学

本书对群体的定义为：群体由两个或两个以上的独立个体组成，成员间存在关系或联系，通过互动和沟通相互影响，形成集体心理，且成员间存在客观相似性及主观心理认同。

4.1.2 群体形成的影响因素

群体形成的影响因素有很多，这里主要从心理学和社会结构两个方面进行分析，涉及认知、情感、社会结构和环境等多个层面。

从心理学角度来看，群体形成与个体的心理状态密切相关。勒庞在《乌合之众》中指出，群体心理不同于个体心理，其特征及演变规律较为复杂。个体在群体中由于匿名、模仿、感染、暗示和顺从等心理因素的作用，可能会丧失理性和责任感，表现出冲动和攻击性等过激行为。此外，群体内部的情绪感染特征明显，群体内部个体间的情绪影响他人的行为、思想和情绪。

社会心理学研究表明，群体形成受到社会认同感的驱动。社会认同感指的是个体自我概念中与社会群体成员身份相关的一部分。当个体对所属群体感到满意时，会产生积极的社会认同感，从而将自己定义为群体的一员。

这种认同感源于个体对所属群体的积极感受，并且在群体形成过程中起着重要作用。此外，群体的形成还受到环境因素的影响。当环境促使人们聚集在一起时，群体便会出现。例如，在突发事件中，人们往往会因为共同的目标或情感而聚集在一起，形成心理群体。这种聚集不仅限于物理空间，也可以通过网络平台实现，如社交媒体上的舆论浪潮。

从社会结构的角度来看，群体形成与社会结构的紧张和促进因素有关。斯梅尔塞的价值累加理论指出，集群行为是由结构性助长、结构性紧张、共同信念、触发因素、行动动员和社会控制失效等因素相互作用产生的。这些因素共同作用，导致群体行为的发生。群体形成还涉及认知偏见和社会规范。认知偏见如相似性偏好、安全偏好和效率偏好会影响个体如何处理新信息，并在压力下放大偏见对决策的影响。社会规范通过社会期望引导个体的行为。在和谐的社区中，居民倾向于遵循社会期望；而在犯罪率高的社区，人们往往偏离社会规范，制定私人规范以自我保护。

群体形成是一个复杂的过程，涉及个体心理、社会认同、环境因素、社会结构和认知偏见等多个方面。

4.1.3　群体的特征

群体有很多特征，下面主要分析以下几个方面：

4.1.3.1　人员数量

群体，从构成要素来看，最少需要两人参与，仅有单个人存在时不能称之为群体，并且其人数不存在固定上限，规模大小可依据实际需求灵活变动。

4.1.3.2　共同目标

群体成员往往因共同目标而汇聚到一起，他们之间至少存在一个共同的目标或者兴趣点。这类目标既可以是明确具体的工作事务，如完成一个项目、达成一项销售指标等，也可以是较为抽象的价值观层面的追求，比如宗教信仰等精神层面的契合。

4.1.3.3　成员之间相互影响

群体成员彼此之间维持着紧密的联系，相互施加影响，齐心协力地为实现集体目标而努力。群体内部有着特定的组织结构，成员间的互动形式丰富多样，涵盖了信息的交流互换、携手并肩的合作、相互比拼的竞争以及意见不合产生的冲突等不同情形。

4.1.3.4　内部有一定规范

群体通常会自行制定一系列规范条例，所有成员都必须遵守。这些规范可能涉及日常的行为准则，规定成员在群体活动中的言行举止界限，以及决策流程方面的规范，旨在保障群体在开展各项事务时能够高效、有序地运行。

4.1.3.5　存在领导者

在群体之中，通常会存在领导者，其选拔主要依据个人能力与过往经验。当群体面临问题需要解决时，成员往往会倾向于依赖领导者的决策与指引。群体内部有着明确的结构体系，诸如不同成员承担不同角色分工以及各种规章制度的确立等。

4.1.3.6　具有一定的凝聚力

群体内部要具备一定的凝聚力，注重关照成员的个人利益，使成员在群体中能够收获满足感。群体能否取得成功，在很大程度上取决于成员对群体的忠诚度的高低。举个例子，球队的队员们来自不同的地域，有着不同的成长背景和打球风格。但为了在国际赛场上取得优异成绩这一共同目标，他们每天一起进行高强度的训练。这种在训练、比赛和日常生活中形成的紧密联系、相互信任、相互支持以及为了共同目标而拼搏的精神，充分体现了群体的凝聚力。正是因为这种凝聚力，球队才能够在激烈的国际赛事中克服重重困难，不断向着胜利迈进。

4.1.4 群体对个体行为和心理的影响

群体行为对于个体行为模式的塑造有着极为显著的作用。在群体情境下，个体常常会展现出更为强烈的从众倾向以及合作意愿。这一现象在社会心理学领域被定义为“从众效应”，意味着个体的行为抉择往往会在很大程度上被周边群体左右，即便这种影响可能与个体自身的直觉判断或者理性分析相冲突。与此同时，群体的存在还会从生理层面提升个体对刺激的感知与情感兴奋程度，这背后有着深刻的生物因素根源。相关研究表明，同种生物个体之间的物理性存在能够切实增强彼此的力量感。

群体在个体的决策过程中扮演着关键角色，深刻地影响着个体的决策方式。在群体内部，个体决策会受到诸多复杂因素的综合干扰，信息的非均衡分布、个体独特的偏好倾向以及价值观念体系等均在其中起作用。群体思维现象便是一个典型的体现，即在群体所施加的压力环境中，个体往往倾向于顺从群体所达成的主流意见，以谋求共识的达成，而非专注于寻求最为恰当合理的决策结果。这种情形在缺乏客观评判标准的场景中表现得尤为突出。例如，在暗室光点移动观测实验里，起初参与者的观点各异，但最终却能迅速达成统一意见，进而构建起群体的标准范式。暗室光点移动观测实验是一个用于研究群体行为和群体思维的经典实验。

实验设置

在一个黑暗的房间里，参与者被要求观察一个光点。实际上，这个光点是静止的。但由于在黑暗环境中没有参照物，人眼会产生一种视觉错觉，感觉光点在移动。

实验过程：

实验开始时，参与者被要求单独估计光点移动的距离。由于每个人的感知不同，他们会给出各种各样的估计值。然后，让这些参与者组成小组一起讨论光点移动的距离。在讨论过程中，成员之间会交流各自的看法。

实验结果：

随着讨论的进行，小组成员的估计值会逐渐趋向一致。这种一致性并不是基于客观事实（因为光点实际上是静止的），而是在群体压力和相互影响下形成的。这体现了群体思维的特点，即个体在群体中倾向于遵循群体意见，以达成共识，而非坚持自己最初的、可能更符合实际情况的判断。

这个实验很好地说明了在缺乏客观标准的情况下，群体如何对个体的判断产生影响，使个体放弃自己的观点，与群体意见趋同，进而形成一种群体标准。它也揭示了群体对个体决策过程的强大影响力。

群体对个体心理状态的塑造同样具有深远意义。当个体心生被群体排斥的担忧时，其个人的自主性将会受到显著抑制。这种现象在结构严谨且带有教条主义倾向的群体中表现得淋漓尽致，不过即便是在非犯罪性的普通群体中，类似特征也依然存在。此外，群体心理能够全方位地渗透到个体的感觉体验、思维运作以及行动实施等各个环节，潜意识层面的现象在运算过程中占据主导地位。

群体特征在社会场景中的呈现方式，也会对个体的思维走向与行为模式产生引导作用，诱发“趋同”或者“从众”的行为倾向。一个社会的文化包容程度、财富分配格局以及社会结构的稳定性等诸多因素，都会对人们的思维模式与行动策略产生深刻影响，进而催生出不同类型的群体认同模式以及利益冲突格局。

从心理健康的维度来看，社会群体构成了个人心理健康的关键支撑要素。倘若个人能够以积极主动的姿态深度融入社会群体之中，那么便能够从中获取更为丰富多元的支持与协助资源，从而有力地推动其心理健康的良性发展。反之，若社会群体无法给予充足有效的帮助，又或者个人与群体之间存在矛盾冲突以及误解隔阂，那么这些负面因素便极有可能引发个人心理问题的滋生与蔓延。

群体对个体行为与心理的影响呈现出高度的复杂性与多维性。它不仅仅取决于个体内部的动机驱动，还与群体自身的结构框架、规则体系、权威层级以及外部环境等多种因素相互交织有关。

任务 4.2　群体结构分析

在当今多元化的社会环境中，群体活动无处不在，从企业团队协作到社区志愿者服务，群体结构发挥着关键作用。群体结构明确了成员间的角色、地位与互动模式，直接影响着群体的运行效率、凝聚力和创造力。合理的群体结构能促进成员间的高效沟通与协作，使群体目标得以顺利实现；反之，则可能引发冲突与混乱，阻碍群体发展。因此，深入探究群体结构的奥秘，对于优化群体绩效、实现共同目标具有深远意义。

4.2.1　群体结构的含义

4.2.1.1　从分工协作角度定义

国外学者亨利·法约尔认为，组织结构是一种将组织内的工作进行合理划分，并确定各个工作之间协作关系的框架。比如将生产流程分为采购、加工、装配、质检等不同环节，并且规定这些环节之间的先后顺序以及信息传递方式，这就是组织结构在分工协作方面的体现。从这个角度来说，组织结构明确了组织内各个部门和岗位的工作内容，以及它们如何相互配合来完成组织目标。国内学者也有类似观点，认为组织结构是对组织活动和成员关系进行有序安排的方式。它确保了组织中的人力、物力等资源能够按照一定的规则进行组合和利用，使得组织成员清楚自己的职责以及与其他成员之间的工作联系，从而提高组织的运行效率。

4.2.1.2 从层级关系角度定义

德国社会学家马克斯·韦伯提出了官僚制理论，其中涉及组织结构的内容。他认为，组织结构是一个具有明确层级关系的体系，包括权力的分层和任务的分配。在这种体系下，上级对下级进行指挥和监督，下级对上级负责。可以理解为，从高层管理者、中层经理到基层员工，形成了一个金字塔型的层级结构，每个层级都有相应的权力和责任范围，这种层级关系的确定是组织结构的重要部分。国外一些现代学者在其基础上进一步阐述，认为组织结构中的层级关系不仅是权力的分配，还包括信息的传递路径。在一个组织中，决策信息从高层向下传达，基层的反馈信息从下向上传递，组织结构通过这种层级关系保证了信息在组织内的有效流通。国内学者也认同这一观点，认为合理的层级结构有助于组织的有序管理，从而避免管理混乱。

4.2.1.3 从组织资源整合角度定义

美国学者理查德·L. 达夫特认为，组织结构是对组织的人力、财务、物力等各种资源进行整合的形式。一个典型的例子是，为了完成一个特定的项目，需要从不同的部门抽调人员，并且分配相应的资金和设备，组织结构就是对这些资源进行统筹安排的框架。通过这种整合，组织能够有效地利用资源，实现资源的优化配置。国内学者在研究中指出，组织结构的资源整合功能还体现在对组织知识和技术的整合上。不同的部门可能拥有不同的专业知识和技术，组织结构可以将这些知识和技术汇聚起来，促进部门之间的知识共享和技术交流，从而提高组织的创新能力和整体竞争力。

本书认为，群体结构指的是群体成员的构成要素及其彼此间的关联形式。它包含了成员多方面的属性与特征。这些要素相互交织，共同塑造了群体的特质、功能以及行为模式。

4.2.2 群体结构的显著特性

1. 整体性

群体结构犹如一个精密的有机整体，各个组成部分紧密相连、相互依存，任何一个局部的变动都可能牵一发而动全身，对整体格局产生深远的影响。

2. 稳定性与动态性并存

在特定时段内，群体结构会维持相对稳定的状态，以保障其基本功能与特性的恒定。然而，时过境迁，伴随环境的更迭、成员的新旧交替等因素，群体结构又会适应性地发生动态演变。

3. 层次性分明

群体结构可细分为不同层级，诸如个体层级、亚群体层级以及整体群体层级等。各层级之间界限清晰，存在明确的隶属与互动关系，这种层次化的结构有助于提升群体的组织效能与管理效率。

4. 多样性

鉴于群体成员个体间的差异，以及群体所肩负任务与功能的多元性，群体结构呈现出多样性。不同类型的群体在成员组成、关系网络、权力分配等方面均展现出显著的区别。

4.2.3 群体结构的多元类型

4.2.3.1 年龄结构

年龄结构是指群体内部不同年龄层次成员的占比状况。不同年龄阶段的成员各具独特的生理机能、心理特质与社会阅历，进而对群体发挥不同的影响力。年轻成员往往朝气蓬勃，创新与学习能力出众，能为群体注入鲜活的创意与活力；中年成员凭借丰富的职场历练与成熟稳健的思维模式，在决策制定与组织协调进程中扮演关键角色；老年成员则可能以深厚的专业造诣和丰富的人生感悟，为群体提供高屋建瓴的指引与建议。

4.2.3.2 性别结构

这里主要指群体中男女成员的数量比例。性别差异致使成员在行为模式、思维路径与沟通风格等方面各有千秋。通常而言，男性可能更具竞争意识、冒险精神与逻辑分析能力，女性则往往更擅长合作交流、人际关系维护与情感沟通。在特定群体中，合理的性别比例能够充分发挥男女成员的独特优势，进而提升群体的综合效能。

4.2.3.3 知识结构

知识结构是群体成员在知识储备水平、专业技能专长等方面的构成态势。多元化的知识结构可赋予群体更为强大的综合实力与应变能力。成员间的知识互补能够促进信息的高效流通，激发创新灵感，从而更从容地应对复杂多变的问题与挑战。在研究领域中，研究人员各自的专业知识相互交融碰撞，能够从多元视角对研究课题展开深入探究，有力地推动科研项目的稳步前行。同时，不同层次的知识结构还有助于组织内部的知识传承与人才培育体系建设，资深成员的渊博专业知识得以传授给年轻后辈，而年轻成员所掌握的前沿知识与创新思维也能为资深专家带来全新的启发与思考。

4.2.3.4 专业结构

专业结构是指群体内部不同专业领域背景成员的分布格局。不同专业背景的成员能够为群体引入多样化的专业视角与独特技能，促使群体功能向多元化拓展延伸。在企业运营中，研发团队需要机械工程、电子工程、软件工程等多专业人才紧密协作，实现产品的创新研发与迭代升级；市场营销团队只有在市场营销、广告策划、数据分析等专业背景人员的通力合作下，才能精心谋划并高效执行市场推广策略。合理的专业结构能够全方位提升群体在各专业领域的业务能力，强化群体的核心竞争力，确保群体目标的顺利达成。

4.2.3.5 性格结构

在职场上，销售类的工作既需要性格开朗、擅长客户开发与关系维护的销售人员积极拓展业务版图，也离不开性格沉稳、工作细致负责的售后人员为客户提供优质贴心的售后服务，二者协同发力，共同提升客户的满意度与忠诚度，这说明了性格结构的重要性。性格结构是指群体成员性格类型的组合模式。性格特质深刻地影响着成员在群体中的行为表现与角色定位。性格外向的成员通常善于人际沟通、人脉拓展，能够在群体中营造活跃的氛围、促进信息交流；性格内向的成员则可能更精于独立思考、深度钻研，为群体贡献极具深度与洞察力的见解与解决方案。在一个团队中，不同性格类型的成员相互补充、相得益彰，能够构建和谐高效的合作生态，提升团队的工作成效与品质。

4.2.3.6 观念结构

观念结构反映群体成员在价值观、信仰追求、理念认知等方面的构成状况。观念的一致性能够有力地增强群体的凝聚力与认同感，促使成员在共同目标的引领下齐心协力、携手奋进。当群体成员秉持相近的价值观与理念时，他们在决策过程与行动执行中更容易达成默契，减少内部矛盾与冲突。适度的观念差异并非全然有害，它能够激发成员之间的思想交锋与深度探讨，为群体的创新发展注入活力，只要这种差异能够在共同的目标与价值观框架内得到妥善的整合与协调。

4.2.3.7 层级结构

群体内部基于职位层级、权力分配等因素所形成的等级架构分布。层级结构清晰地界定了群体成员之间的权力界限与职责分工，有助于提高组织的管理效能与决策效率。高层管理人员专注于战略规划与重大决策的制定，中层管理人员着力于组织协调与资源的合理调配，基层员工则专注于具体任务的操作执行。这种分工协作的模式能够保障群体的高效有序运转。同时，层级结构也为成员铺设了明确的职业晋升通道与发展路径，激发成员拼搏进取的动力，促使他们不断提升自身能力与业绩表现。不过，层级结构也并非尽善尽美，可能存在信息传递受阻、官僚作风滋生等弊端，需要借助科学合理的制度设计与畅通无阻的沟通机制加以优化。

4.2.4 影响群体结构稳定性的因素

群体结构的稳定性体现在特定时段内，群体能够维持其固有基本特征与功能。以下从多个关键方面深入阐述影响群体结构稳定性的因素。

4.2.4.1 价值观与目标的一致性

群体成员间若具有相似的价值观且追求共同目标，将极大地促进群体结构的稳定。如果价值观一致，意味着对于何事可为、何事不可为有着相近的判断标准，从而有效减少内部的冲突与矛盾，使得群体结构得以长期稳固地维系。

4.2.4.2 知识和技能水平的相近性

成员在知识结构与专业技能方面的同质性对群体稳定性产生重要影响。当成员具备相近的学术背景与专业技能时，彼此之间能够更顺畅地进行沟通与协作。他们能依据共同的研究方法与流程稳步推进工作，避免因知识或技能差距过大而产生的理解障碍与协作不畅的问题。像纯粹由数学家组成的理论数学研究团队，成员们在数学知识体系、研究思路以及方法运用上高度同质，这为团队结构的稳定奠定了坚实基础，有力地保障了数学理论研究工作的高效开展。

4.2.4.3　群体规范的明确性

群体规范作为群体成员需共同遵循的行为准则与标准，其清晰与否直接关联群体结构的稳定性。在企业组织中，若具备严格且明确的考勤制度、规范的工作流程等，员工便能清晰地知晓自身行为的边界与要求，从而自觉地约束自身行为，使整个群体处于有序运行的状态。反之，若缺乏此类规范或者规范含混不清，员工的行为将失去有效约束，极易引发混乱局面，进而对群体结构的稳定性造成严重破坏。

4.2.4.4　角色定位的清晰程度

在群体中，每个成员都承担着特定角色，角色定位的清晰程度对于群体结构的稳定至关重要。清晰明确的角色定位使得团队成员各司其职，协同配合有条不紊，有力地维持了群体结构的稳定。一旦角色定位出现混乱，比如职责不清或任务交叉，必然会导致工作推诿、协作困难等不良现象，群体结构的稳定性也将受到极大的威胁。

4.2.4.5　群体凝聚力的强弱

成员之间良好的人际关系以及深厚的情感纽带是群体凝聚力的关键源泉，对群体结构的稳定性有着积极的强化作用。群体成员间的共同利益是凝聚群体的重要因素，与群体结构的稳定性密切相关。

4.2.4.6　资源供应的稳定性

群体的生存与发展离不开各类资源，如资金、原材料、信息等。当外部环境能够持续稳定地为群体提供这些资源时，群体结构往往更易于保持稳定。以制造业企业为例，如果其原材料供应商能够长期稳定供货，并且价格波动处于可接受范围，企业便能够依据既定生产计划有序开展生产活动，企业内部的管理团队、生产团队等群体结构也会相应保持稳定状态。然而，一旦原材料供应中断或者价格出现大幅波动，企业的生产运营必将遭受严重影响，可能导致生产停滞、成本失控等问题，进而引发企业内部群体结构的不稳定，如人员调整、部门重组等。

总之，群体结构对于组织发展至关重要，合理的年龄结构可带来经验传承与创新活力的平衡，性别结构的优化能促进多元思维融合与优势互补，知识与专业结构的完善为应对复杂任务提供全面能力支撑，性格结构的适配有助于营造和谐高效的工作氛围，观念结构的统一可凝聚团队力量，层级结构的合理设计则保障信息流通与职责明晰，这些方面相互交织，共同塑造组织的核心竞争力，推动组织在多变的环境中持续稳定地发展并实现战略目标。

任务 4.3　群体行为分析

群体行为不同于个体行为，它有自己的特点，但是它与个体行为有着千丝万缕的联系。分析群体行为对于后续理解组织行为有着重要意义。

4.3.1　群体行为的含义

群体行为是团体行为的特殊表现形式，是由两个或两个以上相互影响、相互作用且相互依赖的个体所组成的人群集合体的行为，其目的在于达成某个特定目标。组织、群体与个体三者紧密相连，不可分割，而群体处于组织与个人之间的过渡地带。群体行为通常在团体部分成员对共同目标满怀强烈渴望与高涨情绪，且达成一致状态时产生，同时还会受到其他成员的暗示以及情绪感染的影响。

对于群体行为产生缘由，有着多种阐释。其中，相互作用论指出，集体行为的形成，首先离不开参与者之间的相互刺激，即一些人聚集起来并展开激烈的互动；而经济规范理论则认为，在情境模糊不清时，一旦群体察觉到可指引自身行动的规范出现，其成员的行动便会逐渐趋向一致。在足球比赛中，当球队在比赛的最后时刻打进关键进球，有望赢得比赛时，现场观众会欢呼雀跃、起立鼓掌，甚至拥抱身边的陌生人。他们的情绪相互感染，整个看台都沉浸在兴奋之中。这种行为就是典型的群体行为，大家都为球队的胜利这一共同目标而欢呼。另外，如果观众认为裁判做出了不公平的判罚，部分观众可能会发出嘘声表示不满。这种情绪也会在人群中传播，导致更多的观众加入嘘裁判的行列。又如，在一些热门的网络论坛或者社交媒体群组中，当出现一个有争议的话题（如某个电子产品的质量问题、某部影视作品的剧情争议等）时，网友们会展开激烈的讨论。他们可能会联合起来要求厂商给出解释或者抵制某部作品。在这个过程中，网友们会相互引用观点、互相支持或者反驳，形成一种虚拟空间中的群体行为。

阿希实验

阿希把七八个被试者组成一个小群体，并让他们都坐在教室里，要求他们比较实验者手中的两张卡片。一张卡片上有 1 条直线，另一张卡片上有 3 条直线，这 3 条直线的长度不同。这 3 条直线中有一条和第一张卡片上的直线长度相同。线段的长度差异是非常明显的。在通常条件下，被试者判断错误的概率小于 1%，被试者只要大声说出第一张卡片上的哪一条直线与另一张卡片上 3 条直线中的哪一条长度相同就可以了。但是，如果群体成员开始时的回答就是错误的，会发生什么情况呢？群体要求从众的压力，会导致不知情的被试者（USS）改变自己的答案，以求与群体其他成员一致吗？阿希想知道的就是这一点。为此，他做了这样的安排：让群体其他成员都做错误回答，而这一点是不知情的被试者所不知道的。而且，阿希在安排座位时，有意让不知情的被试者坐在最后，最后做出回答。

实验开始后，先做了几套类似练习。在这些练习中，所有被试者都做出了正确回答。但在做第 3 套练习时，第一个被试者做出了明显错误的回答，比如，C 线段与 X 一样长。下一个被试者也做出了同样错误的回答，再下面的人都是如此，直到不知情的被试者出现为止。不知情的被试者知道，B 与 X 长度相同，但别人都说是 C，他面临的选择是：自己可以公开地说出与群体中其他成员不同的答案吗？或者，为了与群体中其他成员的反应保持一致，而做出一个自己坚信是错误的答案？

阿希所获得的结果表明：在多次实验中，大约有 35%的被试者选择了与群体中其他成员的回答保持一致，也就是说，他们知道自己的答案是错误的，但这个错误答案与群体中其他成员的回答是一致的。

从这个实验中，我们可以得出什么结论呢？阿希实验的结果表明，群体规范能够给群体成员形成压力，迫使他们的反应趋向一致。我们都渴望成为群体的一员，而不愿意与众不同。我们可以把这个结论进一步展开：如果个体对某件事情的看法与群体中其他人的看法很不一致，他就会感到有很大的压力，这会驱使他与其他人保持一致。

（资料来源：https://baike.so.com/doc/8422477-8742281.html）

4.3.2 群体行为的特征

4.3.2.1 群体成员具有共同的需要和目标

在一个特定的群体之中，成员们往往因相似的处境、利益诉求或兴趣爱好而汇聚。创业团队中的成员们共同怀揣着将创新理念转化为成功商业项目的强烈渴望，他们都需要资金、技术、市场渠道等资源来推动创业进程，这个共同的目标如同灯塔，指引着团队成员各自发挥专长，无论是负责产品研发的技术人员精心雕琢产品功能，还是市场营销人员努力拓展客户群体，抑或是财务人员合理规划资金使用，都是围绕着实现创业成功这一核心目标而协同合作，这种共同的需要和目标是团队得以凝聚并持续运作的内在动力源泉。

4.3.2.2 群体成员具有共同的规范和行为模式

群体为了维持自身的有序运行与和谐稳定，会逐渐形成一系列被成员共同认可并遵循的规范和行为模式。班级群体中有按时上课、遵守课堂纪律、按时完成作业等明确的规范。在行为模式上，同学们在课间休息时会进行交流互动，参加集体活动时会遵循组织者的安排依次进行项目体验等。这些规范和行为模式通过群体内部的教育、示范以及成员间的相互监督得以传承和强化，它们犹如无形的绳索，约束着成员的言行举止，确保群体活动能够有条不紊地开展，避免因个体的肆意妄为而导致群体秩序的混乱与目标的偏离。

4.3.2.3 群体成员具有共同的归属感

当个体成为某个群体的一员后，会逐渐产生一种对该群体的特殊情感联结，即共同的归属感。在人们常见的社区志愿者中，群体成员们在参与社区公益活动的过程中，不断为改善社区环境、帮助社区居民而努力付出。随着时间的推移，他们会对这个志愿者群体产生强烈的认同感，将自己视为群体中不可或缺的一部分，并且在与其他志愿者共同奋斗的过程中，形成了深厚的情感纽带。无论是在社区组织的大型活动中相互协作，还是在日常的小型服务项目里并肩作战，这种归属感使得成员们在面对困难和挑战时更具凝聚力和向心力，愿意为群体的荣誉和利益而奉献自我，并且在群体中找到情感上的慰藉与支持。

4.3.2.4 群体成员要相互作用

群体成员之间的相互作用是群体活动的核心特征之一。在诸多实验过程中得到的数据会反馈给数据分析成员，他们通过专业的数据分析方法得出结论并与理论研究成员再次交流探讨，如此循环往复。成员之间通过信息交流、观点碰撞、任务协作等多种形式的相互作用，不断优化项目方案，解决研究过程中遇到的各种问题，使得整个科研项目如同一台精密运转的机器，每个成员都是其中不可或缺的齿轮，相互配合，共同推动科研项目朝着预期目标前进。

4.3.2.5 群体成员具有组织性

组织中从高层管理团队到中层部门负责人再到基层员工，形成了清晰的层级结构。高层管理者制定战略规划和整体目标，中层部门负责人将这些目标分解为具体的部门任务并组织协调本部门员工开展工作，基层员工则依据各自的岗位职责和工作流程完成具体的操作任务。同时，企业内部还设有各种职能部门，如人力资源部门负责人员招聘、培训与绩效管理等工作，财务部门负责资金筹集、预算编制与成本控制等工作。各部门之间相互协作、相互制约，通过明确的分工与有序的协作机制，确保企业能够高效运转，在市场竞争中实现自身的发展目标。这种组织性使得群体能够整合资源、发挥优势，实现个体无法达成的复杂任务和宏大目标。

4.3.3 群体行为的影响因素

影响群体行为的因素众多且复杂，它们相互交织，共同塑造着群体行为的走向与特征。

4.3.3.1 群体成员的个人特点及基本素质

群体成员的个人特点及基本素质起着基础性的作用。成员的性格、能力、知识水平、价值观等个人特质千差万别。性格开朗外向的成员可能更善于在群体中打破僵局，积极推动交流互动；而性格内向沉稳的成员或许在思考和分析问题上更具优势，能够提供深入且独到的见解。成员的能力涵盖专业技能、沟通能力、领导能力等多个方面，群体中成员能力的多样性与互补性会影响群体应对不同任务的能力。成员之间相互配合，才能使科研项目顺利推进。成员的知识水平决定了群体在处理专业事务时的深度与广度，高知识水平的群体在面对复杂问题时可能更具创新性与前瞻性。价值观影响着成员对群体目标、行为方式的认同与选择，当群体目标与成员个人价值观高度契合时，成员往往更具积极性与忠诚度。

4.3.3.2　人际关系

群体内部的人际关系是影响群体行为的关键因素之一。良好的人际关系能够促进成员之间的信息流通与情感支持。在一个团队中，如果成员彼此信任、相互尊重，他们会更愿意分享自己的想法与经验，从而提高群体决策的质量。成员们在和谐的人际关系氛围下，能够毫无顾忌地提出各种新奇的想法，并且相互启发，激发出更多的灵感火花。相反，若人际关系紧张，充满矛盾与冲突，可能导致成员之间相互猜忌、沟通不畅，进而影响群体工作效率，甚至可能使群体分裂瓦解。比如，在一个部门中，因利益分配不均引发成员之间的矛盾，导致工作无法协同开展，部门绩效大幅下滑。

4.3.3.3　群体行为动机强度

群体行为动机强度对群体行为有着直接的驱动作用。当群体对某个目标有着强烈的渴望与追求时，成员们会展现出更高的积极性与行动力。如果一个创业团队怀揣着改变行业格局、实现个人价值与财富梦想的强烈动机，他们会不惧困难，日夜兼程地投入到产品研发、市场拓展等工作中。这种强烈的动机能够使群体在面对挫折时保持坚韧不拔的毅力，不断调整策略，努力朝着目标前进。反之，若动机不足，群体行为可能会显得拖沓、缺乏效率，成员容易产生懈怠情绪。

4.3.3.4　群体行为准则

在一个组织中，规章制度就是一种行为准则，它规定了员工的工作流程、考勤制度、职业道德规范等。员工们遵守这些准则，能够保证企业生产经营活动的正常运转。在一个志愿者组织中，行为准则可能涉及对服务对象的尊重、保密原则以及团队协作规范等，这些准则使志愿者们在开展公益活动时能够保持良好的形象与高效的服务质量。由此可以看出，群体行为准则为群体行为提供了规范与导向。明确合理的行为准则有助于维持群体秩序，确保群体活动有序进行。

4.3.3.5　群体压力

群体压力在群体行为中也有着不可忽视的影响力。群体压力可以分为从众压力和规范压力等。从众压力使得成员倾向于与群体中大多数人的行为保持一致，以免被视为异类。规范压力则是群体准则所带来的压力，违反群体规范可能会面临批评、惩罚等后果，从而促使成员遵守规范。然而，群体压力并非总是消极的，适度的群体压力也可以激发成员的潜力，促使他们努力达到群体的期望。

4.3.3.6　群体的内聚力

一支在大赛中屡获佳绩的体育团队，成员们因共同的荣誉与目标而紧密地团结在一起，在训练和比赛中相互鼓励、相互支持，形成了强大的战斗力。这种内聚力使群体在面对外部竞争时能够保持高度的一致性与协调性，更有效地发挥群体优势。群体的凝聚力反映了群体成员之间的团结程度与群体对成员的吸引力。高内聚力的群体成员对群体有着强烈的认同感与归属感，他们愿意为群体的利益付出更多的努力。

4.3.3.7 群体利益

群体利益是群体行为的核心驱动力之一。群体利益包括物质利益和精神利益等多个方面。物质利益如工资待遇、奖金福利等，直接影响着成员的生活质量与工作积极性。合理的薪酬体系能够激励员工努力工作，从而提高企业的生产效率。精神利益如荣誉称号、成就感、社会认可等，也能满足成员的精神需求，增强成员对群体的忠诚度。

除此之外，风俗习惯、价值观念、群体主要任务特征等因素都会影响群体行为，影响组织成员之间的交往模式和互动模式，最终影响组织目标的实现。

4.3.4 群体行为相关理论

群体行为的相互作用论与紧急规范理论是阐释群体行为产生机制的关键理论。

4.3.4.1 相互作用理论

相互作用理论着重于群体成员间的相互依存关系。在群体情境下，会产生一系列由正负向欲望与防御交织而成的“紧张”态势。群体行为实质上是一系列用以化解这些紧张并重建相对稳定平衡的操作。所以，改变与对改变的抵制成为群体生活的核心要素。该理论突出群体内部成员互动及相互影响的重要性，通过解决紧张关系来达到群体的稳定状态。

4.3.4.2 紧急规范理论

由特纳等人提出的紧急规范理论指出，在不确定的环境中，群体成员的行为规范源自群体内部的互动交流。具体而言，当传统规范无法有效指引社会行为时，新的行为规范便会在群体中应运而生。这些新规范通常由发起者（多为领导者）通过自身行为为群体成员指明方向，随后其他成员加以模仿并遵循，进而形成全新的行为规范。此理论聚焦于特定情境下群体成员怎样经由互动塑造新的行为准则，且这种新规范会对在场个体构成压力，迫使其效仿与遵从，最终推动集体行动的产生或使其进一步扩展。例如，在紧急事件发生后，原本无明显群体归属感的幸存者会因强烈的集体感而不顾个人安危救助陌生人，这便是新规范形成并产生作用的体现。

群体行为中的相关因素对个体与群体决策有着一定影响。群体行为中的匿名性、从众性和无组织性均对个体行为及群体决策有着明显的影响，这些因素在众多研究中备受关注。匿名性在群体行为中占据关键地位。处于匿名状态时，个体可能丧失自我意识，个人标准的可接受程度随之降低，致使个体更易受群体与环境的左右。这种影响类似行为传染，个体可通过模仿他人的行为或情感迅速融入集体行动。

从众心理在群体决策过程中有着不可忽视的影响。从众行为能够减轻个体压力，避免争论，避免因与众不同而产生困扰，或者为不受欢迎的立场提供看似合理的解释。人们往往倾向于认为与自己观点一致的人更具智慧、更讨人喜欢。当提前知晓他人意见时，个体在表达自身观点时更易从众。即便个体深感个人意见的重要性及可能产生的个人后果，从众心理依然存在。不过，群体决策环境能够改变从众行为对个人与群体决策的影响。当群体环境被设定为“和睦相处”时，个体更易呈现出从众效应；而当群体决策环境被定位为探寻“真相”时，从众效应则相对不显著。相关研究表明，当个体被要求阐释或捍卫与群体相悖的观点时，他们改变自身意见以契合群体意见的可能性更大。

谢里夫的群体规范研究

群体通常拥有某些规则或标准——规范（norms）。规范几乎在人类行为中的每一处都起作用。谢里夫想要研究规范形成的过程，他发现了一个可以达到此目的的理想实验环境。谢里夫设计的研究围绕着所谓的“自移光效应”现象展开。一个人被安排坐在完全黑暗的房间里，呈现一点很微小且静止的灯光，这时，这个人常常会看见灯光在移动——这是神经系统对昏暗的灯光过度补偿的结果。在进行这种过度补偿的时候，神经系统向大脑发送的刺激与眼睛在跟随一个移动物体时发送的刺激相同。这是一个高度含糊的情境，因此给了谢里夫一个极好的机会，提供了研究群体规范的条件。几乎每个人都看到了灯光的移动，但是，由于它实际上并没有移动，因此，没有人真正知道它移动了多远。

谢里夫设计了一个实验环境：受试者被安排在一个黑暗的房间里，手指便于触及的地方放着一个电报按键。五米之外，放了一盏会发出一点灯光的灯。研究者给这些受试者下面的指示：“当房间完全黑暗时，我会给你预备这个信号，然后给你一点灯光。一会儿，这点灯光会开始移动，你一看到灯光移动就按键。几秒钟过后，灯光便会消失。然后你告诉我它移动的距离，尽可能估计得准确。”当受试者按下按键后，计时器开始嘀嗒计时。它响了两秒，然后灯光消失了。谢里夫首先让某个受试者单独在房间里做这项实验。经过反复试验，此人通常会停留在自己的一套标准上。估计的距离可能在4～6英寸之间，一般在5英寸左右。然而，其他人各自有非常不同的个人范围。有的人可能以半英寸为标准，而有的人可能以2英尺为标准。在下一步的实验中，谢里夫将几个人安排在同一房间内，对他们进行实验。这几个人曾分别在房间里做过实验，并建立了自己的标准。他们一起接受实验，并且彼此可以听到对方估计的距离。在这种环境里，通常会发现，当实验几经重复之后，各种估计数值会变得越来越接近。最终，这个群体建立了自己的标准，这个标准通常接近几个人估计的标准的平均值。

在第三步的实验里，谢里夫让那些曾在群体环境中实验过的人再次分别在房间内做进一步的实验。在这种单独的环境中，个人通常会遵守在群体中形成的规范。谢里夫的实验显示，在不确定的环境里，人们更喜欢依靠别人的指导。它同时显示，群体的影响能够超越群体，出现在没有群体的环境中。社会的很多规范必定是在像谢里夫所做的实验那样的过程中发展出来的。经过实验，这些过程被单独分离出来。毕竟，生活中有很多环境充满不确定性。在人类关心的一些最重要的领域——政治、宗教、道德中，很少有确定的东西。在谢里夫研究的基础上，我们可以期待发现，在种种模糊不清的领域里，群体对人们的态度具有极大的影响力。

（资料来源：https://www.guayunfan.com/lilun/141103.html）

无组织性在群体行为中同样意义非凡。特纳认为，群体的独特之处在于缺乏正式的组织结构或既定规范来约束行为，因此诠释群体行为的关键在于解析群体内部规范的形成机制（即紧急规范理论）。在无既定规范引导的情形下，群体成员的注意力易被独特行为（或独特个体的行为）所吸引。此类行为暗示着规范的形成，进而对非规范行为形成压力。

综上所述，匿名性、从众性和无组织性在群体行为中有着错综复杂的影响。匿名性可能致使个体丧失自我意识，降低个人标准的可接受程度，催生反规范行为；从众性能够通过减轻压力和避免争论来影响个体的决策过程。

任务 4.4　常见的群体冲突

群体冲突是一种在社会中广泛存在的现象，涉及不同社会群体之间的不和谐或对立状态。以下将对群体冲突的概念、表现形式以及产生原因等方面进行详细阐述。

4.4.1　群体冲突的概念

群体冲突，即群体之间公开呈现的敌意以及对彼此活动的相互干涉。从某种意义上说，冲突会对现有组织及人员的正常运转形成阻碍，但群体冲突并非全然有害。只要冲突能控制在合理范围内，且集中于有限的关键事务上，反而会助力组织高效运行。

可以从以下方面进行理解。

1. 群体冲突不全是有害的

冲突虽存在严重的潜在消极影响，但也具备一定益处。冲突犹如组织变革的催化剂，能推动组织重新审视公司目标，或对事务的优先次序予以调整，促使管理者重视那些以往被忽略的重要问题，并做出高品质的决策。群体冲突常给组织带来冲击，使组织突破现状，迈向革新之路。刘易斯·科塞作为社会学理论里冲突学派的关键代表人物，致力于在结构功能主义与冲突论之间探寻一种平衡状态，进而提出了“冲突功能主义”的独特见解。在他看来，社会冲突并非必然是负面的，也不一定会致使社会走向瓦解和崩溃，相反，其能够在社会的维系与整合进程中发挥积极作用。他对冲突进行了细致分类，区分出了现实性冲突与非现实性冲突，同时也划分出诸如亲密关系的冲突、内群体冲突、外群体冲突以及意识形态的冲突等多种类型，并深入剖析了各类冲突的特性与功能。此外，他还创新性地提出了“安全阀”这一概念，所谓“安全阀”，是指社会系统为减轻和宣泄社会压力以及敌对情绪所设立的一种制度性安排。他的冲突理论对于社会学的发展进程以及社会问题的有效解决均有着极为关键的启示与借鉴意义。

2. 群体冲突需要一定程度的疏导

全面压制冲突会引发更为不利的结果。若对所有冲突一律打压，人们就会转为暗中互相使绊子，而非正面交锋。群体将精力耗费在削弱对手上，而非解决双方的问题上。故而，作为解决冲突的策略，适度对抗有时比一味压制更为有效。

3. 群体冲突不能完全避免

比如，有些企业当前提供的产品与服务较为复杂，无论是产品生产还是服务提供，均需众多群体密切协作。当大量群体协同处理多项任务时，冲突的发生几乎不可避免。此外，公司财务状况以及国家经济形势在一年中可能多次变动，这些变化往往引发各方对预算和资源的争夺，由此导致的冲突通常难以预见与规避。所以，管理者不应不计成本地压制冲突。管理者的职责在于允许适当的冲突存在，并采用既能提升组织效能又不会滋生更深的敌意或破坏性行为的方式来化解、消除冲突。对于管理者而言，值得认可与奖励的应是其诊断与管理冲突的能力，而非其所管辖单位表面上的“平静”。

4.4.2 群体冲突产生的原因

群体冲突并非由非理性或琐碎之事引发，其根源往往在于组织协调不同群体的工作以及在这些群体间分配奖赏的方式。

4.4.2.1 工作协调引发的群体冲突

在组织制造产品或提供服务的过程中，协调多个部门活动时极易产生摩擦，这是群体冲突常见的诱因。这涉及一个工作群体在完成任务时对其他单位的依赖程度。当一个群体的产出构成另一群体的投入时，便存在序列工作相互依赖关系。在这种情况下，一个群体活动对另一个群体绩效的影响越大，冲突发生的可能性就越高。直线群体与职能群体常因这种依赖关系而产生冲突，职能人员执行监控职能并向高层汇报直线人员的工作问题，易引发直线人员的抵触，从而拒绝职能人员的生产率改进建议，直线人员抱怨其虽有技术专长却缺乏实施能力。

1. 相互工作依赖型冲突

即每个群体的部分产出成为其他群体的投入，由此产生的群体冲突源于群体对绩效差异的不满，各方可能对接受工作的质量或数量存在异议。不同群体因任务而相互依赖，往往会在职责范围的界定上产生分歧，进而引发冲突。

2. 工作模糊型冲突

当组织未明确规定某项活动由哪个群体负责时，工作模糊状况就会引发群体冲突。重要工作职责不清晰，处于群体间无人负责的状态，各群体易将责任归咎于对方，从而产生不满情绪。这种情况在组织快速扩张或环境显著变化时较为常见，易导致群体间出现问题。

3. 方向差异型冲突

组织中不同职能群体因职能不同，其工作与交往方式存在差异，包括时间观念、目标以及人际关系等方面。各职能群体在这些方面的差异越大，协调工作时就越容易产生冲突，因为工作方向的差异会使各群体对其他群体的行为感到失望或难以理解。

4.4.2.2 组织奖惩制度引发群体冲突

组织监控群体绩效并分配资源（资金、人力与设备等）的方式是群体冲突的另一个主要源头。当群体为稀缺资源而竞争时，冲突便会发生。

1. 资源相互依赖型冲突

群体在完成工作任务时虽相对独立，但会竞争资源。例如，两家生产相同产品的独立制造工厂可能从公司总部竞争额外预算分配或人力资源，不同产品群体可能争夺市场研究部门的时间。当组织发展缓慢或停滞时，资源竞争引发的冲突会更激烈。

2. 矛盾奖赏制度型冲突

有时组织奖赏制度的设计会使一个群体需要牺牲其他群体的利益来实现自身目标。如职能制部门可能因削减成本与人员而受赏，直线制部门则因产品销售或服务提供量的增加而获奖。直线制部门为增加销量可能更依赖职能部门（比如广告部），但职能制部门因成本与人员削减而减少，无法提供给直线制部门所需的服务，可能导致自身目标无法达成，如此矛盾的奖赏制度必然导致部门间关系恶化。

3. 竞争激励手段型冲突

管理者有时将群体间竞争用作激励员工的手段，其原理是人在压力下会提高产量，他们认为群体间竞争对组织有益，而实际上群体间竞争常导致冲突增加而生产率未升。深入探究可知，合作群体能更好地协调活动，充分沟通交流，生产的产品更多、更好。若竞争群体工作高度依赖，竞争会大幅降低生产率，因为竞争群体可能花时间、精力阻挠其他群体活动，既降低自身生产率也影响其他群体的生产率。销售部门可做例证，销售群体间常有竞争，推销最多者获特别奖金，但若群体间合作，共用办公室、分担辅助群体费用并向同一顾客推销多系列产品，组织生产率可能更高。

从组织层面来看，工作协调和奖赏制度是引发群体冲突的关键因素。在工作协调方面，不同类型的依赖关系、工作模糊以及方向差异等都可能导致群体冲突；在奖赏制度方面，资源竞争、矛盾的奖赏制度以及不合理的竞争激励手段等也会引发群体冲突。组织应重视这些因素，通过合理的制度设计和协调机制，减少群体冲突的发生，提高组织的整体效能。

4.4.3 群体冲突的影响

当群体冲突爆发之际，群体间关系的特质会发生极为显著的转变，主要体现在以下四个维度上。

4.4.3.1 群体认知皆偏离客观实际

一方面，群体成员在认知本群体时极具选择性，往往只会聚焦于本群体的优势之处，而对自身工作中存在的缺陷视而不见。另一方面，且更为关键的是，对其他群体的认知与实际状况截然相反，仅仅留意到其他群体的不足之处，却对其工作成果予以全盘否定。如此一来，群体冲突极易催生更为严重的偏见，形成更多的思维定式。每个群体都会过度美化自身，而对其他群体则过度贬低。

4.4.3.2 群体间的交互与信息传递趋于减少

鉴于群体成员对其他群体成员心怀敌意，彼此交往互动的意愿颇为薄弱。再者，交流频次的降低又进一步促使每个群体更易坚守对其他群体的负面评价。即便在某些情形下被迫开展交流，这类接触也往往显得极为刻板、生硬。关于群体间究竟应交流哪些信息，通常都需经过审慎的甄别、分类，甚至会出现蓄意歪曲的现象。这是因为此时各个群体难以察觉彼此间观点和立场的共同之处，反而会将差异与分歧无限放大。

4.4.3.3 对待其他群体策略的转变

这种转变主要表现为由“致力于解决问题”转变为“着眼于输赢”。

（1）群体间的差异被进一步放大，使得目标设定演变为“我方与彼方的对立”，而非“我方与问题的对抗”。

（2）与其他群体的所有往来均以输赢结果作为衡量标准。

（3）群体常常仅从自身视角出发看待问题，全然不顾及对方的需求与诉求。

（4）冲突各方往往侧重于短期内赢得冲突所带来的益处，却时常忽视冲突对群体间长期关系所造成的负面影响。

（5）对竞争群体的敌意持续加剧。偏见的滋生、交流的匮乏以及以输赢为导向的思维模式，都不可避免地导致竞争群体间的关系持续恶化，敌意层层加深。其他群体的成员被视作敌人，进而被认定应当遭受敌对性攻击。

4.4.4 应对群体冲突的方式

解决群体冲突的方式可以从多个角度进行，包括预防、管理和解决具体冲突。以下是一些有效的策略。

4.4.4.1 沟通协商

1. 构建沟通桥梁

营造开放的沟通文化是解决群体冲突的基础。这要求组织消除部门间的沟通障碍，促进信息的自由流通，使各群体能充分表达自身的想法与需求。通过建立诸如跨部门定期交流会议等机制，为不同群体提供平等的对话平台，增进相互间对工作任务、目标和困难的了解，从而降低因信息不透明而引发冲突的可能性。同时，借助信息技术搭建内部沟通平台，方便群体成员在遇到问题或意见分歧时及时沟通，将冲突遏制在萌芽状态。

2. 推进协商进程

当冲突发生后，协商谈判成为化解矛盾的关键步骤。各冲突群体应清晰地界定自身的利益诉求和可接受的底线，在理性的基础上展开对话。在此过程中，挖掘双方在组织整体目标框架下的共同利益至关重要。尽管群体间存在分歧，但从宏观组织目标出发，总能找到使双方利益部分契合的解决方案，进而达成共识，化解冲突。

4.4.4.2 调整组织结构和工作流程

1. 明确职责范围

工作模糊是引发群体冲突的常见因素，因此明确各群体的工作职责与权限边界势在必行。借助制订详尽的岗位说明和工作流程规范，精确划分各群体的工作范围，避免职责交叉和空白区域的出现。此外，随着组织的动态发展和业务的持续演变，应定期对职责界定进行审视和更新，确保其与实际情况相符，从而有效预防因职责不清而导致的冲突。

2. 优化流程体系

针对因工作流程不合理引发的群体冲突，需对流程进行优化再造。通过分析各群体工作衔接中的低效环节，去除冗余步骤，提高整体工作效率，进而缓解群体间的矛盾。同时，引入科学的管理理念和工具，如精益管理思想，助力优化价值流程，增强群体间工作配合的流畅性，减少因流程不畅引发的冲突。

4.4.4.3 整合群体目标和激励机制

1. 塑造共同愿景

组织应致力于将各群体的目标统一于共同的组织目标之下，使各群体明确自身工作对实现组织整体目标的贡献，从而减少因目标差异而产生的冲突。这一过程需要高层管理者发挥引领作用，通过战略规划和愿景传播，让各群体深刻理解组织的发展方向，明晰自身在组织蓝图中的定位与责任，促使各群体为实现共同目标协同努力。

2. 优化激励体系

当现有激励机制成为群体冲突的导火索时，必须对其进行调整和完善。设计合理的奖励制度，鼓励群体间的合作行为。例如，设立跨群体合作奖，表彰在协同工作中表现突出的团队或个人。同时，确保激励机制的公平性与合理性，使各群体的努力与回报成正比，并且与组织整体目标紧密结合，引导群体行为与组织发展方向保持一致，避免因奖励不公或目标错位引发的冲突。

任务 4.5 团队管理

在组织的运行与发展过程中，团队扮演着至关重要的角色。团队是由两个或两个以上相互依赖、相互作用的个体组成的集合体，这些个体为了实现特定的目标而共同努力。在现代企业、机构等各类组织中，团队的有效运作直接关系到任务完成的效率、创新能力以及整体竞争力。团队成员通过分工协作，整合各自的技能、知识和经验，能够解决复杂的问题，适应不断变化的环境，并且在资源有限的情况下达成预期的成果，从而推动组织不断向前发展，实现其战略目标和使命。

4.5.1 团队的概念

团队是由两个或更多相互作用、相互依赖的个体组成的群体，这些个体按照一定的规则结合在一起，共同为实现特定目标而努力。团队的核心在于发挥每个成员的能力和潜能，产生协同效应，从而实现比个体单独工作更高的绩效。团队与群体的区别在于，团队具有高度的合作精神和集体战斗力，而群体可能缺乏凝聚力和协作性。

斯蒂芬·P. 罗宾斯作为一位在组织行为领域卓有影响力的学者，曾就职于壳牌石油公司和雷诺金属公司，有着丰富的实践经验，并先后在内布拉斯加大学、协和大学、巴尔的摩大学、南伊利诺伊大学、圣地亚哥大学任教。罗宾斯博士兴趣广泛，尤其在组织冲突、权力和政治以及培养有效的人际关系技能等方面成就突出。罗宾斯认为，团队是由两个或两个以上相互作用、相互依赖的个体，为了特定目标而按照一定的规则结合在一起的组织。他认为团队具有以下构成要素。

一是明确的目标。共同的目标是团队存在的基础，它为团队成员指明了努力的方向，使成员能够朝着同一个方向协同工作。

二是相互协作与依赖。团队成员之间需要相互协作、相互支持，每个成员的工作都会对其他成员的工作产生影响，共同完成团队任务。

三是有一定的规则和结构。团队需要有明确的规则和结构来规范成员的行为和互动，确保团队高效运作，包括沟通规则、决策程序和角色分工等。

4.5.2　团队的特征

4.5.2.1　团队与群体的差异

1. 构成差异

群体是由多个相互作用、相互依赖的个体组成的，这些个体为了特定的目标走到一起。群体成员之间通过信息交流和共同决策，保障个体责任的有效落实。团队则是基层人员与管理层人员相互融合构建的一个有机整体。它并非简单的人员拼凑，而是基于协同合作的需求，旨在攻克各种复杂难题以实现共同目标。

2. 成员关系及协作方式不同

在群体内部，成员之间虽然存在互动与依赖，但关系相对松散。成员们主要是围绕信息共享和辅助个体履行责任开展互动。团队成员间的关系则紧密得多，而且极为强调知识和技能的互补性。成员们深知彼此的专业知识和技能是团队达成目标的关键要素，通过深度协同合作来发挥团队的最大效能。

3. 领导作用与权力分配不同

群体的领导权力通常集中在少数核心成员手中。这些领导成员在群体的决策、行动方向等方面具有主导性话语权，他们负责制定群体的主要计划与规则，其他成员更多的是遵循与配合。团队中的领导权力分布则较为分散。每个成员依据自身专业优势和在不同任务环节中的角色，都可能在特定时刻发挥领导作用，带领团队解决特定问题。特别是在一些创新型的团队里，领导作用不再局限于某个特定职位，而是根据项目进展和任务需求动态变化的。

4. 目标设定与绩效衡量的差别

群体的目标设定往往与所在组织的整体目标相一致，较为单一和明确，主要是为了完成组织分配的特定任务或满足特定的组织要求。其绩效衡量通常是将每个个体的绩效进行简单汇总。团队除了遵循组织目标，还能够自主产生并追求独特的团队目标。这些目标可能是提升团队的竞争力、创新能力或实现某个突破性的成果。团队绩效衡量是基于成员共同合作所产生的整体成果，而非个体绩效的简单相加。

4.5.2.2 团队具有的特征

1. 明确的目标

团队有共同的目标，这是团队存在的核心，它为团队的行动提供了方向和动力。一个团队只有拥有共同的目标，成员们才能齐心协力地朝着同一个方向努力。当团队成员都清楚地知道他们正在为一个共同的目标而奋斗时，他们会更加紧密地团结在一起。明确的目标有助于提高团队的工作效率。有了明确的目标，团队成员就能够更加专注地工作，避免不必要的分心和浪费时间。他们可以根据目标制订合理的工作计划和时间表，有条不紊地推进工作进度。同时，明确的目标也能够激发成员们的工作积极性和创造力，促使他们不断寻找更加高效的工作方法和解决方案。明确的目标还能够为团队的绩效评估提供依据。通过将团队的实际工作成果与既定目标进行比较，团队领导可以客观地评估团队的工作表现，发现问题并及时采取措施进行改进。

2. 成员间的互补性

团队成员在技术和技能上互补，能够通过整合各自的优势来完成任务。团队成员在技术和技能上的互补性是团队成功的重要保障。不同的成员拥有不同的专业知识、技能和经验，通过整合各自的优势，团队可以更好地完成任务。一方面，成员间的互补性可以拓宽团队的能力范围。在一个软件开发团队中，可能有擅长编程的成员、擅长设计用户界面的成员和擅长测试的成员。这些成员的专业技能相互补充，使得团队能够从多个角度解决问题，从而提高软件的质量和性能。另一方面，成员间的互补性还可以促进团队成员之间的学习和成长。在工作过程中，成员们可以相互交流、相互学习，分享自己的专业知识和经验。这种学习和交流不仅有助于提高个人的能力水平，而且能够提升整个团队的综合素质。此外，团队领导在组建团队时，应该充分考虑成员间的互补性。通过合理搭配不同专业背景和不同技能水平的成员，可以使团队的结构更加优化，从而提高团队的整体战斗力。

3. 高度的依赖性

团队成员之间相互依赖，需要彼此的技能、经验和承诺来达成共同目标。高度的依赖性意味着团队成员之间紧密相连，彼此的技能、经验和承诺对于实现共同目标至关重要。首先，团队成员之间的相互依赖可以促进合作。当成员们意识到自己需要依靠他人才能完成任务时，他们会更加积极地与他人合作，共同解决问题。在一个生产团队中，不同的工序需要不同的技能和经验，成员们必须相互配合，才能确保生产流程顺畅地进行。高度的依赖性可以增强团队成员的责任感。因为每个人的工作都对团队的整体目标产生影响，所以成员们会更加认真地对待自己的工作，努力履行自己的职责。同时，成员们也会更加关注团队的整体利益，积极地为团队的发展贡献自己的力量。最后，高度的依赖性还可以提高团队的应变能力。当团队面临突发情况或挑战时，成员们可以依靠彼此的技能和经验，共同迅速制订应对策略，及时解决问题。

4. 沟通顺畅

团队内部沟通顺畅，信息交流充分，有助于快速解决问题并提高效率。沟通顺畅是团队高效运作的关键因素之一。良好的沟通可以确保团队内部信息交流充分，有助于快速解决问题并提高效率。一方面，沟通顺畅可以促进团队成员之间的理解和信任。通过及时、准确地交流信息，成员们可以更好地了解彼此的工作进展、需求和困难，从而更好地协调工作，避免误解和冲突。另一方面，沟通顺畅可以提高团队的决策质量。在团队决策过程中，成员们可以充分发表自己的意见和建议，通过广泛的讨论和交流，集思广益，制订出更加科学合理的决策方案。此外，团队领导应该营造良好的沟通氛围，鼓励成员们积极参与沟通。可以通过定期召开团队会议、建立沟通平台等方式，促进团队内部的信息交流和共享。

5. 扁平化运行

现代团队通常采用扁平化的管理结构，减少层级，促进快速决策和执行，扁平化运行是现代团队的一个重要特点。首先，采用扁平化的管理结构可以减少层级，促进快速决策和执行。扁平化的管理结构可以提高决策效率。在传统的层级结构中，决策需要经过多个层级的审批，往往耗时较长，而在扁平化的结构中，可以更加迅速地做出决策，因为决策层与执行层之间的距离更近，信息传递更加快捷。其次，扁平化的管理结构可以增强团队的灵活性和适应性。在快速变化的市场环境中，团队需要能够迅速做出反应，并及时调整策略。扁平化的结构可以使团队更加灵活地应对各种变化，及时调整工作方向和方法。扁平化的管理结构可以促进团队成员之间的合作和创新。减少层级可以打破部门之间的壁垒，促进成员之间的交流和合作。同时，扁平化的结构也可以激发成员的创新意识，因为他们有更多的机会参与决策并发挥自己的才能。

明确的目标、成员间的互补性、高度的依赖性、沟通顺畅以及扁平化运行是团队高效运作的关键因素。团队领导和成员应该充分认识到这些因素的重要性，并在实际工作中加以运用，以提高团队的整体战斗力和绩效。

4.5.3 团队的类型

团队分类是组织行为学和管理学领域的重要研究内容，不同的分类方式有助于更好地理解团队的特点和功能。

4.5.3.1 按团队的功能分类

按团队的功能划分，团队可以分为问题解决型团队、自我管理型团队、多功能型团队和虚拟型团队。

问题解决型团队主要聚焦于特定的问题，旨在通过成员的共同努力找到解决方案。在企业中，当面临生产流程中的技术难题时，可能会组建问题解决型团队。团队成员通常来自不同的部门，具备相关领域的专业知识和经验。他们会集中精力分析问题的根源，提出各种可能的解决方案，并进行评估和选择。一旦问题得到解决，团队通常会在项目完成后解散，成员回归各自的原岗位。在问题解决的过程中，团队成员之间需要进行有效的沟通和协作。他们可能会采用头脑风暴、小组讨论等方法，充分发挥各自的优势，共同攻克难题。同时，问题解决型团队还需要有明确的目标和时间节点，以确保问题能够在规定的时间内得到解决。

自我管理型团队的成员具有高度的自主权和决策权。他们能够独立地完成任务，并对自己的工作进行自我管理。这种团队通常没有传统的领导角色，成员之间通过平等合作和协商的方式来做出决策。自我管理型团队的成员需要具备较高的自我管理能力和团队合作精神。他们要自觉遵守团队的规章制度，积极地参与团队的各项活动，为实现团队的目标而共同努力。此外，自我管理型团队还需要有良好的沟通机制和反馈机制，以便成员之间能够及时地交流信息、解决问题，从而不断提高团队绩效。

多功能型团队的成员具备多种技能和知识，能够应对不同类型的任务和挑战。优势在于能够充分发挥成员的多元化优势，提高团队的创新能力和应变能力。然而，这种团队也面临着一些挑战，如成员之间的沟通和协作难度较大，需要有良好的团队管理和协调机制。此外，多功能型团队还需要不断地进行培训和学习，以提高成员的综合素质和能力水平。

虚拟型团队的成员通过远程技术协作，不受地理位置的限制。随着信息技术的发展，虚拟型团队越来越普遍。跨国公司可能会组建虚拟型团队，让来自不同国家和地区的员工共同完成项目任务。虚拟型团队需要高效的沟通工具和协作平台，以确保成员之间能够及时地交流信息、共享文件。同时，虚拟型团队还需要有明确的工作流程和规范，以保证团队的工作效率和质量。此外，虚拟型团队的成员需要具备较强的自我管理能力和团队合作精神，以克服远程协作带来的困难。

4.5.3.2 按团队目标分类

按团队目标分类，团队可分为服务型团队、行动型团队、项目型团队、顾问型团队。

服务型团队的主要目标是完成生产任务和提供服务。这类团队通常存在于制造业、服务业等领域。例如，汽车制造企业的生产线团队、酒店的服务团队等都属于生产/服务型团队。服务型团队需要有高效的生产流程和服务标准，以确保产品的质量和服务的水平。同时，团队成员之间需要有良好的协作和配合，以提高生产效率和服务质量。此外，生产/服务型团队还需要不断地进行技术创新和管理创新，以适应市场的变化和满足客户的需求。

行动型团队专注于执行具体行动或进行谈判。例如，企业的销售团队在与客户进行谈判时，就属于行动/谈判型团队。这类团队需要有明确的目标和策略，以确保行动的成功和谈判的顺利进行。行动型团队的成员需要具备良好的沟通能力、谈判技巧和应变能力。他们要能够准确地把握对方的需求和心理，灵活地运用各种谈判策略，达成双方都满意的结果。同时，行动/谈判型团队还需要有良好的团队协作精神，成员之间要相互支持、相互配合，共同完成任务。

项目型团队专注于开发新产品或新项目。这类团队通常由不同专业的人员组成，如工程师、设计师、市场人员等。他们共同合作，从项目的策划、设计、开发到实施，全程参与。团队需要有明确的项目目标和计划，以确保项目能够按时完成。同时，团队成员之间需要有良好的沟通和协作，充分发挥各自的专业优势，共同攻克项目中的技术难题。此外，项目/开发型团队还需要不断地进行创新和改进，以提高项目的质量和竞争力。

顾问型团队提供专业建议和咨询服务。这类团队通常由专家、学者、咨询师等组成。他们凭借自己的专业知识和经验，为客户提供决策支持和解决方案，需要有深厚的专业知识和丰富的实践经验，能够准确地把握客户的需求和问题，提出有针对性的建议和解决方案。同时，团队成员之间需要有良好的沟通和协作，共同完成咨询项目。此外，顾问型团队还需要不断地学习和更新知识，以提高自己的专业水平和服务质量。

4.5.3.3 按组织形式分类

按组织形式分类，团队可分为正式团队和非正式团队。

正式团队通常具有明确的组织结构和职责分工，如命令团队、委员会、任务团队等。这类团队通常是由组织内部正式任命或组建的，具有一定的权威性和稳定性。正式团队的优势在于能够明确团队成员的职责和权限，提高工作效率和工作质量。同时，正式团队还能够得到组织的支持和资源保障，这有利于团队的发展和壮大。然而，正式团队也存在一些不足之处，如决策过程较为缓慢、创新能力不足等。

非正式团队是由成员自发形成的，没有明确的组织结构和职责分工。例如，职能型、问题解决型、自我管理型、职能交叉型等团队都属于非正式团队。非正式团队的优势在于成员之间的关系较为密切，沟通和协作更加顺畅。同时，非正式团队还能够激发成员的创新能力和积极性，为组织带来新的活力。然而，非正式团队也存在一些问题，如缺乏稳定性、管理难度较大等。

综上，团队可以根据不同的标准进行分类，每种分类方式都有其特点和适用范围。在实际应用中，组织可以根据自身的需求和特点，选择合适的团队分类方式，以提高团队的绩效和组织的竞争力。

4.5.4 数智化时代的团队管理

数智化技术的广泛普及以及跨界竞争的日益激烈，促使团队管理的环境、目标与任务发生了根本性的变革，对数智化团队管理也提出了全新的要求。数智技术在为团队管理的信息交流和决策流程带来高效与便捷的同时，也引发了诸如跨界融合、快速变动等一系列新挑战。团队成员间的沟通协作模式经历了深刻转变，信息的爆炸式增长要求团队具备更为卓越的信息筛选与处理能力。与此同时，跨界竞争的加剧迫使团队秉持更加开放包容的姿态，以从容应对来自不同领域的多重挑战。面对这些复杂的挑战，管理者必须与时俱进，重新审视团队管理的理念、方式与方法，以契合数智化时代的特殊需求。此外，还需积极探寻并实施行之有效的管理策略，全力营造有利于创新发展、学习提升以及心理安全的优良工作环境，充分激发团队成员的内在潜能与创造力，为组织在数智化时代的激烈竞争中奠定坚实基础。

4.5.4.1 数智化时代团队管理面临的挑战

1. 价值观引领的多元困境与方向迷失

在数智化的浪潮下，信息获取变得轻而易举，文化交融日益深入，团队成员的价值观呈现出前所未有的多元化态势。这种多元化不仅显著体现在对工作的态度和职业发展规划上，还深刻表现在对团队合作以及对组织目标等方面的认知差异之中。一方面，价值观的多元化为团队注入了丰富多元的视角和创新灵感；另一方面，它也极易导致团队因缺乏清晰明确的目标指引而陷入迷茫。传统的价值观体系往往难以适应这种复杂多变的情况，无法为团队提供切实有效的行动指南，进而致使团队成员在决策与行动过程中频繁产生分歧。此外，数智化时代快速变化的外部环境还可能引发团队成员对团队既有价值观的质疑，进一步加剧团队内部的矛盾冲突，严重削弱团队的凝聚力与向心力。

2. 团队合作与跨界融合的双重困境

数智化时代对团队合作与跨界融合提出了更为严格的要求。一方面，团队成员需要构建更为紧密的协作关系，以灵活应对瞬息万变的市场环境和客户需求。另一方面，随着业务领域的持续拓展以及技术的飞速更新换代，团队迫切需要与其他部门或不同领域实现快速高效的融合。然而，传统的固定团队合作模式在这种新形势下显得力不从心，部门之间的壁垒以及领域差异常常引发团队成员之间的沟通障碍与合作困境，对团队的整体效能产生严重的负面影响。此外，跨界合作要求团队成员具备强大的沟通与学习能力，以顺利适应不同领域的知识体系与技能要求，这无疑对团队成员的综合素质提出了更高的挑战。

3. 心理安全感的缺失与创新抑制

数智化时代所伴随的快速变化和高度不确定性，使得团队成员的心理安全感普遍处于较低水平。团队成员常常因担忧失败或遭受批评而不敢坦率地表达自己的观点和想法。这种心理安全感的缺失将对团队的创造力形成严重的抑制作用。团队成员可能会因害怕尝试新事物或提出创新性的建议而选择墨守成规，导致团队陷入保守僵化、停滞不前的不良状态。更为严重的是，缺乏心理安全感的团队还极易引发信任危机，对团队成员之间的协作关系造成极大的破坏，进而影响团队的整体运作效率。

4. 危机沟通的透明度不足与信任危机

在数智化时代，信息传播的速度和范围均实现了质的飞跃。一旦危机事件发生，其往往能够在极短的时间内迅速扩散并产生广泛而深远的影响。倘若团队内部的沟通缺乏透明度且信任基础薄弱，那么在危机爆发时，团队成员极易因信息不对称而产生误解与猜疑，进而引发恐慌情绪和混乱局面，严重危及团队的稳定性和执行力，使危机的负面影响进一步恶化。

5. 失败恐惧与创新机会错失

数智化时代充满了诸多不确定性和复杂多变的因素，团队在探索创新的征程中难免会遭遇失败。然而，众多团队管理者对失败过度恐惧，导致团队缺乏从失败中汲取经验教训的勇气和完善的机制。团队成员也因害怕失败而对尝试新事物或接受挑战望而却步，致使团队错失大量宝贵的创新机遇。此外，由于缺乏有效的从失败中积累经验的机制，团队在面对类似问题时极有可能重复犯错，难以实现持续优化和进步，这严重阻碍了团队的长远发展。

4.5.4.2 数智化时代团队管理的有效策略与创新路径

1. 强化价值观引领，筑牢团队文化根基

在数智化时代背景下，强化团队的核心价值观并大力推进团队文化建设显得尤为关键。这将为团队成员提供清晰明确的行为准则和决策导向，对于提升团队的凝聚力和向心力具有决定性作用。首先，团队管理者务必确保所确立的价值观与团队目标、愿景以及业务特性高度契合，从而充分彰显价值观的实际指导价值。其次，团队管理者应通过多样化的培训形式和丰富多元的团队活动，引导团队成员深入理解并由衷认同这些价值观，使其真正内化为团队成员的自觉行动，外化为团队成员的行为表现。最后，团队管理者在日常工作中要持续不断地强调并亲身践行这些价值观，使其成为团队成员在日常工作中遵循的行为规范和决策依据。

2. 创新团队合作机制，促进跨界协同发展

数智化时代的到来，宣告传统、固定的团队合作模式已难以满足快速变化的市场需求。取而代之的是，需要构建一种更加灵活多变、动态高效的团队合作模式，全力打破部门之间的壁垒，积极鼓励不同领域、不同背景的人才之间开展广泛深入的合作与交流。通过建立灵活高效的项目团队和完善的跨界合作机制，实现资源的优化共享和优势互补。在这一过程中，数字化工具和先进技术在提升团队协作效率方面展现出巨大的潜力和广阔的应用前景。例如，引入项目管理软件能够实时跟踪项目进展情况，确保团队成员之间的信息实时同步。云协作平台则可实现文件的即时共享和协同编辑，极大地提高了团队协作的灵活性和效率。

在推动跨界融合方面，团队需勇于突破传统的合作模式和思维定式的束缚，主动积极地寻求与其他领域或行业的合作契机。通过共同举办高端研讨会、开展深度合作项目等方式，增进彼此之间的了解与信任，建立起行之有效的跨界合作机制。与此同时，团队成员也需要持续不断地提升自身的跨界合作能力，以更好地适应不同领域的合作要求，为团队的跨界协同发展提供坚实的人才支撑。

3. 增强团队心理安全感，激发个体创新潜能

心理安全实质上是一种积极正向的工作环境氛围，在这种氛围中，员工坚信自己在工作场合中的意见和声音能够得到充分的尊重与接纳，无须过度担忧自身的安危与利益，从而能够全身心地投入到富有价值的讨论和创新实践之中，共同为团队的目标和愿景贡献智慧与力量。这种心理安全感对于激发团队成员的创新思维、促进团队之间的高效沟通与协作具有极为重要的作用，能够显著提升团队的效能和凝聚力。

在数智化时代，团队成员往往承受着巨大的心理压力和严峻的挑战。因此，营造积极向上的团队氛围和健康良好的心理环境对于激发团队成员的创新潜能至关重要。一个开放包容、互信互助的团队氛围能够赋予团队成员勇于冒险、敢于创新的精神力量。

个性化管理也是激发团队成员潜能的重要手段。通过深入了解每个成员的独特特点和个性化需求，为他们量身定制专属的成长路径和发展机遇，能够更好地发挥他们的优势，挖掘他们的潜力。例如，某团队根据成员不同的技能特长为其分配相匹配的工作任务，使他们能够在各自擅长的领域中充分施展才华，实现自身价值。

4. 构建高效危机管理体系，提升危机应对水平

在数智化时代，构建一套高效完善的危机管理体系对于提升团队的危机应对能力具有举足轻重的意义。首先，团队需要建立快速响应机制，确保在危机发生的瞬间能够迅速启动应急预案并及时展开全面的沟通协调工作。同时，充分利用数字化工具和先进技术实现信息的实时传递与共享，保障团队成员之间的信息同步和沟通顺畅。其次，在面对危机时，团队管理者务必保持冷静沉着的心态，坦诚直面问题，并及时向团队成员传递真实准确、全面详细的信息。通过透明公开的沟通方式，能够有效稳定团队情绪，凝聚团队力量。这种透明沟通不仅有助于消除团队成员之间的误解与猜疑，还能够显著增强团队的凝聚力和向心力，使团队在危机面前始终保持团结稳定的状态，携手共克时艰。为检验这些策略的有效性和可行性，团队可以定期模拟危机情境进行实战演练，使团队成员熟练掌握危机应对的流程和

技巧，及时发现沟通环节中存在的不足和问题，为后续的改进完善工作积累宝贵的经验教训。

5. 实施指挥型失败策略，促进经验传承与成长

指挥型失败策略在数智化时代具有极为显著的适用性和重要性。它通过主动引导团队尝试全新的方法或项目，即便遭遇失败也能从中收获宝贵的经验教训。这一策略的核心在于精心营造一个宽容失败、鼓励创新的良好环境，使团队成员敢于大胆尝试和勇于创新突破。因此，团队管理者应当以开放包容的心态接受并积极鼓励团队成员尝试新事物，勇敢面对失败。通过建立健全容错机制和营造浓厚的学习文化氛围，引导团队成员从失败中吸取教训，认真总结经验。同时，借助定期举办的经验分享会等丰富多彩的活动，促进团队成员之间的知识共享与经验传承，实现团队整体智慧的升华和能力的提升。

在数智化时代的大背景下，团队管理面临着信息过载、跨界融合、快速变化等诸多严峻挑战。团队管理者必须紧跟时代步伐，不断学习，探索全新的管理方法和创新模式，以精准地适应不断变化的环境和多样化的需求。通过强化价值观引领、深化团队文化建设、创新团队合作机制与推动跨界融合、营造心理安全感与激发个体潜能的创新实践、构建高效危机管理体系，以及实施指挥型失败策略与深化经验学习等一系列行之有效的应对策略，能够显著提升团队管理的效能，有力地促进团队的协同创新和持续稳健发展。

展望未来，团队管理将呈现出更加智能化、个性化和协同化的显著发展趋势。随着人工智能、大数据等前沿技术的广泛深入应用，团队管理将越发依赖数智化工具和先进技术，实现更为精准高效的管理目标。同时，团队成员的个性化需求将得到更为充分的重视和满足，团队管理将更加注重激发个体的潜能和创新精神，充分释放人才红利。此外，随着跨界融合的深入推进，团队管理将进一步强化与其他领域或行业的合作与协同，实现资源的深度共享和优势互补，携手共创更加辉煌的未来。

4.5.5 多元化团队的管理方式

在当今全球化与数字化进程加速的商业环境中，多元化团队已成为现代企业不可或缺的组成部分。其能够为组织带来丰富多元的视角以及强大的创新驱动力。然而，管理这样的多元化团队在人力资源层面面临着诸多挑战，诸如文化差异、沟通障碍、团队建设与融入困境、培训与发展瓶颈，以及管理和领导难题等。为有效应对这些挑战，需要采取一系列行之有效的策略。

4.5.5.1 培训与发展

培训与发展在多元化团队管理中犹如基石般关键。它不仅有助于团队成员全方位提升自身技能与知识储备，显著增强团队整体能力和工作效率，而且能够借助培训让团队成员更好地理解并尊重他人的多样性，从而有效减少团队内部冲突，强化合作关系，精心营造一个包容和谐的工作环境。定期组织开展培训与发展活动，能够有力地促进员工的职业发展并提升其满意度，进一步增强团队的稳定性和凝聚力。这些培训应涵盖理论知识、实践技能以及情景模拟等丰富多样的学习内容。通过提供技能培训和技术培训，精准地满足团队和项目的实际需求，包括专业技能、软技能以及远程工作和协作工具等方面的需求。

4.5.5.2　建立包容性文化

在多元化团队管理的宏伟蓝图中，建立包容性文化无疑起着关键的支撑作用。一个充满包容的工作环境能够充分尊重并有力支持多样性，使团队成员深切感受到被接纳与尊重，从而极大地增强团队合作的紧密程度和提高成员的满意度。与此同时，这样的环境还能够充分激发团队成员的内在潜力和创新活力，显著提升团队的整体表现以及企业的核心竞争力。

全球著名科技企业微软在建立包容性文化方面堪称典范，做出了一系列具有深远影响力的重要举措。微软始终致力于精心打造一个尊重并热忱欢迎多样性的工作环境，坚定地认为多样性和包容性是推动创新和业务腾飞的关键所在。微软在其核心价值观和行为准则中明确提出多样性和包容性，为其文化建设指明了清晰的方向。微软积极鼓励员工尊重和理解他人的差异，并充分利用这些差异推动创新与合作。同时，为员工提供丰富多样的多元化和包容性的培训，助力他们提升认知水平。这些培训涵盖无意识偏见的识别与消除、对不同文化的理解与尊重，以及高效的跨文化沟通等内容。此外，微软专门设立了多元化和包容性委员会，全面负责协调和监督公司的多元化和包容性工作。该委员会定期收集并深入分析相关数据，严谨地评估工作表现，及时提出富有建设性的建议和切实可行的行动方案，持续不断地完善和优化公司文化。通过这些卓有成效的行动，微软成功构建了一个极具包容性的文化体系，赢得了员工和社会大众的广泛赞誉。微软的成功实践充分表明，借助有效的人力资源管理策略，完全能够建立并精心维护一个多元化和包容性的优质文化环境。

4.5.5.3　远程工作与技术

在多元化团队管理的战略布局中，远程工作和技术策略的应用是不可或缺的。应配备必要的技术支持手段，确保团队成员能够无障碍地开展远程工作。这涵盖诸如计算机、电话、耳机等硬件设备，以及协作工具、项目管理工具、虚拟会议平台等软件资源，同时还包括技术服务与支持体系。明确设定在线协作规则至关重要，包括在线会议的时间安排与频率设定、沟通与反馈的规范方式、任务和项目的合理分配与报告流程，以及在线行为的基本准则等。为团队成员提供全面的技术培训，使其能够熟练运用远程工作和协作工具，并深入了解在线安全和隐私的基本知识，也是必不可少的环节。考虑到不同地区存在的时差和多样化的生活习惯，企业应提供灵活的工作安排，如弹性工作时间、结果导向的工作要求以及个性化的安排等。

全球知名的软件开发和 IT 服务公司 GitLab，以其独具特色的全面远程工作模式和卓越的技术支持而声名远扬。自成立伊始，GitLab 便果断采用 100%远程工作模式，其员工广泛分布于全球各地，拥有不同的文化、语言和时区背景。这种创新模式使 GitLab 能够吸引并留住全球范围内的顶级人才，成功构建了一个高度多元化的精英团队。为有力支持这一独特模式，GitLab 投入了大量技术与资源。他们巧妙运用各种在线工具和平台，如 Zoom、Slack 和自家的 GitLab 平台，全力支持团队的沟通与合作。同时，精心制定了详细的远程工作政策和指南，助力员工更加高效地开展远程工作。此外，GitLab 借助技术手段为其多元化团队的管理和发展提供坚实支撑。例如，运用在线人力资源管理系统精准追踪和管理员工信息与表现，提供在线培训和发展机会推动员工学习与进步，利用数据和算法科学评估和优化人力资源策略。

通过这些切实有效的措施，GitLab 成功实现了对多元化团队的精细化管理和全方位发展，取得了持续的业务增长和创新突破。GitLab 的成功案例充分证明，通过有效的远程工作和技术支持策略，能够出色地达成多元化团队的人力资源管理目标。

4.5.5.4 公平和包容型领导

在多元化团队管理的舞台上，公平和包容型领导扮演着极为关键的角色。应精心打造丰富的培训与发展机会，着力提升他们的多元化和包容性领导技能。这可能涵盖多元化和包容性知识的系统教育、公平和无偏见决策的专项培训，以及领导风格和技巧的深入指导。构建公平透明的决策流程至关重要，这能够确保所有团队成员都能够充分参与并深入理解。领导者在决策过程中应全面考虑并充分尊重所有团队成员的观点和利益，依据团队成员的贡献和表现给予公正的奖励和认可，坚决摒弃根据背景或身份进行评判的做法，设立严谨公正的奖励和认可制度，充分激发团队成员的发展动力。领导者应采用包容性的沟通和反馈方式，积极鼓励团队成员坦率地表达自身的意见和感受，同时耐心倾听并深刻理解他人。提供定期的反馈和评估，全力支持团队成员的发展与进步；努力实现领导团队的多元化，以精准反映和有力支持团队的多样性特征。领导团队的多元化不仅能够显著提升团队的创新性和整体表现，还能够大幅提高团队成员之间的信任度和满意度。公平和包容性的领导在多元化团队管理中具有举足轻重的地位，能够有效提振团队士气，显著增强员工的归属感与满意度。此外，这种先进的领导方式能够充分激发各种背景的员工贡献出自身独特的视角和精湛的技能，从而有力推动组织创新和业务成功。

小　结

群体行为与领导力在组织发展中具有关键意义，二者相互关联且共同作用于组织的运行与绩效。群体作为个体的集合，其形成受心理、社会结构和环境等因素的影响，具有明确目标、成员互动紧密、规范有序、结构分明、凝聚力强等特征，这些特征不仅决定了群体自身的运行模式，还深刻影响着个体的行为和心理。群体结构中的要素如工作专业化、部门化等，以及不同的组织结构形式，影响着组织的效率与协作。群体行为的产生受多种因素影响，相关理论解释了其形成机制，而群体冲突虽具有一定负面性，但合理控制和疏导可转化为组织变革的动力。团队管理方面，团队与群体存在差异，团队具有明确目标、成员互补、高度依赖、沟通顺畅、扁平化运行等特点，不同类型团队在功能、目标和组织形式上各有侧重。在数智化时代，团队管理面临价值观多元、跨界合作、心理安全缺失等挑战，需通过强化价值观引领等策略应对；多元化团队管理则需在招聘、培训、文化建设、远程工作和领导方式等方面采取措施，以促进团队的创新与发展，提升组织竞争力，实现组织的可持续发展。

思考题

1. 群体和团队的主要区别是什么？请举例说明。

2. 从楚汉相争的案例中，我们能得到关于团队领导和成员协作的哪些启示？

3. 群体形成的影响因素有哪些？请结合实际情况进行分析。

4. 组织结构的要素对组织运行效率有怎样的影响？以某一具体企业为例进行阐述。

5. 群体行为的相互作用论和紧急规范理论在实际群体行为中有哪些体现？

6. 群体冲突产生的原因多种多样，在工作协调引发的冲突中，如何有效避免或解决序列工作相互依赖型冲突？

7. 在数智化时代，团队管理面临价值观引领的多元困境，如何制定切实可行的价值观体系来凝聚团队力量？

8. 结合实际，分析多元化团队管理中建立包容性文化的关键步骤和可能遇到的困难。

9. 群体对个体的行为和心理有诸多影响，在教育领域中，如何利用群体的积极影响促进学生的学习和成长？

10. 比较不同类型的组织结构形式（如直线制、职能制等），分析在市场竞争激烈、产品更新换代快的行业中，哪种组织结构形式更具优势，为什么？

实践练习

一、项目背景

在校园中，各类社团活动丰富多彩，这些社团以群体或团队的形式存在，其运行和发展涉及群体行为与团队管理的诸多知识。通过对校园社团的研究，能够帮助学生更好地理解群体行为与团队管理的理论，并将其应用于实际情境中，从而提升学生的组织协调能力、团队合作能力和问题解决能力，同时培养学生的团队合作意识和责任感。

二、项目目标

知识目标

深入理解群体和团队的概念、特征、结构以及行为模式。

掌握群体冲突产生的原因、影响及应对策略。

熟悉团队管理的方法，包括不同类型团队的特点和适用场景。

了解数智化时代和多元化背景下团队管理的特殊要求和挑战。

能力目标

能够运用群体行为和团队管理的理论分析校园社团中存在的问题，并提出解决方案。

学会在团队中明确角色分工，提高沟通与协作能力，完成团队任务。

掌握一定的组织协调技巧，如组织社团活动、协调成员关系等。

培养创新思维，能够为社团发展提供创新性的建议和策略。

素质目标

增强团队合作意识，学会尊重他人意见，积极参与团队活动。

培养责任感，对团队任务和目标负责，勇于承担自己在团队中的责任。

提升解决问题的能力，面对社团活动中的困难和挑战时能够冷静分析、积极应对。

三、项目实施步骤

（一）准备阶段

1. 教师讲解

简要介绍项目的背景、目标和整体流程，让学生对项目有初步的认识。

回顾群体行为与领导力相关的基础理论知识，包括群体和团队的定义、特征、结构等，重点强调与校园社团相关的内容，如社团成员的构成、社团活动中的群体行为等。

2. 分组

根据学生的专业、兴趣和能力，将学生分成若干个小组，每组人数控制在5～7人，确保每个小组的成员具有一定的多样性，以便更好地模拟现实中的团队情况。

3. 选择校园社团

每个小组选择一个校园社团作为研究对象，可以是学术科技类社团、文化艺术类社团、体育健身类社团、公益服务类社团等。要求小组对所选社团有一定的了解，以便后续能够深入分析。

（二）调研阶段

1. 资料收集

小组通过多种渠道收集所选校园社团的相关资料，如社团章程、活动记录、成员名单、宣传资料等，了解社团的基本情况、组织结构、活动内容和发展历程。

观察社团的日常活动，包括社团会议、活动组织过程、成员之间的互动等，记录相关行为和现象，分析社团成员的行为模式和团队协作情况。

设计并发放调查问卷，向社团成员了解他们对社团的认知、参与动机、对社团管理的看法、在社团活动中遇到的问题等，收集定量数据。

对社团的主要负责人、骨干成员和普通成员进行访谈，深入了解社团的运行机制、团队文化、面临的挑战以及他们对社团发展的期望，获取定性信息。

2. 资料整理与分析

对收集到的资料进行整理和分类，筛选出有价值的信息。

运用所学的群体行为与团队管理理论，对资料进行分析，找出社团在群体行为、团队管理方面存在的问题，如成员之间的沟通不畅、目标不明确、角色分工不合理、团队凝聚力不足等，并分析问题产生的原因。

（三）方案制定阶段

1. 小组讨论

根据调研结果，小组成员进行深入讨论，针对社团存在的问题提出改进方案和发展建议。方案应包括具体的目标、实施步骤、责任人以及时间节点等内容，确保其具有可操作性。

在讨论过程中，鼓励学生发挥创新思维，结合数智化时代的特点和多元化团队管理的要求，提出新颖的想法和措施，如利用社交媒体平台加强社团宣传、开展线上线下相结合的社团活动、引入多元化的评价体系等。

2. 撰写报告

每个小组根据讨论结果撰写一份详细的《校园社团发展改进方案报告》，报告内容应包括社团简介、调研结果分析、问题诊断、改进方案和预期效果等。报告要求语言规范、逻辑清晰、条理分明，能够充分体现小组对群体行为与团队管理理论的理解和应用。

（四）方案实施阶段

1. 与社团沟通

各小组将撰写好的报告提交给所选校园社团的负责人，与他们进行沟通交流，详细阐述报告中的内容和建议，听取社团负责人的意见。

根据社团负责人的意见，对报告进行必要的修改和完善，确保方案能够得到社团的认可和支持。

2. 协助社团实施

在社团负责人的同意下，小组成员协助社团按照改进方案实施相关措施。在实施过程中，小组成员要积极参与，密切关注方案的执行情况，及时发现并解决出现的问题。

鼓励社团成员积极参与方案的实施，提高他们的积极性和主动性，促进社团的自我管理和自我发展。

（五）总结与评估阶段

1. 小组总结

每个小组对整个项目的实施过程进行总结，回顾在调研、方案制定和实施过程中遇到的问题、解决方法以及取得的成果。

分析团队成员在项目实施过程中，团队成员在沟通协作、问题解决、角色担当等方面的表现，总结经验教训，提出改进措施，为今后的团队合作提供参考。

2. 成果展示与评估

各小组制作 PPT，在课堂上进行成果展示。展示内容包括项目背景、调研结果、改进方案、实施过程和效果评估等。每个小组展示时间控制在 10～15 min。

其他小组和教师对展示小组进行提问和评价，评价内容包括项目的完成情况、团队协作能力、对理论知识的应用能力、创新思维以及展示效果等。教师根据评价结果，对每个小组的表现进行打分和点评。在给予肯定和鼓励的同时，指出存在的问题和不足之处，并提出改进建议。

3. 项目总结与拓展

教师对整个项目进行总结，回顾项目的重点内容和实施过程，强调群体行为与团队管理在实际生活中的重要性，鼓励学生将所学知识应用到今后的学习、工作和生活中。

引导学生思考如何在其他领域或组织中运用群体行为和团队管理的知识，拓展学生的思维和视野，激发学生进一步学习和研究的兴趣。

四、项目评估

1. 评估方式

采用小组自评、小组互评和教师评价相结合的方式，对学生在项目中的表现进行全面评估。

评估依据包括学生在项目各个阶段的参与度、团队协作能力、任务完成情况、报告撰写质量、展示效果以及对理论知识的理解和应用能力等。

2. 评估标准

优秀（90～100 分）：项目目标明确，调研深入全面，问题分析准确，改进方案合理可行且具有创新性，团队协作良好，成员积极参与，任务完成情况出色，报告撰写规范、逻辑清晰、内容翔实，展示效果佳，对理论知识理解深刻并能熟练应用。

良好（80～89 分）：项目目标清晰，调研较充分，能准确找出问题，改进方案可行，团队协作较好，成员参与度较高，任务完成情况较好，报告质量较高，展示效果较好，能较好地理解和应用理论知识。

中等（70～79 分）：项目目标基本明确，进行了一定的调研，能找出主要问题，改进方案基本可行，团队协作一般，成员基本参与，任务完成情况一般，报告内容基本完整，展示效果一般，对理论知识有一定理解和应用。

及格（60～69 分）：项目目标基本达到，调研不够深入，问题分析不够准确，改进方案存在一定缺陷，团队协作存在问题，成员参与度不高，任务完成有一定困难，报告质量一般，展示效果一般，对理论知识的理解和应用不够熟练。

不及格（60 分以下）：项目目标不明确，调研不充分，问题分析不准确，改进方案不可行，团队协作差，成员参与度低，任务未完成或完成质量差，报告撰写差，展示效果差，对理论知识的理解和应用能力不足。

案例分析

在竞争激烈的游戏开发行业，有一家名为星耀游戏的初创公司。公司创始人兼 CEO 张总怀揣着打造一款具有创新性的角色扮演游戏的梦想，吸引了一批来自不同背景的游戏开发人才，组建了“幻梦”游戏开发团队。团队成员包括经验丰富的游戏策划小李、技术精湛的程序员小王、擅长美术设计的小赵和负责音效制作的小孙等，共 15 人。他们满怀激情地投入到项目中，期望能够创造出一款备受玩家喜爱的游戏。

项目初期，张总虽然提出了开发一款创新角色扮演游戏的总体愿景，但没有明确具体的目标和阶段性计划。团队成员对游戏的核心玩法、目标受众以及预期的市场定位等方面的理解不一致。小李认为应该侧重于剧情深度和角色塑造，以吸引玩家；小王则强调技术创新，希望通过引入先进的游戏引擎和算法来提升游戏性能；小赵更关注美术风格的独特性，追求极致的视觉效果；小孙觉得音效的沉浸式体验才是关键。这种目标不明确导致团队成员在工作方向上出现分歧，各自为政，工作进展缓慢。

由于缺乏明确的分工和协作机制，团队成员在项目推进过程中经常出现职责不清的情况。例如，在游戏场景搭建环节，小赵和小王都认为自己有权主导该部分工作，导致工作重复进行，同时又有部分关键任务无人负责，如场景与游戏剧情的融合。在代码编写和美术资源整合时，也因缺乏有效的沟通和协作流程，频繁出现接口不匹配、资源冲突等问题，严重影响了开发效率。

团队成员之间的沟通渠道不畅通，信息传递不及时、不准确。小李策划的游戏剧情在细节上经常变动，但他未能及时将这些变动告知其他成员，导致小王的程序编写和小赵的美术设计多次返工。此外，团队成员各自使用不同的工具和平台进行工作，数据和信息无法有效共享，形成了“信息孤岛”。例如，小孙制作的音效文件格式与游戏引擎不兼容，但他在交付前没有与小王进行充分沟通，直到集成测试时才发现问题，不得不重新制作音效，耽误了大量时间。

张总虽然在行业内有一定的技术经验，但在团队管理方面缺乏有效的领导方法。面对团队成员的分歧和问题，他未能及时做出明确的决策，导致问题不断积累。例如，在选择游戏的核心玩法时，团队成员提出了多种方案，但张总在权衡利弊时犹豫不决，错过了最佳的决策时机，使得项目进度受到了严重影响。同时，团队中没有建立民主的决策机制，成员的意见和建议得不到充分的重视和反馈，导致团队成员的工作积极性受挫。

由于目标不明确、分工协作混乱以及沟通不畅等问题，项目的时间管理完全失控。原本计划在 6 个月内完成游戏的初步版本，但在 3 个月过去后，项目仅完成了不到 30%的工作量。各个模块的开发进度参差不齐，导致无法按照原定计划进行集成和测试。团队成员经常加班赶工，但由于缺乏有效的协调和管理，加班效果并不理想，反而导致成员身心疲惫，工作效率进一步下降。

随着项目进度的拖延和问题的不断积累，团队成员之间的矛盾逐渐激化。小李对小王和小赵的工作效率表示不满，认为他们频繁的返工影响了整个项目进度；小王则抱怨小李的剧情变动过于频繁，没有提前规划好，导致自己的代码编写工作不断重复；小赵觉得自己的创意得不到充分的发挥，其他成员对美术风格的干预过多；小孙也对团队整体的混乱状态感到失望，认为自己的工作没有得到应有的重视。团队内部的争吵声和抱怨声不断，合作氛围变得紧张压抑，这进一步影响了工作效率和项目进展。

在团队矛盾的影响下，项目陷入了严重的危机。开发成本不断增加，超出预算的 50%，但游戏的完成度却远远低于预期。原本期待在游戏展会上展示的 Demo 版本也无法按时推出，错过了重要的市场推广时机。投资方对项目的进展表示担忧，开始考虑是否继续追加投资。团队成员的士气低落，部分成员甚至开始考虑离职，整个“幻梦”游戏开发团队面临着解散的风险，张总的游戏开发梦想也岌岌可危。

分析以上案例中，该公司团队管理存在的问题。

智能问答时间

同学你好！我是 AI 小助手 Sam，在学习了本项目以后，你一定是收获满满吧！那你还有什么疑问吗？请和我交流一下吧！你可以打开手机，扫描下面的二维码哟！

项目5 组织行为与领导力

学习目标

通过学习，学生能够达到以下学习目标。

知识层面：理解组织设计的含义，掌握组织设计的过程及组织结构的类型，了解组织设计的原则。

能力层面：作为当代大学生，需要不断提升对环境的适应能力、对工作中逆境引起的心理压力和负面情绪的承受与调节能力。

素质层面：不断提高自我认知，树立积极的竞争意识，树立积极的择业观和就业观，学会目标管理，提升个人综合素养。

开篇案例

在中国经济市场化改革进程中，众多企业在业务部门管理方面积极探索变革之路。其常见举措为给予业务部门更多的经营与生产自主权，同时采用提成或利润分成等手段，以激发业务部门的积极性，进而推动业务增长与企业发展。

在1996年之前，M企业设有六个职能部门以及七个车间。其中，市场部堪称企业的核心部门，全厂一千余名职工的生计皆依赖市场部十余人争取订单来维系。然而，随着市场竞争渐趋白热化，市场部获取的订单已难以满足生产需求。在此情形下，部分车间凭借自身力量在市场承接零散业务。如此一来，企业原本统一的经营体制逐渐瓦解，车间逐步演变为经营性主体。但由于订单多由各车间自行争取，总部在生产与质量管理等层面的实际掌控力不断弱化。在此自然演化进程中，总部相关部门与车间频繁出现管理冲突，其本质乃是集权与分权的矛盾。

1996年，M企业针对业务部门实施了重组并重新规划组织结构。具体而言，将七个车间整合重组为五个独立的产品部门，裁撤市场部、生产管理部、技术质量部，将相应职能与权限下放至各事业部。总部仅保留原办公室、人事部与财务部，并增设综合管理部，承担一般性协调与统计事务工作。事业部得以自主经营、自我发展，总部仅从其业务收入中提取15%作为管理费。

在实践领域，诸多企业，特别是业务相对多元的企业，与 M 企业的做法如出一辙，对业务部门放权极为彻底。这使得总部对于业务部门的管理，无论是形式还是实质，都与总公司对子公司的管理模式极为相似。“业务部门类公司管理”便指这种将业务部门视同子公司进行管理的方式，此亦为我国当前强分权企业的主要模式。

通过阅读以上案例，分析 M 企业的管理模式。

任务 5.1　组织设计

组织设计是一个处于动态变化之中的工作流程，涵盖了丰富多样的工作事项。若想科学合理地开展组织设计工作，就必须遵循组织设计所蕴含的内在规律，并依照既定步骤有条不紊地推进。唯有如此，方能收获理想的成效。

5.1.1　组织设计的发展历史

现代组织理论的创始人切斯特·巴纳德曾对组织做出以下界定：“组织乃是由两人及两人以上个体，借助人类意识予以协调所形成的活动或力量体系。”组织设计的实践源远流长，相关文献所记载的成果可追溯至三千年前。

组织设计理论迄今已历经四个阶段的演进。

5.1.1.1　古典组织理论阶段

此阶段以马克斯·韦伯、亨利·法约尔以及弗雷德里克·泰勒等人为代表。韦伯被后世尊称为“组织理论之父”，他认为理想的行政组织成员需遵循特定程序，实施劳动分工，依据等级制度构建指挥链，人员之间呈现指挥与服从的关系，组织成员要经过甄别、遴选、考试及培训，管理人员实行委任制而非选举制。在他提出该理论时，社会历史条件尚未成熟，故而该理论未得到应有的重视。直至 20 世纪 40 年代，伴随组织规模的持续扩大，人们才意识到韦伯理论的前瞻性。不过，他的理论主要侧重于静态地剖析组织内部，却忽视了社会环境对组织的影响、组织与社会的互动、组织自身演变的可能性以及组织成员的社会需求等方面的问题。此前，法约尔的主要贡献在于工业管理与综合管理，他提出了行政组织理论的 14 条原则以及 5 项要素（计划、组织、指挥、协调、控制），强调组织高层人员应重视研究人的行为、爱好、能力、性格、工作乃至个人特殊兴趣等，基于其理论组建的煤铁联营公司日后收获了巨大的商业成功。更早之前，泰勒在《科学管理原理》一书中提出了组织中生产作业标准化、工时利用科学化等原则。泰勒的科学管理组织理论对推动生产发展的作用不容小觑，然而，他将人视作完全受物质利益驱动的动物，抹杀了人的社会性这一本质属性，即便在美国这种具有新教伦理的资本主义开放式文化环境中，他的理论也饱受雇主与工会的质疑。例如，福特公司运用泰勒制管理理念，按照“只需依工序排列工具与人，以实现零配件装配时间的最短化”的原则，产量曾一度领先，到 1918 年，福特汽车生产的 T 型车占据世界汽车产量的半壁江山，但自此后的第八年起，福特汽车业绩不断下滑，直至 1991 年，距其巅峰期 70 余年后，福特公司亏损高达 200 亿美元。究其原因，福特采纳了泰勒的“科学管理”思想，创造了“效率至上”的奇迹，却因违背人性的工作方式引发了怠工、罢工，致使劳资关系紧张，跳槽率居高不下。当年卓别林主演的《摩登时代》就辛辣地讽刺、影射了这一问题，成为艺术家眼中“科学管理”模式的例证。

5.1.1.2 新古典组织理论阶段

古典组织理论虽摆脱了旧有封建关系的束缚，具备高效、精确、快捷的特性，但随着人在组织中的重要性日益凸显，其将组织视为机器，人如同机器上运转的齿轮和螺丝钉，忽视人的社会属性与心理情感等因素对组织效率的影响，弊端逐渐显现。特别是 1933 年出版的《工业文明中的人的问题》（*The Human Problems of an Industrial Civilization*）披露了著名的霍桑实验结果，即霍桑工厂即便拥有完备的医疗保险制度、养老金保障制度以及娱乐休闲设施等，工人们仍心怀不满，工作效率低下。美国国家研究委员会遂委托哈佛大学的乔治·奥尔顿·梅奥教授的研究小组开展了一系列实验研究。照明实验表明照明条件的变化对生产效率无显著影响；福利试验显示福利待遇的改变不影响产量的持续上升；访谈实验发现多倾听、少刻意引导的访谈活动为工人提供了表达意见、宣泄怨气的机会，员工心情舒畅、士气提高，产量显著攀升；群体实验证明工人为维护班组内部团结可放弃眼前物质利益的诱惑，由此提出在正式组织内部存在自发形成的“非正式群体”，它们具有独特的行为规范，对人们的行为起调适、协同或控制作用。上述实验推翻了以往将人视为“理性人”“经济人”的假设，颠覆了“物质激励是激发人们工作积极性的唯一动力”的观念。在此情形下，新古典组织理论应运而生。该理论在组织理论中引入了“人”的因素，以行为科学和心理学为指导，深入探究了人的作用、人际关系以及如何激励人的行为，在组织形式上倾向于扁平化，为组织理论的发展奠定了新的基础。

5.1.1.3 行为组织理论阶段

切斯特·巴纳德在 1938 年出版了著名的 *Functions of the Executive*（《管理者的职能》），此书被誉为美国现代管理科学的经典著作。1948 年，他又出版了 *Organization and Management*（《组织与管理》）。巴纳德认为，所有组织均包含三个要素：合作意愿、共同目标和沟通。他提出的协作等组织理论，为行为组织理论的发展提供了宝贵借鉴，并成为社会系统学派的奠基人。此后，亚伯拉罕·马斯洛的人类需求五层次论（生理需求、安全需求、爱和归属感、尊重、自我实现）、弗雷德里克·赫茨伯格的双因素理论（影响人们工作动机的因素主要有激励因素与保健因素）、戴维·麦克莱兰的激励需求理论（个体在工作中存在成就需求、权力需求以及亲和需求）、麦格雷戈的 X 理论–Y 理论（人的行为表现并非由固有天性决定，而是由组织中的管理实践所致）、薛恩的四种人性假设理论（经济人、社会人、自我实现人、复杂人，针对不同类型的人应采用不同管理方式）以及波特–劳勒激励模型（Porter-Lawler's model of motivation，将激励过程视为外部刺激、个体内部条件、行为表现和行为结果共同作用的过程）等均对组织理论研究做出了重要贡献。

5.1.1.4 现代组织理论阶段

随着互联网时代知识经济的来临，大量体力劳动逐渐被脑力劳动取代，高等教育的普及使得高学历的年轻人比例不断上升，组织从劳动密集型向知识密集型转型，从本土化生产向经济一体化和分工全球化转变。面对动荡社会中不确定性增加的趋势，管理学家彼得·德鲁克指出，面对组织发展过程中不可避免的僵化与效率低下的问题，应将“人”的研究置于核心位置，构建一个能与外界进行能量、信息和物质交换的开放组织系统，或许是有效的解决之道。凯文·凯利在其成名作《失控》中提道：“获得一个可行的组织并非在组织内构建复杂结构，而是为简单组织提供丰富变化的环境。”这是组织实现自主进化的关键。为提升组织内部活力，尝试打破管理边界，构建活泼开放、丰富多样、民主的内部管理模式或许已刻不容缓。这也意味着对组织的认知从“机器范式”向“有机体范式”转变，从静态封闭视角转向动态开放系统，组织设计也因此被重新审视：组织并非如齿轮或螺丝钉般机械运转，而是处于持续动态发展之中。随后，自组织（self-organization）、自我指涉（self-referentiality）、自创生（autopoiesis）、自反性（reflexivity）以及互动性（interaction）等新概念不断涌现，丰富了组织作为“有机体”的特征。如何促使组织这一“有机体”持续学习、进化以适应时代与观念的变迁，使其演变为“学习型组织”成为研究者们不断探索的新课题。

5.1.1.5 组织设计新趋势

往昔，个体对组织的忠诚度可通过金钱等物质利益维系，例如福特公司在 1913 年年末宣称，为每位员工提供每日 5 美元的高薪（注：当时美国平均工资为每日 2 美元），吸引众多求职者不顾严寒前往求职，忍受其忽视人性的工作方式。但如今，人们越发注重个体价值的实现，在此情形下，如何塑造共同认可的多元价值观与文化，将组织视作某种生物学系统，在这一开放式系统中持续输入能量、信息和资源，使其更具灵活性、异构性并能适应复杂情境，逐渐成为管理学者们关注的新焦点。

设计学作为一门关注人的需求、愿望、价值的人文学科，与以客观性为基础的传统管理科学存在显著差异。随着 20 世纪 80 年代至 90 年代“以人为中心”设计理念的兴起，设计思维与生俱来的理性论证、修辞功能以及和谐有序的系统架构、决策功能，在特定语境中展现出的一致性和连贯性，使其在组织设计领域崭露头角。设计思维的介入，推动组织与外部环境开展有效互动，驱动组织持续创新与变革，提升组织效率，实现个体价值、满足感和幸福感，可谓开辟了一条全新的探索路径。

早在 2002 年，美国凯斯西储大学就举办了“管理即设计”（managing as designing）研讨会，该研讨会探讨了一个全新的前沿议题，即通常被视为“创新”同义词的“设计”，究竟如何在管理与组织的变迁中发挥作用。2004 年，美国国家科学基金会赞助纽约大学主办了题为“组织设计”的小型工作会议，旨在构建组织设计的科学基础，探索如何从广义层面提升组织效率。上述会议促使设计师们思考其工作对组织的影响，反过来，组织的存在又对设计师的工作产生何种影响。会议达成共识，即组织如同“人为制造的产品、人类创造的作品和社会的产物”，因而可进行富有智慧的预先设计。

从设计思维视角探索组织设计的代表性学者包括香港理工大学设计学院的约翰·赫斯科

特教授，以及美国凯斯西储大学首席教授、卡内基梅隆大学前设计学院院长理查德·布坎南教授。赫斯科特主张融合设计学与经济学，将组织设计视为战略设计，并提出了设计价值理论；布坎南提出“组织”即各种系统，20 世纪的组织理论从本质上可看作设计思维的一个重要分支兴起的历史过程。

现代管理学作为一门学科仅有百余年的历史。在多数商学院，管理学仍被当作一系列方法传授，然而，“管理的本质并非方法和程序，管理的本质是让知识反映价值。换言之，管理是一种社会职能，在其实践中，管理实则属于一种‘人文艺术’”。以往对组织的研究多着眼于理论与经验主义层面，对于如何将研究结果转化为实际行动则阐述不详，仿若一种权宜之计的“临时增编”。简而言之，过去的学术研讨易忽视设计的重要意义以及设计实践自身的丰富性，从而低估了设计在影响组织生命以及塑造新组织结构和流程中所起的作用。

“作为设计的管理”和“组织设计”两次会议的召开，拓展了新视野，促使人们深入思考设计师的工作：通过战略对话聚焦于战略、交流、信息、决策、新产品开发、交互、服务设计、提出构想等组织发展过程中面临的诸多问题。人们认识到组织变革可借助设计实践活动达成，更重要的是，它能启发人们从更广阔的视角深入探讨“设计”。上述会议成为设计领域的分水岭，对设计学领域如此，对管理学领域更是如此，它激发了设计师们重新审视自身工作可能引发的组织复杂变革。

着眼未来，组织设计将呈现出以下特点。

1. 数字化与智能化

数据驱动决策，利用大数据、人工智能等技术收集和分析海量数据，深入了解市场趋势、客户需求和员工绩效等信息，从而实现更科学、精准的决策，提高组织对市场变化的敏感度和响应速度。借助自动化软件和智能工具，简化和优化工作流程，提高运营效率和质量。例如，通过机器人流程自动化（RPA）处理重复性任务，释放员工的潜力，使其用于更有价值的工作，同时减少人为错误。

强调人类与机器的协作，发挥各自的优势。机器可以处理大量的数据和执行常规任务，而人类则专注于创造性思维、情感沟通和复杂问题的解决，两者共同创造更大的价值。

2. 生态化与平台化

打破传统组织的封闭模式，使组织边界进一步开放，与供应商、客户、合作伙伴等外部利益相关者建立更紧密的合作关系，促进资源的共享与协同，实现价值共创。企业可以构建产业联盟或形成生态系统，共同应对市场挑战，拓展业务领域。

打造以平台为基础的组织结构，实现平台化组织形态，整合内外部资源，为各方提供交流、合作和创新的空间。平台化组织能够更好地满足个性化需求，促进知识和技术的传播与应用，激发创新活力。

3. 敏捷性与灵活性

组织结构扁平化特征明显，减少中间管理层级，拓宽管理幅度，使信息能够更快速地在组织内传递和共享，提高决策效率，增强组织对外部环境变化的快速响应能力。采用灵活的用工方式，如远程办公、弹性工作时间、兼职员工等，满足员工的个性化需求，提高员工的工作满意度和工作效率，同时也有助于组织更好地应对业务量的波动。

同时，根据项目需求快速组建跨部门、跨职能的敏捷团队，以项目为导向，灵活调配资源，快速交付成果，提高组织的灵活性和竞争力。

4. 员工体验与人才管理

关注员工在组织中的感受和需求，优化员工体验，通过改善工作环境、提供培训和发展机会、关注员工的身心健康等方式，提升员工的满意度和忠诚度，进而提高员工的工作积极性和创造力。

促进人才结构多元化，吸引和保留具有不同背景、技能和经验的人才，打造多元化的人才队伍，以满足组织在创新和适应复杂环境方面的需求。多元化的人才结构能够带来不同的思维方式和观点的碰撞，促进创新和问题解决。鼓励员工在各个层级参与决策，发挥员工的主观能动性和创造力，提高组织的灵活性和响应速度，形成分布式领导力。这种趋势能够充分利用员工的专业知识和经验，使决策更加贴近实际工作，同时也有助于培养员工的领导能力。

5. 创新与学习型组织

组织更加关注培育创新文化，营造鼓励创新、包容失败的组织文化，激发员工的创新意识和冒险精神。设立创新奖励和激励机制，鼓励员工提出新思路、新方法和新业务模式，推动组织的持续创新发展；建立学习型组织，鼓励员工持续学习和自我提升，提供丰富的学习资源和培训机会，支持员工的职业发展。通过建立知识共享平台和学习交流机制，促进知识在组织内的传播和积累，使组织能够不断适应市场变化和技术进步。

5.1.2　组织设计的内涵与原则

5.1.2.1　组织设计的内涵

组织设计，作为组织管理领域中一项极为关键且具有深远意义的工作，是以组织结构为核心关注点，针对组织系统所开展的全面性、整体性的规划与构建工作。

从本质上来说，组织设计意味着管理者需要对组织内部的各类要素，包括人力、物力、财力、信息、技术等，依据科学的原则与方法进行巧妙且合理的组合配置。这一过程并非简单地拼凑，而是经过深入分析、精心策划，从而建立起一种契合组织战略目标、适应内外部环境变化的特定组织结构，并确保其能够切实有效地付诸实施。

组织设计在组织运营与管理实践中扮演着不可或缺的角色，它是实现有效管理的必要途径与有力工具之一。通过合理的组织设计，能够清晰地界定各个部门、各个岗位的职责权限，明确工作流程与协作关系，使得组织内部的各项活动得以有序、高效地开展，避免了因混乱与无序所导致的资源浪费与效率低下。

进一步深入剖析其内涵，组织设计的实质其实就是针对管理人员的管理劳动实施横向与纵向的精细分工。在横向分工方面，主要涉及不同职能部门之间的任务划分，例如将组织的运营活动按照市场营销、生产制造、财务会计、人力资源、研发创新等职能领域进行明确界定，使各部门专注于自身专业范畴内的工作，形成专业化分工协作的格局，以提升工作的专业性与效率。而纵向分工则侧重于管理层级的构建与权力分配，确定从高层管理者到中层管理人员再到基层员工之间的指挥链与汇报关系，明确不同层级在决策制定、任务执行、监督控制等方面的角色与职责，确保组织的决策能够高效传达并得以有效执行，同时也为员工的职业发展提供了清晰的路径和晋升空间。这种横向与纵向的分工相互交织、相互配合，共同编织出一张严密而有序的组织结构网络，为组织的稳定运行与持续发展奠定了坚实的基础。

综上所述，组织设计是以组织结构为核心的组织系统的整体设计工作。组织设计是指管理者将组织内各项要素进行合理组合，建立和实施一种特定的组织结构的过程。组织设计是实现有效管理的必要手段之一。组织设计的实质是对管理人员的管理劳动进行横向和纵向的分工。

5.1.2.2 组织设计原则

组织设计需要遵循一定的原则，这里梳理出以下几个方面。

1. 提升原则

在着手为组织开展组织结构的重新设计这一重要工作时，务必要严格遵循提升原则。此原则要求整个组织设计工作必须紧密围绕组织的发展战略展开，要站在宏观且具有前瞻性的高度去审视组织未来的发展走向。这意味着不仅要充分考量组织在未来将要涉足的行业领域，深入分析该行业的发展趋势、竞争态势以及潜在的机遇与挑战，还要对组织未来可能达到的规模进行预估，包括业务范围的拓展程度、市场份额的占有率、员工数量的增长幅度等。

同时，技术因素在当今组织发展中占据着举足轻重的地位，所以必须充分考虑组织未来所依赖的技术手段以及技术创新方向，例如是否会引入新的生产技术、信息技术、管理技术等，以及这些技术的应用将如何影响组织的运营流程和组织结构。再者，人力资源配置更是组织设计中不可忽视的关键环节，要结合组织未来的发展规划，预判所需的各类人才的专业技能、知识结构、综合素质等方面的要求，以及不同阶段的人力资源数量需求。

通过对以上诸多方面的全面考量，为组织精心打造出一个能够在未来几年内保持相对稳定且具备高度实用性的平台。这个平台将作为组织发展的坚实基石，能够有效支撑组织在不同发展阶段的各项业务活动，使其在复杂多变的市场环境中保持竞争力，稳步朝着既定的发展战略目标迈进。

2. 更优原则

任何组织都并非孤立存在，而是存在于特定的环境之中。这一环境既包括宏观的社会经济环境、行业竞争环境、政策法规环境等外部因素，也涵盖了组织内部的文化氛围、管理风格、资源状况等内部因素。组织的外部环境对其内部的结构形式具有不可忽视的影响作用，这种影响是多方面且深层次的。

组织所处的外部经济环境的繁荣或衰退、行业竞争的激烈程度、政策法规的变更等，都会直接或间接地促使组织对自身的组织结构做出相应的调整。在经济繁荣时期，组织可能会有更多的资源用于拓展业务，此时组织结构可能需要更加灵活以适应快速扩张的需求；而在经济衰退期，可能需要收缩战线，组织结构则要侧重于成本控制和资源整合。

同样，行业竞争的加剧可能要求组织提高决策效率、加强创新能力，这就需要对组织结构中的决策流程、研发部门设置等进行优化；政策法规的新要求可能涉及组织的环保、劳动用工等方面，进而影响相关职能部门的职责和架构。

因此，在对组织结构进行重新设计时，必须全方位、深入地考虑内外部环境的各种因素，使重新设计后的组织结构能够与外部环境实现高度适配，从而谋求组织内外部资源的最优配置。通过这种适配与优化，组织能够充分利用外部环境提供的机遇，有效应对各种挑战，同时在内部实现资源的高效利用，提升组织的整体运营效率和竞争力。

3. 均衡原则

组织结构的重新设计工作应当始终秉持均衡原则，这是确保组织稳定且高效运行的重要保障。在进行组织结构设计时，绝不能仅仅因为组织在现阶段没有对某些部门或职能提出明确的需求，就贸然地对其进行合并处理。

虽然在短期内，合并某些看似暂时闲置或需求不高的部门和职能可能会带来一定程度的成本节约或管理简化，但这种做法往往会在组织运行一段时间后暴露出诸多弊端。随着组织业务的发展、市场环境的变化以及新的需求的产生，那些曾经被合并的部门和职能可能会重新变得至关重要，此时又不得不花费大量的时间、精力和资源对组织结构进行重新设计，这不仅会打乱组织正常的运营节奏，还可能导致内部管理的混乱和资源的浪费。

所以，要牢记“职能不能没有，岗位可以合并”这一重要理念。即在保证组织各项基本职能得以完整保留的前提下，对于具体岗位的设置可以根据实际情况进行灵活的合并与调整。对于一些重复性较高、工作内容相对单一的岗位，可以考虑进行合并，通过合理的工作分配和流程优化，让更少的人员承担这些工作，同时又不影响组织整体职能的正常履行。这样既能满足组织现阶段的管理需求，又能为组织未来的发展预留足够的空间，确保组织结构在不同发展阶段都能保持相对均衡与稳定。

4. 重点原则

随着组织的不断发展壮大，其所处的外部环境也在持续发生变化，这种环境的变化会不可避免地导致组织中各项工作完成的难易程度以及对组织目标实现的影响程度发生相应的改变。当组织面临市场需求发生重大转变时，原本一些次要的产品或服务可能会成为组织的主导业务，那么与之相关的工作就会变得更加重要，且难度可能也会增加。例如，随着技术的更新换代，组织内部某些依赖传统技术的工作可能会变得困难重重，而与新技术应用相关的工作则会变得尤为关键。

同时，组织的工作重心以及各个职能部门的重要性也会随之发生变化。在组织发展的不同阶段，会有不同的业务领域或工作任务成为推动组织前进的核心力量，与之对应的职能部门的作用也会凸显。因此，在进行组织结构设计时，必须敏锐地捕捉到组织现阶段的重点工作和重点部门，并在组织结构中予以突出体现。对于重点工作，要确保有足够的资源配置、合理的流程安排以及明确的职责界定，以便高效地完成这些工作，推动组织朝着战略目标稳步前进。对于重点部门，要赋予其相应的权力和资源，使其能够在组织运营中发挥主导作用。同时也要加强对其的管理和监督，确保其权力的正确行使和资源的有效利用。通过突出重点工作和重点部门，组织能够更加精准地聚焦于关键业务，从而提高组织的整体运营效率和对市场变化的适应能力。

5. 人本原则

在着手设计组织结构之前，必须全面综合地考虑组织现有的人力资源状况以及组织未来几年对人力资源素质、数量等方面的需求。人力资源是组织最为宝贵的资产，任何组织设计都应当以人为本，充分尊重和发挥人的作用。

首先，要对组织现有的人力资源进行深入细致的分析，包括员工的专业技能、知识水平、工作经验、职业发展意愿等。了解员工目前能够胜任的工作岗位以及他们未来的发展潜力，将为组织设计提供重要依据。

随后，结合组织未来的发展规划，预判在未来几年内组织所需的各类人才的具体情况。在进行组织设计时，要根据这些人力资源的实际情况和未来需求，合理地设置岗位、确定职责、规划职业发展路径等。切忌盲目地拿所谓先进的框架往组织身上套，这种做法往往不顾及组织自身的人力资源特点，可能导致员工无法胜任岗位工作，或者职业发展受到限制。更不能因人设岗、因岗找事，这种做法不仅会造成组织资源的浪费，还会破坏组织内部的公平公正原则，影响员工的工作积极性和组织的整体效率。

6. 适应性原则

组织结构的重新设计工作必须充分考虑组织的执行能力以及组织内部已经形成的一些良好的习惯。组织的执行能力是组织在长期运营过程中逐渐积累形成的，它反映了组织在完成各项任务、落实各项决策时的实际能力。

不同的组织由于其发展历程、管理风格、员工素质等方面的差异，会具有不同的执行能力。在进行组织结构设计时，如果不考虑组织的执行能力，设计出的组织结构可能过于复杂或要求过高，导致组织和组织员工在执行过程中难以入手，无法有效地将组织结构所规定的各项任务和职责落实到位。

同样，组织内部在长期的运营过程中往往会形成一些良好的习惯，这些习惯可能涉及工作流程、沟通方式、协作模式等方面。当某些组织习惯了通过定期的部门会议来沟通协调工作，或者习惯了某种特定的项目合作方式时。如果在重新设计组织结构时，完全忽视这些习惯，强行推行一种全新的、与组织原有习惯截然不同的组织结构，可能会使员工感到不适应，进而严重影响正常工作。所以，组织结构的重新设计要紧密结合组织的实际情况，充分适应组织的执行能力和良好习惯，使新的组织结构在实施过程中能够让组织和员工容易上手，能够自然地融入组织的日常运营中，从而确保组织在适应新组织结构的过程中不会因为不适应而严重影响正常工作，保持组织运营的连续性和稳定性。

5.1.3 组织设计的步骤

组织设计通常会在以下三种情形下开展：其一，当新成立一家组织时，需要构建与之相适配的组织结构；其二，倘若原有组织结构暴露出较为严重的问题，或者组织的目标出现了变动，那么就有必要对原有组织结构予以重新评估与设计；其三，当组织结构仅需在局部范围内加以调整和优化时，也会涉及组织设计工作。

组织设计是一个系统而复杂的过程，其基本步骤如下。

5.1.3.1 确立组织目标

在开启组织设计之旅前，全面且深入地收集各类相关资料是至关重要的起始步骤。这些资料涵盖了市场动态、行业趋势、竞争对手状况、组织自身的历史数据，以及内部资源与能力的详细信息。通过运用科学的分析方法，如 SWOT 分析、PEST 分析等，对所收集的海量资料进行细致入微的剖析与评估。这一过程旨在明确组织在当前复杂多变的环境里所处的位置与面临的机遇、挑战，进而精准地确定组织目标。组织目标不仅要具有前瞻性与挑战性，能够引领组织在未来的市场竞争中脱颖而出，还要具备切实的可行性与可衡量性，为后续的组织设计与运营提供清晰明确的方向指引，如同灯塔在茫茫商海中为组织之舟照亮前行的航道。

5.1.3.2　划分业务工作

任何组织皆由众多部门有机整合而成。依据组织独特的工作内容与本质属性，深入探究各项工作之间千丝万缕的内在联系，是进行业务工作划分的关键依据。将组织庞杂的活动巧妙地组合成一个个具体的、边界清晰的管理单位，需考量多方面因素。确定每个管理单位精确的业务范围，明确其边界；精准预估工作量，则如同合理安排行程中的每一段路程，确保资源的合理分配与高效利用。这样严谨且科学的部门工作划分，为构建高效协同的组织结构奠定了坚实的基础，使各部门既能各司其职，又能相互配合，推动组织顺畅运转。

5.1.3.3　提出组织结构的基本框架

遵循组织设计的核心要求与原则，谨慎地决定组织的层次架构与部门布局，是塑造组织框架的关键环节。确定组织的层次，要在保障信息有效传递与决策高效执行的前提下，权衡集权与分权的微妙关系，避免层级过多导致信息失真与决策延误，或层级过少引发管理失控的问题。设计部门结构时，应充分考虑各部门职能的独立性与关联性，使部门之间既能明确分工，又能实现无缝对接与协同合作，从而逐步构建起层次分明、条理清晰的组织管理系统，为组织的有序运行提供稳固的架构支撑。

5.1.3.4　确定职责和权限

清晰明确地界定各层次、各部门以及每个职位在组织中的权限范围与责任义务，是组织高效运作的核心保障。一般借助严谨规范的职位说明书或岗位职责文件来进行精准表述。职位说明书详细阐述每个岗位的工作内容、所需技能、权力边界，以及承担的责任和后果。通过这种方式，确保组织中的每位成员都能清楚知晓自己的角色定位与工作要求，避免出现职责不清导致的推诿扯皮现象，如同在一场有序的体育赛事中，每个运动员都清楚自己的位置与任务，从而保障比赛顺利进行，促进组织内部的协调配合与高效执行。

5.1.3.5　设计组织的运作方式

在组织中，运作方式的设计对于组织的发展尤为重要，可以从以下方面着手。

1. 协调运作方式设计

精心规划各部门之间的协调沟通方式与控制监督手段，是确保组织协同效应最大化的关键。这需要根据组织的规模、业务特点与文化氛围等因素量身定制。对于规模较小的组织，可能采用较为灵活的直接沟通与简单的汇报机制；而对于大型复杂的组织，则需构建完善的信息管理系统、定期的会议制度以及多层次的沟通渠道，确保信息在部门之间及时、准确地传递，如同构建一张灵敏高效的神经网络，使组织能够对各种内外部信号迅速做出反应，实现整体协调运作。

2. 管理规范设计

严谨地确定各项管理业务的工作程序、标准以及管理人员应采用的科学管理方法，是保障组织管理一致性与高质量的基石。工作程序如同精密仪器的操作流程，规定了每项业务从起始到完成的有序步骤，确保工作的规范化与标准化；工作标准则是衡量工作成果优劣的尺度，为员工提供明确的努力方向；管理人员采用的管理方法则需结合现代管理理念与组织实际情况，如运用项目管理方法推进重点项目，采用绩效管理工具激励员工积极性，从而提升组织管理的科学性与有效性。

3. 运行制度设计

运行制度的设计涵盖财务管理制度、人力资源管理制度、风险管理制度等众多方面。财务管理制度如同组织的理财管家，规范资金的筹集、使用与分配，确保财务健康稳定；人力资源管理制度则是组织的人才培育与选拔引擎，涉及招聘、培训、晋升、薪酬福利等环节，旨在激发员工潜能与创造力；风险管理制度犹如组织的安全卫士，识别、评估与应对各类风险，保障组织在复杂多变的环境中稳健前行。

4. 人员配备

依据职务的特定要求、岗位的独特性质以及技能的精准匹配度，严谨细致地选拔与配备合适的管理人员与员工，是为组织注入生命力的关键举措。这一过程犹如组建一支精英战队，需全面考量候选人的专业知识、工作经验、综合素质以及团队协作能力等多方面因素。通过科学的招聘流程、严格的选拔标准与全面的培训体系，确保每位成员都能在合适的岗位上发挥最大效能，如同将每一颗螺丝钉精准地拧在最适合的位置，使组织这台庞大的机器能够高效运转，实现组织目标与个人价值的完美融合。

5. 形成组织结构

对初步构建的组织设计方案进行全面深入的审查、客观公正的评价以及必要的优化修改，是确保组织结构科学性与适应性的重要把关环节。组织设计团队需从组织战略适配性、运营效率、资源利用合理性等多维度进行审视，如同质检人员对产品进行严格检测一样。经过反复打磨与完善后，最终确定正式的组织结构以及严谨规范的组织运作程序，并以正式文件或制度的形式颁布实施，使组织设计成果从蓝图变为现实，为组织的长期稳定发展提供坚实的制度保障与行动指南。

6. 调整组织结构

鉴于组织运行所处的内外部环境始终处于动态变化之中，如市场需求的波动、技术的飞速创新、政策法规的变更以及组织自身发展阶段的转变等，定期或不定期地对组织结构进行适应性调整成为必然要求。这就如同根据季节变化调整穿衣，使组织始终能处在最适宜的状态下运行。通过敏锐感知环境变化，及时评估现有组织结构的效能，有针对性地对部门设置、职责权限、人员配置等方面进行优化调整，使组织结构不断自我完善与进化，持续保持活力与竞争力，在复杂多变的商业世界中乘风破浪，引领组织走向持续成功的彼岸。

5.1.4　组织结构

5.1.4.1　组织结构的含义

组织结构（organizational structure），是组织为达成目标而构建的分工、分组与协调合作机制。它犹如管理系统的“骨架”，清晰地呈现出组织各部门的排列次序、空间分布、聚合离散状态、关联方式以及各要素间的内在联系，如图 5-1 所示。

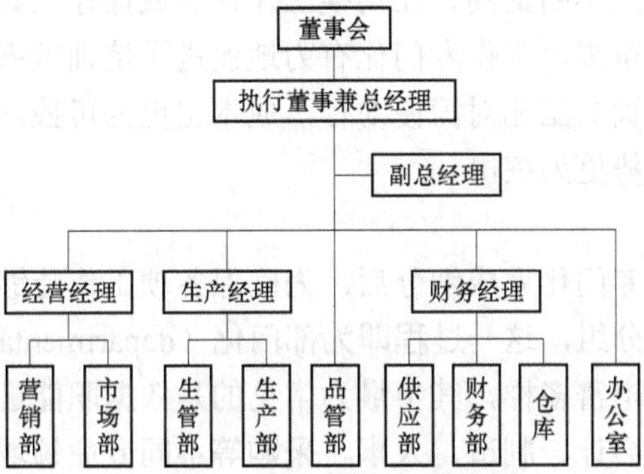

图 5-1　组织结构概述图

组织结构是全体组织成员在追求组织目标的过程中，于职务范畴、责任界定、权力分配领域所形成的分工协作体系。这一体系在组织的职、责、权维度上呈现动态特性，其核心实质是为契合组织战略目标而设立的分工协作架构。当组织面临重大战略转型时，组织结构也需相应做出适应性变革与调整，以此保障组织的高效运行与持续发展。

5.1.4.2　组织结构的要素

在当今复杂多变的商业环境中，管理者在进行组织结构设计时，必须全面且深入地考量六个核心要素，分别是工作专业化、部门化、命令链、控制跨度、集权与分权以及正规化（后文略）。这六大要素相互交织、协同作用，深刻影响着组织的运行效率、灵活性和整体绩效。

1. 工作专业化

回溯至 20 世纪初，汽车制造业巨擘亨利·福特凭借创新的汽车生产线模式声名远扬、富甲一方。其成功秘诀在于为每位员工精心分配特定且重复性的工作任务。例如，有的员工专注于装配汽车右前轮，有的则专职安装右前门。将复杂的汽车制造工作细化为众多标准化的微小任务，技能相对有限的员工能够熟练地反复执行同一种操作。福特公司借此每 10 s 便能产出一辆汽车，彰显出工作专业化所蕴含的巨大生产效率提升潜力。

所谓工作专业化（work specialization），亦称为劳动分工，是指在组织内部将完整的工作任务细致地拆解为若干个独立步骤，并由不同人员分别承担各步骤工作的细化程度。其本质在于，员工并非独立完成一项工作的所有环节，而是仅专注于其中某一部分，即只是参与整个工作活动的局部而非全部流程。

在20世纪40年代后期，工业化国家的多数生产领域广泛采用了工作专业化模式。彼时，管理人员坚信这是充分发挥员工技能、实现资源最优配置的有效途径。在各类组织中，工作任务的技能要求差异显著，有些工作需要高技能员工精心雕琢，而有些则可由未经专业训练的人员轻松胜任。倘若要求所有员工全程参与组织的制造流程的每个步骤，那么他们必须具备完成最复杂与最简单任务所需的全部技能，这无疑会造成资源浪费。因为高技能员工的薪酬通常高于低技能员工，而工资水平往往取决于员工所具备的最高技能水平，若让高技能员工从事简单工作，支付高额薪酬却仅获得低价值产出，显然违背了资源高效利用的原则。

除了优化人力资源配置，工作专门化还能为组织在其他运营层面带来显著效益。员工通过重复性工作，技能熟练度不断提高，在切换工作任务或操作工具及设备时所耗费的时间大幅减少。从组织整体视角审视，工作专门化有力地促进了培训效率的提升。针对具体且重复性的工作岗位，选拔和培训员工相对简便易行，成本也更为可控，尤其对于那些精细且复杂的操作岗位而言，这种优势更为突出。

2. 部门化

当工作任务借助工作专门化完成细分后，为确保各项工作能够有序协同推进，就需要依据特定类别对其进行合理分组，这一过程即为部门化（departmentalization）。

工作活动的分类基础丰富多样，其中最为常见的是依据职能进行划分。以制造业组织为例，经理通常会将工程、会计、制造、人事、采购等不同专业领域的专家汇聚成相应的职能部门，以此构建工厂的组织结构。这种基于职能的部门划分方式具有广泛的适用性，适用于各类组织，只是不同组织的职能部门设置会依据其目标与活动特性而有所差异。例如，医院的主要职能部门可能涵盖研究部、护理部、财会部等；职业足球队则可能设置球员人事部、售票部、旅行及后勤部等。职能分组法的核心优势在于能够将同类专业人才集中整合，促进知识共享与经验交流，进而显著提升工作效率。通过将专业技术与研究方向相近的人员分配至同一部门，能够实现规模经济效益，降低运营成本，提高资源利用效率。

除职能部门化外，还存在其他多种部门化方法。例如，依据组织生产的产品类型进行部门划分。以太阳石油产品公司为例，其将原油、润滑油和蜡制品、化工产品这三大主要领域分别置于一位副总裁的统一领导下。这些副总裁均为所属领域的资深专家，全权负责各自生产线的所有事务，并各自配备独立的生产和营销部门。这种产品类型部门化的显著优势在于能够有效提升产品绩效的稳定性。由于与特定产品相关的所有活动均由同一位主管统筹指挥，这能够确保决策的连贯性与一致性，避免因多头管理而导致的混乱与低效。对于以服务为主导的组织而言，可根据服务活动的性质进行自然分工，实现服务的专业化与精细化。

地域部门化也是一种重要的部门划分方式。在营销领域，常常依据地域将市场划分为东、西、南、北等多个区域，每个区域设立独立的部门负责相应市场的营销工作。每个地域部门围绕当地市场特点与需求开展工作，若公司的顾客分布地域广泛，这种部门化方法能够充分发挥其独特价值。通过深入了解当地市场的文化背景、消费习惯与竞争态势，地域部门能够制定更为精准有效的营销策略，提升市场响应速度与客户满意度。

过程部门化方法在产品生产与顾客服务场景中均有广泛应用。例如，在某州机动车辆管理办公室办理驾驶执照时，需要依次经过多个独立部门的协同处理。通常包括负责核查工作的机动车辆分部、承担办理驾照具体业务的驾照分部以及负责收费的财务部。这种部门化管理方式按照工作流程的先后顺序将不同环节分配至不同部门，使得各部门能够专注于自身特定环节的工作，提高工作效率与专业性。

最后一种部门化方法是基于顾客类型进行划分。例如，一家销售办公设备的公司可设立零售服务部、批发服务部、政府部门服务部等；大型律师事务所可依据服务对象是公司还是个人来组建不同的部门。这种部门化方法基于一个重要的理论假设，即每个部门所服务的顾客群体具有相似的问题与需求。通过为不同类型顾客分别配置专业领域的专家，能够精准满足顾客的个性化需求，提升顾客体验与忠诚度。

在实际运营中，大型组织往往并非单一地采用某一种部门化方法，而是综合运用多种方式，以实现优势互补，取得更为理想的运营效果。一家大型电子公司在部门化设计时，依据职能类型构建各分部，按照生产过程组织制造部门，将销售部门分布于 7 个地区，并在每个地区进一步依据顾客类型细分为 4 个顾客小组。值得注意的是，自 20 世纪 90 年代以来，以顾客为基础进行部门化的趋势愈发显著。随着市场竞争的日益激烈，顾客需求的多样化与个性化特征越发凸显，为了更敏锐地捕捉顾客需求的变化，并迅速做出有效的响应，众多组织纷纷强化以顾客为导向的部门化策略，力求在满足顾客需求的过程中赢得市场竞争优势。

3. 命令链

在组织管理的历史长河中，命令链（chain of command）曾一度占据着组织设计的核心地位。它犹如一条贯穿组织上下的权力主线，从组织的最高层级延伸至最基层，清晰界定了各级员工之间的报告关系与职责归属。简单而言，它能够精准回答员工在工作中遇到问题时内心的疑惑：“我该向谁寻求指导与支持？”以及“我需要对谁负责并汇报工作进展？”

在深入探讨命令链之前，有必要先引入两个与之密切相关的辅助性概念：权威（authority）和命令统一性（unity of command）。权威是指管理职位所天然赋予的发布命令并期望命令得以有效执行的权力。在一个组织中，为了促进各部门与员工之间的协同合作，每个管理职位在命令链中都被赋予了特定的权威，以确保其能够顺利履行自身的职责。命令统一性原则强调，在理想的组织结构中，一个下属应当仅对一个主管直接负责，这有助于维护权威链条的连贯性与稳定性。一旦命令链的统一性遭到破坏，下属可能会陷入两难境地，被迫在多个主管下达的不同命令之间艰难抉择，应对命令冲突或优先次序的困扰，这无疑会极大地降低工作效率，甚至引发组织内部的混乱与矛盾。

然而，随着时代的飞速发展，尤其是计算机技术的迅猛进步以及现代管理理念中对下属充分授权潮流的兴起，传统的命令链、权威以及命令统一性等概念在组织管理中的重要性正逐渐式微。以《商业周刊》（*Business Week*）报道的一则实例为证：在某公司的日常运营中，基层员工查尔斯·凯瑟在查看公司配送中心提供的存货报告时发现异常。尽管计算机报告显示玫瑰牌上光油仅能维持 3 天的供货量，远低于公司规定的 3 周半库存标准，但凯瑟凭借对公司生产运营情况的深入了解，得知公司位于密苏里州杰弗逊城的工厂两天前刚刚运送了 346 箱（每箱 12 瓶）上光油，由此推断玫瑰牌上光油可能已被抢购一空，于是，他借助与生产线相连接的计算机系统，自主输入了批示，要求在周四上午再生产 400 箱上光油。令人注目的是，凯瑟并非公司管理层成员，而是生产线上的一名普通工人，其官方头衔为“生产线协调员”。在当今数字化时代，像凯瑟这样的基层员工已成为公司众多通过计算机网络获取信息并参与决策的员工中的一员。他们不仅能够实时检查核对货物运送情况，灵活安排自身工作负荷，还频繁涉足以往专属管理人员的决策领域。

这一案例生动地揭示了现代组织管理中的深刻变革：基层雇员如今能够在瞬间获取 20 年前只有高层管理人员才能触及的信息资源。与此同时，随着计算机技术与通信技术的深度融合，组织内部的信息交流变得前所未有的便捷高效，员工无须再局限于传统的正式沟通渠道，即可实现与组织内任何人员的无障碍交流。此外，在现代管理理念的推动下，越来越多原本由管理层垄断的决策权被下放至员工层面，员工能够自主地依据实际情况做出决策。再加上自我管理团队、多功能团队以及包含多个上司的新型组织设计理念的广泛兴起与应用，传统命令统一性的概念在现代组织管理实践中的局限性愈发凸显，其重要性也日益淡化。尽管仍有部分组织坚持认为强化命令链有助于提升组织生产率，但不可否认的是，这类组织在当今商业环境中已逐渐成为少数派。

4. 控制跨度

在组织管理的实践领域，一个极为关键且备受瞩目的问题是，一位主管究竟能够有效地指导与管理多少名下属。这一问题所涉及的核心概念即控制跨度（span of control）。控制跨度在很大程度上决定了组织内部的管理层次设置以及管理人员的配备规模，进而对组织的整体运营效率与管理效果产生深远影响。

在其他条件保持恒定的情况下，控制跨度与组织效率之间呈现出显著的相关性。一般而言，控制跨度越宽，意味着一位主管能够管理更多的下属，组织所需设置的管理层次相应减少，从而能够在管理人员配备方面实现精减，降低人力成本支出，提升组织效率。例如，假设有两个组织，其基层操作员工的数量均为 4 096 名。其中一个组织的控制跨度设定为 4，而另一个组织则设定为 8。通过简单的数学计算可知，控制跨度为 8 的组织相较于控制跨度为 4 的组织在管理层次上减少了两层，所需配备的管理人员数量可减少约 800 人。若以每名管理人员年均薪水 40 000 美元计算，控制跨度宽的组织每年在管理人员薪水上便可节省高达 3 200 万美元。从成本控制的角度审视，控制跨度宽的组织无疑在效率方面占据明显优势。

然而，事物皆具两面性，控制跨度过宽也可能引发一系列问题，对组织的有效性构成潜在威胁。当主管的控制跨度超出合理范围时，由于其时间与精力有限，难以对众多下属给予充分的领导、指导与支持，这可能导致下属在工作过程中面临困惑与迷茫时无法及时获得有效的帮助，进而影响员工的工作绩效与工作满意度，甚至可能引发员工的离职倾向，对组织的稳定性造成冲击。

与之相对，控制跨度窄亦有其独特的优势与弊端。将控制跨度保持在 5～6 人时，管理者能够对员工实施更为严密的监督与管控，及时发现并纠正员工工作中的偏差与问题，确保工作质量与工作进度符合预期要求。然而，这种窄跨度的控制模式也存在诸多不足之处。首先，如前文所述，窄跨度必然导致管理层次增多，这将直接引发管理成本的大幅攀升。其次，管理层次的增加会使组织内部的垂直沟通变得更为复杂烦琐，信息在传递过程中容易出现失真、延误等问题，进而导致决策速度减缓，高层管理人员难以迅速获取基层的真实信息，逐渐陷入决策孤立的困境。最后，控制跨度过窄容易滋生过度监督的现象，限制了下属的工作自主性与创造性，使员工在工作过程中感到压抑与束缚，不利于员工个人能力的充分发挥与职业成长。

综合考量当前商业环境的发展趋势与组织管理的变革需求，加大控制跨度已成为众多组织的共同选择。在通用电气公司和雷诺金属公司等大型组织中，控制跨度已普遍达到 10～12 人，相较于 15 年前增长了一倍。以卡伯利恩公司（Carboline Co.）的地区经理汤姆·斯密斯为例，他目前直接管理 27 名下属。而在 20 年前，处于相同职位的人员通常仅管理 1～2 名下属。

组织选择扩大控制跨度并非盲目跟风，而是与当今一系列重要的管理趋势紧密契合。在激烈的市场竞争压力下，各公司纷纷致力于降低成本、削减组织管理费用，以提升自身的盈利能力与市场竞争力。扩大控制跨度通过减少管理层次与管理人员数量，能够直接降低人力成本支出，实现成本控制目标。同时，宽跨度控制有助于加速决策过程，使组织能够更迅速地响应市场变化与客户需求。此外，它还能够增加组织的灵活性与适应性，促进信息在组织内部的快速流通与共享，缩短组织与顾客之间的距离，提升客户服务质量与响应速度。更为重要的是，扩大控制跨度与现代管理理念中对下属充分授权的趋势相得益彰，通过赋予下属更多的自主权与决策权，能够激发员工的工作积极性与创造力，培养员工的责任感与担当精神，为组织发展注入新的活力与动力。

然而，为了有效规避因控制跨度加宽而可能导致的员工绩效下降的问题，各公司普遍采取了加强员工培训的应对策略。管理人员深刻认识到，只有当员工对自身工作有充分的理解与掌握，并且在遇到问题时能够及时从同事那里获得有效的帮助与支持，员工才能够在宽跨度的管理环境里保持良好的工作绩效。因此，各公司纷纷加大员工培训力度，投入更多资源用于提升员工的专业技能、沟通协作能力以及解决问题的能力，致力于打造一支高素质、高适应性的员工队伍，以确保组织在宽跨度控制模式下能够实现高效稳定运行。

5. 集权与分权

在组织管理的权力架构体系中，存在两种截然不同的极端模式：一种是高度集权式组织，在这类组织中，高层管理者掌控着所有重大决策的制定权，低层管理人员仅仅扮演着执行高层指示的角色，缺乏自主决策的权力与空间；另一种则是高度分权式组织，其决策权被大幅下放至最基层管理人员手中，基层管理人员能够依据实际情况自主做出决策并采取行动。

集权化（centralization）是衡量组织内部决策权集中程度的关键概念，它主要聚焦于组织内部正式权威的分布情况，即特定职位所固有的决策权力。一般而言，如果组织的高层管理者在制定组织主要决策时，极少考虑或根本不考虑基层人员的意见与建议，那么该组织的集权化程度相对较高。相反，若基层人员能够广泛参与组织决策过程，并且拥有一定程度的自主决策权，能够根据实际情况灵活作出决策，那么组织的分权化（decentralization）程度则较高。

集权式与分权式组织在本质特征、运营模式以及管理效果等方面均存在显著差异。在分权式组织中，由于决策权更接近实际工作场景，基层管理人员能够迅速对各类问题做出反应并及时采取行动，解决问题的速度显著加快。同时，更多的员工能够参与决策过程，为决策提供丰富多样的信息与建议，这不仅有助于提升决策的科学性与合理性，还能够增强员工对组织的认同感与归属感，使员工与那些能够直接影响其工作与生活的决策者之间保持密切的沟通与互动，减少因层级隔阂而产生的误解与矛盾。

组织在制定主要战略决策时，其结构的集权或分权程度是一个至关重要的考量因素。这一决策通常并非凭空而定，而是取决于组织所处的特定行业环境、市场竞争态势以及所采用的技术水平等多方面因素。

集权式组织具有一系列独特的优势。首先，集权式管理便于高层管理者对各职能部门间的决策进行统一协调与整合，确保组织整体战略目标的一致性与连贯性。其次，通过规范报告线的形式，如借助管理账户等工具，能够实现对组织运营情况的精准监控与有效管理，及时发现并解决潜在问题。再次，集权式组织在实现与组织整体目标的高度契合方面具有天然优势，能够确保组织资源集中投入核心战略领域，避免因权力分散而导致的资源浪费与目标偏离。又次，在面临危急情况时，集权式组织能够迅速做出决策并调配资源，展现出强大的应急响应能力与决策执行效率。最后，对于一些需要高度标准化与规范化运营的组织，尤其是那些受到外部专业机构（如专业的非营利性组织）密切监控的组织，集权式结构有助于实现规模经济，通过统一决策与集中管理降低运营成本，提高运营效率，确保组织运营符合外部监管要求。

然而，集权式组织也并非完美无缺，其缺陷同样不容忽视。其一，高层管理者由于远离基层实际工作场景，可能无法充分了解个别部门的特殊需求与实际困难，在决策过程中容易忽视这些部门的个性化诉求，导致决策与实际情况脱节，影响部门工作积极性与工作效率。其二，集权式决策模式通常需要经过多层级的信息传递与审批流程，决策时间相对较长，这在快速变化的市场环境中可能使组织错失宝贵的发展机遇，导致组织反应迟缓，竞争力下降。其三，对于级别较低的管理者而言，其自主决策空间有限，职业发展往往受到较大限制，难以充分施展个人才华与能力。

5.1.4.3 常见组织结构形式

在组织管理领域中，组织结构形式犹如大厦的基石，对组织的运营效率、管理效能以及发展前景有着根本性的影响。以下将对直线制、职能制、直线职能制、事业部制、模拟分权制以及矩阵制等常见组织结构形式进行详细剖析。

1. 直线制

直线制堪称组织形式的鼻祖，其结构最为简洁直观，如图 5–2 所示。在这种模式下，各级行政单位遵循垂直领导原则，自上而下构建起清晰的指挥链条。下属部门唯上级指令是从，各级主管犹如“一家之长”，对所属单位的一应事务全权负责。厂部层面通常不额外设立专门的职能机构，仅在必要时配置若干职能人员辅助主管开展工作，而绝大多数管理职能均由行政主管一肩挑起。

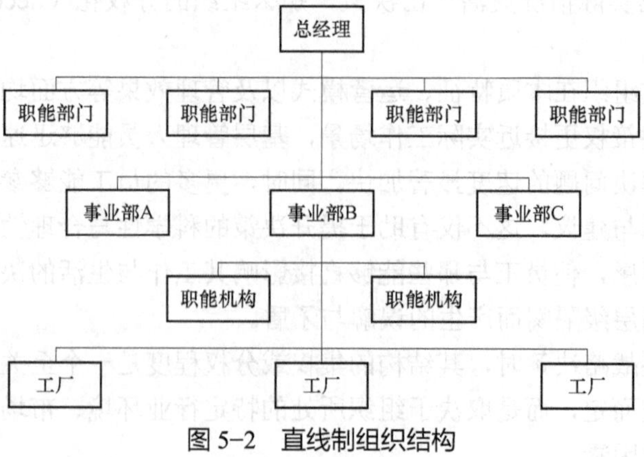

图 5–2　直线制组织结构

直线制组织结构的优势显著，其结构简单明了，犹如一条直线贯穿始终，责任界限清晰可辨，命令传达统一高效，不存在多头指挥的混乱局面，能有效避免推诿扯皮现象，确保组织运行的流畅性与高效性。然而，其局限性也颇为突出。它对行政负责人提出了近乎严苛的要求，主管需精通多领域知识与技能，亲力亲为处理各类繁杂业务。但在业务复杂度攀升、组织规模持续扩张的情境下，将所有管理职能集中于最高主管一人之身，无疑是“小马拉大车”，难以负荷，极易导致管理效率低下、决策失误增多等问题。故而，直线制组织结构仅适用于规模较小、生产技术相对简单的组织，对于生产技术与经营管理较为复杂的组织而言，则显得力不从心，并非理想之选。

2. 职能制

职能制组织结构在直线制的基础上有所演进。各级行政单位除了主管负责人之外，还配套设立了一系列职能机构。以工厂为例，在厂长之下，职能机构与人员各司其职，协助厂长开展专业化的职能管理工作。在这种组织结构下，行政主管部门需将相应的管理职责与权力下放至相关职能机构，赋予其在自身业务范畴内向下级行政单位发号施令的权力。如此一来，下级行政负责人便需同时接受上级行政主管部门与上级各职能机构的双重领导，如图 5-3 所示。

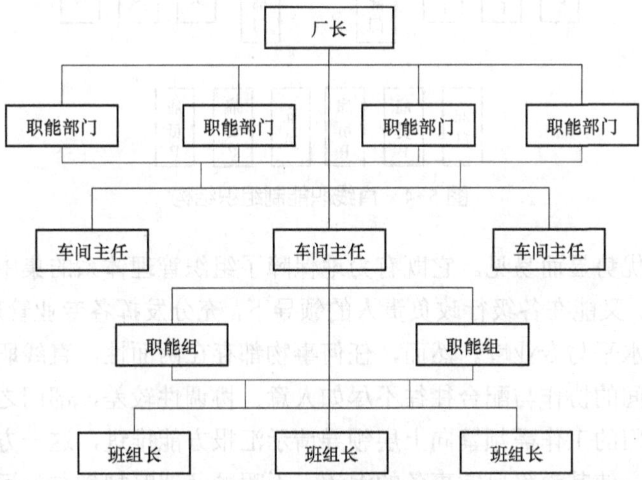

图 5-3　职能制组织结构

职能制的优点鲜明，它能够较好地契合现代化工业组织生产技术复杂、管理工作精细的特性，充分挖掘职能机构的专业管理潜力，将行政主管从烦琐的日常事务中解脱出来，减轻其工作负担，使其能够将更多精力聚焦于战略规划与重大决策等核心事务上。然而，其弊端也不容忽视。这种结构破坏了集中领导与统一指挥的原则，导致多头领导现象滋生，犹如多驾马车并行，方向难以统一，容易导致组织内部秩序混乱。同时，它不利于各级行政负责人与职能科室责任制的建立与健全，在中间管理层极易出现“有功争着抢，有过互相推”的不良现象。此外，当上级行政领导与职能机构的指导命令相互矛盾时，下级人员仿若置身于两难境地，无所适从，严重影响工作的正常推进，甚至可能引发纪律松弛、生产管理秩序紊乱等严重后果。鉴于这些明显的缺陷，现代组织很少采用职能制的组织结构。

3. 直线职能制

直线职能制，又称生产区域制或直线参谋制，它巧妙地汲取了直线制与职能制的精华，摒弃了二者的缺陷，成为当今绝大多数组织广泛采用的组织结构形式。在这种模式下，组织管理机构与人员被清晰地划分为两类：一类是直线领导机构与人员，他们秉持命令统一的原则，对各级组织行使强有力的指挥权，犹如军队中的指挥官，确保组织行动的一致性与协调性；另一类是职能机构与人员，依据专业化原则，专注于组织的各项职能管理工作，如财务、人力资源、市场营销等专业领域，为直线领导提供专业的参谋建议与业务支持。直线领导机构与人员在自身职责范围内享有一定的决定权，并对所属下级拥有指挥权，对本部门工作负全责；而职能机构与人员则扮演直线指挥人员的智囊角色，仅能进行业务指导，无权对直线部门直接下达命令，如图 5-4 所示。

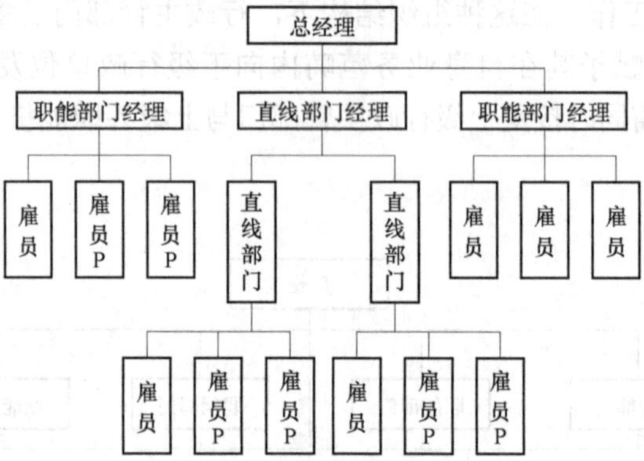

图 5-4　直线职能制组织结构

直线职能制的优势显而易见。它既有力地保障了组织管理体系的集中统一，使组织战略能够高效贯彻执行，又能在各级行政负责人的领导下，充分发挥各专业管理机构的专业优势，提升管理的精细化水平与专业度。然而，任何事物都存在两面性，直线职能制也并非完美无缺。其职能部门之间的协作与配合往往不尽如人意，协调性较差，部门之间仿若存在无形的壁垒。许多职能部门的工作需频繁向上层领导请示汇报方能推进，这一方面极大地加重了上层领导的工作负担，使其深陷日常事务的泥沼，无暇顾及战略规划与长远发展；另一方面也导致办事效率低下，决策流程冗长，容易错失市场机遇。为有效化解这些弊端，组织可考虑设立各类综合委员会，或构建定期的会议制度，以此促进各部门之间的沟通交流与协作配合，发挥协调各方工作的桥梁作用，为高层领导决策提供全方位的信息支持与多元视角的建议。

4. 事业部制

事业部制起源于 1924 年美国通用汽车公司总裁斯隆的创新构想，故而又有“斯隆模型”的美誉，亦被称为“联邦分权化”。它是一种适用于规模宏大、产品种类繁多、技术复杂的大型组织的高度集权下的分权管理体制，在国外大型联合公司中被广泛应用，近年来也被中国一些大型组织集团或公司引进和借鉴。事业部制的核心特征是分级管理、分级核算、自负盈亏。具体而言，一个公司依据地区或产品类别划分成若干个事业部，从产品的设计研发、原料采购、成本核算、产品制造直至产品销售的全流程，均由事业部及其所属工厂一手包办，事业部实行独立核算与自主经营。公司总部则主要聚焦于人事决策、预算控制与监督等宏观管理职能，并借助利润等关键指标对事业部实施有效管控，如图 5-5 所示。

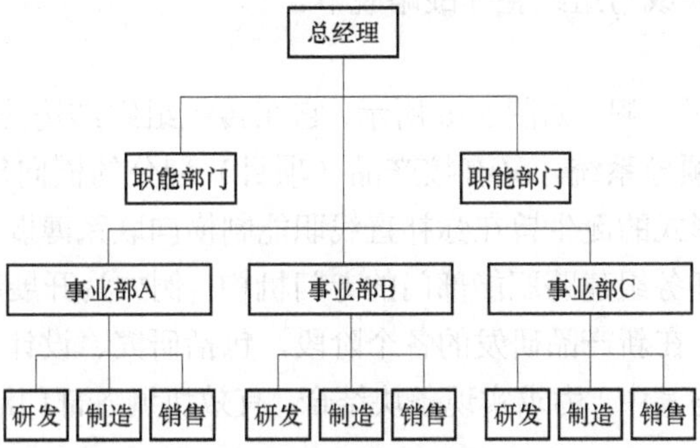

图 5-5　事业部制组织结构

在事业部制的实际应用中，存在多种形式。有些事业部全面负责产品从设计到销售的整个价值链，而有些事业部则仅专注于指挥与组织生产环节，采购与销售职能由其他部门承担，即实行生产和供销分离模式，但这种模式正逐渐被产品事业部模式所取代。此外，还有部分事业部按照区域进行划分，以便更好地适应不同地区的市场特点与需求差异。事业部制的优势在于能够充分激发各事业部的积极性与创造力，使其能够根据市场变化迅速做出反应，灵活调整经营策略。各事业部如同一个个独立的“小王国”，在公司总体战略框架下自主运营、自我发展，同时也有利于培养和锻炼综合管理人才。然而，它也对公司总部的管控能力提出了较高要求，若总部管控不力，可能导致各事业部各自为政，忽视公司整体利益，造成资源浪费与内部竞争过度等问题。

5. 模拟分权制

模拟分权制是一种介于直线职能制和事业部制之间的组织结构形式，它的出现主要是为了应对一些大型组织在特定生产条件下的管理难题。许多大型组织，如连续生产的钢铁、化工组织，由于其产品品种或生产工艺过程的特殊性，难以像传统组织那样被清晰地分解成几个独立的事业部。同时，鉴于组织规模庞大，高层管理者深感采用其他组织结构难以实现有效管理，模拟分权组织结构应运而生。所谓模拟，即模拟事业部制的独立经营与单独核算模式，但并非真正意义上的事业部，而是一个个具有相对自主性的“生产单位”。这些生产单位设有自己的职能机构，被赋予尽可能大的自主权，并承担“模拟性”的盈亏责任，其目的在于充分调动生产经营积极性，优化组织生产经营管理。

以连续生产的石油化工组织为例，由于生产过程的连续性，甲单位生产的“产品”往往直接成为乙单位生产的原料，中间无须停顿与中转，这就使得各生产单位之间的经济核算无法依据市场价格进行，而只能采用内部价格。这也意味着这些生产单位缺乏独立的外部市场，这是模拟分权制与事业部制的显著差异之一。模拟分权制的优点除了能够有效激发各生产单位的积极性，使其主动关注成本控制与效益提升外，还能在一定程度上解决组织规模过大带来的管理难题。高层管理人员通过将部分权力下放给生产单位，自身得以从烦琐的行政事务中解脱出来，将更多精力倾注于组织的战略规划与长远发展等关键事务上。然而，模拟分权制也存在诸多弊端。由于其并非真正的事业部制，各生产单位的任务界定相对模糊，给考核工作带来较大困难，难以准确衡量各单位的绩效贡献。同时，各生产单位领导人因专注于自身局部业务，不易全面了解组织的整体运营状况，在信息沟通与决策权力方面存在明显的局限性，可能导致决策失误或与组织整体战略脱节。

6. 矩阵制

矩阵制组织结构独树一帜，如图 5-6 所示，它在传统组织结构的基础上进行了创新融合，既有按职能划分的垂直领导系统，又有按产品（项目）划分的横向领导关系，恰似一个纵横交错的矩阵。这种结构形式的诞生旨在弥补直线职能制横向联系薄弱、缺乏弹性的缺陷。其显著特点表现为围绕特定任务组建跨职能部门的专门机构，例如为开展新产品开发工作而成立专门的产品（项目）小组。在新产品研发的各个阶段，包括研究、设计、试验、制造等，均由相关职能部门选派人员参与其中，力求实现条块结合，有效协调各部门活动，确保任务顺利完成。

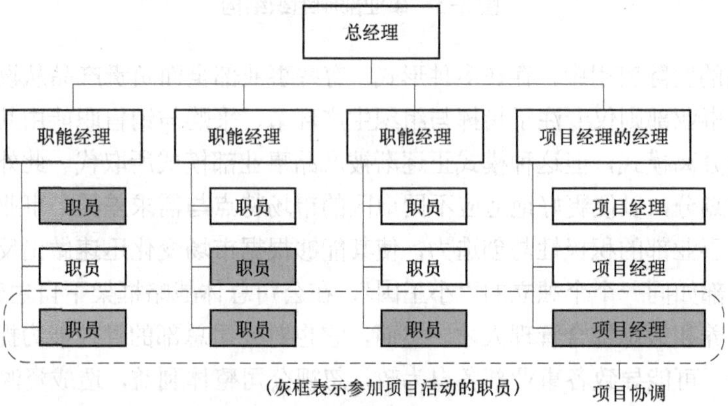

图 5-6　矩阵制组织结构

矩阵结构具有诸多优势，它机动灵活，犹如一支“特种部队”，可根据项目的启动与结束灵活组建或解散，资源配置高效精准，避免了传统组织结构的僵化与资源闲置的弊端。由于项目团队是基于特定任务组建的，任务目标明确清晰，各成员均来自不同职能领域，他们带着专业知识与技能“有备而来”，在新的工作小组中能够迅速沟通融合，将个人工作与整体目标紧密相连，为攻克项目难题、解决复杂问题群策群力，充分发挥各自的专业优势与创造力。同时，这种结构极大地加强了不同部门之间的协作配合与信息交流，打破了直线职能制下部门之间的壁垒，促进了知识共享与经验传播，提升了组织的整体创新能力与应变能力。

然而，矩阵结构也并非毫无瑕疵。其项目负责人面临着责任与权力不对等的困境，责任重大而权力相对有限。由于项目组成人员来自不同职能部门，其人事隶属关系仍保留在原单位，只是为了项目“会战”而临时汇聚，项目负责人对他们的管理难度较大，缺乏足够的激励与惩治手段，这种人员管理上的双重性成为矩阵制组织结构与生俱来的缺陷。此外，由于项目组成员在任务完成后仍需回归原单位，容易滋生临时观念，对工作的投入度与责任心可能受到影响，这在一定程度上对项目的持续推进与成果巩固构成挑战。矩阵制组织结构特别适用于一些重大攻关项目、涉及面广的临时性复杂工程项目或管理改革任务，尤其在以开发与实验为主的单位，如科学研究机构，尤其是应用型研究单位等领域发挥着独特的优势，能够帮助组织在复杂多变的环境中迅速整合资源，高效应对挑战，实现创新突破与项目目标。

任务5.2 组织变革与发展

随着科技的飞速进步、市场需求的持续变化以及竞争态势的日益激烈，传统的组织结构和管理模式正不断面临新的挑战与机遇。从新兴技术引发的工作流程重塑，到全球化浪潮下的市场拓展与资源整合，组织唯有积极顺应时代潮流，主动求变，不断优化内部结构、提升员工能力、创新管理理念，才能在这场没有硝烟的战争中脱颖而出，实现长远、稳健的发展，进而在复杂多变的商业丛林中开辟出一条可持续发展的康庄大道。

5.2.1 组织发展的含义

组织发展（organizational development，OD）是一个有计划的变革过程，旨在提高组织解决问题的能力和适应外部环境变化的能力。目标是增强组织的自我更新能力，改善成员之间的关系，提升整体效能。

组织发展是一个借助行为科学技术与理论，于组织内部展开有规划的变革的进程。在这一过程中，外部或内部的行为科学顾问，即变革推动者，发挥着关键作用。其致力于长期提升组织解决问题的效能以及应对外部环境变化的能力，是一个由高层管理者把控、全面覆盖组织各个层面的系统性努力，旨在借助行为科学知识，通过在组织运行进程中实施有计划的干预举措，提升组织的效率与活力。

组织发展还是一个系统工程，涵盖数据采集、诊断、行为规划、干预以及评价等环节。它专注于强化组织结构、流程、战略、人员与文化之间的协同性，探寻创新性的组织问题解决方案，培育组织自我更新的能力。这一目标的达成，依赖于组织员工与运用行为科学理论、研究成果及技术的变革推动者之间的紧密协作。在推进组织发展时，常常需要在专业人士的引领与协助下，运用管理心理学等多学科的理论与技术，以达成既定的组织变革规划与目标。组织发展极为重视正式工作群体的效能，其主要作用对象为正式工作群体，包含管理人员与普通员工，这与传统组织改进活动聚焦于个别管理人员有着显著的区别。全面的组织发展还涉及群体间的相互关系以及整个组织体系中的各类问题。

组织发展与组织变革关联紧密，可被视作有效组织变革的关键手段。与组织变革和组织发展紧密相连的组织创新概念，是指运用多元技能与组织资源，在所属行业或市场中开创全新理念、产品或服务的活动。组织发展领域正面临全球化与信息技术浪潮的冲击。众多国家及世界性组织纷纷应用组织发展理念与方法，由此催生了一系列全新的干预手段，并促使传统组织发展实践活动不断调适。组织发展必须确保其方法与组织战略相匹配。随着信息技术持续重塑组织的环境、战略与结构，组织发展需要妥善管理变革进程，实现与信息技术的深度融合。这种发展模式的多元性促使组织发展专业人员数量、应用组织发展的组织类型以及应用国家的数量均呈现迅猛增长的态势。

5.2.2 组织发展周期

实践活动表明，任何组织都会经历规模与管理方面的动态变化，即从规模较小、管理相对简易逐步向规模宏大、管理复杂精细转变。并且，处于不同发展阶段的组织，其员工特质、组织特性以及管理模式均存在差异。研究人员普遍认为，伴随组织生命周期的阶段性演进，管理理念、方法与手段需采取权变策略，方能确保组织的持续发展与长久稳定。近年来，众多学者在描绘组织生命周期进程时，越发重视对各阶段组织行为的探究。

5.2.2.1 组织生命周期理论的演进历程

组织生命周期理论最初由马森·海尔瑞提出，他借鉴生物学中的“生命周期”概念来剖析组织，认为组织的发展轨迹可与生物的成长曲线类比。同时，他还指出组织在发展进程中可能遭遇停滞甚至消亡的困境，而这主要源于组织自身的管理局限。此即组织生命周期理论的源头，随后众多学者在此基础上展开深入研究，进而衍生出一系列相关理论。

1972 年，美国哈佛大学的葛瑞纳教授在《组织成长的演变和变革》一文中，系统地阐述了组织生命周期的概念。葛瑞纳教授深入研究了组织演化过程，从组织发展过程中危机的产生与化解视角出发，提出了全新的组织发展模式——增长与危机交替循环模式。他主张组织生命周期可划分为多个演化阶段，每个阶段均由一场革命性危机所触发，且每次危机的出现都意味着前一阶段的终结。其具体阶段可归纳为创新→指导与控制→授权→协调→合作，各阶段之间存在不同类型的危机，而组织在成功跨越每个阶段后都能实现一定程度的增长。

尽管不同研究在组织生命周期的划分标准上存在差异，但大多以葛瑞纳教授的理论为核心框架，围绕组织诞生、成长、壮大乃至可能面临的死亡这一主线来界定各个阶段。在众多生命周期理论中，伊查克·阿迪的研究成果最为系统且广为人知。伊查克·阿迪将组织生命周期划分为成长与老化两个阶段，并进一步细分为孕育期、婴儿期、青春期、盛年期、稳定期、贵族期、后贵族早期、官僚期和死亡期。组织自孕育期起步，历经学步期后正式诞生，随后在学步期、青春期逐步发展壮大，成长阶段组织活力持续攀升。然而，从盛年期迈向稳定期时，组织活力的增长速率开始递减，在越过顶峰后逐渐衰减，直至组织活力归零而组织走向死亡。

南京大学教授赵曙明、刘洪则另辟蹊径，从组织管理的分权与集权模式切入，对组织发展展开研究。他们认为组织发展演变呈现出分权→整合→集权→分解→分权的周期性规律。组织创立初期通常采用分权模式，但随着组织的成长，政策相关问题逐渐浮现，这就要求组织管理进行整合，从而步入集权化管理模式。集权模式易导致组织反应迟缓，当组织难以快速适应环境变化时，便会陷入混乱状态。此时，通过工作分解、任务划分使组织运营恢复有序，又回归到分权模式。但这种分权可能引发部门各自为政，忽视组织整体利益，致使组织再次陷入混沌的局面。为实现长久发展，组织需重新整合各部门，再次迈入集权模式，如此循环往复。

5.2.2.2　组织生命周期的显著特征

1. 突变性

在组织运行过程中，任何政策层面的变动、技术水平的波动、供应渠道的转换、员工思想的波动、竞争态势的加剧以及顾客需求的转变，均可能致使组织状态发生急剧变化，甚至可能导致组织过早步入老化阶段，严重时可使组织走向灭亡。

2. 无限性

众多组织即便处于衰退阶段，也未必会彻底消亡。组织的灭亡往往是人类不合理行为所致的。若能精准洞察各类变化因素，明晰组织对环境的不适应性，并据此及时调整变革，使组织与环境相契合，持续优化组织结构与适应能力，维持正常的组织“新陈代谢”，组织便能实现持续生存，达成“长生不老”的目标。

3. 不同步性

规模稍大的组织通常由多个小型组织或部门构成，组织整体所处的生命周期阶段与内部各部门所处的生命周期阶段可能并不一致。正如伊查克·阿迪所言：“切勿简单地将所认知的组织置于生命周期的某一固定位置，组织内部的不同部门可能处于不同的生命周期阶段。”这充分体现了组织生命周期的不同时期特性，因此在判断组织所处的生命周期阶段时，不能仅凭组织的局部表现，而应从整体视角综合考量。

4. 可逆性

当组织面临致使其突变的各类情形时，可借助多种创新举措对组织进行改造重塑，实现组织的“返老还童”，彰显组织生命周期的可逆特质。例如，某些组织在经历鼎盛期后步入衰退阶段，但在衰退期能够及时察觉自身不足，大力推进创新与改造活动，成功实现蜕变转型，进而开启新一轮的成长历程。

5.2.3　组织变革的内容

5.2.3.1　人员变革

人员变革作为组织变革的重要组成部分，对组织的发展和适应变化起着关键作用。

1. 人员观念的转变

在数智化时代，工作人员需要在观念上进行极大的转变。人员观念的转变是人员变革的重要方面。在组织变革过程中，员工需要适应新的工作方式、管理模式和业务流程。这就要求员工从传统的思维模式中解放出来，树立新的观念。

2. 人员技能的提升

随着组织变革的推进，对员工的技能要求也在不断变化。员工需要不断提升自己的专业技能和综合素质，以满足组织发展的需求。在组织变革中，组织人员需要掌握新的工作技巧和分析市场的方法，以提高工作业绩。同时，员工还需要具备团队合作、沟通协调、问题解决等软技能，以更好地适应组织变革带来的挑战。

3. 人员结构的调整

组织变革可能会导致人员结构的调整。这包括人员的招聘、晋升、调动和裁员等。在组织面临市场竞争压力时，可能需要调整人员结构，招聘更具市场开拓能力的人才，同时对业绩不佳的工作人员进行调整。在组织变革过程中，需要合理规划人员结构，确保组织拥有合适的人才队伍，以支持组织的战略发展。

4. 人员激励机制的变革

人员激励机制的变革是人员变革的重要内容之一。在组织变革过程中，需要建立新的激励机制，以激发员工的工作积极性和创造力。在组织变革中，可以通过调整绩效考核体系、提供培训和晋升机会、给予物质奖励等方式激励员工积极参与组织变革。同时，还需要关注员工的情感需求，营造良好的工作氛围，提高员工的满意度和忠诚度。

5. 加强人员沟通与协作

在组织变革过程中，人员之间的沟通与协作变得尤为重要。员工需要加强与同事、上级和客户之间的沟通，及时了解组织变革的进展和要求，共同解决问题。众所周知，在学校组织的变革中，教师之间需要加强沟通与协作，共同探索新的教学方法和教育模式。同时，组织还可以通过团队建设活动、培训课程等方式提高员工的沟通与协作能力。

组织在进行变革时，需要充分考虑人员变革的因素，采取有效的措施，确保人员变革与组织变革的目标相一致，为组织的发展提供有力的支持。如何更有效地提升人员技能以适应组织变革？在当今不断变化的商业环境中，组织变革已成为常态。为了确保组织的持续发展和竞争力，提升人员技能以适应组织变革至关重要。以下将从多个方面详细阐述如何更有效地提升人员技能以适应组织变革。

1）唤起危机意识与建立变革愿景

组织中的人力资源管理部门可以通过唤起危机意识，让员工认识到变革的必要性和紧迫性。可以向员工展示市场竞争的激烈程度、行业的发展趋势以及组织面临的挑战等，使员工明白如果不进行变革，组织可能面临困境。同时，建立明确的变革愿景，让员工了解变革的方向和目标，激发员工的积极性和创造力。变革愿景应该具有吸引力、可行性和可衡量性，让员工能够清晰地看到自己在变革中的角色和价值。

2）提供培训与发展机会

组织可以根据自身的需求和员工的技能水平，开展内部培训课程。这些课程可以涵盖与组织变革相关的知识和技能，如项目管理、团队协作、沟通技巧和领导力等。内部培训可以由组织内部的专家或经验丰富的员工担任讲师，也可以邀请外部专家进行授课。组织可以为员工提供参加外部培训课程、研讨会和学术会议的机会。这些活动可以让员工接触到最新的行业动态和前沿技术，拓宽员工的视野和思维方式。外部培训还可以让员工与其他行业的专业人士进行交流和合作，学习他们的经验和做法。

3）鼓励员工自主学习

除了组织提供的培训和发展机会，员工自身的自主学习也是提升技能的重要途径。组织可以鼓励员工制订个人学习计划，明确自己的学习目标和方法。同时，组织可以为员工提供学习资源和支持，如购买书籍、订阅杂志、提供学习补贴等。此外，组织还可以建立学习型组织文化，鼓励员工之间的知识分享和交流，营造良好的学习氛围。

5.2.3.2　结构变革

当前许多组织开始打破传统的职能型组织结构，向矩阵型或项目型组织结构转变。华为公司早期采用直线职能型组织结构，随着业务的多元化和国际化，逐渐过渡到二维矩阵式组织结构。华为成立了事业部和地区公司，以更好地满足不同客户群体和市场区域的需求，实现资源的灵活调配和业务的快速响应。同时，为了提高决策效率和信息传递速度，不少组织进行了组织扁平化的变革，减少中间管理层级，使组织能够更快地适应市场变化。比较典型的例子是小米公司，通过打造扁平化的组织结构，让高层决策能够快速传达至基层员工，基层员工的反馈也能及时到达高层，大大提高了组织的创新能力和运营效率。海尔集团将组织打造成一个创业平台，把员工转变为创客，让他们在平台上自主创业、创新，组织则提供资源支持和服务保障。这种组织结构能够充分激发员工的创造力和积极性，快速响应市场需求，实现组织与员工的共创共赢，体现了组织开始构建平台化组织。

5.2.3.3　调整权力关系

组织在发展过程中，越来越注重集权与分权的合理平衡。一方面，在一些关键决策和战略规划上保持必要的集权，以确保组织的整体方向和资源的有效配置；另一方面，给予基层团队和员工更多的自主权和决策权，使其能够在面对具体业务问题时快速做出反应。比如，美的集团在数字化转型过程中，通过建立数据驱动的决策体系，使总部在掌握核心数据和关键指标的基础上，适当下放权力，让各事业部和业务单元能够根据市场实际情况灵活调整经营策略。

一是权力向知识和创新中心转移。组织对技术创新和专业知识的依赖程度越来越高，权力也逐渐向研发、技术等知识和创新中心转移。一些高科技组织如比亚迪等，不断加大对研发的投入，建立了多个研发中心和创新平台，并赋予这些部门更大的权力和资源调配权，使其能够在新能源汽车、电池技术等领域取得领先地位，推动组织快速发展。

二是跨部门权力的协调与合作。为了打破部门壁垒，提高协同效率，组织更加重视跨部门权力的协调与合作。通过建立跨部门团队、项目组等形式，赋予其相应的权力和责任，共同解决复杂的业务问题。在房地产组织的大型项目开发中，会组建由设计、工程、营销、财务等多个部门人员构成的项目团队，团队负责人拥有一定的决策权和资源调配权，能够有效协调各部门的工作，确保项目的顺利推进。

5.2.3.4　调整沟通渠道

在信息技术蓬勃发展的时代背景下，数字化浪潮深刻地重塑了组织沟通的格局。组织积极引入各类数字化沟通平台，这些平台整合了即时通信、视频会议、文件共享以及在线协作等多元化功能，有效突破了时空局限，极大地提升了信息传递的时效性与效率，为组织内部沟通搭建了高速信息通道。

1. 构建全方位沟通体系

在沟通渠道建设上，组织不应局限于传统的纵向层级式沟通，而应拓展为多维度的沟通网络。横向沟通能够促进部门间的协同合作，消除信息壁垒，提升组织的整体运作效率；员工与管理层的直接沟通渠道，则有助于管理层精准把握基层动态，及时发现并解决问题；同时，与外部合作伙伴及客户建立稳固的沟通桥梁，有利于组织精准捕捉市场动态，整合外部资源，增强自身竞争力，进而实现组织内外部资源的高效联动与协同发展，构建起全方位、多层次的沟通生态体系，为组织发展提供有力支撑。

2. 培育积极的沟通文化

沟通文化是组织变革进程中的关键柔性力量。开放、透明、共享的沟通文化能够激发员工的参与热情，促使他们积极主动地表达见解，同时也能培养员工倾听他人意见的素养，形成良好的沟通互动循环。当组织内部形成这种积极的沟通文化氛围时，信息能够在组织内部自由、准确地流动，决策的制定将更加科学合理，执行也将更加顺畅高效，最终推动组织在变革浪潮中稳健前行，实现可持续发展，不断提升组织的综合实力与适应能力，以应对复杂多变的外部环境挑战。

5.2.3.5 技术变革

在当今竞争激烈且科技飞速发展的商业环境中，明确变革目标及愿景对组织而言具有前所未有的重要性。首先，组织务必精准且清晰地界定技术变革的目标与愿景。这不仅仅是高层管理者的任务，更需要通过有效的沟通渠道，将这些目标与愿景传递给组织内的每位成员，使他们从内心深处理解此次技术变革绝非可有可无，而是关乎组织生死存亡与长远发展的关键举措，进而使他们产生强烈的紧迫感。可以通过组织内部的专题研讨会、案例分享会等形式，展示同行业因积极技术变革而取得巨大成功的案例，以及那些因故步自封而逐渐被市场淘汰的反面教材，让员工们直观地感受到变革的必要性。同时，设立一些激励机制，鼓励员工积极参与变革的前期讨论与规划，激发他们主动投身变革浪潮的意愿，将个人的职业发展与组织的变革目标紧密相连。

基于明确的变革目标，制定详细的变革计划成为组织迈向成功变革的关键步骤。在设计变革策略时，要综合考量多方面的因素。确定变革路径需要深入分析组织现有的技术架构、业务流程以及人员素质等现状，规划出一条从当前状态逐步过渡到目标状态的合理路线。如果组织计划引入一套全新的数字化管理系统，那么变革路径可能包括对现有业务流程的梳理与优化、员工数字化技能培训、旧系统数据迁移等步骤。每个步骤都需要明确具体的实施时间节点、责任人以及所需的资源，包括人力、物力、财力等。特别要强调的是，必须将技术变革与业务战略深度融合。深入研究新技术如何能够精准地支持业务需求，如提升生产效率、改善客户服务质量、拓展市场份额等，并且要确保与组织的战略目标保持高度一致，使技术变革成为推动组织战略实现的强大动力。

选择合适的技术是技术变革过程中的核心环节。组织需要对市场上众多技术选项进行全面、深入的调研与评估。一方面，要考量所选技术是否契合组织的特定需求。另一方面，技术的兼容性也不容忽视，要确保所选技术能够与组织现有的系统无缝对接，避免因技术冲突而导致系统故障、数据丢失等问题。此外，还要从长远发展的视角出发，判断该技术是否具有良好的可扩展性和适应性，能够在未来随着业务的发展和技术的更新换代而持续满足组织需求。在确定技术选项的过程中，组织应严谨地开展效益和成本分析。效益方面，不仅要考虑短期的经济效益，如成本降低、收入增加等，还要着眼于长期的战略效益，如提升品牌价值、增强市场竞争力等。成本则包括技术采购成本、实施成本、培训成本、维护成本以及可能面临的风险成本等。只有当预期的投资回报能够达到组织的预期标准时，才能做出最终的技术选择决策。

最后，建立有效的治理结构是保障技术变革顺利推进的重要手段。创建一个由变革发起人（如高层领导或项目负责人），以及各个利益相关群体（包括不同部门的代表、技术专家、外部合作伙伴等）组成的治理结构。这个治理结构将在变革过程中承担起协调各方利益、解决矛盾冲突、作出关键决策等重要职责。

5.2.3.6　组织文化变革

通过组织文化变革，改变组织的价值观和行为规范。组织需要在其核心价值观和信仰中明确表达对创新的承诺。要保证这一点，不仅要在高层战略（如使命声明和愿景规划）中有所体现，还需贯穿于日常运营与决策过程中。这意味着组织在制定长期目标与策略时，应将创新置于核心地位，并且在短期计划和日常管理实践中也要凸显对创新的重视。组织可在其文化中明确倡导挑战传统思维，鼓励探索未知领域，支持尝试新方法与技术。这样的文化氛围既能激发员工的创新精神，又能促使他们在面对问题与挑战时运用创新的方法。为达成此目标，组织领导者需通过自身行为和决策展现对创新的支持，诸如投资研发、鼓励员工培养创新思维与技能，以及公开认可和奖励创新成果等。同时，组织应通过内部沟通强调创新的重要性，确保全体员工都清楚创新在实现组织目标中的关键作用，并体会到自身在推动创新过程中的价值与重要性。

任务 5.3　组织沟通

良好的组织沟通对于协调组织与其成员之间、成员与成员之间以及组织与组织之间的相互关系至关重要。它有助于实现组织目标，提高组织的应变能力和适应能力。领导者通过有效的组织沟通，可以激发组织成员的积极性和创造力，促进组织内部的分工合作和协调一致。同时，良好的组织沟通还能够增强组织对外部环境的敏感性，提高反应速度，使组织能够更好地适应外部环境的变化。

5.3.1　组织沟通的含义

沟通，指的是交流信息、思想、感情或想法的过程，通过语言、文字、非语言手段或其他方式传达意义，实现相互理解，它是在个体之间建立连接和共享信息的互动过程。

国内外学者对组织沟通的内涵进行了相关研究，得出了不同的结论。有学者认为，领导者应该重视组织沟通的建设和管理，不断完善沟通机制，提高沟通效率和质量。他们应该积极倡导开放、透明、包容的沟通文化，鼓励组织成员之间的交流和分享。同时，还应该加强对非正式沟通的引导和规范，确保信息的准确性和权威性。通过这些措施，可以构建一个高效、和谐、富有活力的组织沟通环境，为组织的持续发展和成功奠定坚实的基础。

组织沟通，顾名思义，要在组织内进行，指的是在组织结构环境里进行知识、信息以及情感的交流过程。它通过口头、书面或非语言形式的交流，促进成员之间相互理解、达成合作。组织沟通涉及领导者与员工之间的互动、团队成员之间的交流与合作，以及组织与外部利益相关者（如客户、合作伙伴和社会公众）之间的信息传递。组织沟通具有明确的目的，即影响组织中每个人的行为，使之与组织的整体目标的实现相适应。良好的组织沟通有助于建立积极的工作环境，提高工作效率，增强员工参与度，并有助于解决问题和应对挑战。

组织沟通是组织运作中不可或缺的一环，它涉及组织内部信息的全方位交流与传递。这些信息内容丰富、形式多样，包括但不限于消息、情报、资料、知识、经验、情感、观点和态度等。这些信息的有效流通，依赖于一个由多个要素构成的系统，即沟通来源、沟通传译、沟通信息、沟通渠道、沟通接收和沟通反馈。

如图 5-7 所示的信息传递过程模型，概括了信息从发送者到接收者的流动过程，包括发送、编码、传输、解码、接收、行动和反馈等关键步骤。此外，该模型还考虑到了可能存在的噪声干扰。

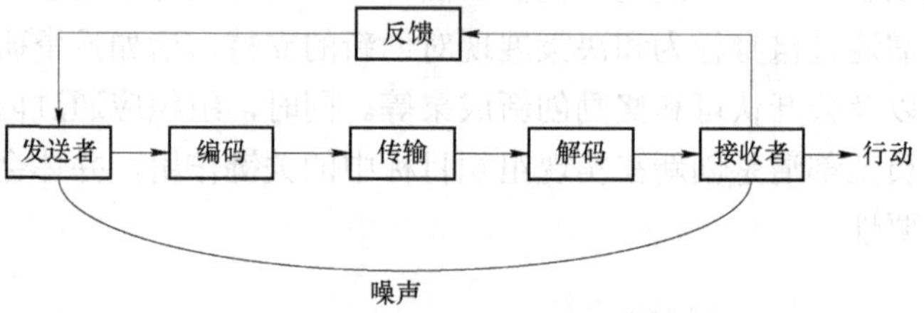

图 5-7　信息传递过程模型

1. 发送者与信息（sender & message）

在这个模型中，发送者是通信过程的起点，负责生成要传递的信息。这可以是任何形式的信息，比如文本、图像、声音等。发送者可以是人、计算机或其他任何能够产生信息的设备。

2. 编码（encoding）

为了使消息能够通过特定的传输介质进行传输，发送者需要将消息转换成适合传输的形式。例如，在数字通信中，文字会被转换成二进制代码。这个过程称为“编码”，它确保消息能够在传输过程中保持完整性。

3. 传输（transmission）

编码后的信息通过某种媒介进行传输，这些媒介可以是电缆、无线电波、光纤等。在这个阶段，信息从发送者的位置移动到接收者的位置。传输的质量和速度取决于所使用的媒介和传输技术。

4. 解码（decoding）

当消息到达接收者时，它首先需要被转换回原始的可理解形式。这个逆过程被称为解码。解码确保接收者正确理解发送者所传达的信息。

5. 接收者（receiver）

接收者是通信过程的终点，负责接收并处理信息。接收者可以是人、计算机或其他任何能够接收信息的设备。接收者对接收到的信息进行处理，并根据需要采取相应的行动。

6. 行动（action）

接收者根据接收到的信息采取相应的行动。这可以是基于接收到的信息做出的任何反应，比如执行命令、显示信息或与其他系统交互等。

7. 反馈（feedback）

在许多通信系统中，接收者会将处理结果或响应反馈给发送者，形成一个闭环。这个过程称为反馈，它允许发送者知道他们的消息是否被正确接收和理解，以及接收者是否采取了预期的行动。

8. 噪声（noise）

在传输过程中，可能会出现干扰信号，这些干扰信号被称为噪声。噪声可能来自多种来源，如电气干扰、环境噪声或其他通信系统的干扰等。噪声会影响信息的准确性，可能导致信息丢失或被误解。

5.3.2　组织沟通的类型

组织沟通可以分为正式沟通和非正式沟通两大类。正式沟通遵循组织的层级结构，包括下行、上行和横向沟通。而非正式沟通则在组织内部或不同部门之间进行，可能对沟通效果产生积极或消极影响。

5.3.2.1　正式沟通

正式沟通作为组织沟通的主要形式，严格遵循正式的组织程序。它与组织的结构和层次紧密相连，确保了信息的准确性和权威性。

1. 上行沟通

在组织管理活动中，沟通居于核心地位，是组织管理者的关键职责之一。对组织而言，沟通并非仅仅局限于信息的传递，其更重要的意义在于塑造和谐、积极的组织环境。其中，上行沟通作为关键且重要的沟通形式，对组织运营影响深远，犹如组织的神经网络般敏感而关键，其有效性直接关系到组织的整体利益与长远发展。

1）上行沟通的含义

上行沟通（upward communication），指的是下级将工作进展、成果等情况向上级汇报，同时也涵盖了提出自身见解、建议以及内心的想法与诉求等行为。它构成了领导者全面洞悉组织及团体整体状况的关键渠道，毕竟集体决策在很大程度上需要以上行沟通所获取的信息作为依据。若上行沟通得以良好开展，便能助力领导精准把握真实情况，进而制定出契合实际情况的决策方略，为组织的稳健发展筑牢根基。

2）上行沟通的作用

（1）提供员工参与管理的机会。当组织积极构建上行沟通机制时，便为员工开启了一扇参与组织管理的大门。员工能够将自身在工作实践中积累的经验、独特的见解以及对业务流程优化的思考，通过合理的沟通渠道向上级传达。这不仅使员工感受到自身价值被重视，更能充分挖掘员工的潜力，激发他们的主人翁意识，为组织的发展注入源源不断的活力与智慧。

（2）减少员工因不能理解下达的信息而造成的重大失误。在组织信息传递过程中，下行信息往往需要经过多个层级的传达。若缺乏有效的上行沟通，员工在接收到信息时可能因各种原因产生误解。通过上行沟通，员工可以及时反馈自己对信息的疑惑、理解偏差之处，上级则能够据此进行进一步的解释说明或调整信息传达方式。在组织推行新的绩效考核制度时，员工可能对某些条款存在困惑，若能及时向上沟通，就能避免因误解导致的工作方向错误、效率低下等问题，确保组织各项政策和任务得以精准执行，减少不必要的损失和风险。

（3）营造民主管理文化，提高组织创新能力。上行沟通的顺畅进行有助于在组织内部营造出一种民主平等的管理氛围。员工不再仅仅是被动地接受指令，而是能够积极主动地表达自己的观点和创意。这种文化环境能够鼓励员工勇于尝试新的思路和方法，因为他们知道自己的声音会被听到和重视。在这样的氛围中，组织的创新源泉得以充分涌流。

（4）缓解工作压力。畅通的上行沟通渠道，使员工在面对工作中的困难、挑战以及职业发展的困惑时，能够及时与上级进行交流。上级可以给予指导、支持和理解，帮助员工解决问题或调整心态。工作中，当员工承担了过重的工作任务或面临不合理的工作安排时，通过向上沟通表达自己的压力状况，上级可以合理调配资源、调整任务分配，从而减轻员工的工作负担和心理压力。同时，员工在沟通中得到的情感支持也有助于他们更好地应对工作压力，保持良好的工作状态和工作积极性。

3）上行沟通的误区

在现代组织中，有效的沟通是确保信息流通、决策科学和团队协作顺畅的关键。上行沟通作为组织中信息从基层向管理层传递的重要方式，其效率和准确性直接影响着组织的整体运作。然而，在实际操作中，上行沟通常常陷入以下误区，影响了信息的真实传递和组织的健康发展。

（1）所有问题都自己扛。许多员工或基层管理者担心频繁向上级汇报问题会被视为能力不足，因此倾向于自己解决问题。这种做法在问题可控时或许有效，但当问题超出个人能力范围时，反而会贻误解决时机，影响项目进度。例如，项目核心成员因不满而离职，此时若不及时与上级沟通，寻求支持，可能会导致项目陷入困境。

（2）只吐槽不争取。在项目推进过程中，遇到困难和阻力是常态。团队成员间常常会相互吐槽，却不主动向上级反映情况，以争取必要的支持和资源。这种行为不仅无助于解决问题，反而可能加剧团队的消极情绪。作为管理者，应该及时将团队面临的困难向上级汇报，并明确提出需要的支持，而不是仅仅停留在抱怨的层面。

（3）抓不住重点，给不出解决方案。在与上级沟通时，缺乏重点和解决方案是常见的错误。上级的时间宝贵，需要明确知道为何要关注某个问题以及可能的解决路径。如果员工只是简单地罗列问题，而没有提出自己的思考和建议，会让上级觉得是在推卸责任。有效的上行沟通应当是带着解决方案去探讨，而不是单纯地提出问题。

（4）不沟通，以猜测或假设取代沟通。在一些组织中，由于习惯、信任过度或故意隐瞒信息等原因，存在不沟通的现象。员工可能以为大家都明白，无须多此一举，或者因为下属听得不清晰又不敢问，从而依靠猜测或假设来行事。这种缺乏沟通的做法很容易导致信息误解和执行偏差，影响团队协作和项目进展。

（5）“说”而不“听”。在上级对下级的沟通中，常常出现上级滔滔不绝、下级被动接受的情况。上级可能过于关注自我表达，而忽视了下属的理解和反馈。这样的沟通是单向的，无法确保信息的准确传递和执行效果。真正的沟通应该是双向的，上级需要倾听下属的意见和困惑，以确保信息被正确地理解和执行。

（6）“听”而不“说”。与“说”而不“听”相反，在下级与上级沟通时，有些员工可能因为层级差异或不自信，选择保持沉默，即使对上级指令有疑问或不同看法也不提出来。这种单向沟通同样阻碍了信息的全面传递和问题的有效解决。下级应该勇于表达自己的观点，与上级进行充分交流，才能促进工作的顺利开展。

（7）为了沟通而沟通。有些组织频繁召开会议，但会议内容空洞，缺乏明确的目标和解决问题的效果。这种为了沟通而沟通的做法，不仅浪费时间和资源，还可能导致员工对沟通产生厌烦心理。有效的沟通应该有明确的目的和预期结果，确保每次交流都能解决实际问题，推动工作进展。

（8）逃避冲突。为了避免组织内部的冲突，有些管理者倾向于就事论事，而不是就事论事。这种做法看似维护了表面的和谐，但实际上阻碍了问题的真正解决。冲突也是一种沟通方式，通过合理地处理冲突，可以促进团队成员之间的理解和信任，提高组织的整体协作能力。

上行沟通的误区多种多样，但归根结底，都是因为缺乏有效的沟通技巧和正确的沟通心态。组织和个人都应该重视这些问题，通过加强培训、改善沟通机制和营造开放透明的沟通氛围，来提升上行沟通的效率和质量，从而推动组织的持续健康发展。

4）上行沟通的技巧与改善措施

在组织的上行沟通体系里，下级无疑扮演着极为关键的角色，而其能否娴熟地运用沟通技巧则成为上行沟通能否成功实施的核心要素。首先，下级需要努力洞悉领导的内心世界，巧妙地给予适度的恭维。要知道，每位领导都有着被他人赞誉的潜在渴望，下属唯有深入了解上级领导的独特个性与心理特质，才能够为顺畅沟通奠定坚实基础。例如，下属需用心去探寻领导的长处与优点，并且在恰当时机，以真诚的态度送上由衷的恭维之词，让领导真切地感受到被尊重与被认可。

其次，与领导相处时应秉持坦诚相待的原则，主动积极地展开沟通。坦诚乃是一个人优秀品质的生动体现，下属若期望在工作中赢得领导的肯定与有力支持，关键在于让领导深切体会到下属的坦诚。工作中无论大事小情，均不应向领导有所隐瞒，而应以开放豁达、直率坦诚的态度与领导交流互动，借此逐步赢得领导的信任与青睐。

倘若下属在向上级汇报工作进程中遭遇与上级意见相左的状况，必须灵活且妥善地加以处理，切不可莽撞行事而犯“以下犯上”之忌。此时，选择适宜的时机显得尤为重要，同时也要全力维护上级的自尊心与自信心。在向上级提出不同见解之前，不妨先向其秘书或其他熟悉情况的人了解上级当下的情绪状态，尽可能挑选双方情绪皆处于稳定平和之时展开沟通。务必谨记，切勿在上级公务缠身、忙得焦头烂额之际，或者临近午饭时分前去打扰，因为此等时段上级事务繁杂，情绪极易烦躁。一旦找准恰当时机，下级则应将自身观点条理清晰、简洁明了地予以表述，以便上级能够充分理解，而当上级意识到自己与下级意见存在分歧时，自然会深入思考自己意见的合理性、下级思考问题的角度以及得出相反结论的缘由等诸多问题。

此外，下属还应助力上级提升声誉。通常而言，一项决策实施的最终成效往往与领导者的声誉紧密相连。领导者内心深处总是期望自身工作成果能够获得下属的广泛认可与肯定。在领导做出决策之后，必然会面临来自四面八方的重重压力，毕竟某些决策难以做到令各方皆满意并赞赏。在此关键时刻，领导者最为渴望得到下属的有力支持与协助。若下属在正式场合直接指出领导者的失误之处，非但无法达成预期效果，反而会致使领导者固执己见，同时亦会对领导者在下属群体中的声誉造成损害。相反，若采用非正式的沟通途径，让领导明白提出相反意见的初衷实则是从领导者自身利益出发，终极目标是提升其声誉，如此一来，将更有利于引导领导者做出正确决策，降低决策失误的风险。

同时，下属须巧妙地让上级体会到被追随的感觉。当与上级意见不合而期望上级接纳自己的建议时，下属切不可一味地强行推销自身观点，而应将自身置于上级的合作伙伴位置，设身处地地思考问题，使上级切实感受到彼此同属一个团队。毕竟下属提出意见的初衷是期望获得上级的认同，追随上级以便更出色地达成团队目标。唯有上级真切感受到这种被追随的氛围，才会认真反思自身决策的正确性以及审慎考量下级所提的建议，进而通过良性的互动交流实现双赢。

对于管理者而言，可以巧妙地提出一些富有建设性的问题来积极鼓励上行沟通。此举措能够向员工清晰地传递出管理层对员工观点高度关注的信号，表明管理层渴望获取更多信息并且重视员工的意见和建议。问题的形式丰富多样，其中最为常见的当属开放式与封闭式两类。开放式问题（open questions）能够引入一个宽泛的主题领域，为员工提供以多种不同方式回应的机会；与之相反，封闭式问题（closed questions）则聚焦于较为狭窄的特定主题，要求接收者提供相对具体和精确的答案。无论是开放式问题还是封闭式问题，均能够在推动上行沟通方面发挥显著功效。

另外，管理者还需善于倾听。积极倾听（active listening）绝非仅仅是用耳朵听，而是需要用心去感受。有效地倾听具备两个层面的重要功能：一是助力接收者精准理解话语的字面含义；二是能够深刻体会对方的情感世界。出色的倾听者不仅仅能够听到对方表述的内容，更能敏锐地洞察对方的内心感受与情绪波动。善于倾听的管理者实际上是在向员工发出一个极为关键的信号：管理者真心关怀员工。尽管许多人并非天生就具备高超的倾听技能，但完全可以通过专门的训练来提升这一技能。

与员工开展会谈亦是实现上行沟通的有效途径之一。在这类员工小组会谈中，应大力鼓励员工踊跃发言，让他们尽情畅谈工作中遇到的各种问题、自身的需求以及管理过程中对工作绩效起到促进或阻碍作用的种种做法。此类会谈旨在深入挖掘员工内心的真实想法与困惑。通过会谈并配合相应的跟进措施，员工的工作态度将会得到显著改善，辞职率亦会随之下降。

实施开放政策同样至关重要。开放政策（open-door policy）旨在鼓励员工向其主管或者更高层级的管理层反映困扰自身的各类问题。通常情况下，员工首先被鼓励向自己的主管倾诉。若主管无法妥善解决其问题，员工则可寻求更高管理层的协助。此政策的核心目标在于消除上行沟通的重重障碍。然而，在实际推行过程中并不会一帆风顺，因为在管理者与员工之间往往存在着真实或想象出来的沟通壁垒。即便管理者的办公室大门敞开着，心理层面与社会层面的障碍依然可能导致员工望而却步，不愿踏入。

对于管理者来说，更为行之有效的开放政策是主动走出自己的办公室，深入员工群体，与他们打成一片。这种做法凭借强烈的社会暗示，有力地强化了开放政策的实施效果。管理者借此能够获取比以往坐在办公室里更为丰富多元的信息。这种管理方式可称为走动式管理（management by walking around，MBWA），管理者通过此种方式与大量员工展开系统全面的接触交流。走出办公室的管理者不仅能够从员工那里收获关键信息，还能够利用这一契机营造出积极支持性的工作氛围。如此一来，双方均可从中受益。

最后，还应当给予员工参与社团活动的机会。非正式且临时举办的各类娱乐活动能够为非计划性的上行沟通创造绝佳契机。在这些自发组织的活动中，如部门联欢会、运动会等，尽管上行沟通并非其主要目的，但却能够产生极为宝贵的“副产品”，促进上下级之间更为真实有效的沟通交流。

2. 下行沟通

1）下行沟通的含义

下行沟通（downward communication）作为组织内部信息传递的重要模式，具体是指信息在组织结构中的特定流动走向，是从处于较高层级的管理层面朝着较低层级的普通员工层面进行传递的一个过程。在现代组织管理体系中，下行沟通占据着举足轻重的地位，发挥着不可替代的关键作用。它犹如组织运行的脉络，能够有力地保障每位员工清晰地知晓组织所规划的战略发展大方向、所制定的各项政策法规制度以及所下达的具体工作任务指令等一系列对组织有序运转极为关键的信息，进而使得整个组织内部能够维持高度的协调一致性与整体性，就像是一台精密仪器中的各个零部件，在准确的指令传达下协同运作，推动组织稳步前行。

2）下行沟通的特点

下行沟通具有几个鲜明的特点。其一是权威性和指导性，由于其信息源通常来自组织的高层决策机构或管理层，这些信息往往承载着组织的意志与规划，所以在传达诸如组织的决策部署、政策方针、目标设定以及工作任务的具体指令等内容时，天然地具备很强的权威性，就像是上级对下级下达的不容置疑的命令，同时也为员工的工作提供了明确的方向指引，具有极高的指导性。其二是信息传递的层级性，在大型组织中，信息往往难以一步到位地传达到每位基层员工，而是需要遵循一定的组织层级逐级向下传递，例如从高层领导到中层管理者，再到基层主管，最后才到普通员工。然而，这种层级传递方式在带来有序性的同时，不可避免地会引发一些问题，比如信息在层层传递过程中可能会出现延迟现象，原本时效性很强的信息经过多道转手后变得滞后；还可能因为不同层级人员对信息的理解差异、传达偏差等因素导致信息失真或被误解，就如同传话游戏中，最初的信息经过多人传递后往往会面目全非。其三是单向性，下行沟通多数情况下呈现出一种自上而下的单向信息流动态势，上级将信息传达下去后，缺乏一套及时且有效的反馈机制来快速获取员工对这些信息的理解程度、接受程度以及他们所产生的想法和建议等，这就好比是射箭者射出了箭，却无法迅速知晓箭是否射中了目标以及目标的反应如何。

3）下行沟通的策略

在进行下行沟通时，有诸多注意事项需要管理者予以重视。首先是信息的清晰度和准确性，这是确保下行沟通有效性的基石。管理者必须以极为清晰、明确且精准的方式来传达信息，使得基层员工能够毫无偏差地准确理解组织到底有什么样的需求以及对他们有着怎样的期望，尽可能地避免由信息表述含糊不清、用词不准确等原因造成信息在传递过程中的误解和扭曲，防止员工因为错误的信息解读而做出与组织目标相悖的行为。

其次，虽然下行沟通本身具有单向性，但管理者绝不能忽视员工的反馈和建议。员工身处工作一线，对实际工作中的各种情况有着最为直观的感受和体验，他们所提出的建议和意见往往能够反映出基层工作中的真实问题以及一些高层管理者难以察觉的细节漏洞。所以，管理者应当积极鼓励员工勇于提出自己的想法，为员工创造便捷的反馈渠道，并且认真对待这些反馈，以便能够依据这些来自基层的声音更好地对组织的管理策略和决策内容进行改进与优化，让组织的管理决策更加贴合实际工作情况。

再次，沟通方式的多样性也是提升下行沟通效果的重要手段。单一的沟通方式难以满足不同员工的信息接收习惯和需求，也难以覆盖组织内的所有成员。因此，管理者需要综合运用多种沟通方式，比如通过组织召开各种规模和形式的会议，直接向员工传达重要信息；定期撰写并发布详细的工作报告，让员工能够系统地了解组织的整体运行状况和工作进展；利用电子邮件及时地将一些紧急或重要的信息发送给相关员工；借助内部通报的形式对一些具有普遍性或典型性的事项进行公示等。多样化的沟通方式能够扩大信息的传播范围，提高信息传递的效率和效果，使每位员工都能够从自己习惯的信息接收渠道获取准确无误的组织信息。

最后，建立良好的沟通氛围和文化对于下行沟通的长期有效开展具有深远的意义。一个鼓励开放和透明沟通的组织文化环境，能够极大地增强员工的参与感和归属感。当员工感受到自己能够自由地表达观点、提出疑问，并且自己的声音能够被组织重视时，他们会更加积极主动地融入组织的沟通体系中，更加愿意接受来自上级的信息传达，并会以更高的热情和责任感去执行工作任务，从而在组织内部形成一种良性的沟通循环，为组织的持续发展注入源源不断的动力。

综上所述，通过行之有效的下行沟通机制，组织能够更加顺畅地将战略目标和政策规定传达至每个角落，让每位员工都能明确自己的努力方向，进而充分激发员工内在的工作积极性和无限的创造力，如同点燃了员工心中的热情之火，促使他们为实现组织目标全力以赴，最终推动整个组织朝着既定的方向蓬勃发展。与此同时，管理者也必须时刻保持对下行沟通可能存在的各类问题的敏锐洞察力，如信息失真导致的执行偏差、员工参与度不足引发的沟通不畅等，并积极主动地采取针对性措施来不断优化和改善沟通效果，就像一位技艺精湛的工匠不断雕琢自己的作品，使下行沟通这一组织管理工具更加完美地服务于组织的发展需求。

3. 平行沟通

自上而下的沟通使上级的指示和决策能够迅速传达给下级，确保组织的统一性；自下而上的沟通则让下级的声音能够及时反馈给上级，有助于决策的科学性和民主性；横向沟通则促进了组织内部各部门之间的协作与配合，提高了工作效率。

1）平行沟通的含义

平行沟通，亦称作横向沟通，是指在组织内部，与处于相同层级的人员之间开展的、与工作任务完成紧密相关的信息交流活动。

平行沟通具有诸多显著优点。其一，它能够对办事的程序与手续予以精简，大幅削减不必要的烦琐环节，从而有效节省时间成本，显著提升工作效率。例如，在项目推进过程中，不同部门的平级员工之间若能及时横向沟通，就能快速协调资源、明确分工，避免因层层上报审批等冗长流程而延误进度。其二，这种沟通模式有助于组织内部各个部门之间增进了解，打破部门壁垒。员工们在频繁的横向交流互动中，能够逐渐培育起整体观念与合作精神，有力地克服本位主义思想的局限，使各部门不再各自为政，而是从组织整体利益出发协同合作。其三，平行沟通能够促进员工之间的相互体谅与包容，增进彼此之间的友谊。员工在满足自身社会交往需求的同时，其工作兴趣也会得到提升，进而促使其工作态度得到积极改善，以更加饱满的热情投入到工作中。

以下是平行沟通在组织中的几个常见应用。

跨部门协作。当不同部门需要共同完成一个项目或任务时，平行沟通是确保信息流畅和协调一致的关键。例如，市场部门可能需要与产品设计部门沟通，以确保新产品能够满足市场需求。

信息共享。平行沟通有助于在不同部门之间共享重要信息，如市场趋势、客户反馈或内部政策更新。这样可以确保所有相关部门都能及时获取必要的信息，从而做出更明智的决策。

问题解决。出现跨部门的问题或冲突时，平行沟通是解决问题的有效途径。通过开放和诚实的交流，相关各方可以共同找出解决方案，避免问题升级。

增强团队协作。平行沟通有助于培养员工的团队协作精神。当员工经常与其他部门的同事沟通和合作时，他们更容易形成共同的目标和团队意识。

提高工作效率。通过简化沟通流程和减少不必要的层级传递，平行沟通可以提高工作效率。员工可以直接与需要合作的同事沟通，避免中间环节的延误。

2）平行沟通的策略

（1）主动沟通。在平行沟通中，主动沟通是打破部门壁垒、提升组织协同效率的关键要素。从组织行为学原理剖析，现代组织结构下各部门相对独立，信息易呈碎片化分布，主动沟通能有效整合信息流，促进部门间信息共享与流通。主动沟通的员工运用系统思维，将自身工作与其他部门在组织流程中进行关联，规划沟通议程，如确定沟通目标、准备翔实资料等，为跨部门协作搭建有效桥梁，增强团队成员间的互动与默契，减少信息不对称带来的协作阻碍，进而提升组织整体运作效率，确保组织各环节紧密衔接，形成高效运转的有机整体。

（2）双赢沟通。双赢理念是构建平行部门间可持续合作关系的基石。基于利益相关者理论，组织内各部门相互依存，共同构成利益共同体。在资源分配与任务执行中，摒弃零和博弈思维，秉持双赢原则至关重要。若各部门仅着眼于自身利益最大化，将引发内部资源的无序竞争与低效利用，破坏组织整体稳定性，而双赢思维促使部门间深入探寻彼此需求与目标，实现资源互补与共享，依据协同效应原理，创造出超越个体部门效能之和的价值，促进组织内部资源的优化配置，推动组织朝着良性循环的方向发展，提升整体竞争力，为组织的长期稳定发展奠定坚实基础。

（3）协作沟通。协作是平行沟通的核心价值体现，契合组织整合与协同的理论。在复杂项目推进中，各部门需紧密配合，实现全方位的资源整合与流程优化。从项目管理理论出发，活动策划部门与市场营销、技术支持及后勤保障等部门协作时，依据各自专业领域的核心原则，如市场定位、技术可行性、后勤服务高效性等，充分发挥部门专业优势，通过沟通协调机制，确保项目各环节无缝对接，达成项目目标。这种跨部门协作能够充分挖掘组织潜力，提升资源利用效率，彰显组织协同作战能力，保障组织战略目标的有效实施，增强组织应对复杂任务的综合实力。

（4）关心和沟通。关心在平行沟通中对营造良好的组织氛围具有重要意义，符合人际关系理论。在日常工作互动中，关心平级同事的工作压力与职业发展困境，能够建立稳固的情感纽带。依据社会支持理论，当部门面临工作挑战时，其他部门的关心能缓解其压力，提升其工作效率，增强组织凝聚力。同时，关心同事的职业发展瓶颈并提供资源与建议，基于员工职业发展与组织人才培养协同理念，有助于员工个人成长，进而提升组织人才竞争力，满足员工尊重与自我实现的需求，激发员工积极性与创造力，优化组织沟通环境，促进组织文化健康发展。

（5）谦让沟通。谦让是平行沟通中体现员工高情商与组织大局观的重要策略。从组织冲突管理理论出发，在资源有限或存在决策分歧的情境下，谦让能有效化解冲突。例如，在资源竞争中，遵循组织资源最优配置原则，具有谦让精神的部门从整体利益出发，考虑其他部门的特殊需求，避免内部矛盾激化，维护组织和谐稳定。在决策过程中，依据有效沟通与理性决策原则，谦让一方先倾听、理解对方观点，寻求折中方案或试行对方方案，保障沟通顺畅与决策科学民主，避免决策僵局，确保组织决策机制高效运行，提升组织决策质量与执行效率。

（6）体谅和沟通。体谅是平行沟通中化解矛盾、增强适应性的关键因素，这是基于组织沟通理论的。由于部门间工作重点和节奏的差异，可能会导致沟通障碍和冲突。如销售与研发部门，依据换位思考原则，销售部门体谅研发部门的技术难度，研发部门理解销售部门的业绩压力，双方及时反馈与调整沟通方式及工作进展，可有效缓解矛盾。在组织环境变化时，依据协同应变理论，部门间相互体谅工作变动的困难，主动分担或调整流程，确保沟通的弹性与适应性，维护组织和谐稳定，保障组织在动态变化中保持高效协作，提升组织应对外部变化的灵活性与韧性。

正式沟通之所以重要，是因为它是组织信息传递和交流的重要方式之一。在任何组织中，信息的流动是至关重要的，而正式沟通提供了一种系统的方式来做到这一点。它允许员工了解组织的决策、政策以及他们的工作职责和工作流程等信息，同时也让管理者能够向员工传达关键的指示或命令。通过这种方式，组织和个体可以保持同步，并确保工作的顺利进行。它有助于加强内部合作与团队凝聚力。当人们知道有明确的渠道可以进行有效的沟通和寻求共识时，他们会更加愿意彼此协作和支持。这可以提高整体士气和精神风貌，从而提高团队的绩效和能力。通过正式沟通，管理层可以实现更高级别的控制和管理。这种形式的沟通可以让管理人员评估工作进度和质量，识别潜在的问题并及时采取纠正措施。这对于维持良好的运营效率和秩序至关重要。

5.3.2.2 非正式沟通

1. 非正式沟通的含义

非正式沟通，指的是在办公室正式沟通渠道之外开展的各类沟通活动。它通常以办公室人员间的交往为基础，借助形形色色的社会交往得以产生。其具有多方面作用，能够弥补正式沟通渠道的欠缺，传递正式沟通难以传达的信息，让办公室领导知晓在正式场合无法获取的重要情况，了解办公室人员私下所表达的真实想法，从而为决策提供参考依据；还能减轻正式沟通渠道的负担，推动正式沟通提升效率；等等。

非正式沟通与正式沟通存在差异，其沟通对象、时间以及内容等各个方面，均未经事先规划且难以辨别。如前所述，非正式组织是因组织成员在感情与动机方面的需求而形成的。它的沟通渠道是借助组织内的各种社会关系，这种社会关系跨越了部门、单位以及层级的界限。在很大程度上，非正式沟通的发展也是为了契合决策对信息的需求。该途径相较于正式途径更具灵活性，其流向可以是横向的，也可以是斜向的，并且通常较为迅速。在诸多情形下，源自非正式沟通的信息往往更受接收者的关注。由于传递这类信息多采用口头形式，不留痕迹、无须负责，许多不愿通过正式沟通传递的信息，却可能在非正式沟通中被披露出来。

然而，过度依赖这种非正式沟通途径存在较大风险，因为此类信息被歪曲或出现错误的概率颇高，且难以查证。特别是与员工个人利益紧密相关的事务，诸如晋升、待遇、改组之类，常常会产生所谓的“谣言”。这些不实信息的传播，往往会给组织带来较大的困扰。

不过，任何组织都不可避免地存在着一定的非正式沟通途径。对于这种沟通方式，管理者既不能完全依靠它来获取必要信息，也不能对其全然漠视，而应当紧密留意错误或不实信息产生的根源，努力为组织人员提供准确且清晰的事实，以此加以防范。这些途径丰富多样且无固定模式，例如同事间的随意交谈，甚至通过家人之间的传言等，都属于非正式沟通的范畴。所以非正式沟通与个人间的非正式关系常常是相伴而生的。众多研究者指出，鉴于非正式沟通无须受到规定手续或形式的诸多限制，因而有时比正式沟通更为关键。在美国，这种途径常被称作“葡萄藤”，意在形容其如同葡萄藤一般枝繁叶茂、四处蔓延。非正式沟通则更加灵活和随意。它不受正式组织程序的约束，通过各种非正式渠道进行。非正式沟通往往带有浓厚的感情色彩，能够加深组织成员之间的了解和友谊，增强组织的凝聚力和向心力。然而，非正式沟通也可能导致信息失真和误解，因此需要加以引导和规范。

2. 非正式沟通的特点

非正式沟通是在无预先规划的情况下发生的，其借助组织内部的各类社会关系构建沟通渠道。像非正式的会议、日常闲聊、走动过程中的交谈以及用餐时的交流等，均属于非正式沟通的常见形式。非正式沟通具备诸多优势，如形式丰富且灵活多变，无须精心筹备；能做到及时沟通，一旦问题出现，即刻便可展开简短交流，促使问题迅速得以解决；还有助于拉近主管与员工的距离，增进彼此的亲近感。

非正式沟通存在一种可预先知晓的模式。依据心理学研究成果，非正式沟通的内容与形式在很多时候是能够被提前把握的。它呈现出以下显著特点：

① 消息越是新颖独特，就越能引发人们的热烈讨论；

② 与人们工作紧密相关的人物或事件，最易成为人们谈论的焦点；

③ 那些为人们所熟知的事物，往往是人们谈论最多的对象；

④ 在工作中有交集的人员，通常容易被卷入同一传闻之中；

⑤ 在工作中接触频繁的人，极有可能被牵涉到同一传闻之中。

鉴于非正式沟通的这些特性，管理者务必予以充分且全方位的考量，目的在于有效防范具有消极影响的“小道消息”的肆意传播。同时，要善于利用非正式沟通，使其服务于组织目标的达成，发挥积极的建设性作用。

3. 非正式沟通的策略

在非正式沟通的情境中，以下这些技巧值得关注与运用。

1）以询问代替命令

美国资深心理学家雷德，凭借其丰富的管理实践经验，郑重地向管理者们提出建议：在对待下属时，应摒弃命令式的口吻，转而采用询问的方式。那些惯于下达指令的管理者，往往容易忽视一个关键问题，即他们总是主观地认定下属必定能够圆满完成所交代的任务。然而，现实情况是，下达命令虽可轻易为之，但接受命令者是否具备积极主动的意愿去出色地完成任务却充满变数。对于管理者而言，运用询问的方式与下属互动具有多重益处。一方面，能够深入洞察下属内心深处的真实想法与感受，从而获取更为全面和准确的信息；另一方面，能让下属在沟通交流过程中感受到尊重与关怀，使其心理上更为舒适自在，进而提升其工作的积极性与主动性。

2）秉持平等态度

通常而言，人们在与同等级、同层次的个体交流互动时，其行为举止往往表现得自然流畅、落落大方。然而，当面对地位高于自己的对象时，紧张情绪便会悄然滋生，言行也会变得拘谨，自卑感亦会随之增强；反之，在与社会地位低于自己的人交谈时，又容易陷入过度自信甚至肆意放纵的状态。在非正式沟通的场景下，管理者必须敏锐地捕捉到这些细微的言行变化，通过自身的言行举止，巧妙地消除上下级之间无形的隔阂。

在与下属交谈时，平等态度的展现绝非仅仅局限于话语内容本身，语气的轻重缓急、语调的抑扬顿挫、表情的丰富细腻以及动作的自然得体等细节之处，均能淋漓尽致地体现出平等与否。切不可轻视这些看似微不足道的细节，以为仅仅是个人习惯而不会对上下级谈话产生实质性影响。实际上，这些细节往往在潜移默化中决定着下属是否敢于向管理者敞开心扉、靠近交流。

世界著名的谈话艺术大师费尔特先生，曾就谈话艺术提出诸多宝贵建议，其中特别指出：在谈话过程中，应保持适度的话语量，避免冗长烦琐的表述；故事叙述应谨慎为之，除非其与谈话主题高度契合且简洁精练，否则尽量避免；同时，要高度重视谈话态度，坚决杜绝妄自尊大的表现，尽力避免陷入无意义的争论；谈话内容应注重普遍性与客观性，切不可过度自我宣扬，将自身置于高高在上的位置；外在表现应坦诚直率，而内心则需保持谨慎细致。

3）杜绝无聊的空谈

管理者在与下属展开谈话时，务必确保每次交流都紧紧围绕明确的中心点，也就是谈话的核心目的。这一目的旨在促进管理者与下属之间良好关系的构建与深化。在谈话过程中，管理者需充分展现自身的思想深度与独到见解，使下属清晰地认识到管理者并非毫无主见的糊涂之人。纯粹的无聊空谈，不仅无法在下属心中留下良好印象，反而可能导致下属对管理者的管理能力与素养产生怀疑，从而对双方关系产生负面影响。

4）营造愉快的沟通氛围

在任何谈话情境中，管理者都需时刻铭记，务必避开那些可能触怒他人的敏感话题。因为在谈话过程中，倾听者会从管理者的言语表达中敏锐地洞察其个性特征，同时也会暗自揣度管理者日后是否会在背后议论自己的是非优劣。因此，管理者应努力营造愉快和谐的沟通氛围，选择积极正面、富有建设性的话题进行交流，以增进彼此之间的信任与理解，为建立良好的上下级关系奠定坚实的基础。

4. 非正式沟通的类型

非正式沟通的类型如图 5-8 所示，具体内容如下。

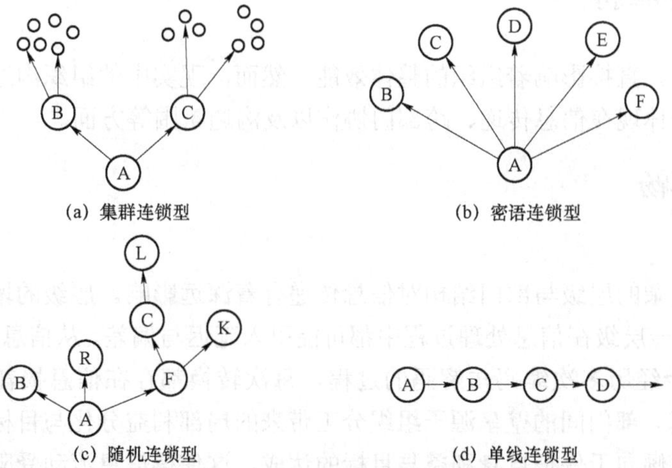

(a) 集群连锁型　(b) 密语连锁型
(c) 随机连锁型　(d) 单线连锁型

图 5-8　非正式沟通的类型

1）集群连锁型（cluster-chain）

这种类型是指信息在传播过程中，会先经过几个关键人物，这些关键人物就像一个个信息枢纽。例如在一个办公室里，消息先由部门主管得知，然后主管会把消息传递给几个比较信任的下属，这些下属又会各自将消息传递给他们周围的同事。就好像一个以关键人物为核心的信息集群在传递消息，它的传播范围会随着这些“信息簇”的扩散而逐渐扩大。这种类型的传播速度相对较快，而且由于有核心人物的参与，信息在一定程度上可能会被筛选或加工。

2）密语连锁型（gossip-chain）

密语连锁型主要是通过个人之间的私下交流来传播信息。例如，A 员工和 B 员工关系比较好，A 员工把一个未经证实的消息悄悄地告诉了 B 员工，B 员工又会把这个消息告诉 C 员工，如此一个接一个地传播下去。这种类型的特点是信息传播具有较强的隐私性和随意性，往往伴随着一些个人的猜测和情感因素。而且由于是口口相传，信息很容易在传播过程中失真，内容可能会被添油加醋。

3）随机连锁型（probability-chain）

随机连锁型的传播就像它的名字一样，是比较随机的。信息在人群中随机地传播，没有固定的传播路径和关键人物。比如在公司的茶水间，不同部门的员工偶然相遇，其中一个员工提到了一个消息，在场的其他员工听到后，又会在自己后续的工作或者休息过程中，随机地把这个消息传递给其他遇到的人。这种类型的信息传播范围比较难以预测，因为它取决于人们的随机相遇和交流情况。

4）单线连锁型（single-strand-chain）

单线连锁型是指信息按照单一的线路进行传播。例如，A 员工只把消息告诉 B 员工，B

员工只告诉C员工，以此类推，信息就像在一条单线上传递。这种传播方式相对比较封闭，传播速度可能会比较慢，而且如果在这条传播线路中的某个环节出现问题，比如某个人忘记或者不愿意传递消息，那么信息的传播就可能会中断。

5.3.3 组织沟通的障碍

组织沟通顺畅与否，直接影响着组织的整体效能。然而，现实中的组织沟通往往面临诸多挑战。这些障碍主要体现在信息传递、跨部门协作以及沟通氛围等方面。

5.3.3.1 信息传递不畅

1. 组织结构复杂

在大型组织中，复杂的层级与部门结构对信息传递有着深远影响。层级的增多意味着信息传播路径的延长，每一层级在信息处理过程中都可能引入延迟与偏差。从信息论的角度看，信息在多层级传递时会经历多次编码与解码的过程，每次转换都存在信息损耗与变异的风险，从而导致信息失真。部门间的壁垒源于组织分工带来的局部利益分化与目标差异，各部门在信息筛选与传递时倾向于保护自身利益与目标的达成，这使得信息流动受阻，信息无法在组织内实现全面、顺畅的流通，最终影响整体信息传递的效率与效果。

2. 沟通渠道不通畅

尽管现代信息技术提供了多元沟通途径，但组织若缺乏有效的整合与规划，这些渠道反而可能成为信息传递的障碍。不同沟通渠道具有不同的特性，如电子邮件适合传递正式、详细的信息，但即时性不足且易被海量信息淹没；即时通信工具虽然便捷高效，却可能因信息碎片化而难以承载复杂的内容。若组织未依据信息类型与紧急程度规划渠道使用，而是由员工随意选择渠道，将导致信息传递混乱无序。此外，缺乏统一的沟通平台会使信息分散于各个孤立渠道，难以实现有效整合与全局流通，增加信息获取与传递的难度，降低组织沟通效率。

3. 沟通技巧不足

信息传递本质上是一种交互行为，依赖于发送者与接收者双方的能力与素养。发送者的表达能力直接决定信息初始编码的准确性与完整性，若其缺乏清晰表述、结构化组织以及提供背景信息的能力，信息将以模糊、残缺的形式传播。从接收者的角度，其知识储备、业务理解能力及反馈意识影响信息解码效果。若接收者缺乏必要的专业知识或业务经验，就无法准确解读信息的内涵；若忽视反馈，发送者则无法知晓信息接收状况，难以进行必要的调整与补充，最终导致信息传递在交互过程中出现偏差与中断，影响信息传递的质量。

5.3.3.2 跨部门沟通困难

1. 组织文化差异

组织内部不同部门之间的文化差异是跨部门沟通的重要障碍。各部门因职能不同而形成了独特文化，这些文化在价值观、行为规范与工作方式上存在显著差异。从社会学角度看，文化差异导致了部门成员在认知、判断与行为模式上的分化。在跨部门沟通中，这种分化表现为对同一事物的不同理解、预期与处理方式，这容易引发误解与冲突。例如，创新导向的部门注重灵活性与变革，而流程导向的部门强调稳定性与规范性，两者在合作项目中难以迅速达成共识，从而阻碍沟通进程并降低项目推进效率。

2. 目标不一致

部门目标差异源于组织分工下的职能分化与绩效考核体系的差异。各部门依据自身职能设定工作目标，并依据目标完成情况进行绩效评估。这种体系导致部门在追求自身利益最大化时，忽视组织的整体目标与其他部门的需求。从经济学角度看，部门间形成了不同的利益诉求主体，缺乏共同利益驱动的沟通合作动力。例如，销售部门为提高销售额可能倾向于放宽信用政策，而财务部门为控制风险则主张收紧信用政策，两者目标冲突使得跨部门沟通难以协调，影响组织整体业务流程与项目协作的效果。

3. 信息孤岛

大型组织信息系统建设的分散性与沟通机制的不完善是导致信息孤岛形成的主要原因。各部门因业务需求构建了独立的信息系统，这些系统在数据格式、接口标准与访问权限上存在差异，限制了信息在部门间的共享与流通。从信息管理角度看，信息孤岛破坏了组织信息的完整性与关联性，使得部门在跨部门协作时缺乏全面、准确的信息支持。同时，缺乏统一的沟通机制与平台进一步加剧了信息孤岛效应，部门间无法建立高效的沟通渠道，信息传递受阻，协作效率低下，严重影响组织整体运营效率与协同创新能力。

5.3.3.3 沟通氛围紧张

1. 缺乏信任

信任是组织沟通的基石，在缺乏信任的组织环境中，员工的沟通行为受到严重抑制。从心理学角度看，过往的负面经历（如因表达意见而遭受惩罚或不公平对待），会使员工产生自我保护心理，降低其对组织与同事的信任度。这种心理状态导致员工在沟通时顾虑重重，倾向于隐瞒真实想法与信息，以避免可能的风险与伤害。缺乏信任还会引发员工间的猜疑与防备心理，增加沟通成本与难度，破坏信息自由流通的环境，阻碍组织知识共享与团队协作效率的提升。

2. 高强度工作压力

高强度的工作压力会对员工的沟通行为产生多方面负面影响。在高强度的工作压力下，员工心理资源被大量消耗，注意力集中于任务完成与个人绩效保障，无暇顾及沟通质量与效果。从行为学角度看，压力引发的焦虑与紧张情绪会影响员工的语言表达与情绪管理能力，使其在沟通中表现出急躁、敏感等负面情绪，破坏沟通氛围与人际关系的和谐。此外，高强度的工作压力还可能导致员工沟通意愿下降，使其更倾向于独自应对问题，减少与同事的信息交流与协作互动，最终影响团队凝聚力与工作效率。

3. 缺乏有效的冲突管理机制

组织内部冲突是不可避免的，有效的冲突管理机制是维护沟通氛围的关键。若缺乏此类机制，冲突将在组织内无序发展。从管理学角度看，冲突初期若未得到及时调解，会随着时间的推移逐渐升级，涉及更多人员与部门，引发团队内部关系紧张与对立情绪。长期积累的冲突会破坏组织文化与沟通规范，使员工对沟通产生恐惧与抵触心理，进一步恶化沟通氛围，降低团队协作意愿与效率，影响组织整体稳定性与发展潜力。

5.3.4 组织沟通障碍的解决方案

为有效应对组织沟通中存在的问题，组织可从优化沟通体系、强化跨部门协作以及重塑沟通环境等方面入手，制定相应策略。

5.3.4.1 优化沟通体系

1. 简化和优化组织结构

为解决因组织结构复杂导致的信息传递不畅的问题，组织可考虑实施扁平化管理，削减不必要的中间层级，缩短信息传递路径，从而提升决策速度，减少信息失真。同时，积极推动部门间的协作，组建跨部门团队或工作小组，促进信息的横向流通与共享，打破部门间的信息壁垒，增强团队合作。此外，明确各部门与员工的职责权限，确保信息传递责任到人，有效避免信息传递的混乱与延误，提高信息传递的准确性与及时性。

2. 建立多元化的沟通渠道

针对沟通渠道不畅通的状况，组织应构建多元化的沟通渠道体系，以满足不同场景下的沟通需求。首先，搭建统一的沟通平台，如组织社交网络或内部通信系统，方便员工在同一平台上进行信息交流与共享，提升信息的可获取性与共享便利性。其次，依据信息的性质与紧急程度，合理选择沟通工具。例如，对于紧急且重要的信息，优先采用电话或即时通信工具；对于需要记录与备份的信息，则使用电子邮件。最后，定期组织团队会议或全体员工大会，提供面对面交流的机会，促进信息的全面传递与深度沟通。

3. 提供沟通技巧培训

组织可通过开展沟通技巧培训，提升员工的沟通能力。培训内容包括倾听、表达、反馈等方面的技能训练，帮助员工更好地理解信息与传递信息。同时，培育积极的沟通文化，鼓励员工主动沟通，营造开放、包容的沟通氛围，激发员工分享信息与提出建议的积极性，促进信息的自由流通。此外，强化反馈机制，建立有效的反馈渠道，鼓励员工及时反馈信息，以便及时纠正信息的误解与偏差，确保信息的准确性。通过沟通技巧培训，组织能够全面提升员工的沟通素养，改善信息传递效果，提高工作效率与质量。

5.3.4.2 强化跨部门协作，提升组织沟通效率

1. 促进组织文化融合

首先，确立统一的组织价值观与文化理念，并通过内部宣传、培训及团建等活动，确保各部门对其高度认同与遵循。其次，积极推动部门间的互动交流，定期举办跨部门会议、活动或工作坊，增进员工对其他部门工作文化的了解与认知。最后，组建跨部门项目团队或工作小组，让不同部门的员工共同参与项目实践，促进不同文化在合作中相互融合，形成协同一致的组织文化。

2. 明确共同目标和绩效评估标准

针对因目标不一致导致的跨部门沟通困难问题，组织应制定清晰明确的组织目标与战略，

并将其与各部门目标紧密对接，确保所有部门朝着共同的方向努力。同时，建立跨部门绩效评估体系，将不同部门的目标与绩效指标相互关联，激励部门间协同合作。此外，定期开展跨部门目标回顾与评估，根据实际情况及时调整、优化目标设定，确保部门间目标始终保持一致，为跨部门沟通与协作提供坚实的基础。

3. 打破“信息孤岛”，建立畅通的沟通渠道

首先，搭建统一的信息共享平台，方便不同部门快速查阅所需信息，实现信息资源的高效整合与利用。其次，建立跨部门沟通机制与流程，鼓励部门间积极开展信息协作，确保信息能够及时、准确地在部门间传递。最后，提供必要的技术支持，帮助员工熟练掌握信息系统与沟通工具的使用方法，提高信息传递的效率与质量，为跨部门沟通提供有力的技术保障。

5.3.4.3 重塑沟通环境，促进团队合作

1. 建立信任文化

为缓解因缺乏信任导致的沟通氛围紧张的问题，组织管理层应率先垂范，展现对员工的充分信任，通过开放透明的沟通方式，鼓励员工畅所欲言，积极分享意见与建议。同时，构建公正、公平的管理制度，确保员工在决策与评估过程中得到平等对待，增强员工对组织的信任感。此外，积极推动团队合作与互助，通过团队建设活动与跨部门合作项目，增进员工间的信任与默契。还可建立反馈与认可机制，及时奖励员工的贡献，提升员工的自信心与归属感，营造积极健康的沟通环境。

2. 提供资源和支持来减轻工作压力

为缓解高压工作环境对沟通的负面影响，组织应合理规划员工的工作计划与截止日期，确保员工有充足的时间与精力完成任务，避免过度压力。同时，提供丰富的发展机会，帮助员工提升专业技能与抗压能力，增强员工的适应能力与应变能力。此外，鼓励员工参与日常决策，营造全员参与的民主氛围，让员工感受到自身价值与组织的重视，从而提升员工的工作满意度。最后，打造健康舒适的工作环境，为员工提供放松休息的空间与设施，引导员工平衡工作与生活，提升员工的工作幸福感与身心健康水平，从而改善沟通氛围，提高沟通效率。

3. 建立有效的冲突管理机制

组织可通过开展冲突解决培训，提升员工的沟通技巧与冲突处理能力，帮助员工学会如何有效地表达自身观点并倾听他人意见。同时，建立公正的调解机制，在冲突发生时及时介入并妥善调解，防止冲突升级。此外，鼓励开放式对话，为员工提供表达不满的渠道，并及时回应员工诉求，化解矛盾。最后，确立明确的团队规则与价值观，规范团队成员的行为准则与期望，促进团队成员间的相互尊重与理解，营造和谐稳定的沟通环境。

通过对组织沟通障碍的深入剖析并制定相应的解决方案，组织能够逐步优化组织沟通体系，提升跨部门协作效率，重塑良好的沟通环境，从而增强组织的整体竞争力，实现可持续发展。

任务 5.4 组织文化

组织文化不仅是组织价值观、信念与行为准则的总和，更是组织成员共同遵循的精神纽带。组织文化深深扎根于组织的日常运营、战略决策与员工互动之中。它既塑造了组织独特的形象与风貌，又为员工提供了归属感与认同感，成为激发团队潜能、凝聚向心力的关键力量，深刻影响着组织的兴衰与长远发展。

5.4.1 组织文化的内涵

5.4.1.1 文化与组织文化

“文”与“化”的并列使用，较早见于战国末年儒生编纂的《周易》：“观乎天文，以察时变；观乎人文，以化成天下。”此句意为：借由观测天象，得以知晓时序的更迭变迁。通过审视人类社会的诸般现象，运用教育感化的方式达成治理天下的目的。

其中的“文”，乃由纹理之意衍生而来。日月交替运行，于天空相互交错、修饰，此即“天文”，也就是天道自然的规律。同理，“人文”所指的是人伦社会的法则，即社会生活里人与人之间相互交织的复杂关系网络，诸如君臣、父子、夫妇、兄弟、朋友等关系，呈现出如纹理般的表象。

这段话指出，治国者一方面要观测天文，从而洞悉时序变化；另一方面则要考察人文，促使天下之人皆能遵循文明礼仪，做到行为有度。在此处，“人文”与“化成天下”紧密相连，“以文教化”的理念已然清晰明确。

在人类传统观念里，文化属于一种社会现象，它由人类长期创造衍生而来，亦是一种历史现象，是人类社会与历史沉淀积累的产物。准确来讲，文化既凝结于物质之中，又超脱于物质之外，涵盖国家或民族的思维模式、价值理念、生活方式、行为准则、科学技术等内容，其作为人类相互交流时普遍接纳且可传承的意识形态，是对客观世界感性认知与经验的凝练与升华。

文化是人类在持续认知自我、塑造自我、探索自然、变革自然的进程中，所创造并被人们共同认可与运用的符号（以文字为核心，图像为补充）与声音（以语言为主干，音韵、音符为辅助）体系的综合。若以更精练的表述，文化可简要概括为语言与文字的集成。

组织文化是指在一定的社会政治、经济、文化背景下，组织在生产与工作实践过程中所创造或逐步形成的价值观念、行为准则、作风和团体氛围的总和。它是组织全体成员共同接受的价值观念、行为准则、团队意识、思维方式、工作作风、心理预期和团体归属感等群体意识的总和。

5.4.1.2　识别组织文化的七个维度

1. 关注细节

关注细节体现在组织对员工工作精细程度的要求与期望。从组织管理理论的角度看，分析能力、精确性及对细节的把控是确保工作质量与效率的关键要素。在现代复杂的组织运营中，无论是产品生产环节的质量把控、服务流程中的精准对接，还是数据处理与信息传递的准确性，都依赖于员工对细节的高度关注。高度关注细节的组织文化有助于减少错误与偏差，提升整体运营的精准度与可靠性。这要求组织在培训体系中注重培养员工的观察力、分析能力与严谨的工作态度，使员工能深入理解每个细微环节对组织目标达成的潜在影响，从而在日常工作中自觉地将细节意识融入每项任务的执行中，形成一种追求卓越、精益求精的工作氛围，为组织的稳定发展奠定坚实的基础。

2. 成果导向

成果导向聚焦于管理者对最终结果或成果的重视程度，相对弱化对达成成果过程与手段的关注。在目标管理理论框架下，明确的成果目标为组织成员提供了清晰的努力方向。这种导向有利于集中组织资源，高效地实现预定目标。管理者通过设定可衡量、可达成的成果指标，促使员工将精力聚焦于目标达成，避免过度纠结于过程中的细枝末节或陷入无效率的内耗。然而，过度的成果导向可能导致对过程中潜在问题与创新机会的忽视，因此需要在强调成果的同时，保持一定的灵活性与对过程因素的适度关注，以确保组织在实现短期成果的同时，也能兼顾长期的可持续发展与创新能力的培育，在效率与创新之间寻求合理平衡，使组织能够适应不断变化的市场环境与竞争挑战。

3. 员工导向

员工导向着重于管理决策过程中对组织成员影响的考量。依据人本管理理论，员工是组织最宝贵的资源，是核心竞争力的源泉。当管理决策充分考虑员工利益、需求与发展时，能够提升员工的满意度、忠诚度与工作积极性。例如，在制定工作任务分配、绩效考核制度以及组织变革方案时，将员工的工作负荷、职业成长机会、薪酬福利等纳入决策因素，有助于营造良好的组织氛围，增强员工对组织的认同感与归属感。这种员工导向的决策理念有助于建立和谐的组织关系，促进员工与组织之间的良性互动，进而提升员工的工作效率与创造力，最终推动组织整体绩效的提升，实现组织与员工的共同成长与发展，构建富有凝聚力与活力的组织生态。

4. 团队导向

团队导向反映组织围绕团队开展工作的程度，区别于以个人为中心的工作模式。从团队协作理论出发，现代组织面临的复杂任务往往需要多种专业技能与知识的融合，团队合作能够整合成员的优势资源，发挥协同效应。团队导向的组织注重培养团队成员的合作意识、沟通能力和角色互补性。通过构建团队目标、明确团队角色与责任以及建立团队激励机制，促进团队成员之间的协作与配合。在团队工作环境中，成员相互学习、相互支持，能够共同应对复杂多变的任务挑战，提高组织应对复杂环境的灵活性与适应性。同时，团队导向有助于打破部门壁垒，促进信息流通与知识共享，提升组织的整体创新能力与问题解决效率，形成以团队合力为驱动的组织运行模式，推动组织在团队协作的基础上实现战略目标。

5. 进取性

进取性衡量雇员展现出的进取与竞争特质相对于合作特质的程度。在组织行为学理论中，进取性体现为员工对个人成就与职业发展的积极追求。在竞争激烈的市场环境里，适度的进取性能够激发员工的工作动力与创造力，促使员工不断挑战自我、突破极限，为组织争取更多的发展机会与竞争优势。具有高进取心的员工往往勇于承担高难度任务，积极寻求个人能力提升与职业晋升的机会。然而，过度的进取性可能引发内部过度竞争，破坏组织的和谐氛围与团队合作精神。因此，组织需要在鼓励员工进取的同时，引导员工树立正确的竞争观念，将个人进取与团队合作、组织整体利益相结合，通过合理的激励机制与文化引导，使进取性成为推动组织发展的积极力量，避免因内部恶性竞争导致组织分裂与效率低下。

6. 稳定性

稳定性表征组织决策与行动对维持现状的强调程度。从组织变革理论来看，稳定性在一定时期内对于组织的正常运营具有重要意义。稳定的组织环境能够为员工提供可预测的工作条件，减少不确定性带来的焦虑与不安，有助于保持组织日常运营的秩序性与连贯性。例如，在成熟行业或组织发展的平稳阶段，维持现有的组织结构、工作流程与管理模式可以确保组织高效地执行常规任务，实现稳定的收益与发展。然而，过度追求稳定性会使组织陷入僵化，难以适应外部环境的变化与创新需求。组织需要在稳定性与适应性之间寻求动态平衡，根据市场变化、技术进步等外部因素适时调整组织战略与内部结构，在保持核心业务稳定的基础上，积极探索创新与变革的机会，以确保组织在长期发展过程中的竞争力与可持续性。

7. 创新与风险承受能力

创新与风险承受能力体现在组织鼓励雇员创新并勇于承担风险的程度。在创新管理理论范畴内，创新是组织持续发展与保持竞争优势的核心动力。组织对创新与风险的积极态度能够营造开放包容的文化氛围，激发员工的创新思维与创造力。鼓励员工突破传统思维定式，尝试新的工作方法、技术应用与业务模式。当组织愿意为创新尝试承担一定风险时，员工更敢于提出新颖的想法并付诸实践，即使面临失败也不会受到过度惩罚。这种创新与风险承受力有助于组织发现新的市场机会、开发差异化的产品与服务，推动组织在技术、管理等方面的创新变革，提升组织的核心竞争力与适应能力，使组织在快速变化的市场环境中始终保持领先地位或独特的竞争优势，实现组织的长期发展与持续进化。

5.4.2 组织文化的作用

5.4.2.1 导向作用

组织文化在组织成员的行为与决策导向方面具有关键意义。它从深层次影响着成员对组织目标的认知与理解，使成员在面临多种选择时，能依据组织文化所倡导的方向做出符合组织整体利益的决策。从理论层面而言，这是基于文化对个体认知框架的塑造。组织文化通过长期的传播、教育与内化过程，将特定的思维模式与价值取向植入成员的心智，从而引导其行为沿着组织期望的轨迹发展，确保组织行动的一致性与连贯性，避免因个体差异导致的行动混乱与目标偏离，进而提升组织达成战略目标的效率与可能性。

5.4.2.2　规范作用

组织文化的规范作用建立在其对行为准则与规范的设定之上。它明确界定了组织成员在工作场景中的可为与不可为，这种约束并非单纯依靠外部的强制力量，而是通过文化的熏陶使成员产生内在的自我约束意识。从理论上讲，这是社会控制理论在组织中的一种体现。组织文化作为一种软性的控制机制，与正式的规章制度相辅相成。它利用成员对组织的认同感与归属感，将规范要求转化为成员自觉遵循的行为标准。这种内化的规范意识不仅有助于维持组织内部的秩序与稳定，还能在一定程度上弥补正式制度的滞后性与局限性，使组织在面对多变的内外部环境时，成员能够迅速做出符合组织整体利益与文化精神的适应性行为，减少因违规行为导致的组织内耗与效率损失。

5.4.2.3　凝聚作用

组织文化的凝聚作用源于其对成员归属感与认同感的强化。组织文化通过营造独特的文化氛围、共享的价值体系以及相互认同的组织身份，使成员在心理上产生强烈的关联感与依存感。从群体动力学理论的角度分析，组织文化作为一种群体凝聚力的催化剂，能够缩小成员之间的心理距离，促进成员之间的情感交流与合作意愿。在这种文化环境里，成员不再将组织视为单纯的工作场所，而是视为一个具有共同理想与追求的社群。这种强烈的凝聚力能够有效整合组织内部的人力资源，将个体力量汇聚成一股强大的集体合力，使成员在面对组织发展的挑战与机遇时，能够齐心协力、同舟共济，为实现组织目标而不懈努力，极大地增强了组织应对困难与变革的韧性。

5.4.2.4　激励作用

组织文化的激励作用主要体现在对成员积极性与创造力的激发上。组织文化所倡导的成就导向、创新精神以及对成员个人价值的尊重与认可，为成员提供了强大的内在动力源泉。从动机理论出发，组织文化能够满足成员在尊重、自我实现等高层次心理需求方面的追求。当成员感知到组织文化对其个人努力与创新成果的重视与鼓励时，会产生强烈的工作动机与自我效能感。这种内在激励相较于物质激励更为持久且更具深度，它能够激发成员主动挖掘自身潜力，勇于挑战高难度任务，不断追求卓越与创新，从而为组织创造出更高的绩效水平，推动组织在激烈的市场竞争中持续发展与进步，实现组织与成员的双赢。

5.4.2.5　创新作用

组织文化的创新作用根植于其对成员尝试与创新精神的鼓励。在一个倡导创新的组织文化环境中，成员被赋予了勇于突破传统思维束缚、探索未知领域的文化许可。从创新管理理论来看，组织文化为创新提供了适宜的土壤与氛围。它容忍失败、鼓励冒险，使得成员敢于提出新的想法与观念，并积极付诸实践。这种创新文化能够打破组织内部的僵化思维定式与官僚主义壁垒，促进知识的交流与共享，激发成员之间的创意碰撞与协同创新。通过不断培育与强化创新文化，组织能够建立起持续创新的机制与能力，源源不断地推出新产品、新服务或新的管理模式，从而在快速变化的市场环境中保持竞争优势，引领行业发展潮流，实现组织的可持续发展与转型升级。

5.4.2.6 辐射作用

组织文化的辐射作用表明其影响力不仅局限于组织内部成员，还会延伸至外部环境。组织文化通过组织的品牌形象塑造、社会公关活动以及与外部利益相关者的互动等途径，向外界展示组织独特的文化魅力与价值理念。组织文化作为组织形象的核心内涵，是区别于其他组织的重要标志。积极健康、富有特色的组织文化能够在外部受众中产生良好的印象与口碑，提升组织的知名度与美誉度，吸引更多优秀人才的加入、合作伙伴的青睐以及客户的信任与忠诚度。同时，组织文化的辐射作用还能对行业文化乃至社会文化产生一定的示范与引领效应，促进整个社会商业文明与文化生态的优化与进步，彰显组织在更广泛的社会层面的社会责任与价值担当。

5.4.3 组织文化的特征

组织文化作为组织在长期演进历程中沉淀而成的特有产物，涵盖了共同目标、价值基准、基本信念与行为规范等多方面内涵，深刻彰显出一系列核心特征，对组织管理实践有着根本性的影响。

5.4.3.1 意识性与抽象性

组织文化在本质上以一种意识性的形态存在于组织结构之中，其根源深植于组织成员所共有的信念体系、价值评判标准以及行为规范之中。它属于一种抽象化的概念范畴，构成了组织的无形财富资源。尽管其无形的特质使其难以被直观地触摸，但却能够借助组织成员在日常工作与交往中的行为模式、应对各类事务的思维方式等具象化的表现形式得以彰显。从理论层面而言，组织文化作为群体意识的集中体现，在潜移默化中塑造着成员的思维定式与行为导向，这种影响力源于文化对个体认知构建与行为塑造机制的深度介入，它通过长期的文化传播、教育引导以及成员间的互动交流，逐步将组织所倡导的意识观念内化为成员个体的思维与行为习惯，进而规范和引导组织成员的集体行动逻辑。

5.4.3.2 系统性与整体性

组织文化是一个高度复杂且具有系统性的有机整体，由共享价值观念、团队协作精神、行为规范细则等多元要素相互交织、协同作用而形成。这些要素之间并非孤立存在，而是存在着紧密的相互依存与关联耦合关系，共同编织出组织文化的完整架构体系。从宏观环境视角审视，组织文化始终依托于特定的社会文化背景而孕育生长，不可避免地受到社会主流文化的浸润与影响，并且随着社会文化在时代浪潮中的演进与变革，组织文化也必然要进行适应性的动态调整与优化升级。这一过程遵循着系统论中的整体与部分相互作用的原理，组织文化作为一个系统整体，其内部要素的变化与外部社会文化环境的刺激相互呼应，共同推动组织文化系统在动态平衡中持续发展，以确保组织文化与社会文化生态保持协同共进的关系，进而维持组织在社会大环境中的适应性与生命力。

5.4.3.3 凝聚性与导向性

优质高效的组织文化具备极为强大的凝聚力和向心力，它犹如一面旗帜，向组织成员传递与展示特定的信仰追求与价值态度倾向，深度渗透并影响成员对于世界的认知理解以及为人处世的哲学理念，进而将分散的个体紧密地凝聚整合为一个有机的整体。从组织行为学理论来看，这种强大的凝聚力能够有效激发组织成员的工作热情与斗志，显著强化群体成员对所属组织的身份认同感与归属感。与此同时，组织文化还天然地具备导向指引功能，凭借那些深深烙印在成员内心深处的价值观念以及清晰明确的行为准则规范，为组织成员的行为活动提供精准的方向指引，确保其行为路径与组织所设定的战略目标和发展方向高度契合。这种凝聚与导向功能的协同作用机制，是基于组织文化对成员心理需求满足与行为激励引导的双重作用原理，通过营造共同的文化氛围与价值追求，使成员在情感上产生共鸣，在行为上达成共识，从而形成一股强大的合力，推动组织朝着既定目标稳步前行。

5.4.3.4 可塑性与长期性

组织文化并非一种僵化固定、一成不变的静态实体，而是具有显著的可塑性特征，能够在管理者与组织成员的共同不懈努力下，依据组织内外部环境的动态变化进行有针对性的塑造调整与优化革新。在组织的持续发展进程中，文化元素在不断地积累沉淀与优化筛选，持续适应着组织内部结构调整、战略转型以及外部市场竞争态势、社会文化变迁等多方面的复杂变化。然而，必须清醒地认识到，组织文化的塑造与重塑过程绝非一朝一夕能够完成的简易任务，而是一个充满挑战、耗时漫长且极为复杂的系统工程，需要组织的管理者与全体成员秉持长期主义的战略眼光与持之以恒的坚定信念，持续投入大量的时间、精力与智慧资源，通过长期的文化培育、传播推广以及制度保障等多维度举措的协同推进，才有可能逐步实现组织文化的转型升级与优化重塑的目标。这一过程深刻反映了文化变迁的渐进性与累积性规律，组织文化在长期的历史演进过程中逐渐形成了相对稳定的结构与特质，要改变这种稳定性需要克服诸多惯性阻力，需要在长期的实践过程中逐步引导成员接受新的文化元素，摒弃旧的不合时宜的文化观念与行为习惯，从而实现组织文化的创新性发展与适应性变革。

5.4.3.5 创新与稳定性

组织文化在其内涵特质中，既高度重视稳定性的维持，又积极鼓励创新精神的培育与风险承担意识的树立。在当今瞬息万变、竞争激烈的市场环境格局下，组织为了谋求生存与发展空间，必须不断地探索开拓全新的业务领域，深度挖掘新兴的市场机会与资源，这就迫切要求组织文化能够孕育滋养出浓郁的创新精神氛围，大力激励组织成员勇于突破传统思维框架的束缚，积极开展创造性的思考与实践行动。然而，需要明确指出的是，倡导创新并非等同于全然摒弃稳定性的价值追求，组织文化在积极主动地拥抱变化、追求创新变革的同时，依然需要强调维持现有组织结构、运营流程以及核心价值体系等方面稳定性的重要性与必要性，以此确保组织在创新发展的进程中能够保持基本的连续性与稳定性，避免因过度追求创新而导致组织陷入混乱无序的状态。这种创新与稳定之间的平衡关系，是基于组织发展的动态平衡理论。组织需要在稳定的基础上寻求创新以适应外部环境的变化，同时又要通过创新来增强组织的适应性与竞争力，从而在动态变化的市场环境中实现可持续发展。

5.4.3.6 独特性与继承性

每一个组织都在其独一无二的历史发展轨迹、行业竞争环境、组织战略定位以及成员构成特质等多种因素的综合作用下，逐步孕育形成了具有鲜明个性特色的组织文化体系，这种文化体系所蕴含的独特价值观念与行为方式模式，具有极高的辨识度与难以被其他组织轻易复制模仿的特质，充分彰显出组织的独特个性魅力与差异化竞争优势。与此同时，组织文化还具备强大的继承与传承特性，组织的核心价值理念、优良传统作风以及独特的文化基因等珍贵文化财富，会在一代又一代的组织成员更迭传承过程中得以延续与发展，成为组织在长期发展历程中积累沉淀下来的宝贵精神财富资源，为组织的持续稳定发展提供坚实深厚的文化根基与精神动力源泉。从文化传承与创新的理论视角来看，组织文化的独特性是组织在特定历史文化语境下的创新成果，而继承性则是确保这种创新成果得以延续和发展的重要保障。通过代际传承，组织文化不断丰富和深化其内涵，同时也保持了组织文化的连贯性与一致性，使得组织在长期发展过程中能够保持独特的文化标识与核心竞争力。

5.4.3.7 环境相融性与发展性

组织文化必须与外部环境保持高度的相融性和契合性，能够敏锐地感知并主动适应市场环境的动态变化趋势以及社会文化的整体演进潮流。只有如此，组织文化才能为组织在复杂多变的外部环境中赢得生存发展的有利空间与机遇。与此同时，组织文化对于组织内部成员的个人成长与发展也具有极为重要的引导和促进作用。它能够为成员提供清晰明确的价值导向、行为规范以及职业发展路径指引，助力成员在组织平台上实现自我价值的最大化。在组织文化的建设实践中，必须始终高度关注组织内外环境因素的动态协调平衡关系，通过持续不断地开展文化创新与适应性调整优化，推动组织与成员在相互促进、协同发展的良性互动轨道上实现共同成长与进步。这一过程体现了组织文化与环境相互作用的生态学原理。组织文化作为组织与环境之间的桥梁与纽带，不仅要适应环境的变化，还要通过自身的影响力对环境产生积极的反作用，同时也要关注组织内部成员与组织整体文化环境之间的互动关系，促进成员与组织文化的共同进化，从而构建一个和谐共生、可持续发展的组织生态系统。

综上所述，组织文化的这些核心特征相互交织、相互影响，共同构成了组织文化的复杂内涵体系，深刻地决定了组织文化在组织管理实践活动中的核心地位与关键作用。组织唯有通过深入透彻地理解把握这些特征内涵及其相互作用关系机制，才能够更为精准有效地开展组织文化的塑造培育、优化升级与传承创新等一系列管理实践工作，进而显著提升组织的核心竞争实力，稳健地实现组织的可持续长远发展战略目标。

5.4.4 组织文化的结构

组织文化是组织在长期经营实践中所凝聚而成的独特价值观念体系、行为规范范式以及思维方式架构的集成。它不仅是组织个性特质的鲜明映射，更在组织绩效产出、员工士气激励以及积极性调动等方面施加着深远的影响。组织文化的结构呈现出多层面的复杂样态，以下将从理论层面深度探究其主要构成部分及其内在的相互关联机制。

5.4.4.1　表层文化

表层文化，也就是物质文化，构成了组织文化体系中最为直观、最易被外界感知的外在部分。从其构成要素来看，主要涵盖了组织实体性的各类文化设施。其中，工作环境作为物质文化的重要组成部分，包括办公场所的空间布局、装修风格、采光通风条件等因素，这些因素不仅关乎员工的生理舒适度，更在潜意识层面影响着员工的工作心境与工作效率。作业方式则体现了组织在生产运营流程中的技术应用水平、工艺流程设计以及操作规范要求等，它反映了组织对于生产效率与质量把控的价值追求。此外，图书馆、俱乐部等文化设施的设置，彰显了组织对于员工知识储备拓展、文化素养提升以及业余生活丰富方面的重视。

物质文化在组织文化架构中占据着基础性的地位，是其他层次文化得以构建与展现的物质依托。从理论根源上分析，依据文化人类学中的物质文化理论，物质文化作为人类文化的物化形态，是人类思想与价值观念的外在表现形式。在组织情境下，物质文化通过物质载体将组织的价值观与管理理念具象化。例如，现代化的办公设施不仅仅是为了满足员工的工作需求，更是组织追求高效、创新与科技领先理念的物质体现；丰富的培训资源反映了组织对员工成长与发展的重视，体现了其秉持的人力资本增值理念；舒适的休闲空间则传达出组织关注员工身心健康、倡导工作与生活平衡的价值导向。物质文化通过这些物质载体向员工、客户以及社会公众传递着组织的文化信号，这些物质载体成为组织形象塑造与文化传播的重要途径。

5.4.4.2　中层文化

中层文化，即制度文化，在组织文化体系中扮演着中介与桥梁的关键角色。其内涵包括一系列体现组织文化特色的规章制度、道德规范以及行为准则，同时也涉及组织内部的分工协作关系架构与组织结构模式。制度文化具有双重属性，一方面它是深层文化的外在制度性体现，将抽象的精神文化理念转化为具体的、可操作的行为规范与制度条文；另一方面它又是物质文化得以有序建设与稳定维持的制度保障。

从制度文化的功能维度进行剖析，在组织管理理论框架下，制度文化通过制定明确的规范与制度条文，为员工的行为提供了清晰的指引框架与约束边界。例如，严格的质量管理体系是组织对产品质量至上价值观的制度性落实，它确保了组织在生产运营过程中的每个环节都遵循高质量标准，从而保障了组织产品或服务质量的稳定性与可靠性，进而提升组织的市场竞争力。开放的沟通机制是组织尊重员工意见、倡导团队协作与信息共享精神文化的制度体现，它打破了组织内部的信息壁垒，促进了知识的流通与创新思维的碰撞，有利于提升组织的决策效率与应变能力。公平的绩效考核制度是组织秉持公正、公平、透明价值理念的制度性表达，通过科学合理的绩效评估指标与奖惩机制，激励员工积极工作，引导员工的行为与组织目标保持一致，同时也为员工的职业发展提供了明确的方向与晋升依据。

5.4.4.3　深层文化

深层文化，亦称为精神文化，当之无愧地处于组织文化的核心地位，是组织文化的灵魂所在。其涵盖了组织的价值观、组织精神、道德观念等处于意识形态层面的核心内容。精神文化是组织成员在长期的共同工作与生活实践中逐步形成并普遍认同与遵循的潜在思想意识体系，它凝聚着组织在长期发展历程中积淀而成的独特精神风貌与共同愿景。

从理论层面深入探究，依据组织文化的价值观导向理论，精神文化所包含的价值观作为组织行为的根本性准则，决定了组织在面对各种复杂的经营决策情境时的价值判断与行为选择。例如，“客户至上、诚信为本”的价值观一旦深入人心，将引导组织在产品研发、生产、销售以及售后服务等全流程中始终以满足客户需求、保障客户利益为首要考量，并且在组织与供应商、合作伙伴以及社会公众的交往互动中坚守诚信原则，从而塑造良好的组织商业信誉与社会形象。组织精神则是组织在应对各种挑战与困难的过程中所形成的独特精神气质与信念支撑，它激励着员工在面对困难时勇往直前、团结协作，为实现组织目标而不懈努力。道德观念则为组织及其员工的行为提供了伦理道德层面的约束与规范，确保组织的经营活动符合社会伦理道德的要求，促进组织与社会的和谐共生发展。

组织文化的三个层次之间存在着紧密的内在联系，相互依存、相互影响，共同构建起组织独特的文化生态系统，从而形成其核心竞争力。

首先，物质文化作为组织文化的外在表现形式，为制度文化与精神文化提供了物质基础与现实依托。从马克思主义的物质决定意识原理出发，物质文化的发展水平与丰富程度在一定程度上制约着制度文化的完善性与精神文化的先进性。例如，一个具备雄厚经济实力与先进技术装备的组织，更有条件构建完善的制度体系与培育先进的精神文化理念。同时，物质文化的建设与更新也需要制度文化的规范引导与精神文化的价值引领。只有在科学合理的制度安排与积极向上的精神文化激励下，组织才能够有规划、有目标地进行物质文化建设，确保物质文化建设与组织的整体文化战略相契合。

其次，制度文化在组织文化结构中发挥着承上启下的关键作用。它将抽象的精神文化理念具象化为具体的行为规范与制度条文，使精神文化得以在组织的日常运营管理中贯彻落实。从组织行为学的制度约束理论来看，制度文化通过明确的规则与奖惩机制，规范员工的行为，引导员工逐步认同并遵循组织的精神文化理念。同时，制度文化也为物质文化的建设与维护提供了制度保障，确保物质文化的物质载体能够按照组织的文化战略意图进行配置与管理。例如，组织的财务管理制度规范了组织资金的使用与物质资源的配置，保障了物质文化建设所需的资金投入与资源的合理利用；组织的人力资源管理制度通过员工招聘、培训、晋升等环节的制度设计，促进了精神文化在员工队伍中的传播与传承，同时也为物质文化建设提供了人力资源支持。

最后，精神文化作为组织文化的核心与灵魂，为物质文化与制度文化提供了思想源泉与动力根基。基于文化动力理论，精神文化所蕴含的价值观、组织精神与道德观念等要素激发着员工的内在工作动力与创造力，促使员工积极主动地参与组织的物质文化建设与制度文化完善过程。例如，组织的创新精神激励员工不断探索新技术、新方法，推动组织物质文化中的技术装备更新与作业方式创新；组织的团队合作精神则促进员工在制度文化建设过程中积极参与制度设计与优化，增强制度的合理性与员工对制度的认同感。同时，精神文化也为组织在面对外部环境变化与内部变革需求时提供了价值导向与信念支撑，确保组织在物质文化建设与制度文化调整过程中始终保持战略定力与文化连贯性。

综上所述，组织文化的结构是由表层物质文化、中层制度文化与深层精神文化相互交织、相互作用而构成的多层次、多维度的复杂系统。通过深入系统地分析与理解组织文化结构及其内在关系机制，组织能够更为精准地把握自身文化建设的战略方向与工作重点，从物质文化的基础夯实、制度文化的完善优化以及精神文化的培育传承等方面协同发力，持续提升组织的文化软实力，为组织在激烈的市场竞争中实现持续健康发展提供坚实有力的文化保障与核心竞争力支撑。

案例

丰田公司的质量文化

丰田公司在全球汽车制造业中占据着举足轻重的地位，其质量文化更是成为行业典范。在丰田的组织文化里，“质量第一”犹如一颗璀璨的明珠，镶嵌在组织运营的每个环节中，熠熠生辉且坚不可摧。

在汽车生产的初始环节——零部件采购阶段，丰田就实行了极为严苛的筛选标准与供应商管理体系。他们与全球各地的优质零部件供应商建立起长期且紧密的合作关系，并非单纯考量价格因素，而是将零部件的质量稳定性、供应商的质量管控能力以及其对丰田质量理念的认同度等多方面因素综合考量。在合作过程中，丰田会定期对供应商进行全面细致的质量审核，从生产设备的维护状况、工艺流程的执行精准度，到员工的质量培训体系等，无一遗漏。一旦发现任何潜在的质量风险，丰田会立即与供应商协同合作，共同探寻解决方案，甚至不惜暂停合作，直至问题得到彻底解决。例如，某零部件供应商在生产一批关键零部件时，出现了微小的尺寸偏差，尽管该偏差在行业普遍接受的公差范围内，但丰田的质量检测人员依据其内部更为严格的质量标准判定此批次零部件不合格。丰田迅速与供应商沟通，要求供应商深入调查偏差产生的根源，并对整个生产流程进行全面整改。供应商在丰田的协助下，升级了生产设备的精度控制系统，加强了对员工在质量把控方面的培训，重新生产并交付了符合丰田质量要求的零部件。

当进入整车装配环节时，丰田的质量把控更是达到了近乎苛刻的程度。其装配车间里，每位工人都经过了系统而深入的质量文化培训与专业技能训练，他们对“质量第一”的理念有着深刻的理解与高度的认同。丰田采用的“全员参与的质量控制”（TQM）方法赋予了每位员工强大的质量责任与权力。在装配线上，每道工序都设有明确且严格的质量检验点。以汽车发动机的装配为例，在安装发动机缸体与活塞组件时，工人需要先对缸体内部进行精细的清洁与检查，确保无任何杂质残留且缸壁表面光滑无瑕疵，同时对活塞组件的尺寸精度、表面涂层质量等进行严格检测。若在装配过程中工人发现任何一个零部件存在哪怕极其细微的瑕疵，都有权立即停止整条生产线的运行。此时，相关的质量工程师、技术专家以及生产管理人员会迅速赶到问题现场，组成临时的质量问题解决团队。他们会运用各种先进的检测设备与分析工具，对问题进行全面深入的剖析，追溯问题产生的源头，可能是上游供应商提供的原材料质量波动，也可能是前一道工序在加工过程中出现的操作失误或者设备故障。在确定问题根源后，团队会制订出针对性极强的解决方案，不仅要解决当下的问题，还要对整个生产流程进行全面评估与优化，防止类似问题再次发生。例如，在某车型的生产过程中，一名工人在安装汽车座椅时，发现座椅的调节装置在操作过程中有轻微的卡顿现象。虽然这一问题看似微小，但工人深知其可能对消费者的使用体验产生不良影响，于是果断停止生产线。经过质量团队的深入检查，发现是座椅调节装置的某个齿轮在加工过程中齿形略有偏差。团队追溯到该齿轮的供应商生产环节，发现是其加工模具出现了轻微磨损。供应商立即更换了模具，并对所有已生产的齿轮进行了全检和更换。丰田公司也对自身的零部件入库检验流程进行了优化，增加了对关键零部件、关键尺寸的抽检比例，并提高了检测精度要求。

在设计阶段，丰田的工程师们秉持着对质量精益求精的态度，投入了大量的时间与精力进行各种模拟分析。他们利用先进的计算机辅助设计（CAD）与计算机辅助工程（CAE）软件，构建出了极为精确的汽车虚拟模型，对汽车在不同路况、不同气候条件以及不同驾驶场景下的性能表现进行了全方位模拟测试。例如，在设计一款新型 SUV 时，工程师们为了确保车辆在越野路况下的稳定性与可靠性，模拟了车辆在各种崎岖山路、泥泞小道以及涉水路段的行驶情况，对车辆的悬挂系统、四驱系统、底盘结构等进行了反复优化设计。他们通过模拟测试发现，原设计方案中的车辆在高速通过连续弯道时，车身侧倾角度略大，可能影响驾驶安全性。于是，工程师们对悬挂系统的弹簧刚度、减震器阻尼系数以及防侧倾杆的直径等参数进行了重新调整与优化。经过多轮模拟测试与实际样车验证，最终确定了既能保证越野性能，又能确保公路行驶稳定性与舒适性的悬挂系统设计方案。同时，在车辆的内饰设计方面，工程师们也充分考虑了消费者的使用便利性与舒适性，对各种控制按钮的布局、座椅的人体工程学设计以及车内空间的合理利用等方面进行了深入研究与优化。例如，为了方便驾驶员在行驶过程中操作各种功能按钮，将常用的空调控制、音响控制以及驾驶辅助功能按钮集中布局在方向盘周围，并采用了大尺寸、易于触摸操作的设计方案。

正是这种深入骨髓的质量文化，使得丰田汽车在全球市场上树立起了质量可靠的形象。消费者在购买汽车时，往往将丰田品牌与高品质、高可靠性紧密相连，对其品牌信任度极高。在众多消费者的购车决策过程中，丰田汽车凭借其质量口碑成为重要的候选品牌。无论是在欧美发达市场，还是在亚洲、非洲等新兴市场，丰田汽车都能凭借其稳定的质量表现赢得消费者的青睐。这种广泛的市场认可保障了丰田汽车持续稳定的销量。与一些因质量问题频繁召回车辆、品牌形象受损从而导致销量大幅下滑的汽车品牌相比，丰田在过去几十年间始终保持着较为稳定的市场份额增长态势。以丰田卡罗拉车型为例，其全球累计销量早已突破数千万辆，成为全球最畅销的汽车车型之一。稳定的质量不仅直接促进了销量的增长，还在售后成本控制与品牌价值维护方面发挥了极为重要的作用。由于产品质量可靠，丰田汽车的售后维修率相对较低，这大大减少了因质量问题导致的售后维修成本、零部件更换成本以及因车辆故障导致的客户索赔成本。同时，高质量的品牌形象也使得丰田在二手车市场上具有较高的保值率，进一步提升了消费者对丰田品牌的认可度与忠诚度，为组织的长期绩效奠定了坚实而稳定的基础，使其在全球汽车产业的激烈竞争中始终屹立不倒，持续引领着行业的质量标准与发展潮流。

5.4.5　组织文化的内容

组织文化作为组织在长期实践活动中逐步凝聚而成的特有产物，其内涵丰富深邃且结构复杂多元，对组织的生存与发展起着极为关键的作用。以下将从多维度对组织文化的内容展开深入探究与理论解析。

5.4.5.1　核心价值观

从本质上讲，组织价值观是组织内部管理层与全体员工对于组织的生产经营活动、服务模式以及指导这些活动背后所秉持的一般性认知观念与基础性观点的集合。它深刻地诠释了组织存在于社会经济体系中的意义与目的，揭示了各项规章制度得以确立并发挥效力的内在必要性与功能性价值，同时也界定了组织中不同层级与各个部门人员的行为模式与组织整体利益之间错综复杂的关联网络。

成功的组织往往展现出一种卓越的特质，即能够持续不断地对组织的信念体系进行创新塑造与更新迭代，始终以追求更高层次、更为卓越的目标为不竭动力源泉，这一过程基于组织发展的动态适应理论。随着组织所处的内外部环境不断变化，如市场竞争格局的演变、技术创新浪潮的冲击、社会文化价值观念的变迁等，组织需要适时调整与重塑其价值观，以确保组织能够在全新的环境挑战下依然保持旺盛的生命力与强大的竞争力。这种持续更新的价值观体系为组织提供了一种具有前瞻性与适应性的战略导向框架，使组织在制定决策、规划战略以及资源配置等关键管理活动中能够始终依据最新的价值判断标准行事，进而有效协调组织内部各方力量朝着共同的目标奋勇前行，避免因价值观念的滞后或混乱而导致组织行为的盲目性和内部分裂。

5.4.5.2　组织精神

组织精神是组织在经历了长期的发展演变过程后沉淀形成的独特精神风貌与气质特征，它生动而深刻地反映了组织整体的精神状态、奋斗意志以及内在的精神凝聚力与向心力。在组织的日常运营与战略发展进程中，组织精神充当着全体成员共同的精神支柱与强大动力源泉的角色。

从理论层面深入剖析，组织精神通常借助组织的使命陈述、愿景描绘以及宗旨界定等方式予以具体呈现与表达。组织的使命明确了组织在社会大舞台中所承担的根本性任务与角色定位，它回答了“组织为何存在”这一根本性问题，为组织的一切活动赋予了崇高的意义与价值追求；愿景则描绘了组织在未来某一特定发展阶段所期望达成的理想蓝图与宏伟目标，它犹如远方的灯塔，激励着组织成员为实现这一美好愿景而不懈奋斗；宗旨进一步阐明了组织开展各项业务活动所遵循的基本原则与核心目的，为组织成员在日常工作中的行为决策提供了清晰明确的价值导向与行为准则。当组织精神通过这些元素得以有效传达与内化于心时，便能够在组织成员内心深处激发出强烈的归属感、认同感与使命感，使他们深刻认识到自己的工作不仅仅是为了获取物质报酬，更是在为实现组织的伟大使命与愿景贡献力量，从而将个人的命运与组织的命运紧密相连，形成一股坚不可摧的强大合力，推动组织在激烈的市场竞争中脱颖而出并实现可持续发展。

5.4.5.3 伦理规范

伦理规范构成了组织文化不可或缺的组成部分，它犹如一把无形的尺子，衡量着组织成员在工作与生活中的行为举止是否符合道德标准与伦理要求。伦理规范从本质上界定了组织成员在各种工作场景以及社会交往活动中所应当遵循的基本道德行为准则与规范体系，它不仅是对组织成员个体行为的外在约束，更是组织社会责任感与道德追求的集中体现。

从组织社会学的视角来看，组织作为社会系统中的一个重要组成部分，并非孤立地存在，而是与社会各界有着千丝万缕的联系与互动。因此，组织必须承担起相应的社会责任，遵循社会公认的道德规范与伦理原则，以维护社会公共利益与良好秩序。通过建立健全严格且明确的伦理规范体系，组织能够有效地引导与约束成员的行为，确保组织的各项活动在合法合规、合乎道德伦理的轨道上有序运行，从而避免因个别成员的不道德行为而给组织带来声誉损害、法律风险以及社会舆论压力等负面影响。同时，良好的伦理规范体系还有助于营造积极健康的组织内部文化氛围，促进组织成员之间的相互信任、尊重与合作，提升组织的整体形象与社会公信力，为组织的长期稳定发展奠定坚实的道德基础。

5.4.5.4 工作作风与行为规范

工作作风在很大程度上反映了组织整体的工作态度、效率水平以及精神风貌，它涵盖了组织成员对待工作的认真程度、责任心的强弱、敬业精神的高低以及团队协作意识的浓淡等多个维度。积极向上、严谨高效的工作作风能够极大地提升组织的工作效率与质量，增强组织的市场应变能力与竞争优势；反之，消极懈怠、敷衍了事的工作作风则会严重阻碍组织的发展进程，导致组织内部管理混乱、效率低下以及员工士气低落等诸多问题。

行为规范则进一步从微观层面详细界定了组织成员在不同工作情境下所应采取的具体行为要求与操作流程，它为组织成员的日常工作提供了明确清晰的行为指引与操作准则，确保组织成员在面对各种复杂多变的工作任务与挑战时能够有条不紊地开展工作，避免因行为的随意性与盲目性而导致工作失误或资源浪费。从组织管理的实践角度来看，通过制定并严格执行科学合理的工作作风与行为规范，组织能够有效地实现对成员行为的规范化管理与标准化控制，促进组织内部沟通与协作的顺畅高效，减少内部矛盾与冲突的发生概率，进而提升团队的整体凝聚力与执行力，使组织能够在复杂多变的市场环境中保持高效稳定的运行状态并实现预期的战略目标。

综上所述，组织文化的内容涵盖了核心价值观、组织精神、伦理规范、工作作风与行为规范等多个层面的丰富内涵，并且具有融合性、继承性与发展性的重要特征。深入理解与精准把握组织文化的这些内容与特征，对于组织管理者而言具有极为重要的战略意义与实践价值。通过精心培育与塑造积极健康、富有特色的组织文化，组织能够有效提升内部成员的凝聚力、向心力与归属感，激发员工的工作积极性、创造力与忠诚度，同时也能够在外部市场环境中树立起独特而良好的品牌形象与社会声誉，增强组织的市场竞争力与可持续发展能力，从而在激烈的市场竞争中立于不败之地并实现长期稳定的发展目标。

拓展阅读

近日，由中国上市公司协会组织评选的“上市公司文化建设最佳实践案例征集活动”结果揭晓，以岭药业以其独特的组织文化体系入选“2024 年上市公司文化建设最佳实践案例”。

据了解，以岭药业始终秉承“继承创新、造福人类”的组织宗旨，以“科技健康明天”为组织目标，发扬“团结、奋进、诚信、奉献”的组织精神，践行“为员工谋发展，对社会做贡献，为股东创价值”的经营理念，坚持以科技创新引领组织发展，以络病理论创新带动中医药产业化。

组织文化入心化行，以岭文化像一面凝聚组织和员工奋勇攀登的旗帜，引领组织高质量发展。

历经三十余年的发展，以岭药业已成长为营收超百亿元的上市企业，为中国中药 10 强企业、中国医药上市 20 强企业、中国上市公司市值 500 强企业。目前，以岭药业已研发上市专利中药 15 个，其中 10 个列入国家医保目录，5 个列入国家基本药物目录；累计承担和完成国家 973、国家 863、国家重大新药创制、国家重点研发计划等国家创新和产业化项目 60 余项，荣获国家科学技术进步奖一等奖等 6 项国家科技大奖，获专利 800 余项。

在组织文化的引领下，以岭药业在发展的同时不忘反哺社会，立足医药企业优势，倾心投身公益事业。依托产业、技术等优势，通过“公司+基地+农户”的模式，以岭药业在全国建立了 50 余个中药材种植基地，带动当地经济发展，增加百姓收入，也从源头上确保了中药材的质量。在健康帮扶方面，以岭药业多次开展义诊活动，培训基层医生、捐助医疗设备，通过中国红十字会、中华慈善总会等机构捐款、捐药达数亿元，多措并举助力提升基层医疗服务水平。近年来，以岭药业先后荣获“最具社会责任感组织”“中国医药组织社会责任贡献奖”“高质量发展下的 ESG 最佳人文关怀奖”等称号。

（资料来源：https://baijiahao.baidu.com/s?id=1805016477154989653&wfr=spider&for=pc）

小　结

本项目围绕组织行为与领导力展开深入探讨，涵盖组织设计、组织变革与发展、组织沟通以及组织文化等多个核心领域，全面剖析了其内涵、要素、类型、特征、结构、作用与内容，为理解和优化组织管理提供了系统的理论框架与实践指导。组织设计是构建有效组织结构的关键过程，依据组织目标、内外部环境等因素，遵循更优、均衡、重点、人本、适应等原则，按确立目标、划分业务、提出框架、确定权责、设计运作方式、形成并调整结构的步骤进行。组织结构包含分工、分组与协调合作机制，其要素涉及工作专业化、部门化、命令链、控制跨度、集权与分权及正规化，常见形式有直线制、职能制、直线职能制、事业部制、模拟分权制和矩阵制，各有优劣，适用于不同规模和业务特点的组织。组织发展是有计划的变革过程，旨在提升组织解决问题和适应环境的能力，涉及数据采集、诊断、规划、干预和评价等环节，与组织变革紧密相连，受全球化和信息技术的影响，需与组织战略相匹配。组织变革的内容包括人员、结构、权力关系、沟通渠道、技术和文化变革，以适应市场竞争和满足客户需求。组织生命周期理论阐述了组织从诞生到成长、成熟、衰退或复兴的过程，具有突变性、无限性、不同步性和可逆性特征，不同阶段需采取相应的管理策略。组织沟通是组织内信息、知识和情感交流的过程，关乎组织目标的实现、应变能力的提升和成员积极性的激发。正式沟通含上行、下行和平行沟通，各具特点、作用和策略，需确保信息准确、权威，以促进协作与决策。非正式沟通是正式沟通的补充，形式灵活，能满足员工的情感需求，但存在信息失真的风险，管理者应合理利用并防范其负面影响。组织沟通面临信息传递不畅、跨部门协作困难和沟通氛围紧张等障碍，可通过优化沟通体系、强化跨部门协作和改善沟通环境等措施来解决。组织文化是组织长期形成的价值观念、行为准则等的总和，通过七个维度识别，具有导向、规范、凝聚、激励、创新和辐射等作用，其特征包括意识性与抽象性、系统性与整体性、凝聚性与导向性、可塑性与长期性、创新性与稳定性、独特性与继承性、与环境相融性及发展性等特征。组织文化结构分为表层物质文化、中层制度文化和深层精神文化三部分，三者相互依存、相互影响，共同构成了组织文化生态。其内容涵盖核心价值观、组织精神、伦理规范、工作作风与行为规范，具有继承性和发展性，对组织竞争力的提升和可持续发展具有至关重要的作用。通过对这些内容的深入研究，组织能够更好地应对内外部挑战，提升管理效能，实现可持续发展，在复杂多变的市场环境中保持竞争力。

思考题

1. 在当今快速变化的市场环境中，组织应如何确保其组织结构能够及时、有效地适应内外部环境的变化？请结合组织设计的发展历史、原则和步骤进行分析，并举例说明。

能力体现：学生需要运用逻辑思维能力，梳理组织设计相关知识，分析环境变化对组织设计的影响，并通过团队合作共同探讨解决方案，同时在举例过程中体现组织设计能力，将理论与实际案例有条理地结合起来。

2. 组织变革过程中，人员变革是关键环节。如何在提升员工技能、调整人员结构、变革激励机制等方面做到科学合理，既能满足组织变革的需求，又能充分调动员工的积极性？请制订一套详细的人员变革计划，包括目标、措施和实施步骤。

能力体现：此问题要求学生综合考虑人员变革的各方面因素，在制订计划的过程中锻炼其逻辑思维能力。团队合作、共同完成计划，体现团队协作能力，而计划的合理性和可操作性则体现组织能力。

3. 针对组织中常见的跨部门沟通困难问题，如“信息孤岛”、目标不一致等，从组织文化、沟通渠道、权力关系等多个角度出发，提出一套全面的优化策略。并分析这些策略如何相互配合，共同促进跨部门沟通的顺利进行。

能力体现：学生要从多个角度分析问题，运用逻辑思维整合不同层面的知识，团队协作提出综合性策略，在阐述策略配合时体现组织协调能力，确保各策略相互支持、形成合力。

4. 假设你是一家新成立组织的领导者，你将如何塑造具有本组织特色的组织文化，并确保其在组织的发展过程中得以有效传承？请详细阐述组织文化的各个层面（核心价值观、组织精神、伦理规范等）的构建思路，以及传承机制的设计。

能力体现：在回答问题时，学生需深入理解组织文化内涵，运用逻辑思维构建完整的文化塑造与传承体系，团队成员分工合作完成方案设计，体现团队的合作能力，方案的系统性和可行性体现团队的组织能力。

5. 比较直线职能制、事业部制、矩阵制等常见组织结构形式的优缺点。在数字化时代背景下，组织面临着快速响应市场变化、创新驱动发展等新挑战。如何在这些传统组织结构形式的基础上进行创新，以适应时代的需求？请提出你的创新思路和具体方案。

能力体现：学生通过比较不同组织结构形式，锻炼逻辑思维能力。团队合作，探讨创新思路，整合团队成员的创意，在提出创新方案的过程中体现组织能力，确保方案具有可行性和前瞻性。

6. 根据组织生命周期理论，分析处于不同发展阶段（如创业期、成长期、成熟期等）的组织在战略目标、组织结构、管理模式等方面应如何进行相应的调整。结合实际案例，说明组织如何通过有效的战略调整实现可持续发展。

能力体现：学生需运用组织生命周期理论进行逻辑分析，通过团队合作完成案例分析和战略调整方案的制订，在案例选择和方案设计中体现组织能力，确保分析准确、方案合理。

7. 在大型复杂组织中，信息传递往往面临诸多障碍，导致效率低下。从信息传递过程模型（发送者、编码、传输、解码、接收者等环节）出发，分析可能影响信息传递效率的因素，并提出针对性的改进措施。如何确保这些措施在组织中得以有效实施，形成高效的信息传递机制？

能力体现：学生依据信息传递模型进行逻辑分析，找出影响因素并提出相应措施，锻炼逻辑思维能力。团队共同讨论实施方法，体现团队合作能力，措施的有效性和实施计划的合理性体现团队的组织能力。

8. 深入探讨组织文化如何通过导向、规范、凝聚、激励等作用机制影响员工的行为。以某一具体组织为例，分析其组织文化在员工日常工作中的具体体现，以及对员工工作态度、绩效和创造力的影响。并提出如何通过强化组织文化建设来进一步优化员工行为的建议。

能力体现：学生要深入理解组织文化的作用机制，结合案例进行分析，运用逻辑思维阐述影响路径，团队合作收集案例资料并共同完成分析和建议，在案例分析和建议提出的过程中体现团队的组织能力。

9. 组织变革伴随着各种风险，如人员流失、业务中断、文化冲突等。请识别组织变革过程中可能面临的主要风险，并制订相应的风险管理计划，包括风险评估方法、风险应对策略和风险监控机制。如何确保风险管理计划与组织变革的整体进程相协调，保障组织变革顺利进行？

能力体现：学生识别风险并制订计划，锻炼逻辑思维和风险意识。团队合作完成风险管理计划，体现了团队的协作能力。计划与组织变革进程的协调体现了组织能力，确保风险管理的有效性和适应性。

10. 团队导向在现代组织管理中越来越重要。如何构建一种团队导向型的组织文化？从组织文化的各个层面（物质层、制度层、精神层）出发，阐述具体的构建措施，包括如何设计团队工作环境、制定团队相关制度、培育团队精神等。并分析这种团队导向型组织文化对组织绩效和竞争力的提升作用。

能力体现：学生从组织文化的多个层面构建团队导向文化，体现逻辑思维能力。团队合作完成构建措施的设计，体现团队协作能力，在分析其对组织绩效的影响时体现组织能力，展示对组织整体运作的理解和把握。

实践练习

从以下项目中任选其一进行课外练习。

实践训练项目一：组织设计模拟

训练目标：让学生深入理解组织设计的原则和步骤，培养学生运用理论知识进行组织结构设计的能力。

训练内容：将学生分组，每组假设要创建一家新的组织，根据给定的行业背景（如新兴的环保科技行业）、组织战略目标（如在三年内成为区域内领先的环保产品供应商）和资源状况（如有限的启动资金和一定数量的专业技术人员），按照组织设计的步骤进行组织结构设计，包括收集资料、确立组织目标、划分业务工作、提出组织结构框架、确定职责权限、设计运作方式并形成最终的组织结构。

训练成果：每组提交一份详细的组织结构设计方案，包括组织结构图、各部门职责说明书、岗位说明书以及设计思路阐述。

实践训练项目二：组织变革分析

训练目标：使学生掌握组织变革的内容和影响因素，提高学生分析组织变革必要性和可行性的能力。

训练内容：教师提供一些组织变革的实际案例（如某传统零售组织向线上线下融合模式转型），学生分组对案例进行深入分析。探讨该组织进行组织变革的原因（如市场竞争加剧、消费者购物习惯改变等）、变革的内容（如人员结构调整、技术应用、业务流程再造等）以及变革过程中可能遇到的问题和挑战（如员工抵制、技术整合困难等），并提出相应的解决策略。

训练成果：每组制作一份组织变革分析报告，包括变革背景、原因、内容、问题与挑战分析以及应对策略建议，并在课堂上进行展示和分享。

实践训练项目三：沟通渠道评估与优化

训练目标：帮助学生了解组织沟通渠道的类型和特点，培养学生评估和优化组织沟通渠道的能力。

训练内容：学生分组选择一个现实中的组织（可以是学校周边的组织或学生熟悉的组织），通过实地调研、访谈等方式收集该组织现有沟通渠道的信息（如正式沟通渠道包括哪些会议、报告制度，非正式沟通渠道有哪些员工活动、社交群组等）。分析现有沟通渠道的有效性，找出存在的问题（如信息传递不畅、沟通效率低下等），并根据组织沟通的理论和原则，为该组织设计一套沟通渠道优化方案。

训练成果：每组提交一份组织沟通渠道评估与优化报告，包括组织现有沟通渠道概述、问题分析、优化方案设计以及预期效果评估，并由每组代表向全班汇报。

实践训练项目四：组织文化识别与诊断

训练目标：使学生掌握组织文化的识别维度和特征，学会运用相关理论对组织文化进行诊断和分析。

训练内容：教师安排学生分组对不同的组织（可以是本地知名组织或学生感兴趣的组织）进行组织文化调研。通过收集组织的使命愿景、规章制度、员工行为、组织标识等方面的信息，运用组织文化识别的七个维度（关注细节、成果导向、员工导向、团队导向、进取性、稳定性、创新与风险承受力）对组织文化进行分析和识别。判断该组织的组织文化类型和特点，评估其对组织发展的影响，并提出改进建议。

训练成果：每组撰写一份组织文化识别与诊断报告，包括组织文化的表现形式、识别维度分析、文化类型判断、对组织的影响评估以及改进建议，并在课堂上进行交流和讨论。

案例分析

在当今快速变化的市场环境中，组织变革已成为企业生存和发展的关键。三星集团的变革历程是一个典型的成功案例，其通过技术变革、结构调整和战略转型，从一个起步晚、技术差的公司发展成为全球科技巨头。

技术变革：反向工程的成功应用

三星集团成立于 1969 年，初期以生产廉价产品为主。20 世纪 80 年代，三星开始发展半导体业务，并逐步向高端产品领域拓展。在技术方面，三星采取了一种独特的“反向工程”策略，即通过支付专利金引入技术，然后学习、模仿，并将其改造成适合自身使用的技术。这一策略使得三星能够在短时间内迅速缩小与技术领先者的差距。

以半导体业务为例，三星最初缺乏核心技术，通过向美国美光科技公司支付专利金引进技术，经过不断钻研，最终在短短 6 年内从落后 4 年的 64 kb 动态内存技术发展到世界领先的 256 Mb 动态内存技术。同样，在液晶显示器和手机业务上，三星也通过引进和改造技术，迅速取得了全球领先地位。技术变革使三星从一个技术落后的公司发展成为技术实力雄厚的企业。

面对金融危机的产业结构调整

1997 年，亚洲金融危机席卷韩国，三星集团也面临前所未有的困境：长期负债高达 180 亿美元，生产管理不善导致库存严重积压，非核心资源过多。面对这种情况，三星集团新任 CEO 尹钟龙采取了一系列果断的变革措施。

首先，三星大量出售已有存货，回收应收账款，降低库存和成本，并卖掉价值 19 亿美元的不良资产，包括高级经理乘坐的喷气式飞机和整个半导体部门。这些措施使公司的现金收入大增，资产负债率降到了 50%以下，债务结构明显优化。

其次，尹钟龙对三星的核心业务进行了重组，出售或剥离了许多非核心业务，建立了更加平衡的商业和业务结构，增强了三星集团的抗市场风险能力。

最后，三星集团进行了大规模裁员，管理层裁员 30%，非管理层裁员 35%。通过裁员，三星提高了员工的生产积极性，增强了企业竞争力。

这一系列变革措施使三星集团在一年后扭亏为盈，并逐步走向成功。在全球高端电子市场上，三星不断率先推出各种优势产品，打了竞争对手一个措手不及，并凭借自身的时间优势赚取高额的利润。

近期的组织结构变革

近年来，随着数字化和全球化的快速发展，三星集团继续进行组织变革。2022 年，三星集团对电子部门进行了大规模重组，将原有的消费电子、移动通信和家电业务合并为新的“设备体验部门”，以更好地应对物联网和智能家居市场的挑战。同时，三星加大了其在人工智能、大数据和 5G 技术等前沿领域的研发投入，以保持技术领先地位。

此外，三星还调整了管理层结构，赋予一线业务部门更多决策权，以提高应对市场变化的灵活性和决策效率。这些变革措施旨在进一步加快改革步伐，推进三星集团的数字化转型和全球化战略。通过独立运营和设立创新业务板块，三星集团能够更灵活地应对市场变化，提高业务效率，从而增强竞争力。

（资料来源：作者根据百度文库资料整理）

分析以上案例，对三星集团的组织变革进行评价。

智能问答时间

同学你好！我是 AI 小助手 Sam，在学习了本项目以后，你一定是收获满满吧！那你还有什么疑问吗？请和我交流一下吧！你可以打开手机，扫描下面的二维码哟！

项目 6 卓越领导力

学习目标

通过学习，学生能够达到以下学习目标。

知识层面：理解领导力的内涵及领导与管理的关系，掌握领导理论发展脉络、各理论要点及应用。熟知领导力模型的构成与特点，明晰领导力开发的理论基础、重要性及实践路径。领悟领导艺术、领导团队的含义与内容。

能力层面：运用领导理论分析实际问题，用模型评估领导力水平，制订个人提升计划；熟练运用领导艺术于各种场景，具备组建和管理不同类型领导团队的能力。

素质层面：树立主动提升领导力的意识，秉持正确的领导观念，注重团队合作。保持开放心态，关注领域动态，勇于创新，养成反思和自我提升的习惯。

开篇案例

2024 年“25 位年度影响力企业领袖”如期发布（详情见 12 月 9 日《2024 年度 25 位影响力企业领袖数据发布》）。

为了使数据更加科学、严谨，今年我们将指标体系划分为数据指标和舆情指标两大类。其中，数据指标包括企业家所在企业的市值、营收、净利以及现金流量比；舆情指标包括企业家舆情值及企业舆情值，由第三方数据公司全网独立监控。此外，主办方邀请往届“终身成就影响力企业领袖”、专家学者组成的专业推荐组进行推荐和点评，并发起网络公开投票。通过多元的数据维度，去发现年度最具代表性的商界领袖。

8 月活动启动后，历经 4 个月时间，以客观数据为依据，参考专业组推荐和网络投票情况，我们从 250 多位企业家中层层筛选，最终确定了今年的榜单。至此，先后有 148 位企业家位列“25 位年度影响力企业领袖”。

实业为王

今年，我们重点关注市值在 500 亿元人民币及以上的企业、世界 500 强里的中国企业、中国 500 强企业以及往届积累的数据库中年度表现突出的企业家，此外，通过第三方机构数据监控，将年度正向热度最高的企业家也纳入考察范围。在 250 多位企业家中锁定了 123 位数据指标和舆情指标靠前的企业家，并通过进一步的数据统计，确定了今年的“25位年度影响力企业领袖”名单。

123位重点名单中的企业家有105位来自上市公司，18位来自非上市公司，占比15%，最终进入名单的25位企业家中有21位来自上市公司，4位来自非上市公司，占比16%。123位企业家所在公司/集团的上市地包括中国、美国、新加坡和日本，主要集中在A股市场，共有68家（其中，两地上市的有13家），其次是港股，有47家（其中，两地上市的有23家）、美股有12家（其中，两地上市的有10家）。在新加坡证券交易所上市的有2家：扬子江船业和德龙钢铁集团旗下的德龙钢铁。在日本上市的有1家，即海信集团旗下的子公司三电控股。

这123位重点名单中的企业家来自25个行业（行业均按申万一级行业划分），最终进入名单的企业家来自14个行业，总体分布比较均衡，其中汽车和综合领域的企业家数量最多，均为4位。根据我们对这123位企业家所在行业的分析，2024年上半年营收和净利润同比增长最多的行业包括医药生物、通信、汽车和农林牧渔，这些行业均属实业。今年首次进入名单的5位企业家也都来自实业，分别是华为公司终端BG及智能汽车解决方案BU董事长余承东、万华化学董事长廖增太、胖东来商贸集团董事长于东来、理想汽车CEO李想和恒瑞医药董事长孙飘扬。

从年龄段分布来看，企业家的平均年龄为56岁，其中50～60岁的人数最多，“25位年度影响力企业领袖”中有17人属于这个年龄段。年龄最大的是66岁的恒瑞医药董事长孙飘扬和协鑫集团董事长朱共山，年龄最小的是字节跳动CEO梁汝波，41岁。年龄是个有趣的观察视角，在历届的148位企业领袖中，首次进入名单时年龄最小的三个人分别是盛大网络的陈天桥（31岁）、网易的丁磊（32岁）和滴滴的程维（33岁）。他们都来自互联网行业，20多岁开始创业之路，在很短的时间就让企业迅速壮大并上市。但随着互联网行业普遍进入调整期，近些年进入名单的企业家中，来自互联网行业的新面孔越来越少。

此外，今年名单中安徽籍企业家数量最多，共7位：美的集团方洪波、蔚来李斌、比亚迪王传福、华润集团王祥明、联想集团杨元庆、奇瑞汽车尹同跃以及华为公司余承东。其次是山东籍企业家3位：海信集团贾少谦、魏桥集团张波以及海尔集团周云杰；湖北籍企业家3位：小米公司雷军、360集团周鸿祎和卓尔控股阎志。

反“卷”联盟

“卷”是今年全社会的普遍感受，这种不是追求把蛋糕做大，而是通过“杀敌一千，自损八百”的方式在存量市场里拼价格的做法，长期看必然是死路一条。2024年“25位年度影响力企业领袖”在反“卷”的路上取得了成绩。根据我们的统计，他们所在的企业2023年营收平均增长了24%、净利润平均增长了35%，其中李想创立的理想汽车，营收和净利润分别同比增长了173%和681%。2024年上半年，张波所在的山东魏桥创业集团实现了净利润同比增长237%；华为由余承东负责的终端和智能汽车板块，平均营收同比增长了122%。

跳出低端价格竞争，用性价比和品质在中高端市场立下口碑，新能源汽车是其中比较典型的代表。2024年“25位年度影响力企业领袖”名单中，有4位都跟汽车相关。有劳模之称的雷军，再度跨界创业造车，2024年小米汽车一经上市，就收获了口碑和销量；另一位是王传福，其创立的比亚迪在成立30年之际，成为全球首家实现1 000万台新能源汽车下线的车企；此外，比亚迪推出的中高端车型也在市场上获得了认可；再就是曾毓群，他创立的宁德时代连续几年稳坐全球动力电池销量榜首，为各国的新能源车提供动能。

还有一位是李彦宏，他是历年进入“25 位年度影响力企业领袖”名单次数最多的企业家，到 2024 年为止已有 20 次。从早期的搜索到如今的 AI，李彦宏一直带领百度在前沿技术领域实现突破。在自动驾驶领域，截至 2024 年第三季度，百度的萝卜快跑已服务了 98.8 万单，同比增长 20%。此外，百度的 AI 语言大模型“文心一言”到今年第三季度，用户规模已达 4.3 亿。

2024 年“25 位年度影响力企业领袖”在海外市场同样表现亮眼。一方面是把产品卖到海外，另一方面是在海外建厂，收购海外公司，实现本土化运营，在开拓海外市场的过程中变成真正的跨国企业。杨元庆所在的联想集团、余承东所在的华为公司超半数营收都来自海外；廖增太所在的万华化学、方洪波所在的美的集团，其海外营收占比均超过了 40%；王卫创立的顺丰在香港二次上市，募集资金的 45%用于加强国际及跨境物流能力。

科技与人文

在 2024 年，在“25 位年度影响力企业领袖”身上，我们可以看到杰出企业家身上科技与人文的交相辉映。360 集团的周鸿祎，不仅积极拥抱 AI，也通过各种渠道布道 AI 对中国未来发展的重要性，并积极为国产电动车站台。美的集团方洪波带领公司从一家白电企业转型为 to B 业务占半壁江山的高端制造业企业，其中新能源及工业技术、智能建筑科技、机器人与自动化是美的 B 端业务的三大支柱，目前其营收规模已达到约 300 亿元。万华化学的廖增太，专业推荐组给出的推荐语是：“他推动万华化学坚持自主创新，突破了多项核心技术，助力我国关键材料自主可控。”而最“破圈”的则是雷军和于东来。雷军凭借小米汽车成为今年的偶像级企业家，他个人的新浪微博账号有 2 000 多万名粉丝。雷军亲和、勤奋和“不服就干”的精神鼓励了众多年轻人，当很多人说特斯拉已经被小米超越了的时候，他能正视对手、清醒地意识到成绩背后的差距，“我们的配置真的比特斯拉 Model 3 高很多，但不是我比马斯克有能力，是我砸钱砸的，人家电耗比我做得好很多，我是投了很多钱才能达到他这个水平，特斯拉绝对值得我们学习”。

于东来是另一位破圈的企业家，这位只在三四线城市拥有 13 家门店的连锁超市创始人，凭借自己独特的经营理念，尤其是他希望员工“享受美好生活”从而给出远高于当地和行业平均水平的薪资和待遇，以及对顾客体验的重视，让于东来成为很多人心中的标杆企业家，他在 2024 年“25 位年度影响力企业领袖”的舆情指标上位列前三。

对企业家来说，科技引领的企业改革和创新、以人为本的企业文化和管理是一条艰难而正确的路，但它最终将导向光明。

（资料来源：https://news.qq.com/rain/a/20241210A02A4N00）

通过阅读以上案例，你得到什么启示？

任务 6.1　领导理论

探讨领导理论具有至关重要的意义。首先，它为领导者提供了清晰的行为指导，帮助其明确在不同情境下应采取的领导风格与策略，提升领导效能，如变革型领导理论助力领导者激发员工的创新与变革热情。其次，有助于组织选拔与培养合适的领导人才，依据理论中的关键特质与能力要求，精准定位有潜力的领导者，降低用人风险。最后，研究成果能优化组织的管理体系，营造积极的组织文化，增强团队凝聚力与提高员工满意度，最终推动组织在复杂多变的环境中持续、稳定地发展与壮大。

6.1.1 卓越领导力概述

领导力是现代组织管理的核心要素之一。它不仅关乎组织的效能和竞争力，更直接影响员工的积极性和组织的持续发展。国内外学者对领导力的内涵进行了多角度的探讨，为我们全面理解领导力提供了丰富的视角。

那什么是卓越领导力呢？卓越领导力是一种能够有效引导团队或组织实现目标，并在过程中展现出一系列优秀特质和行为的领导能力。

从国内研究成果来看，卓越领导力包含了道德与价值观引领的重要内涵。在中国文化背景下，领导者被期望具有高尚的道德品质，如诚实守信、公正廉洁等。他们的价值观能够为组织文化定调，引领组织成员树立正确的价值取向。同时，国内研究也强调领导者应具有战略眼光和社会责任感。卓越的领导者需要具备高瞻远瞩的战略思维，能够把握行业发展趋势，为组织制订长远的发展规划。并且，他们还要意识到组织作为社会的一员应承担的社会责任，积极推动社会的进步和可持续发展。

因此，卓越领导力是一种综合的、动态的能力，它既包括领导者个人的特质和行为方式，也涉及对不同情境的灵活应对，还承载着价值观引领和社会责任等重要内涵。

6.1.2 领导理论

领导理论作为组织行为学和现代管理学的重要组成部分，一直以来都是学术界和实践者关注的焦点。随着社会和经济环境的快速变化，领导理论也在不断演进和丰富。20 世纪 40 年代末，领导理论初现端倪，特质理论率先成为研究的焦点。该理论秉持领导能力为天生固有特质的观点，认为某些个体与生俱来地具备成为领导者的潜质与能力，这些特质被视为决定领导成败的关键因素。研究者致力于探寻和识别这些独特的先天特质，以此来解释领导现象及效能的差异。

自 20 世纪 40 年代末至 60 年代末，研究方向逐渐转向领导行为理论。这一时期的核心观点认为，领导效能并非单纯取决于先天特质，领导行为与风格在其中起着至关重要的作用。研究者通过对不同领导行为模式及其风格的细致观察与分析，试图揭示何种行为方式能够更为有效地引导和激励团队成员，进而提升组织绩效，重点关注领导在实际工作中的行为表现及其所产生的效果。随着时间的推移，20 世纪 60 年代末至 80 年代初，领导权变理论应运而生。该理论突破了以往理论的局限性，强调有效的领导并非一成不变，而是受到多种不同情境因素的显著影响。这些情境因素包括但不限于任务的性质与结构、领导与成员之间的关系、组织的内部环境以及外部市场的动态变化等。领导者需根据具体情境灵活调整领导策略与方式，以实现最佳的领导效果，这凸显了领导行为与情境之间的适应性关系。20 世纪 80 年代初期，领导风格理论的研究蓬勃兴起。这一理论主张，有效的领导不仅要有明确的目标和方向，还应具备提供清晰愿景的能力，以此激发团队成员的内在动力和积极性；能够鼓舞人心，使成员对组织的目标产生强烈的认同感和归属感；同时，注重将愿景转化为实际行动，通过切实的举措推动组织朝着既定目标前进，强调领导在塑造组织文化、激励团队成员以及引领组织发展等方面的综合作用。

6.1.2.1　领导特质理论

在领导科学的理论体系中，领导特质理论具有基础性的关键地位，它以探寻领导者独特品质和特性为核心任务，起源于 Allport 的人格特质理论。20 世纪早期开启的领导研究进程，为后续众多领导理论的形成和发展奠定了基础。当时，受限于认知与研究手段，部分研究者认为领导特质是与生俱来且不可改变的，只有天生具备特定特质组合的个体，才有可能成为领导者，这一观点与领导行为理论、领导权变理论共同构成早期领导理论的基本框架，为初步理解领导现象提供了结构化的视角。

从纵向的历史演进视角考察领导特质理论的发展轨迹，能清晰地看到其演进的过程。在理论萌芽阶段，研究者们致力于从个性、社会交往、生理机能及智力水平等多个维度，寻找领导者与非领导者之间的差异，以构建领导者特质模型。切斯特·巴纳德提出，领导者应具备活力与耐力、果断决策能力、引导能力、强烈责任心和敏锐的智力等基础特质，为后续研究指明了方向，提供了初步的概念基础和方向指引，引发了更多学者在该领域的深入探索。此后，吉伯的研究进一步拓展了对领导者特质的认知，他所指出的天才领导者的 7 项特质，如善言辞、外表形象等，在一定程度上丰富了特质理论的内涵，但由于领导情境复杂、领导者个体差异大以及研究方法相对不足，这些早期成果未能构建出具有普适性的、能区分有效与无效领导者的特质模型，领导特质理论在发展初期陷入瓶颈。

斯托格迪尔在前人研究的基础上，运用更为系统深入的研究方法，提出涵盖才智、强烈责任心和内驱力、坚持追求目标的性格、独创精神、自信心、合作性、担当精神、忍受挫折的能力、社交和影响他人能力以及处理事务能力等 10 项特质，完善了领导特质理论的架构，为后续理论发展提供了更坚实的支撑。埃德温·吉色列通过大规模实证研究，对多行业管理人员进行分析，得出包含能力（管理能力、智力、创造力）、个性品质（自我督导、决策、成熟性、工作班子亲和力、性别特质）和激励（职业成就、自我实现、权力、金钱奖励、工作安全需要）三大类共 13 个因子的领导特质体系，从微观层面剖析和界定了领导特质的多元构成，推动了领导特质理论的精细化发展。尽管历经诸多学者的努力，领导特质理论仍未达到理想的完善状态，尚未形成通用的特质模型，但在此过程中也取得了一些启发性成果，如发现领导者普遍具有进取心、领导意愿、正直诚实、自信、智慧以及与工作相关的专业知识等特质，同时揭示了高自我监控者在适应环境和获取领导角色方面的优势，为该理论增添了新的研究视角。

随着时代的发展和研究的深入，领导特质理论聚焦于与领导有效性紧密相关的关键能力维度。驱动力作为领导者追求目标的内在强大动力，为其提供持续的行动动力；领导动机强调领导者运用社会化权力影响他人、引领团队成功的意愿和能力，是发挥领导者影响力的关键；正直代表领导者的可信赖性和将承诺转化为行动的决心，是建立团队信任和稳定组织秩序的基石；自信赋予领导者相信自身领导才能和实现目标的心理力量，使其在复杂多变的领导情境中能够果敢决策和坚定地执行；智慧体现领导者处理海量信息、精准分析选项和敏锐捕捉机会的卓越能力，有助于在复杂决策环境中做出明智选择；商业知识要求领导者深入了解所处的商业环境，包括市场趋势、行业动态和竞争格局等，为制定精准的战略决策提供支持；情绪智力基于自我监控的人格特质发展而来，使领导者具备高度的情境敏感性，能敏锐地感知到团队成员的情绪和组织氛围的变化，并及时调整自身行为和领导策略以适应不同情境。这些关键能力从功能性角度深入阐释了领导者应具备的特质，标志着领导特质理论进入了新的发展阶段，为领导力开发提供了更具针对性和可操作性的方向指引与实践路径。

从宏观来看，领导特质理论呈现多视角化的发展态势。早期研究主要聚焦于领导者自身的特质，试图从个体内部挖掘决定领导效能的关键因素。然而，由于领导者群体的高度多样性、领导情境的复杂多变性以及领导过程中各种因素的相互交织性，这种单一维度、聚焦个体的研究方式难以全面准确地把握领导特质的全貌，导致研究成果在实践应用中的适应性和有效性受限。随着领导实践的丰富和理论研究的深入，领导的内涵得到极大拓展和深化，如今领导被看作领导者、追随者以及所处情境三者之间相互影响、相互作用的动态互动过程。这一全新的领导内涵认知为领导特质研究提供了广阔视野和多元化视角，催生了魅力领导理论、内隐领导理论、成就领导与动机型领导理论、领导胜任力理论等一系列综合性理论分支。这些新兴理论突破了传统领导特质理论仅局限于领导者层面研究的狭隘性，将研究范畴拓展到领导者与追随者互动关系、领导行为与组织情境适配性等多个层次和取向，极大地增强了领导特质理论对复杂领导现象的解释力和对实际领导实践的指导价值，使其在领导科学理论体系中焕发出新的生机与活力。

领导特质理论在领导科学的发展进程中具有不可替代的重要价值。大量领导实践案例和实证研究数据表明，个体特质与有效领导之间存在紧密的联系。单纯依靠外在行为培养和技能训练，忽视领导者内在特质的塑造和发展，难以实现高效卓越的领导效果。领导特质不仅是领导者发挥影响力、引领团队前进的内在驱动力，而且在实际领导过程中，会与所处情境因素以及追随者特性产生复杂的相互作用和反作用关系，这种关系处于动态平衡与调整过程中。从理论层面分析，在积极的领导情境中，如当组织处于发展机遇期，拥有积极进取、能力较强的追随者团队时，具备创新意识、决策魄力和良好沟通能力等特质的领导者，能够更好地发挥其特质优势，激发团队活力，推动组织抓住机遇实现发展，提升组织绩效。反之，在不利的情境下，如组织面临市场困境、追随者团队士气低落时，领导者的特质发挥可能会受到一定限制，但领导者也会根据这些情境反馈，主动调整自身行为和特质表现，例如，提高沟通频率、调整决策方式等，以更好地适应环境并激励追随者，这体现了领导特质的动态适应性。这意味着领导特质并非先天固定不变的属性，而是在长期领导实践中，通过不断学习、反思、经验积累以及自我提升，逐步习得、发展和完善的动态能力集合。这种基于实践的动态发展观点为领导力开发领域提供了新的思路和活力，打破了以往对领导特质僵化、静态的认知局限，为组织和领导者个人提供了更为灵活、可持续的领导力提升路径和方法。

进一步而言，领导特质理论在众多组织的领导力开发实践中得到广泛深入的应用，有力地反驳了“领导特质不能预测绩效”的传统观点。当将组织的文化氛围、战略目标、团队结构以及外部市场环境等情境变量纳入研究范畴时，从理论上可以明确领导特质在很大程度上能够对领导绩效进行有效的预测和解释。在创新驱动型的高科技企业中，从组织特性和战略目标出发，需要领导者具备强烈的创新意识、敏锐的市场洞察力和良好的团队协作精神等特质，以推动组织在激烈的竞争中凭借技术创新和团队协作脱颖而出，实现较高的绩效水平；而在注重稳定性和执行力的传统制造业企业中，具有严谨的工作态度、出色的组织协调能力和高度责任心等特质的领导者，更符合企业平稳发展和高效运营的需求，有助于推动企业实现既定目标。这使得领导特质理论成为组织选拔和培养领导者的重要理论依据和决策参考，帮助组织更精准地识别和培育具有潜在领导才能的人才，优化领导团队配置，提升整个组织的领导力水平。通过将领导特质理论与领导实践紧密结合，实现了理论与实践的良性互动和协同发展，不仅推动了领导实践的科学化、高效化，也促进了领导特质理论自身的不断完善与创新，使其在领导科学领域持续发挥着基础性、引领性的关键作用，为后续研究和实践提供了源源不断的思想源泉和理论支撑，引导着学者和实践者不断深入探索领导特质与领导效能之间更为精准、全面、深入的内在关系模式，持续推动领导理论体系朝着更加完善、系统、科学的方向发展，为全球范围内的组织管理和领导实践贡献着独特而重要的价值。

6.1.2.2　领导行为理论

领导行为理论的发展根植于对领导效能影响因素的持续探索。20 世纪 40 年代末至 60 年代末，随着工业化进程的加速以及组织规模的不断扩大，传统的领导特质理论无法充分解释领导实践中的种种现象，研究者们逐渐将目光转向领导者的实际行为表现。当时，企业面临着日益复杂的生产与管理任务，迫切需要理解何种领导行为能够提升团队效率、激发员工积极性并实现组织目标。在此背景下，领导行为理论应运而生，旨在通过对领导行为的系统研究，揭示其与领导效能之间的内在联系，为组织选拔和培养有效的领导者提供科学依据，从而提升组织的整体绩效，增强组织在市场竞争中的适应能力和生存能力。

领导行为理论着重研究领导者在领导过程中的行为模式及其对下属和组织绩效的影响。该理论认为，领导效能并非仅仅取决于领导者的先天特质，更重要的是其在工作中展现出的行为方式。早期研究主要聚焦于识别和分类不同的领导行为维度，例如俄亥俄州立大学的研究从多种领导行为因素中提炼出“抓组织”和“关心人”这两个基本且相互独立的维度。“抓组织”体现为领导者通过明确任务分工、制定工作流程、建立规章制度等方式，构建高效的组织结构，确保工作有序推进；“关心人”则表现为领导者关注下属的个人需求、情感体验、职业发展等，营造积极和谐的团队氛围，增强员工的归属感和忠诚度。这两个维度的提出，为后续领导行为理论的发展奠定了基础，揭示了领导行为的多样性和复杂性，强调领导者在组织与人员管理方面需兼顾任务达成和人员关怀，以实现最佳领导效果。

领导行为理论的理论模型有以下几种。

1. 俄亥俄州立大学的双维模型

俄亥俄州立大学的双维模型通过严谨的因素分析方法确定了“抓组织”和“关心人”这两个关键维度，并运用量表进行测量评定（见图 6–1）。这一模型为领导行为的量化研究提供了重要工具，使得研究者能够更精准地描述和比较不同领导者的行为特征，同时也为领导者提供了自我评估和行为改进的参考框架，帮助他们认识到自身在组织管理和人员激励方面的优势与不足，进而有针对性地调整领导行为，提高领导效能。

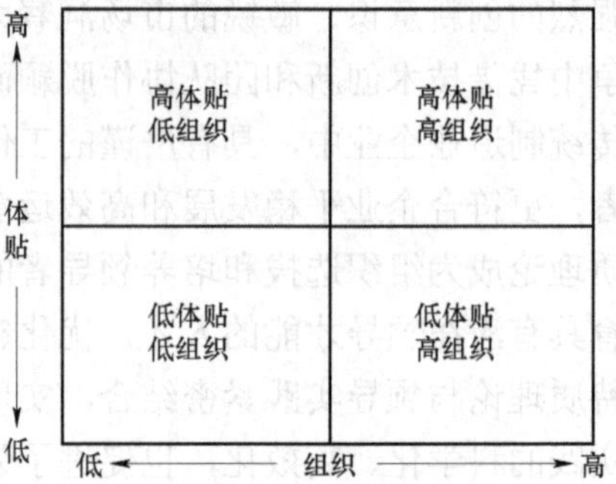

图 6–1 双维模型

该研究发现：

（1）在两个维度方面都高的领导者，一般更能使下属达到高绩效和高满意度。

（2）高体贴–高组织型风格并不总是产生积极的效果。

（3）高体贴–低组织型、低体贴–高组织型、低体贴–低组织型的领导行为，普遍与较多的缺勤、事故、抱怨以及离职有关。

（4）领导者的直接上级给领导者的绩效评估等级与高体贴性呈负相关。

2. 管理方格理论

罗伯特·布莱克与简·莫顿提出的管理方格理论在领导行为研究领域具有重要的影响力（见图 6–2）。以对人的关心程度为纵坐标，对生产的关心程度为横坐标，各分为九等份形成方格图，理论上可组合出 81 种领导方式，并选取了 5 种典型方式，如（1,1）型表示贫乏型领导，对人和生产都不关心；（9,1）型为任务型领导，高度关注生产任务而忽视人员需求；（1,9）型是乡村俱乐部型领导，注重人际关系但对生产任务关注不足；（5,5）型为中庸之道型领导，在两者之间寻求平衡；（9,9）型则是团队型领导，对人和生产都给予高度重视，追求团队成员的共同发展和组织目标的实现。该理论以直观形象的方式呈现了领导行为的多样性及其可能产生的不同效果，为组织在领导风格选择和领导者培养方面提供了全面的视角和清晰的思路，有助于组织根据自身的战略目标、文化特点和团队状况，确定适宜的领导模式，促进组织绩效的提升和团队的和谐发展。

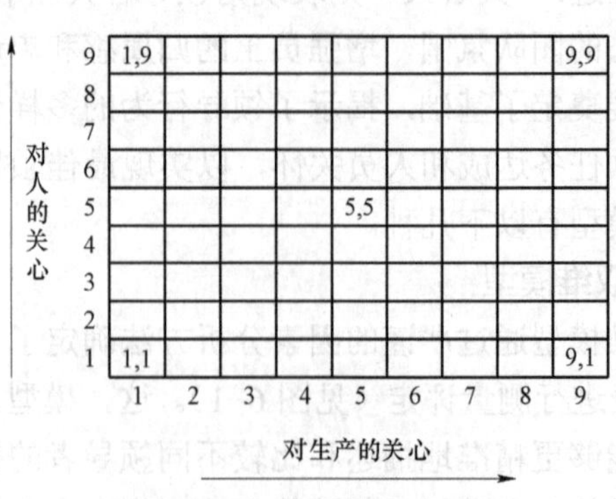

图 6–2 管理方格理论图

3. PM理论

PM 理论是由日本大阪大学心理学教授三隅二不二在 20 世纪 60 年代提出的领导行为理论。该理论认为，任何团体的存在都有达成团体目标和维持团体存续两种职能，而领导者的作用就在于执行这两种团体职能。领导者的行为包括 P（performance，即工作绩效）和 M（maintenance，即维护功能）两种因素，不同程度的组合构成不同的领导类型。

1）PM 理论的基本内容

PM 理论将领导行为分为两类：P 型领导（以绩效为导向）和 M 型领导（以维持群体关系为导向）。这两种因素不同程度地组合，构成领导的不同类型。

以 P 为横坐标，M 为纵坐标，并在 P 和 M 坐标中点各画一条平行线，可以区分出 PM（两者兼备型）、P（执行任务型）、M（机能维持型）、pm（两者均弱型）四种领导类型（见图 6-3）。

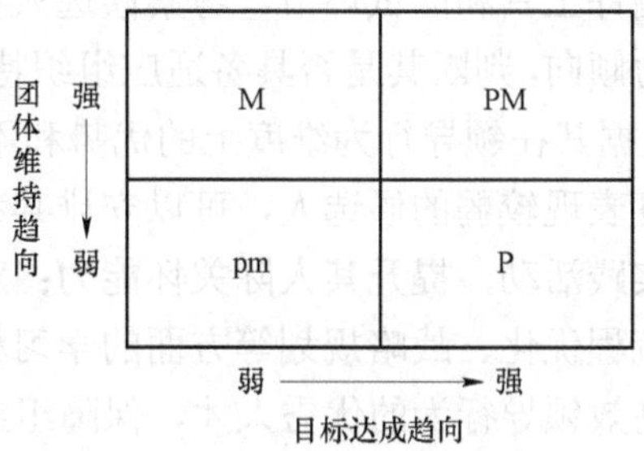

图 6-3 PM 模型

2）PM 理论的应用实例

PM 理论不仅适用于一般组织，还可以应用于特定领域，如煤矿安全管理、高校学生干部领导行为调查等。例如，在煤矿安全管理中，PM 理论被用来评估领导行为和情境因素，证明其在实际情况中是有效的。此外，该理论还被用于高校学生干部和体育教师的领导行为研究中，以了解其在不同环境里的应用效果。

3）PM 理论在现代管理中的应用和影响

PM 理论为领导者提供了指导方针，帮助其确认自己在组织中的角色。通过将其与现有的自己进行比较，领导者可以确定如何改进，并清楚地了解要采取什么行动。这种理论不仅有助于领导者自我提升，还能促进团队合作和组织目标的实现。

领导行为理论在实践中的应用体现在以下几个方面。

（1）组织领导风格的评估与改进。企业可以运用领导行为理论中的模型对现有领导者的领导风格进行评估。例如，通过管理方格理论的问卷调查或 360 度评估方式，收集上级、下属和同事对领导者在关心人和关心生产方面的评价数据，确定领导者在方格图中的位置，从而判断其领导风格类型。如果发现领导者处于偏向任务型［如（9,1）型］，而团队成员的积极性和创造力受到一定抑制的情况，组织可以为其提供针对性的培训和辅导，帮助其认识到人员关怀的重要性，引导其逐渐向团队型［如（9,9）型］领导风格转变，通过加强与员工的沟通交流、关注员工的职业发展需求、鼓励员工参与决策等方式，提高团队的凝聚力和创新能力，进而提升组织绩效。

（2）团队建设与管理。在团队组建初期，领导者可依据团队成员的特点和任务需求选择合适的领导行为。若团队成员大多为新员工，经验不足但工作热情高，领导者可以侧重于“关心人”的行为，提供更多的指导和支持，帮助成员快速成长，同时结合适度的“抓组织”的行为，明确任务目标和工作流程，确保团队工作有序开展。随着团队发展成熟，领导者应根据实际情况动态调整行为方式，在保持一定的组织纪律性的同时，更多地发挥团队成员的自主性，采用民主参与式的领导行为，鼓励成员提出创新想法和解决方案，促进团队的持续发展和绩效提升。例如，在一个软件开发项目团队中，项目初期领导者详细规划任务模块和进度安排（“抓组织”），同时关注成员遇到的技术困难和心理压力（“关心人”）；在项目中期，当成员对技术和业务逐渐熟悉后，领导者应增加成员自主决策的权力，组织头脑风暴会议收集成员对功能优化的意见（民主参与式），以激发团队的创新活力，提高项目的质量和效率。

（3）领导人才的选拔与培养。组织在选拔领导人才时，可以将领导行为理论作为重要的参考依据。通过设计专门的测评工具和面试环节，考察候选人在组织协调、任务推动、人员激励等方面的行为表现和能力倾向，判断其是否具备适应组织特定岗位需求的领导行为模式。对于有潜力的领导候选人，根据其在领导行为维度上的优势和不足，制定个性化的培养计划。比如，对于在“关心人”维度表现较弱的候选人，可以安排其参加团队建设、沟通技巧、员工激励等方面的培训课程和实践活动，提升其人际关怀能力；对于“抓组织”能力有待提高的候选人，提供项目管理、流程优化、战略规划等方面的学习机会，增强其组织管理能力，从而为组织培养出一批具备高效领导行为的优秀人才，保障组织的持续稳定发展。

6.1.2.3 领导权变理论

20 世纪 60 年代末至 80 年代初，组织所处的环境日益复杂多变，传统的领导理论（如特质理论和行为理论）在解释领导有效性方面逐渐显现出不足。这些早期理论往往侧重于领导者的特质或行为方式，而忽略了领导情境的重要性。为了弥补这一缺陷，领导权变理论应运而生，其核心思想是领导的有效性依赖于具体的情境因素。

该理论认为，不存在一种适用于所有情境的最佳领导方式，领导行为的有效性是领导者、被领导者和领导情境三者相互作用的结果。领导者需要根据不同的情境因素，如任务结构、领导成员关系、职位权力、组织文化、外部环境等，灵活地调整自己的领导风格和行为，以实现最佳的领导效果。例如，在任务明确、结构清晰、团队成员关系融洽且领导者拥有较高权力的情境下，一种较为专制的领导风格可能会有效提高工作效率；而在任务复杂、创新性要求高、团队成员自主性强的情境中，民主参与式的领导风格可能更有利于激发团队的创造力和积极性。

1. 菲德勒权变模型

菲德勒权变模型由弗雷德·菲德勒提出（见图 6-4），该模型认为领导效果取决于领导者与被领导者的关系、任务结构和职位权力这三个情境因素。领导者的风格被分为关系导向型和任务导向型，通过对这三种情境因素的评估，可以确定哪种领导风格在特定情境下最为有效。例如，在领导者与被领导者关系良好、任务结构明确且职位权力强的情境中，任务导向型领导风格可能更有效；反之，在与被领导者关系差、任务结构不明确且职位权力弱的情境中，关系导向型领导风格可能更合适。

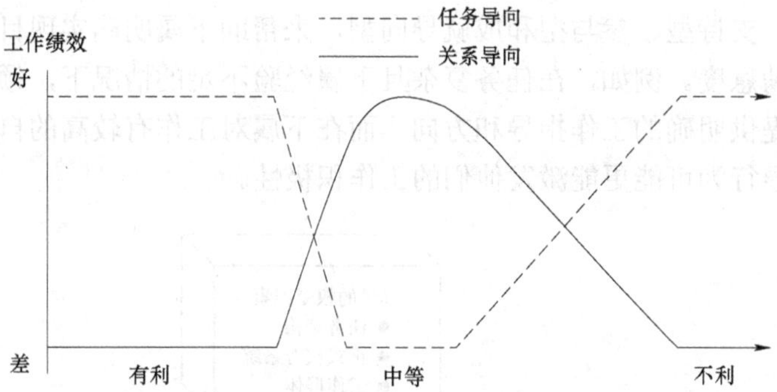

类型	I	II	III	IV	V	VI	VII	VIII
领导者—被领导者关系	好	好	好	好	差	差	差	差
任务结构	高	高	低	低	高	高	低	低
职位权力	强	弱	强	弱	强	弱	强	弱

图 6–4　菲德勒权变模型

2. 情境领导理论

情境领导理论由保罗·赫塞和肯尼斯·布兰查德提出（见图 6–5），该理论重点关注下属的成熟度，将其分为四个阶段：低能力低意愿（D1）、低能力高意愿（D2）、高能力低意愿（D3）和高能力高意愿（D4）。领导者应根据下属的成熟度水平，采取不同的领导风格，即命令型、说服型、参与型和授权型。例如，对于低能力低意愿的下属，领导者应采用指示型领导风格，明确告诉他们做什么、怎么做；而对于高能力高意愿的下属，领导者可以采用授权型领导风格，给予他们更多的自主权和决策权。

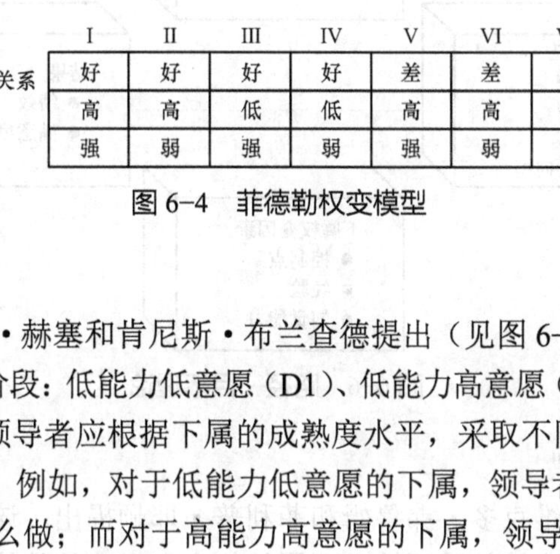

图 6–5　情境领导理论

3. 路径—目标理论

路径–目标理论由罗伯特·豪斯提出（见图 6–6），该理论认为领导者的工作是帮助下属达到他们的目标，并提供必要的指导和支持，以确保下属的目标与组织的目标相一致。领导者可以根据不同的情境因素，如任务结构、下属的特点和组织文化等，选择不同的领导行为，包括指示型、支持型、参与型和成就导向型，来帮助下属明确实现目标的路径，提高他们的工作绩效和满意度。例如，在任务复杂且下属经验不足的情况下，领导者采用指示型领导行为，为下属提供明确的工作指导和方向；而在下属对工作有较高的自主性和能力时，支持型或参与型领导行为可能更能激发他们的工作积极性。

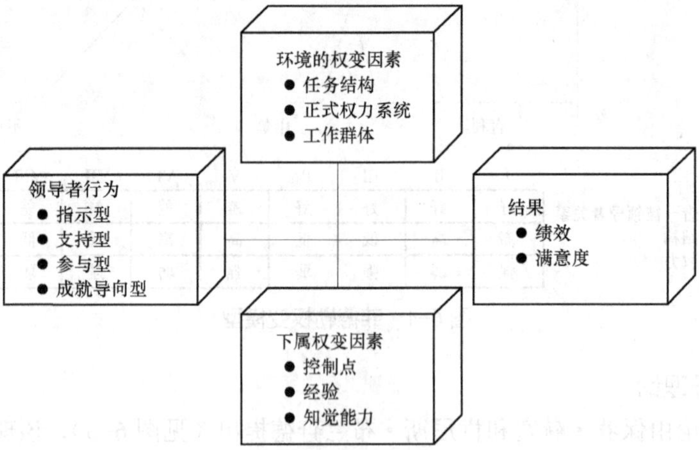

图 6-6 路径—目标理论

4. 领导者—参与模型

领导者—参与模型由维克多·弗鲁姆和菲利普·耶顿提出，该模型主要关注决策过程中领导者的参与程度。根据决策的重要性、下属的能力和对决策的接受程度等情境因素，领导者可以选择不同的决策方式，从独裁式决策到完全民主式决策，以平衡决策的质量和下属的满意度。例如，对于一些紧急且重要的决策，领导者可能需要采取独裁式决策，以确保决策的迅速执行；而对于一些影响范围广、需要下属充分参与的决策，民主式决策可能更能获得下属的支持和认同。

领导权变理论在某些方面是进步的。

（1）在理论贡献方面，领导理论的实用性得到了增强。领导权变理论打破了以往领导理论的单一性和普遍性假设，强调了情境因素对领导有效性的重要影响，使领导理论更加贴近实际的领导情境，为领导者在不同的组织环境中选择合适的领导方式提供了更具操作性的指导。

（2）促进了领导行为的灵活性。该理论促使领导者认识到需要根据具体情况灵活调整领导风格和行为，而不是僵化地坚持一种领导模式。这有助于提高领导者的应变能力和适应性，从而更好地应对复杂多变的组织环境和多样化的下属需求。

（3）深化了对领导过程的理解。通过将领导者、被领导者和情境因素纳入一个综合的分析框架，领导权变理论深化了人们对领导过程的理解，揭示了领导有效性是多种因素相互作用的结果，而不是仅仅取决于领导者的个人特质或行为方式，为进一步研究领导行为和领导效能提供了更广阔的视野和更坚实的理论基础。

但是，其也存在一定的不足和局限性。首先，情境因素具有复杂性和难以测量性。尽管领导权变理论强调了情境因素的重要性，但在实际应用中，准确识别和测量这些情境因素往往具有很大的难度。例如，组织文化、领导成员关系等因素较为抽象和复杂，难以用精确的指标进行量化和评估，这可能导致领导者在判断情境和选择领导方式时出现偏差。

其次，缺乏统一的情境分类标准。不同的权变理论对情境因素的分类和界定存在差异，缺乏统一的标准和框架。这使得领导者在应用这些理论时可能会感到困惑，不知道应该依据哪些情境因素来选择合适的领导方式，这也增加了理论的复杂性和应用的难度。

再次，忽视了领导者的主动性和创造性。该理论在一定程度上过于强调情境对领导者的制约作用，而相对忽视了领导者的主动性和创造性。在某些情况下，优秀的领导者可以通过自身的行为和影响力来改变或塑造情境，而不仅仅是被动地适应情境，这一点在领导权变理论中没有得到充分体现。

最后，缺乏动态性考虑。领导权变理论大多基于静态的情境分析，而在现实中，组织情境是不断变化的，领导者需要在动态的过程中持续调整领导行为。然而，该理论对于如何在动态情境下进行有效的领导行为调整，以及情境因素的动态变化如何影响领导效能等方面的研究相对不足，难以完全满足实际领导工作的需要。

领导权变理论在实践中具有一定的应用价值。企业在制定领导选拔和培训计划时，可以运用领导权变理论，根据组织的战略目标、业务特点和团队成员的素质等情境因素，选拔具有相应领导风格和能力的管理者，并为他们提供有针对性的培训，以提高领导团队的整体效能。例如，对于创新型企业，可能更倾向于选拔具有开放思维、鼓励创新的领导风格的管理者，并通过培训提升他们在激励团队创新、营造创新氛围等方面的能力；而对于生产型企业，注重效率和质量控制的领导风格可能更为合适，培训内容也会围绕生产管理、成本控制等方面展开。在团队建设方面，团队领导者可以根据团队成员的特点、任务的性质和团队所处的发展阶段等情境因素，灵活地调整领导方式，促进团队的协作和发展。在团队组建初期，成员之间缺乏了解和默契，任务目标不够清晰，领导者可能需要采用较为明确的指示型领导方式，帮助团队明确方向和分工；随着团队的发展和成员能力的提升，领导者可以逐渐向参与型或授权型领导方式转变，以激发团队成员的积极性和创造力，提高团队的自主性和执行力。

领导者在进行决策时，可以参考领导权变理论，综合考虑决策的重要性、紧急程度、下属的专业知识和参与意愿等因素，选择合适的决策方式，如个人决策、集体决策或参与式决策等，以提高决策的质量和下属的满意度，确保决策的顺利实施。例如，对于一些常规性的决策，领导者可以根据以往的经验和既定的规则进行个人决策，以提高决策效率；而对于一些涉及团队重大利益、需要广泛征求意见的决策，采用集体决策或参与式决策方式，能够充分调动团队成员的积极性，增强决策的科学性和可行性。

6.1.2.4　领导风格理论

在领导理论的研究范畴中，魅力型—工具型领导理论从独特视角为理解领导行为及其效能提供了深刻见解。David A. Nadler 和 Michael L. Tushman 在探讨企业变革情境下的领导角色时，对魅力型领导和工具型领导进行了系统阐述，揭示了这两种领导类型各自的特质、优势以及局限性，为企业在不同变革阶段选择适配的领导模式提供了理论依据。

1. 魅力型领导的特质与作用机制

魅力型领导主要展现出三个关键特质，这些特质相互关联，共同塑造了其独特的领导风格和影响力。

1）提供愿景

魅力型领导的核心职责之一是勾勒未来蓝图，即创造一种能够被组织成员广泛认同且极具吸引力的愿景。这一愿景不仅要精准描绘出组织未来的理想状态，更要蕴含深刻的价值内涵，具备足够的挑战性与吸引力，从而激发成员内心的责任感与使命感，促使他们将个人目标与组织目标紧密结合，为实现共同愿景而不懈努力。从理论层面看，愿景的构建需基于对组织内外部环境的深刻洞察、对成员需求与期望的精准把握以及对行业发展趋势的前瞻性预判，唯有如此才能确保愿景既具吸引力又具可行性，进而为组织成员指明清晰且可信的前进方向，使他们坚信通过共同奋斗能够达成这一愿景目标，从而激发他们持续投入精力与热情的内在动力。

2）鼓舞

在组织运行过程中，魅力型领导承担着直接激发员工内在动力的关键角色。其鼓舞员工的方式丰富多样，但最为常见且有效的是通过自身展现出的激情与干劲，形成强大的示范效应，激发员工内心的积极情感共鸣。同时，领导会巧妙地引导个体之间以及个体与群体之间的合作互动，将分散的激情汇聚为强大的集体动力，使员工深切感受到自身能力在集体中的价值与力量，进而强化他们对成功的信念与追求。从心理学角度而言，这种鼓舞行为能够有效调动员工的积极情绪，增强他们的自我效能感和集体认同感，促使他们从被动接受任务转变为主动追求目标，从而显著提升组织的整体活力与创新能力，为实现组织目标注入源源不断的精神动力。

3）注重行动

魅力型领导深知将愿景与动力转化为实际行动的重要性，因此在员工面临具体任务挑战时，会从心理层面给予有力支持。当员工怀揣愿景并受到鼓舞后，在实际执行任务的过程中难免会遭遇各种困难与心理障碍。此时，领导需凭借敏锐的洞察力和同理心，深入理解员工的心理状态，通过倾听、理解与支持，帮助员工克服内心的恐惧与犹豫，增强他们面对挑战的勇气和信心。领导还会以实际行动表达对员工的信任，将自身的信心传递给员工，使他们坚信自己具备完成任务的能力，进而激发员工的潜能，提升工作效率和质量，确保组织目标的顺利实现。从组织行为学的角度分析，这种注重行动的领导方式能够有效增强员工的心理韧性和执行力，促进团队协作与沟通，营造积极向上的工作氛围，推动组织朝着既定目标稳步迈进。

2. 工具型领导的特质与作用机制

与魅力型领导相对应，工具型领导具备以下三个显著特征，这些特征共同构成了其独特的领导模式与管理效能。

1）结构化

工具型领导高度重视组织结构的搭建与团队的建设，致力于确保团队的运作与企业战略目标高度契合。为此，领导会投入大量时间和精力，精心构建一套清晰明确的组织结构和工作流程，详细界定各岗位的角色、职责以及所需的行为规范。通过设立精确的目标、建立严格的标准以及明确各成员的角色定位，使组织成员清晰地知晓自己的工作方向与要求，从而有效避免职责不清、任务混乱等问题，提高组织的运行效率和协同效果。从管理学原理的角度看，结构化的领导方式有助于实现组织的规范化管理，增强组织的稳定性和可控性，为组织的持续发展奠定坚实基础。

2）控制

控制是工具型领导实现组织目标的重要手段之一。这一过程涉及创建一套全面、科学的测量、监督与评估体系，用于对组织成员的行为和工作结果进行精准监控与客观评价。通过制定详细的行为准则和量化的绩效指标，领导能够及时发现组织运行过程中出现的偏差与问题，并采取相应的纠正措施，确保组织始终朝着预定目标前进。同时，领导还会建立完善的管理行为系统和程序，对组织资源进行合理配置与有效调度，以保障各项工作的顺利开展。从控制论的角度分析，这种控制机制能够帮助组织及时应对内外部环境的变化，保持组织的稳定性和适应性，提高组织的整体绩效水平。

3）一致的回报

工具型领导注重通过明确且一致的回报机制来激励员工的行为，使其与组织变革所期望的行为模式保持高度一致。这包括对员工符合要求的行为给予及时、公正的奖励，如物质奖励、晋升机会、荣誉表彰等，以强化这些行为的持续性和员工的积极性；同时，对不符合要求的行为进行相应的惩罚，如批评教育、绩效扣分、降职等，以纠正员工的不当行为，引导他们回归正确的行为轨道。这种赏罚分明的回报机制能够有效塑造员工的行为习惯，增强他们对组织规则和目标的认同感与遵守度，提高组织的执行力和纪律性，促进组织变革的顺利推进。从激励理论的角度看，一致的回报机制能够满足员工的物质与精神需求，激发他们的工作积极性和主动性，实现个人利益与组织利益的有机统一。

3. 魅力型领导的缺陷

魅力型领导存在一定的缺陷。尽管魅力型领导在企业变革初期往往能够展现出强大的号召力和影响力，但从长远发展和组织稳定的角度来看，其自身存在着一系列不容忽视的缺陷，这些缺陷可能会对组织的持续发展产生负面影响。

1）期望的非现实性

在魅力型领导积极创设愿景并鼓舞员工的过程中，可能会由于对组织内外部环境的复杂性估计不足、对资源和能力的过度乐观判断等原因，导致所设定的愿景目标脱离实际情况，难以实现。一旦员工在努力过程中发现愿景与现实之间存在巨大差距，且领导无法有效调整或实现这些期望，就可能引发员工的失望情绪和负面反应，如工作积极性受挫、对领导信任度下降等，进而对组织的凝聚力和执行力产生严重削弱作用，阻碍组织变革的进程。从组织绩效理论的角度看，不切实际的目标设定会导致组织资源的浪费和效率低下，使组织陷入困境。

2）依赖和反依赖

魅力型领导通常具有较强的个人魅力和领导能力，这在一定程度上可能会导致组织成员对其产生过度依赖。成员可能会逐渐丧失独立思考和自主决策的能力，习惯于等待领导的指示和决策，从而使整个组织的创新活力和应变能力受到抑制。同时，部分成员可能会对领导的强势表现产生反感情绪，认为自己的价值未得到充分体现，进而引发内部矛盾和冲突，破坏组织的和谐氛围和团队协作精神。从组织行为学的群体动力学角度分析，过度依赖和反依赖现象会破坏组织内部的权力平衡和人际关系网络，影响组织的正常运转和发展。

3）不统一领导

魅力型领导在团队中往往具有较高的权威和影响力，其观点和决策可能会对员工产生较大的压力。当员工的个人观点与领导不一致时，可能会因为担心受到批评或被排斥而选择沉默或妥协，这可能会导致一些有价值的意见和建议被忽视，影响组织的决策质量和创新能力。此外，如果员工与领导之间的意见冲突未能得到妥善处理，可能会引发员工的不满情绪，破坏团队的凝聚力和一致性，对组织的稳定发展构成威胁。从沟通理论和团队协作理论的角度看，缺乏有效的意见沟通和冲突解决机制会阻碍组织内部的信息流通和知识共享，降低组织的协同效率和创新能力。

4）需要持续的魅力

魅力型领导为了维持其在团队中的影响力和公信力，可能会陷入不断追求和展示个人魅力的误区。在这一过程中，领导可能会采取一些不恰当或无效的行为，如过度夸大自己的能力和成就、频繁进行空洞的宣传和鼓动等，以保持自己在员工心目中的魅力形象。然而，一旦员工发现领导的行为与其实际能力和表现不符，就会对领导的可信度产生质疑，进而引发信任危机，对组织的稳定和发展造成严重冲击。从领导力可持续发展理论的角度看，过度依赖个人魅力而忽视领导能力的实质提升，会使领导的影响力难以持久，不利于组织的长期发展。

5）潜在的背叛心理

当组织的实际发展情况未能达到魅力型领导所设定的预期目标时，员工可能会产生一种被欺骗或背叛的心理感受。他们可能会认为自己的努力和付出没有得到应有的回报，对领导的决策和管理能力产生怀疑，进而对组织失去信心和归属感。这种潜在的背叛心理可能会导致员工的工作积极性大幅下降，甚至出现离职等行为，给组织带来人才流失和声誉损害等严重后果，对组织的生存和发展构成严峻挑战。从组织承诺理论和员工忠诚度理论的角度看，员工对组织的信任和忠诚是组织稳定发展的重要基石，而潜在的背叛心理会严重动摇这一基石，影响组织的可持续发展。

6）缺乏领导权传承机制

魅力型领导在其任期内往往会凭借个人魅力和独特的领导风格建立起一套相对固定的组织运行模式和文化氛围，这可能会导致后续领导者在接手时面临较大的困难和挑战。由于前任领导的影响力过于强大，后续领导者可能会发现自己难以在短期内树立起足够的权威和影响力，在制定新的方向、愿景、报酬和惩罚机制等方面受到诸多限制，只能被动地接受前任设定的框架，从而使组织的发展陷入僵局，无法及时适应新的市场环境和组织变革的需求。从领导权交接理论和组织变革理论的角度看，缺乏有效的领导权传承机制和组织变革适应性策略，会使组织在领导更替过程中面临权力真空和发展停滞的风险。

7）个人为中心

魅力型领导通常以个人为中心开展领导工作，其管理模式和决策过程在很大程度上依赖于个人的时间、激情、技能和兴趣。然而，随着组织的发展和外部环境的变化，组织所面临的问题和挑战日益复杂多样，往往需要具备不同专业知识、技能和经验的领导团队共同应对。如果长期依赖单一的魅力型领导，可能会因为其个人能力的局限性而无法全面、准确地把握市场动态、技术创新趋势、产品研发方向以及财务管理等方面的关键问题，从而导致组织在战略决策和变革实施过程中出现失误和偏差，限制了组织的长远发展。从战略管理理论和组织能力理论的角度看，组织的持续发展需要组织具备多元化的领导能力和团队协作精神，单一的领导模式难以满足组织日益增长的复杂需求。

4. 魅力型与工具型领导在企业变革中的协同作用

鉴于魅力型领导和工具型领导各自的优势与局限性，企业在变革过程中应充分认识到两者的互补性，根据变革的不同阶段合理运用这两种领导模式，以实现组织的高效变革与持续发展。

在变革初期，组织面临着打破旧有格局、激发员工热情、树立新的发展方向等艰巨任务，此时魅力型领导能够凭借其独特的个人魅力和感染力，有效地设定愿景目标，激发员工的内在动力和积极性，使员工迅速凝聚在新的组织目标之下，为变革营造良好的氛围和开端。然而，随着变革的深入推进，组织需要建立起稳定、高效的运行机制，确保各项变革措施能够得到有效执行和落实，此时工具型领导的结构化、控制和一致回报等特质就显得尤为重要。工具型领导能够通过建立科学的组织结构、完善的监控体系和合理的激励机制，规范员工的行为，提高组织的执行力和效率，保障变革目标的顺利实现。

因此，企业在变革过程中应避免过度依赖单一的领导模式，而是要根据变革的实际情况和不同阶段的需求，灵活运用魅力型领导和工具型领导的优势，实现两者的有机结合与协同发展。在变革初期充分发挥魅力型领导的引领作用，在变革后期注重工具型领导的支撑作用，通过两者的优势互补，推动企业在复杂多变的市场环境中实现持续、稳定的变革与发展，提升组织的整体竞争力和适应能力，为组织的长远发展奠定坚实基础。

魅力型—工具型领导理论为企业在领导模式选择和运用方面提供了全面、深入的理论指导，帮助企业更好地理解不同领导类型的特点和作用，从而在实践中更加科学、有效地运用领导力量，推动组织变革与发展，实现组织的战略目标和长期愿景。

综上所述，领导理论的研究不仅丰富了学术界的知识体系，也为实践者们提供了宝贵的指导。领导者应根据组织的具体情况选择合适的领导方式。例如，在稳定的环境中，交易型领导可能更为有效；而在变革和创新环境中，变革型领导则更具优势。同时，领导者应注重自身特质的培养和行为方式的调整，以适应不断变化的环境和满足下属的需求。此外，领导者还应关注组织文化的建设，通过愿景设定和共享领导等方式，激发员工的积极性和创造力，提升组织的整体绩效。

任务 6.2　分析几种典型的领导力模型

6.2.1　领导力素质模型

6.2.1.1　素质模型的内涵与特性

素质模型是基于特定工作任务与绩效目标的达成所需，由任职者应具备的多种素质有机组合而成的集合体。它具有鲜明的针对性，是紧密围绕特定组织在特定时期的独特需求而精心设计和构建的。这是因为不同组织在组织结构、业务模式以及所处行业等关键维度上存在显著差异，这些差异直接决定了各组织对员工素质的要求必然千差万别。

即使在同一组织内部，随着其发展阶段的演变，素质模型也并非一成不变。在组织的初创期，可能更强调员工的创业精神、灵活性和多面手的能力，以应对资源有限、业务方向尚需探索的局面；当组织进入快速扩张期，对团队协作能力、项目管理能力以及市场开拓能力的需求会日益凸显；而在成熟稳定期，组织可能更加注重员工的专业化程度、精细化程度、风险管控能力和持续改进意识等。这种随组织发展而动态变化的特性，充分体现了素质模型与组织实际需求紧密结合的特点，使其能够精准地为组织各阶段的发展提供适配的人才素质指引。

6.2.1.2　素质模型在领导力发展中的演进与应用拓展

1. 兴起与初步应用

自 20 世纪 90 年代起，随着企业界对领导力及领导力发展的关注度持续攀升，素质模型在领导力领域的应用获得了广泛推广。企业的首席执行官们纷纷意识到素质模型对于组织发展的潜在价值，并积极将其引入组织内部，旨在满足组织特定的战略需求，培育新的组织能力，同时将高绩效理念深植于组织文化之中。

2. 应用领域的延伸与深化

起初，许多组织的领导力素质模型主要着眼于专业发展维度，尤其侧重于围绕一系列行为维度来构建模型框架。这是基于专业发展的行为维度模型，能够为领导者提供具体、可操作的行为指导，帮助他们明确在不同工作场景下应展现的有效行为模式，从而提升领导效能。然而，随着实践的深入，素质模型的应用范畴逐渐拓展，多数模型已不仅仅局限于专业发展领域，而是进一步制定了领导力在管理人员及高管层面应如何具体展现与证明的一系列标准，并且将这些标准广泛应用于绩效评估、职业发展规划、高潜力人才确认以及继任管理体系等多个关键人力资源管理环节，使其成为人员甄选、晋升以及薪酬调整等决策的重要依据。

近年来，由于企业界对企业高管在运营道德规范监管方面暴露出的诸多问题高度关注，素质模型也随之进一步优化完善，将企业价值观、学习能力以及行为规范等重要元素深度融合到领导力素质体系之中，使领导力的内涵更加丰富、全面且符合时代发展对企业领导者的要求。这种融合不仅有助于塑造领导者的道德品格和社会责任意识，还能提升他们的学习敏锐度和适应组织变革的能力，从而确保领导者能够在复杂多变的商业环境中引领组织稳健前行，实现可持续发展。

6.2.1.3　素质模型的建立原因与目的

1. 建立原因

1）思想理念统一的困境

当企业领导层在经营理念、战略方向、企业文化等核心观念上存在分歧，无法达成高度共识时，会导致组织决策效率低下、执行力度分散，严重阻碍企业的正常发展。素质模型通过明确界定领导者应具备的价值观、思维模式和行为准则，为领导层提供了一个统一的认知框架和行为标杆，有助于促进领导层思想的高度融合，增强团队凝聚力和决策的一致性。

2）经营管理与战略实施障碍

在企业经营管理活动中，如果各级管理人员缺乏有效的领导能力和协调能力，就会使企业内部沟通不畅、协作效率低下，进而导致企业战略难以有效落地。素质模型能够针对不同管理岗位所需的关键能力和素质进行精准提炼和系统梳理，为企业选拔和培养具备相应能力的领导者提供明确的方向和标准，确保企业经营管理活动有条不紊地开展，战略目标得以顺利实现。

3）组织结构变革挑战

随着企业的发展壮大，如从单一企业向企业集团转型，或者从单一经营层扩展为多个子经营层，原有的公司理念和管理模式可能无法在新的组织结构下有效传递和贯彻，容易引发各层级之间的理念冲突和管理混乱。素质模型能够根据新的组织结构特点和业务需求，重新塑造各级领导者的角色定位和能力素质要求，使公司理念在不同层级和业务板块中得到广泛认可和有效执行，保障组织变革的平稳过渡和持续发展。

4）人才储备与继任难题

当企业业务扩张需要新人填补关键岗位空缺，或者现有关键岗位领导人离职后内部缺乏合适的继任人选时，这反映出企业在人才储备和培养机制上的不足。素质模型通过对各岗位所需能力素质的清晰界定，为企业人才选拔、培养和继任规划提供科学的依据和标准，帮助企业提前识别和培养具有潜力的后备人才，确保关键岗位的人才供应稳定可靠，降低因人才断层给企业带来的风险。

5）高速发展下的人才瓶颈

在企业快速发展阶段，由于业务增长迅速，可能会出现不得不超速提拔候选人的情况，而这种仓促的人才选拔决策往往缺乏充分的考量和评估，容易导致新任领导者的能力与岗位要求不匹配，影响团队绩效和组织发展。素质模型能够为企业在快速发展过程中的人才选拔和晋升提供一套严谨、客观的评价体系，确保被提拔的候选人具备相应岗位所需的关键能力和素质，保障企业在高速发展的同时保持人才队伍的质量和稳定性。

2. 建立目的

1）思想凝聚与团队整合

构建素质模型有助于在企业高层团队中形成统一的价值观和领导理念，使各级领导者能够深刻理解并认同企业的战略目标和发展方向，进而在实际工作中协调一致地行动，形成强大的团队合力，提升企业的整体凝聚力和向心力，为企业应对复杂多变的市场竞争环境提供坚实的领导团队基础。

2）领导力持续提升与核心团队塑造

通过明确各层级领导者所需具备的能力素质标准，素质模型为领导力发展提供了清晰的目标和路径指引，促使领导者有针对性地进行自我提升和能力培养，同时也为企业开展领导力培训、辅导和经验交流等活动提供了精准的内容框架。持续的领导力提升过程有助于打造一支具备卓越领导能力和专业素养的核心团队，他们能够引领企业在技术创新、市场拓展、组织变革等关键领域取得突破，推动企业不断迈向更高的发展阶段，实现持续领先的竞争优势。

3）企业文化培育与传承的基石

素质模型作为企业文化的重要载体和具体体现形式，将企业所倡导的价值观、行为准则和工作风格等文化元素融入领导者的能力素质要求之中，使领导者在日常工作中通过自身的言行举止将企业文化传递给下属员工，从而实现企业文化的代代传承和不断强化。优秀的企业文化能够吸引和留住优秀人才，激发员工的内在潜力和工作热情，为企业营造积极向上、创新进取的工作氛围，成为企业长期发展的精神支柱和动力源泉。

6.2.1.4 素质模型的建立方法与关键要点

1. 建立方法

素质模型的构建通常采用行为事件访谈技术（BEI）作为核心方法，并结合问卷调查以及专家小组讨论等辅助手段，以确保模型的科学性、准确性和全面性。

行为事件访谈法的具体操作如下。首先，在特定工作领域内选取两组人员，一组为业绩表现优秀的佼佼者，另一组为业绩处于平均水平的一般人员。其次，由经过专业培训的访谈人员按照标准化的访谈流程，引导被访者详细回忆并描述自己在工作中的若干成功和失败经历，包括在这些经历中所采取的具体行动、产生的想法、内心的感受以及处理问题的详细方法等关键细节信息，并对访谈全过程进行书面记录和录音，确保信息的完整性和真实性。

访谈结束后，对收集到的大量访谈记录进行系统梳理和分析，从中提取与能力素质相关的关键信息，并按照一定的分类标准对这些信息进行编码、归类和命名，初步识别出可能构成领导力素质模型的各项素质要素。接着，通过统计各项素质要素在访谈材料中出现的频率，筛选出出现频率较高且具有显著区分度的几种素质，并对每个素质级别进行详细的行为描述和界定，明确不同级别之间的差异特征和行为表现。

最后，对整个分析过程进行全面总结，提炼出在优秀员工身上表现突出而在普通员工身上相对欠缺的关键素质，以此为基础构建针对特定工作岗位或层级的能力素质模型。在此过程中，问卷调查可以广泛收集不同岗位人员对各项能力素质的认知和评价，为模型的构建提供更广泛的视角和数据支持；专家小组讨论则能够充分发挥行业专家、企业内部资深管理者以及人力资源专业人士的专业智慧和实践经验，对模型的合理性、完整性和实用性进行深入论证和优化完善，确保能力素质模型既符合理论规范又紧密贴合企业实际需求。

2. 关键要点

（1）文化适应与行为可视化。在构建领导力素质模型时，必须确保所确定的能力素质要素与企业文化高度契合，使领导者的行为能够充分体现企业的价值观和文化特色。同时，要将这些抽象的能力素质转化为具体、可见的行为指标，以便在实际工作中对领导者的行为进行观察、评估和反馈，使领导者能够清晰地了解自己在哪些方面符合企业文化要求，哪些方面需要改进和提升，从而促进企业文化在领导行为中的有效落地和传承发展。

（2）广泛宣传与理念渗透。为了使领导力素质模型能够在组织内部得到广泛认可和有效应用，必须进行全方位、多层次的宣传推广工作。通过组织内部培训、研讨会、宣传手册、企业内部网络平台等多种渠道，向全体员工深入解读素质模型的内涵、价值和应用方法，使"倡导能力"的理念深入人心，让各级领导者和员工都能够充分理解并认同素质模型所倡导的领导行为和能力标准，从而自觉地在工作中以素质模型为指导，提升自身的领导能力和工作绩效，营造积极向上的领导力发展文化氛围。

（3）系统整合与人力资源协同。将领导力模型与整个人力资源管理系统无缝对接和有机整合，是确保素质模型发挥最大效能的关键所在。在人才招聘环节，依据素质模型制订精准的岗位招聘标准和面试评估工具，确保选拔出符合企业领导力要求的人才；在绩效评估过程中，将素质模型中的能力指标纳入绩效考核体系，对领导者的工作表现进行全面、客观的评价，为绩效反馈和薪酬调整提供科学依据；在培训与发展规划中，根据素质模型识别出领导者的能力短板和发展需求，设计个性化的培训课程和发展路径，助力领导者能力提升；在职业发展规划和继任管理体系中，运用素质模型对员工的领导力潜力进行评估和预测，为员工的职业晋升和岗位继任提供清晰的方向和指引，实现人力资源管理各环节之间的协同联动和闭环管理，充分发挥素质模型在人才管理全流程中的核心作用。

6.2.1.5　素质模型的特色与优势

1. 特色

1）企业文化传导载体

素质模型犹如一座桥梁，将抽象的企业文化转化为具体的领导者行为规范和能力要求，使企业文化得以通过领导者的日常行为和决策在组织内部广泛传播和传承，确保每位员工都能够在其实际工作中感受到企业文化的熏陶和指引，增强员工对企业的认同感和归属感，促进企业文化的落地生根和持续发展。

2）行为指引与人才发现

通过将领导力的隐性特质外显化为具体的行为标准和能力指标，素质模型为企业各级领导者提供了明确、可操作的行为指南，使他们能够清楚地知道在不同工作情境下应如何展现有效的领导行为，从而提升领导效能。同时，这种外显化的特质也为企业发现和培养潜在的领导人才提供了便利条件。企业可以根据素质模型中的标准，从员工的日常行为表现中识别出具有领导潜力的人才，并为其提供有针对性的培养和发展机会，从而为企业的人才储备和领导力传承奠定坚实基础。

2. 优势

1）明确性优势

素质模型为组织清晰地界定了领导者应具备的各项关键素质和期望行为模式，包括领导能力、道德标准、价值观等重要维度，使组织内部对于领导者角色的认知更加明确和具体。对于那些有志于成为领导者的员工而言，素质模型提供了一个明确的发展方向和目标框架，他们可以依据模型中的标准制订个人的发展计划，并通过模型中所包含的反馈工具，精准地了解自己的优势和不足，从而有针对性地进行自我提升和能力发展，避免了在领导力发展过程中的盲目性和不确定性，提高了领导力发展的效率和效果。

2）一致性优势

为组织管理层量身定制的素质模型，为整个组织提供了一个统一的领导力发展沟通框架和语言体系。当素质模型在全组织范围内应用时，高管团队可以通过共同讨论和对话的方式，明确识别出领导力所需的关键技巧和行为模式，并将其纳入组织的评估体系中，确保不同地区、不同部门的经理人员都能够清晰地了解组织对领导者的统一要求和期望。同时，基于素质模型构建的量化评估机制，使得组织能够对经理人员的领导力水平进行客观、准确的测量和比较，无论经理人员在何处任职，都可以依据相同的标准了解自己在组织内的领导力位置，并且随着时间的推移，能够对自己的领导力发展进程进行有效的跟踪和评估，从而为组织的领导力发展计划提供坚实的执行基础和保障。

3）互通性优势

素质模型在企业人力资源管理体系中具有重要的枢纽作用，为其他人力资源管理流程提供了基本的规范和标准，实现了各流程之间的有机衔接和协同运作。例如，依据素质模型可以为绩效评估提供明确的能力指标和行为标准，使绩效评估更加全面、客观和公正；在反馈流程中，依据素质模型能够为员工提供有针对性的反馈意见和发展建议，帮助员工改进和提升；在高潜力人员识别和继任管理方面，素质模型能够精准地筛选出具有领导潜力的人才，并为其制订个性化的培养路径和继任计划；在薪酬系统管理中，素质模型可以作为薪酬调整和激励机制设计的重要依据，使薪酬分配与员工的领导力水平和绩效表现紧密挂钩，充分调动员工的工作积极性和创造力。通过这种互通性，素质模型将企业的人力资源管理的各个环节整合成一个有机的整体，实现了人力资源管理效能的最大化，为企业的整体发展提供了有力的人才支持和保障。

拓展阅读

宝洁公司（P&G）

素质模型特色

宝洁公司的领导力素质模型强调“5E 领导力”，即高瞻远瞩(envision)、全情投入(engage)、鼓舞士气（energize）、授人以渔（enable）、卓越执行（execute）（见图 6–7）。这一模型充分体现了宝洁公司对领导者在战略眼光、团队激励、责任担当、执行能力以及道德品质等方面的高标准要求，并且与公司长期秉持的品牌价值观紧密相连，确保领导者能够在引领业务发展的同时，传承和弘扬公司的企业文化。

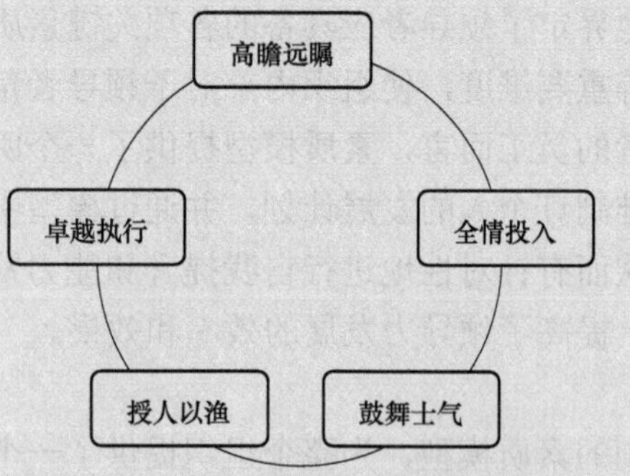

图 6–7 “5E 领导力”素质模型

人才管理应用

在校园招聘中，宝洁公司运用基于素质模型开发的标准化评估工具，如在线测试、结构化面试和小组讨论等，对应届毕业生的领导力潜力进行全面评估。例如，在小组讨论环节，通过设置模拟商业场景，观察候选人在团队协作中的表现，是否能够积极提出创新性的想法（envision），有效地调动团队成员的积极性（energize），并且勇于承担责任（enable），推动讨论结果的达成，从而筛选出具有高潜力的人才进入公司的领导力培养体系。

领导力培养体系

针对新入职的员工，宝洁公司启动了全面的领导力发展计划，包括入职培训、岗位轮换、导师辅导以及在线学习等多种方式，帮助他们逐步培养和提升领导力。在岗位轮换过程中，员工有机会在不同部门和业务领域工作，拓宽视野，增强对公司整体业务的理解，培养综合管理能力，这有助于他们在未来的领导岗位上更好地发挥战略眼光（envision），做出更明智的决策；同时，导师辅导则侧重于提供个性化的指导和反馈，帮助员工在实际工作中不断改进自己的领导行为，提升团队激励（energize）和执行能力（execute）。

职业发展与晋升

随着员工在公司的职业发展，宝洁公司依据领导力素质模型对他们进行定期评估和晋升决策。在晋升过程中，不仅要考虑员工的业务绩效，更重要的是评估他们在领导力素质方面的成长和成熟度。只有那些在"5E 领导力"的各个维度上表现出色，并且与公司的战略方向和文化价值观高度契合的员工，才有机会晋升到更高的领导岗位，承担更大的责任。例如，一位在市场部门表现优秀的经理，如果希望晋升到高级管理岗位，除了在市场推广和销售业绩方面有突出贡献，还需要在团队建设中展现出卓越的鼓舞人心（energize）和勇于担当（enable）的能力，在面对复杂的市场竞争和业务挑战时能够制定具有前瞻性的战略（envision）并确保其有效执行（execute），同时始终坚守诚信（ethics）原则，维护公司的声誉和品牌形象。通过这种基于素质模型的职业发展与晋升机制，宝洁确保了公司各级领导岗位都由具备优秀领导力素质的人才担任，为公司的持续发展提供了坚实的人才保障。

6.2.2　领导力五力模型

领导力五力模型构建了一个多维度且层次分明的领导能力体系，精准地对应了组织运行过程中的不同关键环节与要素，如图 6-8 所示。

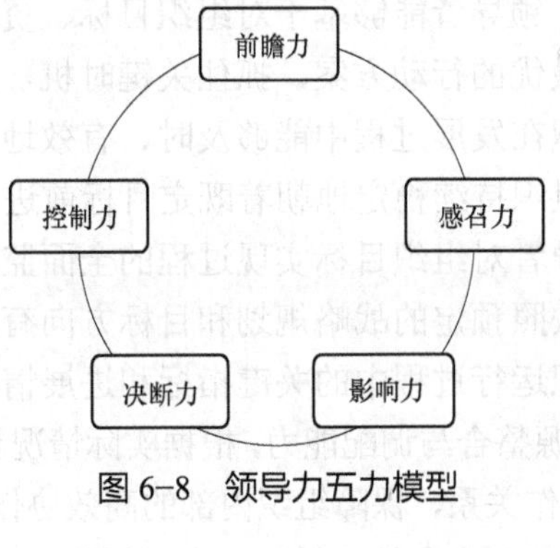

图 6-8　领导力五力模型

6.2.2.1 领导力五力模型的内涵与架构

首先，前瞻力聚焦于群体或组织目标的确立以及战略规划的制定，这要求领导者具备高瞻远瞩的视野、敏锐的洞察力以及对宏观环境和行业趋势的深刻理解与精准把握的能力。通过深入分析组织内外部的各类信息，包括市场动态、技术演进、竞争态势以及社会经济政治环境的变化等，领导者能够前瞻性地确定组织的长远发展方向，制定出具有适应性和前瞻性的战略规划，为组织的持续发展奠定坚实基础，引领组织在复杂多变的环境中抢占先机，避免因短视行为而陷入发展困境，确保组织目标与外部环境的动态适配，实现组织的可持续发展与长期价值创造。

其次，感召力与被领导者紧密相连，其核心在于领导者凭借自身独特的魅力与特质吸引被领导者，并激发他们自愿追随和奉献的内在动力。这不仅涵盖了领导者坚定的信念、崇高的使命感、令人敬仰的道德操守等内在品质，而且这些品质使领导者在精神层面能够与被领导者产生深度共鸣，赋予组织行为以更高的价值追求和道德合法性；还包括领导者展现出的充沛激情、广博的知识面以及卓越的个人能力等外在表现，这些特质使领导者在被领导者眼中成为值得信赖和效仿的榜样，从而有效地凝聚团队力量，提升团队成员的忠诚度和归属感，激发他们积极主动地投入到组织目标的追求中，将个体的努力汇聚为组织前进的强大合力，克服组织发展过程中可能遇到的各种困难和阻力，促进组织文化的传承与发展，增强组织的凝聚力和向心力。

影响力则着重于领导者对被领导者以及所处情境的塑造和改变的能力，是领导者在组织中发挥作用的重要手段。领导者需运用有效的沟通技巧、恰当的领导风格以及合理的权力运用方式，对被领导者的态度、行为和价值观产生积极的影响，引导他们朝着组织目标的方向努力；同时，领导者还要能够敏锐地感知并巧妙地应对组织所处的各种复杂情境，通过调整组织氛围、优化资源配置、协调人际关系等方式，创造有利于组织目标实现的内外部环境，提升组织的运行效率和整体绩效，增强组织在复杂多变环境中的适应性和灵活性，保障组织各项工作的顺利推进和战略目标的稳步实现。

再次，决断力主要体现在面对组织目标实现过程中的各种复杂情况和决策节点时，领导者能够迅速、准确地做出正确决策的能力。这需要领导者具备清晰的思维逻辑、丰富的经验积累、果断的决策魄力，以及对风险的精准评估和应对风险的能力。在信息不充分、时间紧迫且充满不确定性的情况下，领导者能够基于对组织目标、资源状况、团队能力以及外部环境的综合判断，快速筛选出最优的行动方案，抓住关键时机，避免因犹豫不决而错失发展机遇或陷入决策困境，确保组织在发展过程中能够及时、有效地应对各种挑战和变化，保持发展的主动性和竞争力，推动组织持续稳定地朝着既定目标前进。

最后，控制力聚焦于领导者对组织目标实现过程的全面监督、协调和调整能力，旨在确保组织的各项活动能够严格按照预定的战略规划和目标方向有序推进。领导者须建立健全有效的监控机制，实时跟踪组织运行过程中的关键指标和进展情况，及时发现并纠正偏差；同时，领导者还要具备良好的资源整合与调配能力，根据实际情况灵活调整资源分配和工作计划，协调各部门、各团队之间的工作关系，保障组织内部的高效协作和信息流通，确保组织目标的最终实现，提升组织的整体运营效率和管理效能，实现组织资源的优化配置和价值最大化。

6.2.2.2　领导力五力模型的层次关系与协同作用

在领导力五力模型中，各能力要素并非孤立存在，而是相互关联、层次递进，共同构成一个有机的整体，协同发挥作用，推动组织发展。

感召力处于核心地位，它是领导者独特魅力与影响力的根源。一个缺乏坚定信念、高尚使命感和优秀道德品质等内在特质，以及缺乏知识储备、专业能力和独特形象等外在表现的领导者，难以激发被领导者内心深处的追随意愿和奉献精神，仅能停留在传统管理者的层面，依靠职权进行事务性管理，而无法真正引领团队实现超越性发展。因此，感召力是领导者区别于普通管理者的关键特质，为其他领导能力的发挥奠定了基础，赋予组织以灵魂和凝聚力，引领组织成员形成共同的价值追求和奋斗目标，是领导力体系中的精神引领力量。

前瞻力和影响力作为感召力的延伸与发展，处于中间层面，起着承上启下的关键作用。前瞻力为领导者指引方向，使其能够在复杂多变的环境中准确洞察组织的发展路径和潜在机会，制订出符合组织长远利益的战略规划，这是实现组织目标的前提和基础；而影响力则使领导者能够将自身的战略意图有效地传递给被领导者，并通过塑造良好的组织情境，引导和激励被领导者积极参与组织目标的实现过程，将前瞻力所确定的方向转化为实际行动，影响力是连接领导者与被领导者以及组织战略与执行的桥梁和纽带。这两种能力相互配合，确保领导者能够在组织中建立起清晰的发展愿景，并获得被领导者的认同与支持，从而使组织朝着既定目标有序前行。

决断力和控制力作为前瞻力和影响力的进一步延伸和具体实施层面的能力，直接作用于组织目标的实现过程。当组织在执行战略规划的过程中遭遇各种突发情况、危机事件或到达关键决策节点时，决断力使领导者能够迅速、果断地做出正确决策，避免因决策延误而导致组织陷入困境；而控制力则确保领导者能够对决策的执行过程进行全面、有效的监控和调整，及时发现并解决执行过程中出现的问题，保障组织的各项活动始终围绕目标进行，确保组织能够高效、稳定地实现预定目标，控制力是领导力体系中的执行保障力量。

6.2.2.3　领导力五力模型在组织管理中的应用示例

以一家处于快速发展阶段的科技企业为例，该企业计划在未来三年内推出一系列具有创新性的产品，以突破现有市场格局，扩大市场份额和提升品牌影响力。

在这一过程中，企业领导者的前瞻力发挥了关键作用。通过对全球科技发展趋势、市场需求变化以及竞争对手动态的深入研究和分析，领导者敏锐地察觉到行业未来的发展方向将聚焦于人工智能与物联网深度融合的应用领域。基于此，领导者制定了明确的战略规划，确定企业将集中研发资源，开发一系列基于人工智能物联网技术的智能家居产品，提前布局这一新兴市场领域，为企业的未来发展指明了方向，使企业在激烈的市场竞争中抢占了先机，赢得了发展的主动权。

为了吸引和留住优秀的技术人才、市场营销人才以及管理人才，共同实现企业的战略目标，领导者充分展现出了强大的感召力。领导者自身秉持着“科技改变生活，创新引领未来”的坚定信念，将这一使命感传递给每位员工，使他们深刻认识到自己所从事的工作的重要价值和意义；同时，领导者凭借在行业内积累的深厚专业知识、卓越的领导才能以及积极向上的个人形象，赢得了员工的尊重和信任，激发了员工的工作热情和创造力，吸引了众多业内优秀人才纷纷加入企业，形成了一支富有激情和创新精神的团队，为企业的发展提供了坚实的人才保障。

在组织内部，领导者运用影响力，积极营造开放、创新、协作的企业文化氛围，鼓励员工勇于尝试新的技术和业务模式，为员工提供充分的发展空间和资源支持；同时，领导者通过有效的沟通和协调，与各部门主管建立了良好的合作关系，确保企业的各项资源能够得到合理配置和高效利用，各部门之间能够紧密协作，共同推进产品研发和市场推广工作，使企业的整体运营效率得到显著提升，为战略目标的实现创造了有利的内部环境。

在产品研发过程中，当面临技术难题和市场需求变化等突发情况时，领导者的决断力会凸显出来。例如，在产品研发初期，团队发现原计划采用的一种关键技术在实际应用中存在稳定性问题，这可能会影响产品的上市时间和性能表现。此时，领导者迅速召集技术专家和项目团队成员进行紧急研讨，在综合考虑技术可行性、时间成本、市场竞争压力等因素后，果断决策调整技术方案，采用一种更为成熟稳定的替代技术，同时增加研发资源投入，确保产品能够按时高质量推出，避免了因技术问题导致的项目延误和市场风险，保障了企业战略目标的顺利推进。

随着产品研发进入后期阶段，领导者的控制力开始发挥关键作用。领导者建立了完善的项目监控体系，定期对产品研发进度、质量控制、成本支出等关键指标进行检查和评估，及时发现并解决项目执行过程中出现的各种问题。例如，当发现某一部门在项目进度上出现滞后情况时，领导者通过协调资源、调整工作计划等方式，帮助该部门加快进度，确保整个项目能够按照预定计划顺利推进；同时，领导者密切关注市场动态和竞争对手的反应，根据市场变化及时调整产品的功能特性和营销策略，使产品在市场上更具竞争力，最终成功实现了产品的上市推广，在市场上取得了良好的反响，企业的市场份额和品牌影响力得到了显著提升，实现了组织的战略目标和持续发展，充分彰显了领导力五力模型在组织管理过程中的关键作用和巨大价值。

6.2.3 领导力六维模型

追溯至 20 世纪 80 年代，著名科学家托尼·布赞创新性地提出了思维导图这一极具影响力的概念，其犹如一颗思维的火种，在知识与认知的领域中引发了广泛而深刻的变革，为人们思维导图提供了一种全新的、高效的思维梳理与呈现方式，迅速在全球范围内得到了众多领域的关注与应用，进而在学术研究与实践探索的浪潮中掀起了层层涟漪，推动着各学科、各行业不断拓展人类思维潜力的边界。

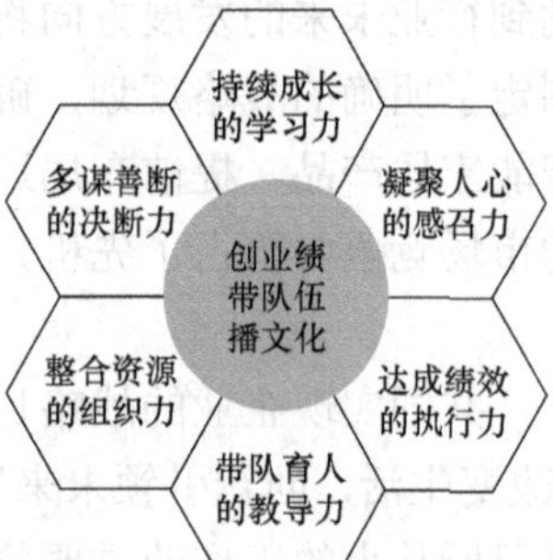

图 6–9　领导力六维模型

而在国内，北京大学汇丰商学院领导力研究中心在深入研究与广泛实践的基础上，巧妙地融合现代管理学理念与本土实际情况，创新性地提出了 360 度领导力模型的核心构成——领导力六维模型，如图 6–9 所示。这一模型宛如一座闪耀着智慧光芒的灯塔，为领导力的发展与提升指明了方向。

首先是持续成长的学习力，在如今这个瞬息万变的时代，知识更新的速度犹如闪电，新的理念、技术和方法层出不穷。拥有持续成长的学习力意味着领导者能够始终保持对新知识的敏锐洞察力和强烈的求知欲，像一块干涸的海绵一样不断汲取新的养分，无论是新兴的行业动态、前沿的科技成果，还是跨领域的创新思维，他们都能积极主动地去探索、去钻研，将学习融入日常工作与生活的每个细微之处，通过持续学习不断拓宽自己的视野、丰富自己的知识储备，从而在面对复杂多变的市场环境时游刃有余。在层出不穷的新问题面前，能够凭借深厚的知识底蕴和敏锐的思维快速做出精准的判断和明智的决策，为团队指引正确的前行方向，使整个团队在激烈的竞争浪潮中始终保持领先的优势和蓬勃发展的活力。

多谋善断的决策力则是领导者在关键时刻把握机遇、应对挑战的关键能力。在复杂的局势面前，领导者需要具备全面分析问题的能力，能够从海量的信息中迅速筛选出关键要点，犹如一位经验丰富的航海家在茫茫大海中精准定位航向。他们运用系统的思维方式，权衡利弊得失，考虑到短期利益与长期发展的平衡，兼顾团队内部各方的利益诉求以及外部市场环境的变化趋势，综合各种因素后制定出切实可行的多种方案，而在众多方案中做出果断抉择的那一刻，更需要领导者具备坚定的信心和果敢的魄力，如同战场上的指挥官，在瞬息万变的局势下迅速下达明确的指令，带领团队朝着既定的目标奋勇前进，避免因犹豫不决而错失良机，确保团队在每个关键节点都能做出正确的选择，推动事业稳步迈向成功的彼岸。

整合资源的组织能力对于团队的高效运作起着至关重要的作用。一位优秀的领导者就像一位才华横溢的交响乐指挥家，深知每种乐器在整个乐章中的独特作用和价值，能够精准地识别团队内外各种类型的资源，无论是人力、物力、财力，还是技术、信息、人脉等无形资源，都能被其敏锐地识别。他们善于运用巧妙的策略和高效的沟通协调技巧，将这些分散的资源如同拼图碎片一般有机地组合在一起，构建起一个紧密协作、相互支撑的有机整体，使各个部分能够发挥出最大的效能，形成 1+1＞2 的协同效应。通过合理的分工与协作安排，让合适的人在合适的岗位上充分发挥其专业优势，将有限的资源精准配置到最关键的环节，确保团队的每项任务都能够得到充足的资源支持，从而保障团队的运作如同一台精密的机器，有条不紊地高效运转，使团队在实现目标的道路上一路疾驰。

带队育人的教导力是领导者为团队注入源源不断的生命力和发展动力的源泉。他们不仅关注团队当下的业绩表现，更着眼于团队成员的长远成长与发展，将自己视为团队成员成长道路上的引路人与导师。通过以身作则的榜样力量，向成员们传递积极向上的价值观、严谨认真的工作态度和专业精湛的技能技巧，用自己的实际行动感染和激励身边的每个人。同时，他们善于根据团队成员的不同特点和发展阶段，量身定制个性化的培养计划，耐心地给予指导和反馈，帮助成员们发现自己的潜力与优势，克服成长过程中遇到的种种困难，就像一位精心呵护幼苗的园丁，培育团队成员成长为独当一面的参天大树。在这样的教导氛围下，团队成员不仅能够获得专业技能的提升，更能在职业素养和个人品格方面得到全面的滋养，从而形成一支团结向上、富有战斗力且具有高度忠诚度和归属感的优秀团队，为团队的持续发展奠定坚实的人才基础。

达成绩效的执行力是检验领导力的重要试金石。领导者制定明确的目标和战略规划后，关键在于能否将这些宏伟的蓝图转化为实际的行动和可衡量的绩效成果。这需要他们具备强大的执行力和推动力，如同一位坚毅的拓荒者，在面对前进道路上的重重障碍时，毫不退缩，勇往直前。他们能够将宏大的目标分解为一个个具体、可操作的阶段性任务，明确每个任务的责任人、时间节点和质量标准，通过有效的沟通和协调机制，确保团队成员对目标和任务有着清晰而统一的认识。同时，建立科学合理的激励机制和监督评估体系，充分调动团队成员的积极性和主动性，对执行过程进行实时跟踪和精准把控，及时发现并解决问题，确保各项任务能够按照预定计划顺利推进，最终实现团队整体绩效的显著提升，使团队在激烈的市场竞争中脱颖而出，达成既定的战略目标，为团队赢得荣誉和发展空间。

凝聚人心的感召力是领导者人格魅力的集中体现，也是团队凝聚力和向心力的核心所在。优秀的领导者宛如一块强大的磁石，凭借其高尚的品德、正直的为人、远大的抱负和坚定的信念，吸引着团队成员紧紧围绕在其身边，形成一个紧密团结、荣辱与共的战斗集体。他们尊重每位团队成员的个性差异和价值追求，关心成员的生活和工作情况，用真诚的关怀和温暖的话语打动人心，让成员们感受到自己是团队中不可或缺的重要一员，从而激发起成员们内心深处的归属感和忠诚度。在面对困难和挑战时，领导者能够以乐观积极的态度和无畏的勇气鼓舞士气，传递出坚定的信念和必胜的决心，让团队成员们在困境中看到希望的曙光，从而心甘情愿地追随领导者的脚步，为了共同的目标而不懈奋斗，形成一种众志成城、无坚不摧的强大力量。这种力量将支撑团队跨越任何艰难险阻，在实现梦想的征程中披荆斩棘，一路前行。

总之，领导力六维模型中的这六种能力相互关联、相互促进，共同构成了一个有机的整体，每种能力都不可或缺。它们如同六根坚实的支柱，支撑起卓越领导力的大厦，为领导者在不同的情境和挑战下提供了全面而有力的能力支持，帮助领导者引领团队在复杂多变的商业世界中乘风破浪，驶向成功的彼岸，实现组织和团队的可持续发展与辉煌成就。

任务 6.3　认知领导力开发

领导力作为组织成功的关键因素之一，一直以来受到学术界和企业界的广泛关注。领导力开发旨在培养和提升个体的领导能力，以适应不断变化的组织环境和满足发展需求。随着时代的发展，领导力开发的理论与实践也在不断演进，从传统的特质理论、行为理论逐渐发展到权变理论、变革型领导理论等更加复杂和综合的理论体系，这些理论为领导力开发提供了丰富的视角和方法。深入研究领导力开发的理论与实践，对于组织培养高素质的领导人才、提升组织效能具有重要的现实意义。

6.3.1　领导力开发的理论基础

6.3.1.1　特质理论

特质理论认为，领导者具有一些与生俱来的特质，如智力、自信、果断、正直等，这些特质使他们能够在领导岗位上表现出色。早期的特质研究致力于识别这些普遍存在的领导特质，但研究结果发现，很难确定一组明确的、适用于所有情境的领导特质。然而，特质理论为领导力开发提供了一定的启示，即某些特质可能在领导过程中具有优势，组织可以在选拔领导人才时考虑这些潜在的特质因素，同时也可以通过培训和发展来培养领导者的一些关键特质，如自我意识、情绪智力等。

6.3.1.2 行为理论

行为理论侧重于研究领导者的行为方式及其对组织绩效的影响。其中，俄亥俄州立大学的研究将领导行为分为两个维度：结构维度（关注任务的明确性和组织性）和关怀维度（关注员工的福利和满意度）。密歇根大学的研究则提出了员工导向和生产导向的领导行为类型。行为理论的贡献在于它将领导行为进行了分类和量化，使领导力开发有了更具体的行为目标和方向。组织可以通过培训和反馈，帮助领导者改善其行为方式，从而提高领导效能。例如，学习如何在关注任务完成的同时，也注重员工的发展和感受，从而营造一个积极的工作氛围，提升团队绩效。

6.3.1.3 权变理论

权变理论强调领导效能取决于领导者、被领导者和情境因素之间的相互作用。菲德勒的权变模型指出，领导风格（任务导向型或关系导向型）应与情境的有利程度（领导者–成员关系、任务结构和职位权力）相匹配，才能达到最佳的领导效果。赫西和布兰查德的情境领导理论则根据下属的成熟度（工作成熟度和心理成熟度）来调整领导风格，包括指示型、推销型、参与型和授权型四种风格。权变理论为领导力开发提供了灵活性和情境适应性的思路，提醒组织在培养领导者时，要使其具备根据不同情境灵活调整领导策略的能力，了解组织内外部环境的变化，以及根据这些变化选择合适的领导方式。

6.3.1.4 变革型领导理论

变革型领导理论认为，领导者通过激励和鼓舞下属，使其超越自身的利益，为实现组织的目标而努力奋斗。变革型领导者具有理想化影响力（成为下属的榜样和楷模）、鼓舞性激励（激发下属的高层次需求和动机）、智力激发（鼓励下属创新和批判性思维）和个性化关怀（关注下属的个人发展和需求）等特质。该理论在领导力开发领域受到广泛关注，因为它强调领导者不仅要关注组织的短期绩效，还要注重培养下属的潜力，推动组织的长期变革与发展。通过领导力开发项目，可以培养领导者的变革型领导行为，提升其激励和引导团队的能力，促进组织的创新和变革。

6.3.2 领导力开发的重要性

6.3.2.1 提升组织绩效

有效的领导力能够明确组织的目标和方向，合理分配资源，协调团队成员的行动，从而提高组织的工作效率和生产力，进而提升组织的绩效。领导者通过制定战略规划、优化业务流程和激发员工的积极性，使组织能够更好地应对市场竞争和环境变化，从而实现可持续发展。

6.3.2.2 促进组织变革与创新

在当今快速变化的商业环境中，组织需要不断进行变革和创新以保持竞争力。领导力开发能够培养具有创新意识和变革能力的领导者，他们能够敏锐地捕捉市场机会和行业趋势，推动组织进行战略调整、技术创新和管理变革，为组织注入新的活力和动力。

6.3.2.3 增强员工满意度和忠诚度

优秀的领导者懂得关心员工的需求和发展，能够为员工提供清晰的职业发展路径和指导，营造一个公平、和谐、积极向上的工作环境。这有助于提高员工的工作满意度和忠诚度，降低员工流失率，吸引和留住优秀人才，为组织的长期稳定发展提供人才保障。

6.3.2.4 塑造组织文化

领导者的价值观和行为方式对组织文化的形成和发展具有重要影响。通过领导力开发，培养领导者具有与组织价值观相符的领导风格和行为，使其能够将组织的文化理念传递给员工，促进组织文化的落地和传承，使组织文化成为凝聚员工力量、推动组织发展的重要力量。

6.3.3 领导力开发的实践路径

6.3.3.1 领导力培训与教育

1. 正式课程培训

组织可以为领导者和潜在领导者提供各种领导力培训课程，包括领导力理论、沟通技巧、团队建设、决策制定和战略管理等方面的内容。这些课程可以由内部培训师或外部专家授课，通过课堂讲授、案例分析、小组讨论、模拟演练等多种教学方法，帮助学员系统地学习领导力知识和技能，并将其应用到实际工作中。

2. 在线学习平台

利用现代信息技术，搭建在线学习平台，提供丰富的领导力学习资源，如电子书、视频讲座、在线测试等，方便领导者随时随地进行学习。在线学习平台还可以实现个性化学习，根据学员的学习进度和需求，推荐适合的学习内容，从而提高学习效果。

3. 学历教育与学位项目

鼓励领导者参加与领导力相关的学历教育或学位项目，如工商管理硕士（MBA）、公共管理硕士（MPA）、领导力博士等。这些学历教育项目不仅能够提供系统的领导力知识体系，还能够拓宽领导者的视野，提升其综合素质和战略思维能力，同时也为领导者的职业发展提供更广阔的空间。

6.3.3.2 实践锻炼与经验积累

1. 岗位轮换与挂职锻炼

组织内部的岗位轮换是一种有效的领导力开发方式，让领导者在不同的部门和岗位上工作，使其能够了解组织的各个业务环节和运营流程，拓宽知识面和视野，培养综合管理能力和跨部门协作能力。此外，还可以安排领导者到其他组织或企业进行挂职锻炼，学习先进的管理经验和领导模式，借鉴外部的优秀实践成果，为组织的发展提供新的思路和方法。

2. 项目管理与团队领导

赋予领导者负责重要项目或团队的机会，让他们在实践中锻炼领导能力。通过项目管理，领导者需要制订项目计划、组织团队成员、分配任务、监控进度、解决问题等，这一系列过程能够提升其目标设定、资源整合、沟通协调、风险应对等能力，同时也能够培养领导者的责任感和决策能力。在领导团队的过程中，领导者还可以学习如何激发团队成员的潜力，营造良好的团队氛围，提高团队的凝聚力和战斗力。

3. 导师辅导与教练技术

为领导者配备经验丰富的导师，导师可以通过一对一的辅导方式，分享自己的领导经验和智慧，为领导者提供个性化的指导和建议，帮助他们解决工作中遇到的问题和困惑，加速其领导力的成长。此外，教练技术也是一种有效的领导力开发工具。教练通过与领导者建立良好的互动关系，引导领导者自我反思、自我发现和自我提升，激发领导者的内在潜力，帮助他们制订并实现个人的领导力发展目标。

6.3.3.3 自我发展与反思

1. 持续学习与自我提升

领导力的发展是一个持续的过程，领导者需要保持学习的热情和动力，不断更新自己的知识和技能。这可以通过阅读专业书籍、参加行业研讨会、关注前沿研究成果等方式来实现。同时，领导者还应该注重自身综合素质的提升，如培养良好的人际关系、提高沟通表达能力、增强时间管理能力等，这些方面的提升有助于领导者更好地发挥其领导作用。

2. 自我评估与反馈

领导者应该定期进行自我评估，反思自己的领导行为和决策效果，了解自己的优势和不足。可以通过 360 度反馈评价、自我评价问卷、绩效评估结果等多种方式收集反馈信息，从上级、同事、下属等不同角度了解自己的领导表现，并根据反馈意见制订改进计划，不断完善自己的领导风格和方法。

3. 建立领导力发展档案

领导者可以建立个人的领导力发展档案，记录自己的学习经历、实践经验、培训成果、自我评估结果等信息，以便对自己的领导力发展历程进行系统地梳理和总结。通过对领导力发展档案的分析，领导者可以清晰地看到自己的成长轨迹和发展方向，发现存在的问题和差距，从而有针对性地制订下一步的发展计划，持续提升自己的领导力。

6.3.4 领导力开发的挑战与应对策略

6.3.4.1 个体差异与适应性

不同的领导者具有不同的个性、能力和学习风格，因此在领导力开发过程中，需要考虑个体差异，提供个性化的培训和发展方案。然而，这给组织的培训资源和管理能力提出了较高的要求。为了应对这一挑战，组织可以采用多样化的培训方法和工具，如在线学习平台的个性化推荐功能、根据个体差异设计的实践锻炼项目等，以满足不同领导者的学习需求。同时，在选拔和培养领导者时，也应更加注重其学习能力和适应能力，使其能够在不同的培训和发展环境中快速成长。

6.3.4.2 组织文化与领导力匹配

组织文化对领导力的发挥具有重要影响，如果领导力开发与组织文化不匹配，可能会导致领导者在实践中遇到困难，甚至无法有效实施领导行为。因此，在领导力开发过程中，需要充分考虑组织文化的特点和价值观，确保培养出来的领导者能够与组织文化相融合，并能够在组织文化的框架内发挥积极的领导作用。组织可以通过对组织文化的深入分析和解读，将组织文化的核心要素融入领导力开发的课程内容和实践活动中，使领导者在学习和实践过程中逐渐认同和内化组织文化，从而形成与组织文化相契合的领导风格和行为模式。

6.3.4.3 培训效果的转化与评估

领导力培训的最终目的是将所学知识和技能转化为实际工作中的领导行为和绩效提升，但在实际操作中，培训效果的转化往往面临诸多困难。为了促进培训效果的有效转化，组织需要在培训结束后，为领导者提供相应的实践机会和支持措施，如安排实践项目、建立学习交流平台等，帮助他们将所学内容应用到实际工作中，并及时给予反馈和指导。同时，建立科学合理的培训效果评估体系也是至关重要的，评估指标应包括领导者的行为改变、团队绩效提升、员工满意度提高等多个方面。通过定期评估和跟踪反馈，了解领导力开发项目的实施效果，发现存在的问题并及时进行调整和改进，确保领导力开发工作的质量和效果。

总之，领导力开发是一个复杂而系统的工程，涉及多个理论领域和实践环节。通过对领导力开发的理论基础进行深入剖析，我们认识到不同理论观点为领导力开发提供了多样化的视角和方法，组织应综合运用这些理论，根据自身的实际情况和发展需求，构建适合本组织的领导力开发体系。在实践过程中，通过领导力培训与教育、实践锻炼与经验积累以及自我发展与反思等多种途径，培养和提升领导者的能力和素质，以应对组织面临的各种挑战和机遇。同时，我们也应清醒地认识到领导力开发过程中存在的个体差异、组织文化匹配以及培训效果转化等问题，并采取相应的应对策略加以解决。只有不断完善领导力开发的理论与实践，才能为组织培养出更多具有卓越领导能力的人才，推动组织持续、稳定、健康发展，使组织在激烈的市场竞争中立于不败之地。

领导力开发对于组织的发展具有不可替代的重要性，它是组织实现战略目标、提升核心竞争力的关键所在。未来，随着组织环境的不断变化和领导力研究的深入发展，领导力开发的理论与实践也将不断创新和演进，为组织的发展注入新的活力和动力。

任务 6.4　探究领导艺术

在当今复杂多变的组织环境中，领导者面临着前所未有的挑战与机遇。领导已不仅仅是运用权力和下达指令，更需要具备高超的领导艺术，以灵活、巧妙且富有创造性的方式引领团队达成目标，实现组织的持续发展。领导艺术作为一种独特的领导能力，融合了领导者的智慧、经验、情感和技巧，对于提升领导效能、增强团队凝聚力以及塑造积极的组织文化具有至关重要的作用。

6.4.1　领导艺术的含义

领导艺术是指领导者在履行领导职能的过程中，创造性地运用各种领导方法和技巧，展现出的一种独特的领导风格和魅力。它超越了常规的管理手段，是领导者在复杂情境下，凭借敏锐的洞察力、精准的判断力和卓越的决策力，巧妙地处理人际关系、协调组织资源、激发员工潜能，从而实现组织目标的综合能力的体现。与传统的领导方法相比，领导艺术更加注重灵活性、适应性和创新性，强调根据不同的情境和对象，采取个性化、多样化的领导方式，以达到最佳的领导效果。

6.4.2　领导艺术的内容

6.4.2.1　决策艺术

决策作为领导职能的核心，其艺术性体现在领导者于充满不确定性与变数的环境中做出审慎且恰当的决策的能力上。在信息匮乏与模糊的状况下，领导者首先需凭借敏锐的洞察力对问题进行精准识别与界定，这要求其具备深厚的专业知识储备以及对组织内外部环境的深刻理解，能够从纷繁复杂的表象中抽丝剥茧，确定问题的本质与关键所在。

广泛收集信息是决策的重要基础，领导者应充分利用多种渠道，包括内部报告、市场调研、行业动态监测以及与各层级员工的交流等，挖掘与决策相关的各类数据和情报，并运用科学的分析方法，如数据分析模型、SWOT 分析法、PEST 分析法等，对信息进行系统梳理与深度剖析，以揭示潜在的趋势、机会和威胁。

然而，决策并非单纯依赖理性分析，领导者的经验和直觉同样起着关键作用。经验赋予他们在面对类似情境时的判断力和决策参照系，使其能够快速评估各种方案的可行性；直觉则是在长期实践中形成的潜意识认知，能够帮助领导者在关键时刻捕捉到不易察觉的关键因素，从而在理性与感性之间找到平衡，制订出多样化的可行方案。

在方案选择阶段，领导者需全面权衡各方案的利弊得失，考虑短期与长期的影响、成本效益、风险可控性以及与组织整体战略的契合度等多方面因素。同时，优秀的决策艺术还要求领导者具备前瞻性思维，能够预见决策实施后可能引发的潜在影响和风险，提前制定周密的应对预案，包括风险预警机制、应急处置措施以及资源调配计划等，确保决策在执行过程中即便遭遇意外情况，也能朝着预期目标稳步推进，以最大限度地保障组织利益。

6.4.2.2 用人艺术

用人艺术贯穿于人才管理的全过程，是实现组织人力资源价值最大化的关键。识人之明是领导者用人的首要前提，领导者需超越表面的学历、资历等因素，深入探究员工的内在特质、潜在能力和独特优势。这不仅依赖于日常工作中的观察与了解，还可借助专业的人才测评工具，如性格测试、能力评估、360 度反馈评价等，从多个维度构建员工的能力画像，从而精准定位其最适合的岗位角色，使人才与岗位实现高度匹配，充分释放其潜能，做到人尽其才。

历史小故事

诸葛亮在《出师表》中提道："亲贤臣，远小人，此先汉所以兴隆也；亲小人，远贤臣，此后汉所以倾颓也。"这句话的意思是：亲近贤臣，疏远小人，这是西汉兴盛的原因；亲小人，疏远贤臣，这是东汉衰败的原因。因此，在选拔人才时，应该不避亲疏，唯才是举。

授权是用人艺术的重要体现，通过合理授权，领导者将部分权力下放给员工，赋予他们自主决策和执行任务的空间。这不仅能够激发员工的责任感和主人翁意识，使其更加积极主动地投入工作，还能锻炼员工的能力，促进其成长与发展。在授权过程中，领导者需明确授权范围、目标和责任，建立有效的监督与反馈机制，确保授权行为既给予员工足够的自由度，又不至于失控，从而实现权力与责任的有机统一。

员工的培训与发展是打造高素质团队的核心要素。领导者应根据组织战略和员工个人需求，制订个性化的培训计划，涵盖专业技能提升、领导力培养、职业素养塑造等多个方面，为员工提供丰富的学习资源和成长机会，如内部培训课程、外部进修项目、导师辅导制度以及实践锻炼平台等，帮助员工不断更新知识结构，提升综合能力，拓宽职业发展路径，从而增强员工对组织的认同感和忠诚度，营造积极向上、追求卓越的人才发展生态，为组织的持续发展提供坚实的人才保障。

6.4.2.3 沟通艺术

沟通艺术在领导工作中犹如桥梁与纽带，连接着组织的各个层级和部门，确保信息流畅、情感交融与团队协作无间。倾听作为沟通的基础环节，要求领导者以真诚、专注的态度接纳员工的意见和建议，不仅要听清话语内容，更要理解其背后的情感和潜在需求，给予员工充分的表达机会，不打断、不敷衍，通过眼神交流、点头回应等方式给予积极反馈，让员工真切地感受到被尊重和重视，从而增强其对组织的归属感和忠诚度，激发其参与组织事务的积极性。

领导者清晰、准确且富有感染力的表达能力是传达组织战略目标和工作要求的关键。在表达过程中，应运用简洁明了的语言，避免含糊不清和歧义，结合生动的案例、形象的比喻等方式，将抽象的理念和复杂的任务转化为易于理解和接受的信息，同时注重语调、语速和肢体语言的运用，增强表达的感染力和说服力，激发员工的工作热情和执行意愿，确保组织目标深入人心并得到有效贯彻落实。

及时、恰当的反馈是沟通闭环的重要组成部分，能够帮助员工了解自身工作表现的优劣，明确改进方向。领导者应定期对员工的工作进行评估和反馈，指出优点并给予肯定和鼓励，针对不足提出具体、建设性的改进意见，并制订跟踪计划以监督改进效果。通过有效的反馈机制，促进员工个人的不断成长和团队整体的持续进步，营造积极健康的沟通文化，提升团队的协作效率和绩效水平。

6.4.2.4 激励艺术

激励艺术旨在满足员工多样化的需求，挖掘其内在工作潜能，促使员工自觉、自愿地为实现组织目标而拼搏奋斗。领导者首先需深入了解员工的需求层次和个性特点，依据马斯洛的需求层次理论、赫茨伯格的双因素理论等，洞察员工在生理、安全、社交、尊重和自我实现等不同层面的需求状况，以及个体在性格、兴趣、价值观等方面的差异，从而制订针对性强、个性化的激励策略。

物质激励作为基础激励手段，包括薪酬福利的合理调整、绩效奖金的公平发放、股权激励计划的实施等，能够直接满足员工的物质生活需求，为其提供经济保障，同时也是对员工工作成果的一种量化认可；精神激励则注重满足员工的心理和情感需求，如公开表彰、授予荣誉称号、书面表扬信等，能够增强员工的成就感和荣誉感，提升其在组织中的地位和形象；晋升激励为员工提供了职业发展的上升通道，使其看到自身在组织中的成长空间和前景，激发其追求更高目标的动力；荣誉激励通过树立榜样，弘扬组织所倡导的价值观和行为准则，引导员工向优秀员工看齐，营造积极向上的竞争氛围。

此外，领导者还应重视组织文化氛围的营造，通过塑造共同的价值观、愿景和使命，使员工在情感和精神上与组织产生深度共鸣，增强其对组织的认同感和归属感，从而激发员工的自我激励能力，使其在工作中不仅仅追求物质回报，更能从工作本身获得成就感和满足感，实现个人价值与组织价值的有机融合，为组织的持续发展注入源源不断的动力。

当前，学者们对于激励方面取得了一些新的研究成果，主要表现在以下几个方面。

1. 激励因素的多元化与个性化

现代研究更加注重员工需求的多样性和个性化，不再局限于传统的物质激励。例如，根据马斯洛的需求层次理论，员工在不同阶段有不同层次的需求，从生理需求到自我实现需求。企业开始关注员工的社交需求、尊重需求和自我实现需求等高层次需求，如提供更多的团队建设活动、赋予员工更大的决策权和自主权、认可和赞扬员工的个人成就等，以满足员工的个性化需求，从而更有效地激发其工作积极性。

2. 非物质激励的重要性日益凸显

研究表明，非物质激励在提升员工工作满意度和忠诚度方面具有重要作用。如荣誉激励，当员工获得荣誉称号或受到公开表彰时，会产生强烈的自豪感和成就感，进而激发工作动力；

信任激励也受到重视，领导者给予员工充分的信任，让其承担重要任务，这能够增强员工的责任感和自信心。

3. 激励措施与企业文化的融合

最新研究发现，激励措施与企业文化紧密结合时，能产生更强大的激励效果。一个积极向上、鼓励创新和合作的企业文化，本身就对员工具有激励作用。企业通过塑造共同的价值观和愿景，使员工的个人目标与组织目标相契合，从而激发员工的内在动力，让他们更愿意为实现组织目标而努力工作。

4. 激励的时效性和持续性

研究强调，激励需要把握好时机并保持一定的持续性。及时的激励能够让员工迅速感受到自己的工作得到了认可，从而强化其积极行为；而持续的激励则有助于保持员工的工作热情，避免出现激励效果的短期性。例如，定期的绩效评估和奖励制度，以及长期的职业发展规划和培训支持等，都能够为员工提供持续的激励。

不少人比较关注激励艺术研究的基本发展趋势。

1）科技手段在激励措施中的应用

随着科技的不断进步，企业开始借助各种数字化工具和平台来实施激励措施。例如，利用员工管理系统实时跟踪员工的工作表现，及时给予反馈和奖励；通过在线学习平台为员工提供个性化的培训课程，满足其自我提升的需求；运用社交媒体和企业内部沟通工具，公开表彰优秀员工，增强激励的传播效果和影响力。

2）关注员工的心理健康和工作生活平衡

现代社会中，员工面临着较大的工作压力，因此关注员工的心理健康和工作生活平衡成为激励艺术的一个重要趋势。企业通过提供心理咨询服务、组织健康讲座、推行弹性工作制度等方式，帮助员工缓解工作压力，保持良好的心理状态，从而提高工作效率和生活质量，增强员工对企业的认同感和归属感。

3）推动团队激励与个体激励相结合

未来的激励将更加注重团队激励与个体激励的有机结合。一方面，通过设定团队目标和奖励机制，鼓励团队成员之间的合作，发挥团队的整体优势；另一方面，也不忽视个体的贡献和需求，为表现优秀的员工提供个性化的激励措施，如晋升机会、专项奖金等，以激发员工的个人潜力，同时促进团队的共同发展。

4）注重激励方式的创新与多元化

除了传统的激励方式外，企业还将不断探索和创新激励手段。比如，体验式激励逐渐受到关注，企业为员工提供独特的工作体验或生活体验，如户外拓展、高端培训课程、旅游奖励等；此外，社会责任感激励也成为一种新趋势，企业鼓励员工参与公益活动，将个人的工作与社会价值相结合，让员工在工作中获得更大的成就感和意义感。

5）探索实施数据驱动的激励决策

企业将越来越多地依靠数据分析来制定激励策略。通过收集和分析员工的工作数据、绩效数据、满意度调查数据等，深入了解员工的需求和行为模式，从而更精准地制订个性化的激励方案，提高激励的效果和投资回报率。

6.4.2.5　协调艺术

组织是一个复杂的系统，内部存在着各种利益关系和矛盾冲突，领导者的协调艺术就体现在如何平衡各方利益，化解矛盾纠纷，促进组织的和谐稳定发展上。这需要领导者具备全局观念和系统思维，能够站在组织整体利益的高度，协调部门之间、团队之间以及员工之间的关系。在协调过程中，要善于运用沟通、协商、妥协等方法，寻找各方利益的平衡点，达成共识，形成合力，共同推动组织目标的实现。

6.4.3　领导艺术的应用

6.4.3.1　在组织变革中的应用

组织变革是企业发展过程中不可避免的环节，而领导艺术在其中起着关键作用。领导者需要运用决策艺术，准确判断变革的时机和方向，制定切实可行的变革策略。在变革实施过程中，通过有效的沟通艺术，向员工传达变革的必要性和意义，消除员工的疑虑和恐惧，赢得他们的支持和参与。用人艺术则体现在选拔和培养一批具有创新精神和适应能力的变革推动者，组建强有力的变革团队。同时，运用激励艺术，鼓励员工积极投身于变革，为变革的成功提供动力保障。协调艺术也不可或缺，领导者要妥善处理变革过程中出现的各种利益冲突和矛盾，确保变革平稳推进。

6.4.3.2　在团队建设中的应用

团队建设是提高组织绩效的重要途径，领导艺术能够为团队建设注入灵魂。领导者通过用人艺术，合理搭配团队成员，充分发挥每个成员的优势，形成优势互补的团队结构。在团队管理中，运用沟通艺术和激励艺术，营造开放、民主、积极向上的团队氛围，促进成员之间的信息共享和情感交流，增强团队的凝聚力和向心力。当团队出现问题或发生冲突时，领导者应运用协调艺术，及时化解矛盾，维护团队的和谐稳定。此外，领导者还可以通过自身的领导魅力和榜样力量，引导团队成员树立共同的目标和价值观，激发团队的创造力和战斗力，打造一支高绩效的团队。

扩展阅读

华为公司任正非团队的建设实践

在华为公司的发展过程中，任正非展现出了卓越的领导艺术，对团队建设起到了关键作用。

在决策艺术方面，面对通信行业技术快速更迭和激烈的市场竞争，任正非精准地把握行业趋势，做出了持续加大研发投入、自主研发核心技术的决策。例如，在5G技术研发初期，尽管面临巨大的资金压力和技术难题，任正非坚定地支持团队的研发方向，凭借其对行业发展方向的敏锐洞察力和果断决策力，使得华为在5G领域取得了领先地位，为团队指明了清晰且具有前瞻性的发展道路，让员工们坚信自己的工作方向是正确且具有重大价值的。

在用人艺术上，任正非秉持着“不拘一格降人才”的理念。他重视人才的选拔，不单纯以学历、资历为标准，而是更看重员工的实际能力和潜力。比如余承东，在华为内部脱颖而出，任正非给予他充分的信任和权力，任命他为华为消费者业务集团总裁。余承东得以充分发挥其市场营销和产品推广的才能，带领团队在全球智能手机市场中不断突破，从最初的小众品牌逐步发展成为具有全球影响力的品牌，这体现了任正非用人之长、充分授权的用人艺术，激发了员工的责任感和创造力，让团队成员能够在各自的岗位上施展拳脚，实现自我价值。

在沟通艺术方面，任正非与员工保持着开放且密切的沟通。他通过内部讲话、座谈会等多种形式，与不同层级的员工交流，倾听他们的想法、意见和建议。例如，在华为早期发展阶段，员工们对于公司的发展方向和管理方式有诸多想法，任正非积极参与讨论，认真倾听每个人的声音，让员工感受到被尊重，从而增强了员工对公司的归属感和忠诚度。同时，他也能够清晰、准确地向员工传达华为的战略目标和企业文化，激发员工的工作热情和使命感，使整个团队在思想和行动上保持高度一致。

在激励艺术层面，华为构建了完善且富有竞争力的激励体系。在物质激励方面，为员工提供具有竞争力的薪酬待遇和丰厚的绩效奖金，对于在技术研发、市场拓展等方面取得突出成绩的团队和个人给予高额奖励，以满足员工的物质需求；精神激励方面，设立了多种荣誉奖项，如“金牌员工”等，对优秀员工进行公开表彰，给予他们精神上的满足和成就感；在职业发展激励方面，为员工提供广阔的晋升空间和多元化的职业发展通道，鼓励员工不断学习和成长，让员工看到自己在华为的未来发展前景，从而激发员工的内在动力，全身心地投入工作。通过激励等方式，华为打造了一支积极向上、富有战斗力的团队，推动华为在全球通信市场中不断发展壮大，使华为成为行业的领军企业。

任正非通过在决策、用人、沟通和激励等方面展现出的高超领导艺术，成功塑造了华为强大的团队凝聚力和战斗力，为华为的持续发展奠定了坚实的基础，也为国内企业在团队建设方面提供了优秀的范例。

6.4.3.3 在危机管理中的应用

危机时刻是对领导者领导艺术的严峻考验。在危机面前，领导者首先要善于运用决策艺术，迅速做出正确的反应，制订有效的危机应对方案，明确责任分工，确保组织能够有条不紊地应对危机。沟通艺术在危机管理中尤为重要，领导者要及时、准确地向内部员工和外部利益相关者传递危机信息，避免信息混乱和恐慌情绪的蔓延。同时，通过真诚、透明的沟通，展示组织应对危机的决心和能力，赢得各方的信任和支持。用人艺术体现在合理调配人力、物力和财力资源，确保危机应对工作的顺利开展。激励艺术可以激发员工在危机时刻的责任感和使命感，使其积极主动地投入危机处理工作中。协调艺术有助于领导者整合各方力量，形成全社会共同应对危机的合力，最大限度地减少危机造成的损失。

案例

海底捞“老鼠门”事件危机公关案例

事件背景

2017年8月25日，《法制晚报》发布了一篇关于海底捞北京劲松店和太阳宫店后厨出现老鼠，打扫卫生的簸箕和餐具同池混洗等卫生问题的报道。此消息一出，立即引发了社会的广泛关注，对一向以服务著称的海底捞品牌形象造成了巨大的冲击。

危机公关过程

快速反应（事发当天）

海底捞在事件曝光后的3h内就发布了一则声明。声明中首先承认了媒体所曝光的问题属实，没有丝毫推诿。这种坦诚的态度为后续的危机公关奠定了良好的基础。

表示“深感愧疚”，并向消费者和社会公众表达了诚挚的歉意。在情感上先与消费者进行了沟通，让消费者感受到企业对问题的重视。

紧接着，公司承诺将立即对涉事门店进行停业整顿，积极配合政府部门的调查和监督。这一举措显示了企业在面对危机时不逃避责任、主动接受监管的积极态度。

深度调查与整改措施发布（事发后两天）

海底捞在8月27日发布了更为详细的处理通报。通报中详细说明了涉事门店的整改情况，包括对厨房设施设备进行全面的检查和更换，对清洁流程进行重新梳理和规范等。

海底捞还公布了后续的预防措施，如加强对各门店的监控，增加第三方虫害治理公司的检查频次等。通过这些具体的整改和预防措施，企业向消费者展示了解决问题的决心和能力。

最重要的是，海底捞在通报中没有将责任完全推给门店员工，而是表明公司管理层也有责任，这种勇于承担内部管理责任的态度，赢得了消费者的一定程度的谅解。

后续品牌形象修复

在事件处理后的一段时间内，海底捞通过多种渠道进行品牌形象的修复。例如，加强对员工的培训，尤其是食品安全和卫生方面的培训，并且将培训过程和成果通过社交媒体等渠道进行展示。

继续强化服务优势，在社交媒体上分享一些顾客在海底捞享受优质服务的案例，引导消费者重新关注品牌的正面形象。同时，推出一些新的菜品和优惠活动，吸引消费者再次光顾。

危机公关效果

舆论态度大转变

尽管事件初期舆论一片哗然，消费者对海底捞的卫生问题表示担忧和愤怒。但在海底捞快速且诚恳地回应后，舆论态度逐渐发生了转变。许多消费者对海底捞能够及时承认错误并积极整改的态度表示认可。

社交媒体上出现了一些消费者认为“知错能改，善莫大焉”的声音，相比于一些企业在危机事件中推诿责任的做法，海底捞的危机公关策略在一定程度上挽回了品牌形象。

市场表现恢复

从市场数据来看，海底捞在经过短暂的业绩下滑后，很快恢复了营业。顾客到店率在一段时间后逐步回升，并没有因为这次危机事件而导致长期的经营困境。这得益于海底捞在危机公关过程中采取的一系列有效措施，成功地稳定了消费者信心，维护了品牌的市场地位。

这个案例充分展示了国内企业在面对危机时，通过快速响应、坦诚面对问题、积极整改以及持续的形象修复等策略，成功地化解危机，将品牌损失降到最低的有效实践。

领导艺术作为一种综合性的领导能力，贯穿于领导工作的各个方面和全过程。其丰富的内涵和多元的内容，为领导者在复杂多变的组织环境中提供了有效的应对策略和方法。通过在决策、用人、沟通、激励和协调等方面展现出高超的艺术水平，领导者能够更好地引领组织适应时代的发展变化，实现组织的战略目标，提升组织的竞争力和影响力。然而，领导艺术并非一蹴而就的，它需要领导者在长期的实践中不断学习、积累经验，不断提升自身的综合素质和修养，才能真正掌握并灵活运用这门艺术，成为一名卓越的领导者，为组织和社会创造更大的价值。

在未来的研究和实践中，我们应进一步深入探讨领导艺术的理论体系和实践模式，不断丰富和完善领导艺术的内涵和外延，以适应不断变化的领导环境和组织发展需求，推动领导艺术的创新与发展，为领导科学的发展贡献更多的智慧和力量。

任务 6.5　认识领导团队

6.5.1　领导团队的含义

领导团队是指在一个组织或机构中，由多个具备领导能力和专业知识的个体组成，共同承担领导职责，为实现组织目标而协同工作的群体。这一群体并非简单的人员集合，而是基于共同愿景、相互信任以及互补技能所构建的有机整体。从系统理论的角度看，领导团队是组织系统中的一个关键子系统，与其他部门和成员相互作用、相互影响，共同推动组织朝着既定的方向发展。与传统的单一领导者模式相比，领导团队能够整合更多元化的智慧和资源，应对复杂多变的组织环境和挑战，通过成员间的分工协作、信息共享和决策互动，实现更高效、更全面的领导效能，从而提升组织的适应能力和竞争力，确保组织在动态的市场环境中持续发展并达成战略目标。

6.5.2 领导团队的特点

6.5.2.1 目标导向性

领导团队的首要特点是具有明确且共同的目标，这一目标与组织的整体战略紧密相连，并为团队成员的行动提供指引。成员们围绕这一目标进行分工协作，各自的工作任务和决策均以实现团队目标为出发点和落脚点。正如彼得·德鲁克所强调的目标管理理念，团队目标的明确性有助于提升成员的工作效率和积极性，使他们能够清晰地认识到自己的工作价值和对团队整体的贡献，进而激发成员的内在动力，促使他们主动协调行动，共同克服困难，确保团队朝着既定目标稳步前行，避免因方向不明而导致行动混乱和资源浪费。

6.5.2.2 成员多样性

一个有效的领导团队通常由具有不同背景、专业技能、经验和个性特点的成员组成。这种多样性体现在多个维度，包括但不限于专业领域的差异（如财务、市场营销、技术研发等）、工作经验的丰富程度（新手与资深专家的组合），以及思维方式的不同（线性思维与发散思维的互补）。成员多样性为团队带来了丰富的信息和多元的视角，有助于团队在决策过程中充分考虑各种因素，避免思维定式和决策偏见。玛格丽特·惠特利的团队理论指出，多样性的团队能够激发创新思维，因为不同成员对问题的理解和解决方法各不相同，相互碰撞融合能够产生新的创意和解决方案，从而提升团队应对复杂问题的能力，为组织发展提供更多的可能性和创新性路径。

6.5.2.3 相互协作性

领导团队成员之间需要高度地相互协作，共同完成团队任务和履行领导职责。协作不仅体现在日常工作中的信息共享、任务分工与配合上，还体现在面对问题和挑战时能够相互支持、共同承担责任上。在协作过程中，成员之间建立起紧密的工作关系和沟通渠道，通过有效的团队沟通机制（如定期会议、项目小组讨论等），确保信息在团队内部流畅传递，避免信息孤岛。帕特里克·兰西奥尼在其关于团队协作的研究中提到，团队成员间的相互信任和协作是实现团队高效运作的关键因素之一。只有当成员们愿意为了团队利益而放下个人私利，积极配合他人工作时，团队才能充分发挥整体优势，实现“1+1＞2”的协同效应，使团队在复杂多变的环境中迅速做出反应，高效地解决问题，提升组织的运行效率和决策质量。

6.5.2.4 动态适应性

领导团队需要具备动态适应组织内外部环境变化的能力。随着市场竞争的加剧、技术的快速更新换代以及社会文化环境的变迁，组织面临的挑战和机遇不断变化。领导团队必须能够敏锐地感知这些变化，并及时调整团队的战略、结构、工作方式和决策重点。这种动态适应性要求团队成员具备开放的学习心态和快速学习的能力，能够不断更新自己的知识和技能，以适应新的工作要求。库尔特·勒温的变革理论为理解领导团队的动态适应性提供了理论基础。团队如同处于一个不断变化的力场中，需要通过持续的变革和调整来保持与环境的平衡。在变革过程中，团队成员共同应对变革带来的不确定性和压力，通过创新和改进工作流程、方法和策略，推动组织持续发展，确保组织在动态环境中始终保持竞争力和适应性。

6.5.3 领导团队的作用

6.5.3.1 提升决策质量

领导团队成员的多样性和专业性使得决策过程中能够汇聚更多的信息和观点，避免单一领导者决策时可能出现的局限性和片面性。不同成员从各自的专业领域和经验角度出发，对问题进行全面深入的分析和讨论，能够更准确地识别问题的本质、潜在风险和机遇，从而制订出更科学、更合理、更具可行性的决策方案。詹姆斯·库泽斯和巴里·波斯纳的领导力模型强调了团队成员共同参与决策对于提升决策质量和认可度的重要性，通过团队成员的广泛参与和充分沟通，决策结果更易于被理解和接受，执行过程中的阻力也会相应减小，有利于决策的顺利实施和组织目标的达成，提高组织应对复杂问题的决策能力和成功率，降低决策失误带来的风险和损失。

6.5.3.2 促进组织创新

团队成员的多样性和相互协作创造了一个有利于创新的环境。不同背景和思维方式的成员相互交流、启发，能够激发新的创意和想法，突破传统思维的束缚，为组织带来创新的活力和动力。在领导团队中，成员们可以自由地分享各自的见解和经验，通过头脑风暴、跨部门项目合作等方式，将不同领域的知识和技术进行融合创新，开发出新产品、新服务或新的管理模式。克莱顿·克里斯坦森的创新理论指出，创新往往源于不同思想的碰撞和整合。领导团队作为组织创新的推动者，能够营造创新氛围，鼓励成员尝试新方法、新思路，为组织在激烈的市场竞争中脱颖而出提供关键支撑，促进组织的持续发展和变革，增强组织的核心竞争力和市场适应性。

6.5.3.3 增强组织凝聚力

一个高效的领导团队能够在组织中发挥榜样和引领作用，增强组织的凝聚力和向心力。当团队成员之间展现出高度的协作精神、相互信任和共同追求目标的决心时，会在组织内部传递出积极的信号，影响和带动其他员工树立团队合作意识和集体荣誉感。领导团队通过建立公平公正的激励机制、营造良好的组织文化氛围等方式，让员工感受到自己是组织的重要一员，个人价值与组织价值紧密相连，从而激发员工的工作积极性和忠诚度，促进员工之间的沟通与合作，减少内部矛盾和冲突，使整个组织形成一个团结奋进、协同发展的有机整体，提高组织的整体绩效和稳定性，为组织实现长期发展目标奠定了坚实的基础。

6.5.3.4　推动组织变革与发展

在面对组织变革时，领导团队能够发挥关键的引领和推动作用。团队成员凭借其丰富的经验、敏锐的洞察力和广泛的影响力，能够准确把握组织变革的方向和时机，制定切实可行的变革策略，并通过有效的沟通和协调，向全体员工传达变革的必要性和意义，争取员工的支持和参与。在变革实施过程中，领导团队成员分工负责，协调各方资源，及时解决变革过程中出现的问题和阻力，确保变革顺利推进。约翰·科特的变革管理理论强调了领导团队在变革过程中的核心作用，认为领导团队的坚定信念、清晰的变革愿景和有效的变革举措是组织成功实现变革的关键因素之一。通过领导团队的积极推动，组织能够适应环境变化，实现战略转型和升级，提升组织的生存能力和发展潜力，在不断变化的市场环境中保持竞争优势和持续发展的动力。

6.5.4　领导团队的类型

6.5.4.1　职能型领导团队

职能型领导团队是按照组织的职能部门划分而组建的，每个成员负责领导一个特定的职能领域，如人力资源、财务、市场营销和生产运营等。这种团队类型的优势在于成员在各自的专业领域具有深厚的知识和丰富的经验，能够确保职能部门的高效运作和专业决策的准确性。在通用电气公司的发展历程中，其职能型领导团队在不同阶段对各职能领域的精细化管理和专业决策制定起到了关键作用，使得公司在生产、技术研发、市场拓展等方面保持了领先地位。然而，职能型领导团队也存在一定的局限性，由于成员专注于各自的职能领域，可能会出现部门利益至上、沟通协调不畅等问题，导致组织整体效率低下和决策的短视。因此，在实际运作中，需要加强职能部门之间的横向沟通与协作，建立有效的协调机制，以克服这些局限性，实现组织的整体目标。

6.5.4.2　项目型领导团队

项目型领导团队是为了完成特定的项目任务而临时组建的，团队成员来自不同的职能部门，具有不同的专业技能和背景，根据项目的需求进行组合和分工。这种团队类型具有高度的灵活性和适应性，能够快速响应项目的变化和要求，整合各方资源，高效地完成项目目标。例如，在建筑工程项目中，项目型领导团队由项目经理、设计师、工程师、施工人员等组成，他们在项目的不同阶段发挥各自的专业优势，协同工作，确保项目按时、按质、按量地完成。项目型领导团队的挑战在于项目结束后团队解散和成员的重新安置，这可能会导致成员的归属感不强和知识经验流失。为了应对这些挑战，组织可以建立项目知识库，加强成员之间的经验交流和分享，同时在项目管理过程中注重团队文化建设，增强成员的团队意识和凝聚力。

6.5.4.3　跨文化领导团队

随着全球化进程的加速，越来越多的组织组建了跨文化领导团队，团队成员来自不同的国家和文化背景。这种团队类型能够充分利用全球范围内的人才资源和文化优势，为组织带来更广阔的市场视野和创新思维。跨文化领导团队在跨国公司的国际业务拓展中发挥着重要作用，例如苹果公司的全球研发团队，成员来自不同国家和地区，他们将各自的文化元素和技术理念融入产品研发中，使得苹果产品在全球市场具有广泛的吸引力和竞争力。然而，跨文化领导团队也面临着文化差异带来的沟通障碍、价值观冲突和管理风格不兼容等问题。为了有效管理跨文化领导团队，领导者需要具备跨文化沟通能力和文化敏感性，尊重不同文化背景成员的价值观和行为习惯，建立开放包容的团队文化，通过培训和交流活动促进文化融合，提升团队的协作效率和绩效水平，充分发挥跨文化团队的优势，推动组织全球化发展战略的实施。

6.5.4.4 虚拟领导团队

虚拟领导团队是借助信息技术手段，使成员在不同地理位置进行远程协作的团队形式。这种团队类型突破了时间和空间的限制，能够整合全球范围内的优秀人才，降低组织的运营成本，提高组织的灵活性和响应速度。在当今数字化时代，许多互联网企业和科技公司广泛采用虚拟领导团队进行项目研发、客户服务和市场推广等工作。例如，字节跳动公司的一些项目团队成员分布在全球各地，通过在线协作平台进行沟通、协作和项目管理，实现了高效的产品开发和业务拓展。虚拟领导团队的挑战在于如何建立有效的远程沟通机制、信任关系和提高团队凝聚力。领导者需要利用先进的信息技术工具，加强团队成员之间的沟通和互动，定期举行线上会议和团队建设活动，建立明确的目标和绩效考核机制，确保虚拟团队成员能够明确各自的职责和任务，保持工作的积极性和主动性，实现团队的高效运作和目标达成，为组织在数字化时代的发展提供有力支持。

小结

在领导力相关的研究与实践中，领导理论是基石，领导力概述揭示其是权力与影响力的统一及科学与艺术的结合，领导与管理相辅相成且有别，不同领导理论各有侧重且发展演进，特质理论探寻领导者特质，行为理论关注行为影响，权变理论强调情境适配，风格理论剖析魅力型与工具型领导的特点及协同关系。领导力模型方面，素质模型具有针对性与动态性，在领导力发展各阶段发挥关键作用，五力模型涵盖前瞻力等五种能力且协同作用于组织管理，六维模型的六种能力相互促进支撑卓越领导力。领导力开发基于多种理论，对组织具有重要意义。其实践路径丰富多样，面临个体差异等挑战，需妥善应对。领导艺术体现在决策、用人、沟通、激励和协调等多个方面，在组织变革、团队建设和危机管理中发挥着重要作用。

领导团队由多元个体组成，具有目标导向等特点，不同类型团队各有优劣，职能型团队保障职能运作，项目型团队灵活但有后续管理难题，跨文化型团队需克服文化差异，虚拟型团队要解决沟通与信任问题，这些方面共同构成领导力领域的完整体系，对组织的管理与发展影响深远，持续的研究与实践将不断提升领导力水平，助力组织在复杂多变的环境中实现可持续发展，适应时代需求并创造更大价值。

思考题

1. 在一个复杂多变的市场环境中，假设你是一家企业的领导者，你将如何运用领导特质理论来提升自己的领导力，以应对各种挑战并引领企业发展？请结合具体事例进行阐述。

2. 举例说明领导行为理论中的俄亥俄州立大学二维模型（“抓组织”和“关心人”）如何在实际的团队管理中相互作用，以实现团队的高效运作和目标达成。

3. 结合费德勒权变模型，分析在不同的领导成员关系、任务结构和职位权力情境下，你会选择何种领导风格来确保项目的顺利推进，并分享一次你根据情境变化调整领导风格的经历。

4. 阐述魅力型领导和工具型领导在企业创新发展过程中的各自优势和局限性，以及如何在不同阶段合理运用这两种领导模式来推动企业持续创新。

5. 假设你正在构建一个领导力素质模型，以选拔和培养适合企业战略转型的领导者。请详细说明你将如何确定该模型的关键素质要素，并确保其与企业文化紧密契合，以促进企业战略的有效实施。

6. 以你熟悉的一个组织为例，分析其领导团队在应对重大变革时，如何运用领导力五力模型（前瞻力、感召力、影响力、决断力、控制力）中的各项能力，来引领组织成功变革。请描述具体的决策过程和行动表现。

7. 领导力六维模型中的“带队育人的教导力”强调领导者要关注团队成员的成长与发展。请分享你在过往的领导经历中，是如何通过以身作则、个性化培养等方式，提升团队成员的能力和素质，进而打造一支高绩效团队的。

8. 在一个跨部门项目中，团队成员来自不同背景且具有不同的利益诉求。作为项目领导者，你将如何运用领导艺术中的协调艺术来平衡各方利益，化解矛盾冲突，确保项目顺利完成？请详细描述你的策略和行动步骤。

9. 结合激励艺术中激励因素多元化与个性化的发展趋势，如果你是一家互联网公司的领导者，你将设计哪些创新的激励措施来满足员工的多样化需求，激发员工的工作积极性和创造力，以提升企业在激烈市场竞争中的竞争力？

10. 随着科技的发展，虚拟领导团队越来越常见。如果你负责管理一个虚拟领导团队，你将如何利用先进的信息技术工具，建立有效的远程沟通机制、信任关系和团队凝聚力，以克服团队成员地理位置分散带来的挑战，实现团队高效运作和目标达成？请分享你的具体计划和实践思路。

实践练习

项目一：企业领导力案例分析与解决方案制定

项目目标

深度理解并综合运用各类领导理论、模型和艺术，分析实际企业案例中的领导力问题。

培养学生制订切实可行的解决方案的能力，锻炼其决策、协调和创新思维的能力。

通过团队协作完成项目，提升学生的团队合作、沟通和领导能力，增强学生对领导力在组织中实际应用的认识。

项目实施步骤

案例选择与分配（第 1 周）

教师提供多个不同行业、规模和发展阶段企业的领导力相关案例，涵盖组织变革、团队建设、危机管理等场景，每个案例都突出领导力的不同方面的问题（如领导风格冲突、决策失误、团队协作障碍等）。

学生分组，每组 4～6 人，随机抽取一个案例进行分析。

案例分析（第 2～3 周）

学生运用所学的领导理论（特质理论、行为理论、权变理论、变革型领导理论等）和领导力模型（素质模型、五力模型、六维模型）对案例进行深入剖析，找出案例中企业在领导力方面存在的问题及原因。

例如，分析企业领导者的特质是否与企业发展阶段和情境相匹配，领导行为是否影响了团队绩效，企业在组织变革中是否运用了恰当的领导策略等。

解决方案制定（第 4～5 周）

针对案例中的领导力问题，结合领导艺术（决策艺术、用人艺术、沟通艺术、激励艺术、协调艺术），小组共同制定详细的解决方案，包括具体的行动步骤、预期效果和可能遇到的风险及应对措施。

比如，如何运用决策艺术制定合理的变革策略，如何通过用人艺术优化团队结构，如何借助沟通和激励艺术提升员工积极性和凝聚力，如何运用协调艺术解决部门间利益冲突等问题。

项目展示与汇报（第 6 周）

各小组制作项目汇报 PPT，向全班展示案例分析过程和解决方案，重点阐述运用的理论依据、模型框架和艺术手段。

汇报结束后，接受其他小组和教师的提问与质疑，并进行答辩。

项目评估方式

小组自评（20%）：小组成员根据各自在项目中的贡献、团队协作表现、任务完成情况等进行自我评价，包括对领导力知识运用能力、团队合作能力、问题解决能力等方面的评价。

小组互评（30%）：各小组之间相互评价，重点评价其他小组案例分析的深度、解决方案的可行性、创新性以及展示汇报的效果，从不同角度学习其他小组的优点，发现自身不足。

教师评价（50%）：教师从领导力理论和模型的运用准确性、解决方案的科学性与有效性、团队协作的流畅性、展示汇报的质量（内容、表达、PPT 制作等）等方面进行综合评价，对学生在项目中的领导力表现进行全面考核。评价指标包括对案例问题的准确识别与深度分析（20%）、解决方案的合理性与可行性（30%）、团队协作与沟通（20%）、展示汇报效果（20%）、对领导力理论和模型的掌握与运用（10%）。

项目二：模拟企业领导团队运作

项目目标

让学生在模拟情境中体验领导团队的组建、运作和决策过程，深刻理解领导团队的特点、作用和类型。

培养学生在团队中发挥领导能力、协作能力和解决问题的能力，提升学生根据不同情境和任务需求灵活运用领导策略的能力。

增强学生对组织战略目标的理解和执行能力，以及在团队中有效沟通、协调和整合资源的能力。

项目实施步骤

团队组建与角色分配（第 1 周）

根据学生人数和项目需求，将学生分成若干模拟企业领导团队，每个团队 5～7 人。

团队成员分别担任不同职能角色，如总经理、市场总监、财务总监、人力资源总监、技术总监等，明确各角色的职责。

企业情境设定与战略规划（第 2～3 周）

教师为每个模拟企业设定特定的发展情境和目标，如市场竞争加剧下的业务拓展、企业转型期的战略调整、新市场进入策略的制定等。

各团队在明确情境和目标后，共同制定企业战略规划，包括市场定位、产品或服务策略、财务预算、人力资源规划等，运用领导力五力模型中的前瞻力进行战略分析和规划。

团队协作与项目推进（第 4～8 周）

模拟企业在执行战略规划过程中，团队成员根据各自的角色职责开展工作，进行市场调研、产品研发、营销推广、财务管理、人力资源管理等活动，充分发挥领导团队的协作性和动态适应性。

例如，市场总监负责收集市场信息、分析竞争对手，提出市场推广方案；技术总监组织技术团队进行产品研发和技术创新；财务总监负责资金预算、成本控制和财务风险评估；人力资源总监负责人才招聘、培训和团队建设等工作。

在项目推进过程中，团队定期召开会议（每周至少一次），运用沟通艺术和协调艺术解决遇到的问题，如部门间资源分配冲突、团队成员意见分歧等，确保团队朝着战略目标顺利推进。同时，团队成员要不断根据市场变化和内部情况调整工作策略，运用领导权变理论灵活应对各种情境。

项目成果评估与总结（第 9～10 周）

各模拟企业对项目成果进行总结，包括企业业绩表现（如市场份额增长、利润提升、项目完成质量等）、团队协作效果、领导力发挥情况等方面，并制作项目成果报告。

每个团队进行项目成果展示，向全班汇报项目实施过程、成果以及经验教训，重点展示在领导团队运作过程中如何运用各种领导理论、模型和艺术来解决实际问题。

教师和其他团队成员进行提问和评价，共同分析各团队在项目中的优点和不足之处，特别是在领导团队协作、战略决策、问题解决等方面的表现，总结经验教训，促进学生共同学习和提高。

项目评估方式

团队整体绩效评估（40%）：根据模拟企业在项目中的业绩表现进行评估，包括是否完成设定的战略目标（市场份额增长、利润目标达成等）、项目完成的质量和效率、企业在市场中的竞争力提升情况等，评估领导团队的决策和执行能力对企业发展的影响。

团队成员互评（30%）：团队成员之间相互评价，评价内容包括成员在团队中的领导能力（如决策贡献、问题解决能力、对团队方向的把握等）、协作能力（如沟通效果、资源共享、支持他人工作等）、工作态度（如责任心、积极性、团队合作精神等），从团队内部视角了解每个成员的领导力表现。

教师评价（30%）：教师从领导团队的组建与运作过程、战略规划的合理性、团队协作的有效性、对领导力理论和模型的应用能力、问题解决能力以及项目成果的质量等方面进行综合评价。评价指标包括团队战略规划的科学性与可行性（10%）、团队协作与沟通效果（10%）、领导能力在团队中的发挥（10%）、对情境变化的应对能力（10%）、项目成果质量（10%）、领导力理论和模型的应用（10%）、团队成员的发展与成长（10%）。

项目三：领导力自我发展计划的制订与实施

项目目标

引导学生深入反思自身领导力现状，结合所学领导力理论和模型，制订个性化的领导力自我发展计划。

培养学生自我评估、自我提升和持续学习的意识与能力，使学生能够根据自身特点和发展需求，有针对性地提升领导力。

通过实施发展计划，让学生在实践中积累经验，检验和调整计划，培养学生的自律性和自我管理能力，为其未来的职业发展奠定坚实的领导力基础。

项目实施步骤

领导力自我评估（第 1～2 周）

学生运用领导力素质模型、360 度反馈评价等工具和方法，对自己当前的领导力水平进行全面、客观的自我评估，包括领导特质（如自信、正直、果断等）、领导行为（如决策能力、沟通能力、团队建设能力等）、领导能力（如前瞻力、感召力、影响力、决断力、控制力等）以及在不同情境下的领导表现等。

学生收集来自自身、同学、教师和实习或工作中的同事、上级等多方面的反馈信息，形成自我评估报告，明确自己在领导力方面的优势和不足之处，以及需要重点发展和改进的领域。

发展目标设定与计划制订（第3～4周）

根据自我评估结果，结合个人职业发展规划，学生确定自己在领导力方面的短期（1～2年）和长期（3～5年）发展目标，确保目标具有明确性、可衡量性、可实现性、相关性和时限性（SMART原则）。

围绕发展目标，学生制订详细的领导力自我发展计划，包括学习计划（如阅读领导力相关书籍、参加培训课程、学习在线课程等）、实践计划（如参与项目管理、争取领导角色的机会、组织团队活动等）、反思与调整计划（如定期回顾计划执行情况、总结经验教训、根据实际情况调整计划内容和进度等），并明确每个阶段的具体任务、时间安排和预期成果。

在计划制订过程中，学生应充分考虑自身特点和学习风格，合理运用领导力开发的理论和实践路径，如选择适合自己的领导力培训课程和学习资源，确定参与实践锻炼的方式和项目，以及建立有效的自我评估和反馈机制等。

计划实施与监控（第5～12周）

学生按照制定的领导力自我发展计划认真实施，在学习和实践过程中积极应用所学的领导理论、模型和艺术，不断积累经验，提升领导能力。

学生定期记录计划的执行情况，包括学习收获、实践成果、遇到的问题和困难等，建立领导力发展档案，以便对自己的领导力发展历程进行系统地梳理和总结。

每两周进行一次自我反思，对照计划目标检查自己的进展情况，分析存在的差距和原因，及时调整计划和行动策略，确保计划能够顺利实施并达到预期效果。同时，学生可以寻求教师、同学或导师的指导和建议，分享经验，获取反馈，不断优化自己的发展路径。

项目总结与展示（第13～14周）

学生对整个领导力自我发展计划的实施过程和结果进行全面总结，撰写项目总结报告，内容包括自我评估结果、发展目标设定、计划执行情况、取得的成果（如领导力提升的具体表现、在学习和实践中的成功案例等）、经验教训以及对未来领导力发展的展望。

学生制作项目展示PPT，向全班同学展示自己的领导力自我发展计划的制订与实施过程，分享自己在领导力提升过程中的心得体会、遇到的挑战及应对方法，展示自己在领导力方面的成长和变化。

教师和其他同学进行提问和评价，共同探讨领导力发展的有效途径和方法。学生根据反馈意见进一步完善自己的领导力发展思路和策略，为今后的持续发展提供参考。

项目评估方式

自我评估报告（20%）：评估学生自我评估的全面性、客观性和深度，包括对自身领导力优势和不足的准确识别、对领导力理论和模型的理解与应用、自我评估工具和方法的运用能力等。

发展计划制订（30%）：考查学生发展目标的合理性、SMART原则的遵循情况、计划内容的完整性和针对性（如学习计划与实践计划是否紧密结合发展目标、是否考虑个人特点和需求等）、对领导力开发理论和实践路径的运用能力等。

计划实施与成果（40%）：根据学生在计划实施过程中的记录、领导力发展档案的完整性和质量、实际取得的领导力提升成果（如在学习和实践中的表现、能力提升的证据等）、对问题的解决能力和调整策略的有效性等方面进行综合评估，判断学生是否能够将计划转化为实际行动并取得积极成果。

展示汇报效果（10%）：评价学生项目展示的内容质量（如总结报告的逻辑性、PPT 的制作水平等）、表达能力（语言表达清晰流畅、重点突出等）、展示技巧（如演示的生动性、与观众的互动等），以及对他人反馈的接受和回应能力等。

案例分析

新星科技公司的领导力挑战与突破

1. 公司背景

新星科技公司成立于 2010 年，是一家专注于软件开发的创新型企业。在成立初期，公司凭借着一款具有创新性的移动应用迅速在市场上崭露头角，吸引了大量用户和投资。随着公司规模的不断扩大，业务范围逐渐拓展到企业级软件解决方案、人工智能算法研发等领域。然而，随着市场竞争的日益激烈和技术变革的快速推进，公司在发展过程中逐渐暴露出一系列领导力方面的问题，这些问题严重制约了公司的进一步发展。

2. 领导力问题分析

（1）**领导决策困境**。在面对多元化业务发展和复杂的市场变化时，公司高层领导团队在决策过程中经常出现分歧。例如，在决定是否投入大量资源研发一款全新的人工智能产品时，一部分领导认为这是顺应技术发展趋势、抢占市场先机的关键举措，应全力推进；而另一部分领导则担心研发风险过高，可能导致公司资金链断裂，主张谨慎行事。这种决策分歧导致项目推进缓慢，错过了最佳的市场进入时机，使公司在人工智能领域的竞争中处于劣势。

（2）**团队协作障碍**。公司内部不同部门之间的协作存在严重问题。研发部门专注于技术创新，追求产品的高性能和独特功能，但往往忽视了市场需求和产品的可操作性；市场部门则强调市场推广和客户反馈，对产品的技术细节了解不足，导致在产品宣传过程中夸大其词，无法兑现承诺，引发客户不满。这种部门间的隔阂和协作不畅，使得公司的产品研发周期延长，成本增加，客户满意度下降，严重影响了公司的整体绩效。

（3）**人才管理瓶颈**。随着公司业务的拓展，对高素质人才的需求日益迫切。然而，公司在人才选拔和培养方面缺乏科学有效的机制。在招聘过程中，过于注重候选人的学历和工作经验，忽视了候选人的创新能力和团队协作精神，导致招聘进来的人员与公司的实际需求不匹配。同时，公司内部缺乏完善的培训体系和职业发展规划，员工在工作中感到迷茫，晋升渠道不明确，导致人才流失严重，尤其是一些核心技术人才和管理人才的离职，给公司带来了巨大的损失。

（4）**变革管理乏力**。在面对技术变革和市场转型的双重压力下，公司需要进行一系列的组织变革，如调整业务架构、优化工作流程、引入新的管理理念等。但公司领导团队在变革过程中缺乏有效的沟通和协调，未能充分考虑员工的利益和感受，导致员工对变革产生抵触情绪。例如，在推行新的绩效考核制度时，由于没有提前向员工解释清楚变革的目的和意义，员工认为新制度过于苛刻、不公平，从而消极对待工作，使得变革措施难以落地，公司的发展陷入僵局。

3. 领导力提升策略的制定与实施

（1）基于领导理论的策略选择。

① 运用权变理论优化决策机制。公司高层领导团队认识到，在复杂多变的市场环境里，没有一种通用的决策模式适用于所有情况。因此，他们决定引入费德勒权变模型，根据不同的决策情境，灵活调整领导风格和决策方式。在面对高不确定性和创新性的决策问题时，如新产品研发方向的选择，采用民主参与式的领导风格，广泛征求研发团队、市场团队以及外部专家的意见，充分考虑各种因素，确保决策的科学性和前瞻性；而在面对紧急且风险较低的决策问题时，如应对突发的市场竞争事件，采用任务导向型的领导风格，迅速做出决策，集中资源应对挑战。

② 借鉴团队协作理论，加强部门协同。为了解决部门间协作不畅的问题，公司借鉴了帕特里克·兰西奥尼的团队协作理论，注重培养团队成员之间的信任和共同目标感。首先，组织跨部门的团队建设活动，让不同部门的员工有更多机会相互了解和沟通，增进彼此之间的信任。其次，明确公司的整体战略目标，并将其分解为各个部门的具体目标，使每个部门都清楚自己在实现公司战略中的角色和责任，加强部门间的目标协同。此外，建立跨部门项目团队，针对重要的产品研发和市场推广项目，抽调不同部门的精英人员组成项目小组，共同负责项目的全过程，打破部门壁垒，提高工作效率和产品质量。

（2）领导力模型的应用实践。

① 构建领导力素质模型，选拔、培养人才。公司根据自身的发展战略和企业文化，构建了一套适合本公司的领导力素质模型。该模型涵盖了创新思维、团队协作能力、战略眼光、沟通能力、变革管理能力等关键素质要素。在人才选拔过程中，依据素质模型设计面试问题和测评工具，全面评估候选人的综合素质，确保招聘到符合公司发展需求的人才。对于内部员工，通过360度反馈评价等方式，对照素质模型进行评估，找出员工在领导力方面的优势和不足，有针对性地制定个性化的培训计划和职业发展规划。例如，对于具有较强创新思维但沟通能力较弱的员工，提供沟通技巧培训和团队协作项目的锻炼机会，帮助其提升综合领导力素质。

② 发挥领导力五力模型的作用，提升领导团队的能力。团队成员对照领导力五力模型，对自身的领导能力进行全面评估，发现各自在不同能力维度上的差距。针对这些差距，团队成员制订了个人发展计划，着重提升前瞻力、感召力、影响力、决断力和控制力。在提升前瞻力方面，领导团队加强了对行业动态、技术发展趋势和市场竞争态势的研究，定期参加行业研讨会和战略分析会议，拓宽视野，准确把握公司未来的发展方向。为了增强感召力，领导团队注重自身品德修养和领导魅力的培养，以身作则，践行公司的价值观，关心员工的成长和发展，通过定期的员工沟通会和激励表彰活动，激发员工的工作热情和忠诚度。在提升影响力方面，领导团队成员学习有效的沟通技巧和团队激励方法，积极参与公司内部的培训和学习活动，分享自己的经验和见解，引导和带动员工共同追求公司目标。在决断力和控制力方面，通过模拟决策演练和项目管理实践，提高领导团队在复杂情况下迅速做出正确决策的能力，并建立健全的监控机制和绩效评估体系，确保公司各项决策的有效执行和战略目标的顺利实现。

（3）领导艺术在实践中的应用。

① 决策艺术，助力战略转型。在制订公司战略转型计划时，公司领导充分运用了决策艺术。确保决策的科学性和可行性。首先，领导团队深入进行了市场调研和行业分析，广泛收集内部和外部信息，运用数据分析模型和 SWOT 分析法，对公司面临的优势、劣势、机会和威胁进行全面评估。在决策过程中，不仅依靠理性分析，还充分发挥团队成员的经验和直觉。例如，在考虑是否进入一个新的市场领域时，团队成员结合自己多年的行业经验，对市场潜力和风险进行了直观的判断。同时，领导团队制订了多种备选方案，并对每个方案的短期和长期影响、成本效益、风险可控性等进行了详细的分析和评估。在权衡利弊后，选择了最适合公司发展的战略方案，并制订了相应的风险应对预案。在战略实施过程中，密切关注市场变化，根据实际情况及时调整策略，确保公司在战略转型过程中始终保持正确的方向。

② 用人艺术，优化人才结构。公司领导在人才管理方面运用用人艺术，实现了人才的优化配置和团队的高效运作。在识别人才方面，公司摒弃了传统的单一评价标准，注重挖掘员工的潜在能力和独特优势。通过观察员工在日常工作中的表现、项目中的贡献以及与团队成员的协作情况，发现了一批具有创新潜力和领导才能的员工。在授权方面，根据员工的能力和经验，合理分配工作任务和权力，给予员工足够的自主权和发展空间。例如，对于一些具有丰富项目经验和较强责任心的员工，任命他们为项目经理，负责重要项目的全过程管理，以充分发挥其才能。同时，建立了有效的监督和反馈机制，确保授权不被滥用。在员工培训与发展方面，公司根据员工的个人需求和职业发展规划，制订了个性化的培训方案。为技术人员提供参加行业前沿技术培训和学术交流的机会，帮助他们提升专业技能；为管理人员安排领导力培训课程和管理实践项目，培养他们的领导能力和团队管理能力。通过这些措施，公司打造了一支高素质、高效率的人才队伍，为公司的发展提供了坚实的人才保障。

③ 运用沟通艺术，促进团队和谐。为了改善公司内部的沟通氛围，提高团队协作效率，公司领导积极运用沟通艺术，加强与员工之间的信息交流和情感沟通。在倾听方面，领导团队定期组织员工座谈会和一对一沟通会议，认真倾听员工的意见和建议，关注员工的工作感受和需求，让员工感受到被尊重和重视。在表达方面，领导团队注重运用简洁明了、生动形象的语言传达公司的战略目标、工作要求和重要决策，避免使用模糊不清或有歧义的表述。同时，结合实际案例和故事，使抽象的理念和复杂的任务变得易于理解和接受。在反馈方面，建立了及时、有效的反馈机制，领导团队成员定期对员工的工作表现进行评估和反馈，指出优点给予肯定和鼓励，针对不足提出具体、建设性的改进建议，并制定跟踪计划帮助员工改进。通过这些沟通措施，公司内部的信息流通更加顺畅，员工之间的关系更加融洽，团队凝聚力和战斗力得到了显著增强。

④ 激励艺术，激发员工动力。公司领导深知激励艺术对员工积极性和创造力的重要影响，因此，根据员工的需求层次和个性特点，制定了多元化的激励策略。在物质激励方面，公司建立了公平合理的薪酬体系和绩效奖金制度，根据员工的工作表现和贡献给予相应的物质奖励，确保员工的付出得到及时回报。同时，公司设立了股权激励计划，吸引和留住核心人才，使员工与公司的利益紧密结合。在精神激励方面，通过评选“月度之星”“年度优秀员工”等荣誉称号，对表现突出的员工进行公开表彰，颁发荣誉证书和奖金，增强员工的成就感和荣誉感。此外，注重企业文化建设，营造积极向上、创新进取的企业文化氛围，使员工在情感

和精神上与公司产生共鸣，激发员工的自我激励能力。在职业发展激励方面，为员工提供广阔的晋升空间和多元化的职业发展通道，鼓励员工不断学习和成长。通过内部培训、岗位轮换、导师辅导等方式，帮助员工提升能力，实现职业发展目标。这些激励措施的实施，有效地激发了员工的工作动力和创造力，为公司的发展注入了源源不断的活力。

⑤ 协调艺术化，化解利益冲突。在公司发展过程中，经常会出现部门间的利益冲突和员工之间的矛盾纠纷。公司领导运用协调艺术，巧妙地平衡了各方利益，化解了矛盾冲突，维护了公司的和谐稳定。例如，在一次资源分配过程中，研发部门和市场部门因为争夺有限的资金和人力资源而产生了激烈的冲突。领导团队及时介入，首先从全局观念出发，明确指出公司的整体利益高于部门利益，任何部门的发展都离不开其他部门的支持。然后，通过深入沟通和协商，了解了双方的需求和关注点。研发部门强调产品研发的重要性，需要更多的资源来保证产品的质量和创新性；市场部门则认为市场推广是公司当前的关键任务，需要足够的资源来打开市场局面。在了解了双方需求后，领导团队提出了一个折中的解决方案：根据项目的优先级和紧急程度，合理分配资源，优先保障对公司短期业绩和长期发展具有重要影响的项目。同时，鼓励两个部门加强合作，共同制订项目计划和资源使用方案，提高资源利用效率。通过这种方式，成功地化解了部门间的利益冲突，促进了部门间的合作。

4. 领导力提升效果评估

（1）决策效率与质量显著提高。经过一段时间的实践，公司高层领导团队在决策过程中的分歧明显减少，决策效率大幅提升。通过权变理论的应用，领导团队能够根据不同的决策情境迅速做出合理的决策，避免了决策延误和失误。例如，在最近一次关于新产品功能优化的决策中，领导团队在短时间内收集了市场反馈、研发成本、技术可行性等多方面信息，综合考虑各种因素后，果断做出了优化产品功能的决策，使产品更符合市场需求，推出后市场反响良好，销售额同比增长了30%。

（2）团队协作效率明显提升。部门间的协作障碍得到有效缓解，团队协作效率明显提升。跨部门项目团队的运作更加顺畅，各部门之间的沟通和配合更加紧密。以一款新软件产品的研发和推广为例，研发部门与市场部门紧密合作，研发部门根据市场部门提供的客户需求和市场趋势，及时调整产品功能和设计；市场部门则提前介入产品研发过程，了解产品特点，制定精准的市场推广策略。产品的研发周期缩短了20%，市场推广效果显著，客户满意度达到90%。

（3）人才管理成效显著。人才选拔和培养机制的优化取得了显著成效。通过领导力素质模型的应用，公司招聘到了一批高素质、与公司文化契合的人才，员工队伍的整体素质得到了提升。内部培训体系和职业发展规划的完善，激发了员工的工作积极性和创造力，员工流失率从原来的20%降低到了10%。同时，员工在工作中表现出更强的责任心和团队协作精神，为公司的发展提供了有力的人才支持。

（4）组织变革顺利推进。在变革管理方面，领导团队通过有效的沟通和协调，成功消除了员工对组织变革的抵触情绪，使变革措施得以顺利实施。新的绩效考核制度在推行过程中得到了员工的理解和支持，员工的工作态度和绩效有了明显改善。公司的业务架构得到了优化，工作流程更加高效，管理理念更加先进，公司的整体竞争力得到了显著提升，市场份额从原来的15%提高到了20%。

阅读以上案例，回答以下问题：

1. 新星科技公司在面临领导力问题时，是如何运用领导理论来制定提升策略的？请结合案例具体阐述。

2. 在新星科技公司的案例中，领导艺术在解决团队协作障碍和人才管理瓶颈方面发挥了怎样的作用？请举例说明。

3. 从新星科技公司领导力提升的过程中，我们可以得到哪些关于领导力开发的启示？这些启示对其他企业有何借鉴意义？

智能问答时间

同学你好！我是 AI 小助手 Sam，在学习了本项目以后，你一定是收获满满吧！那你还有什么疑问吗？请和我交流一下吧！你可以打开手机，扫描下面的二维码哟！

参考文献

[1] 麦克斯维尔. 领导力的四大基石[M]. 赖伟雄，杨彭，路卫军，译. 杭州：浙江人民出版社，2022.

[2] 巴纳德. 经理的职能中英双语. 经典版[M]. 杜子建，译. 北京：北京理工大学出版社，2014.

[3] 库尔特. 管理学[M]. 刘刚，等译. 北京：中国人民大学出版社，2017.

[4] 罗宾斯. 组织行为学[M]. 孙健敏，等译. 北京：中国人民大学出版社，2021.

[5] 达夫特. 组织理论与设计[M]. 王凤彬，等译. 北京：清华大学出版社，2017.

[6] 张永春. 领导力思维[M]. 在天津：天津出版社， 2018.

[7] 张向前. 组织行为与领导力[M]. 北京：北京日报出版社，2019.

[8] 顾琴轩，俞明传，许彦妮. 组织创造力及其情境影响要素研究：组织文化视角[M]. 北京：科学出版社，2020.

[9] 熊勇清. 组织行为与管理[M]. 北京：经济科学出版社，2023.

[10] 刘萍. 组织行为理论与实务[M]. 北京：电子工业出版社，2023.

[11] 祁凡骅. 领导力[M]. 北京：中国人民大学出版社，2021.

[12] 刘言午. AI 领导力[M]. 北京：中国科学技术出版社，2024.